Erfolgreich studieren für Dummies – Schummelseite

Was Sie vor Beginn des Studiums klären sollten

W0202652

- Sind Sie mit dem Herzen dabei? Ein Studium werden Sie nur durchhalten, wenn Sie es wirklich wollen, nicht, wenn Sie viel lieber Friseur oder Friseurin wären.
- Wer übernimmt die Finanzierung? Ob Eltern, BAföG-Amt oder Sie selbst mit einem Nebenjob; irgendwer wird für Ihren Lebensunterhalt aufkommen müssen.
- Wo werden Sie wohnen? Kümmern Sie sich rechtzeitig darum, wo Sie unterkommen. Ein Provisorium bei Bekannten auf der Couch ist nur so lange charmant, wie Sie nicht ungestört darin lernen wollen.
- Haben Sie einen Zeithorizont? Ein übliches Bachelorstudium dauert drei Jahre, für den Master kommen noch ein bis zwei Jahre drauf und eine Zeit im Ausland oder ein intensiver Nebenjob verlängern die Sache weiter. Machen Sie sich klar, wie lange Sie Studierender sein wollen und werden.

Links zum Informieren vorab und mittendrin

- Die Studienganginformation des Arbeitsamts: `www.studienwahl.de`
- Das umfassendste Portal: `www.studis-online.de`
- Meine Seite zur Studienberatung: `www.studienwerkstatt.info`
- Infos zum BAföG: `www.bafoeg-aktuell.de`
- Alles rund ums Auslandsstudium: `www.daad.de`

Begriffe, die nur Studierende kennen müssen

- **Immatrikulation:** Das ist der Vorgang, bei dem Sie ordentlicher Student werden. Nachweisen können Sie Ihren Status durch die Immatrikulationsbescheinigung, die Sie im Immatrikulationsamt erhalten. Wenn Sie dann exmatrikuliert werden, weil Sie beispielsweise Ihre Gebühren nicht bezahlt haben, brauchen Sie sich keins der Wörter mehr zu merken.
- **Hochschulzugangsberechtigung:** In der Regel ist das Abitur die allgemeine Hochschulreife, das Fachabitur noch für den Zugang zu Fachhochschulen (FHs) notwendig. In manchen Bundesländern können Sie allerdings auch mit Ausbildung und Berufserfahrung beziehungsweise mit einem IHK-Abschluss studieren.
- **European Credit Transfer System:** Seit der Bologna-Reform ist das die Struktur, innerhalb derer Sie Ihre Credit(point)s sammeln. 180 davon brauchen Sie mindestens für einen Bachelor, 240 für einen Masterabschluss. Das ECTS ist vor allem dafür gut, Studiengänge innereuropäisch vergleichbar und Leistungen übertragbar zu machen.

Motivierende Sätze für dunklen Stunden

- Ich studiere gern! Studieren ist ein Privileg und ich bin dankbar dafür, dass ich es habe.
- Die Sekretärin im Prüfungsamt ist hilfreich und nett. (Wenn sie es nicht ist, finde ich sie doof und behalte das für mich.)
- Meine Dozenten sind engagiert und es geht ihnen um eine gute Lehre.
- Wenn meine Kommilitonen diese Klausur schaffen können, schaffe ich sie auch.
- An schlechten Tagen gehe ich in mich und kehre zurück zum Punkt: »Ich studiere gern!«

Daniela Weber

Erfolgreich studieren für Dummies

WILEY-VCH

WILEY-VCH Verlag GmbH & Co. KGaA

Bibliografische Information der Deutschen Nationalbibliothek
Die Deutsche Nationalbibliothek verzeichnet diese Publikation in der Deutschen Nationalbibliografie; detaillierte bibliografische Daten sind im Internet über http://dnb.d-nb.de abrufbar.

1. Auflage 2013

Printed in Germany

Gedruckt auf säurefreiem Papier

Coverfoto: © fotolia, d.aniel
Korrektur: Geesche Kiekbusch, Hamburg
Herstellung: pp030 – Produktionsbüro Heike Praetor, Berlin
Satz: inmedialo Digital- und Printmedien UG, Plankstadt
Druck und Bindung: CPI – Ebner & Spiegel, Ulm

Print ISBN: 978-3-527-70842-0

Über die Autorin

Daniela Weber hat an der Humboldt Universität zu Berlin Betriebswirtschaftslehre mit den Schwerpunkten Innovationsmanagement und Organisation studiert und sich nach dem Abschluss mit einer Gründungs- und Unternehmensberatung selbstständig gemacht. Aus der Erkenntnis, dass Businesspläne und Abschlussarbeiten hinsichtlich ihrer Planung und Durchführung gar nicht so unterschiedlich sind, entstand ein zusätzliches Standbein im wissenschaftlichen Coachen. Nebenher absolviert sie ein Studium an der Fernuniversität Hagen.

Inzwischen ist zur ursprünglichen Unternehmensberatung »Go for Goals« noch die Wissenschaftsberatung »Diplomwerkstatt« sowie jüngst die »Studienwerkstatt« hinzugekommen, beide mit Stammsitz in Berlin. Während in der Diplomwerkstatt Absolventen aus Bachelor- und Masterstudiengängen bei der Abschlussarbeit auf die Sprünge geholfen wird, ist die Studienwerkstatt ein Ort, an dem sich Studieninteressierte und Studierende beraten lassen können, die mit der Studiengangswahl oder Modulhandbüchern auf Kriegsfuß stehen.

Cartoons im Überblick

von Rich Tennant

»Wollen Sie wirklich und unter allen Umständen studieren ...?«

Seite 27

Seite 53

Seite 133

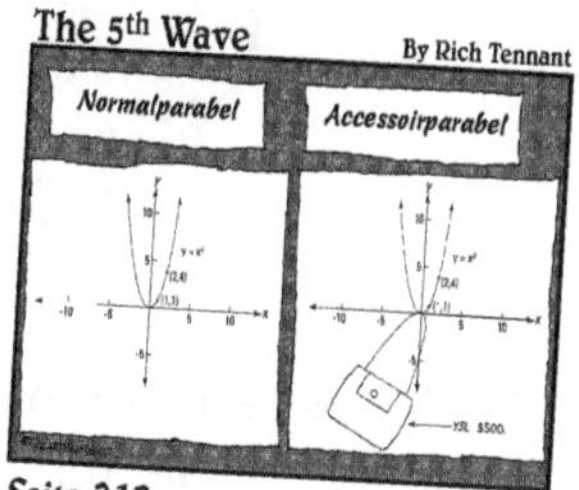

Seite 213

Seite 259

»Was genau wollten wir hier noch mal nachweisen?«

Seite 305

Fax: 001-978-546-7747
Internet: www.the5thwave.com
E-Mail: richtennant@the5thwave.com

Inhaltsverzeichnis

Teil VI

Top-Ten-Teil 305

Kapitel 18

Zehn Möglichkeiten, zu einem Hochschulabschluss zu kommen 307

Kapitel 19

Zehn Möglichkeiten, nicht zu einem Hochschulabschluss zu kommen 311

Stichwortverzeichnis 315

Einführung

Das erste »... für-Dummies«-Buch, das ich geschrieben habe, handelte davon, eine anständige Abschlussarbeit nach einem Studium zu verfassen. In immer längeren Gesprächen mit meinen Kunden, die sich bei der Erstellung ihrer Abschlussarbeit coachen lassen, habe ich erfahren, dass bereits die Entscheidung für oder gegen eine Studienrichtung, eine Hochschulart oder den Ort, an dem sie sich bilden wollen, inzwischen wohl überlegt sein muss und weitreichende Folgen haben kann. Da taucht die Frage der Finanzierung auf, die wegen steigender Studiengebühren und höherer Lebenshaltungskosten auch schon als Studierender immer dringender wird und eng damit zusammenhängt, in welcher Zeit sie einen Abschluss schaffen. Die zukünftigen Studierenden haben aber auch immer öfter Angst davor, was sie im Studium erwartet und wie sie das bewältigen sollen.

Wenn Sie sich entscheiden, ein Studium aufzunehmen, sollten Sie sich möglichst frühzeitig damit auseinandersetzen, was auf Sie zukommt. Dann können Sie in aller Ruhe Entscheidungen treffen, die in Eile eher schiefgehen und dann Ihr restliches Leben bestimmen.

Über dieses Buch

Dieses Buch will viel, und manches ist auf den ersten Blick widersprüchlich. Ich möchte Ihnen hiermit die Entscheidung für ein Studium erleichtern, aber auch dafür sorgen, dass Sie diese Entscheidung kritisch hinterfragen. Ich möchte Ihnen aufzeigen, wie wunderbar die verschiedenen Wege zu einem Abschluss sind, aber auch, wie anstrengend das werden wird. Ich möchte Sie darauf vorbereiten, dass Sie sehr viel Spaß haben können, aber eben auch gehörig ackern müssen, weil niemand Ihnen einen Hochschulabschluss schenken wird.

Sie können dieses Buch von vorn bis hinten lesen, wenn es für Sie derzeit darum geht, sich mit dem »Gesamtkomplex Studium« in all seinen Schattierungen zu befassen. Dann lernen Sie von der Pike auf, was es für Studiengänge und Möglichkeiten gibt, wie Sie sich bewerben, was Sie dann zu tun haben und womit Sie sich die Zeit zusätzlich vertreiben können, ehe Sie Ihren Abschluss haben.

Sie können aber auch zu den Teilen oder Kapiteln springen, die Sie im Moment interessieren. Wenn Sie schon längst entschieden haben, dass Sie studieren wollen, aber nicht wissen was, dann hilft Ihnen Teil II. Wenn es nur ums Geld geht, lesen Sie das Kapitel 6 zur Finanzierung und am besten Kapitel 12 zum Thema Nebenjobs gleich hinterher. Und wenn Sie schon am Anfang Ihres Studiums stehen und es hakt und knirscht, weil die Zeit nicht reicht und es Ihnen psychisch nicht gut geht, dann kann ein Blick in Kapitel 11 nicht schaden.

Es wäre schön, wenn Ihnen dieses Buch dabei hilft, sich ein Studium besser vorstellen zu können, und Sie unterstützt, wenn Sie erst einmal in den Hochschulmühlen stecken. Im besten Fall nehmen Sie es in den kommenden Jahren immer mal wieder in die Hand, wenn es dann um Präsentationen, Partys oder Austauschprogramme geht.

Konventionen in diesem Buch

Im ganzen Buch verteilt gibt es einige Stilmittel, mit denen Besonderheiten hervorgehoben werden, so dass Sie sich besser im Text zurechtfinden können:

- ✔ Im Text stehen Internetadressen in `Schreibmaschinenschrift`. Weil es so viele sind, verzichte ich auf die Zeichen »http://«, die zwar an den Anfang der kompletten URL einer Webseite gehören, die Sie sich hier aber bitte dazudenken.
- ✔ In Aufzählungen und Textpassagen soll sich auf den ersten Blick erschließen lassen, worum es geht. Schlüsselwörter stehen daher *kursiv* gesetzt.
- ✔ Graue Kästen sind ein Hinweis darauf, dass ich Ihnen darin etwas mitteile, das interessant (hoffe ich) ist, aber nicht überlebenswichtig. Hier finden Sie Beispiele und Anekdoten, die Ihnen bei eigenen Entscheidungen nützlich sein können.

Törichte Annahmen über den Leser

Ich nehme zunächst einmal an, dass Sie entweder mit dem Gedanken spielen, selbst zu studieren oder es bereits tun, oder dass Sie jemanden kennen, den Sie beim Studieren unterstützen wollen. Sie haben also irgendetwas damit zu tun, dass jemand eine Hochschule besuchen möchte. Weiterhin nehme ich an, dass die- oder derjenige eine Hochschulzugangsberechtigung in Form eines Zeugnisses der allgemeinen Hochschulreife oder der Fachhochschulreife hat. Es gibt Möglichkeiten, auch ohne dies zu studieren, aber das würde den Rahmen des Buches leider sprengen.

Da ein Studium und schon die Informationssuche über mögliche Studiengänge, aber auch die Bewerbung und Einschreibung in immer mehr Fällen via Internet geschieht, ist eine weitere Annahme, dass Sie über einen Computer inklusive Internetzugang verfügen. Wenn Sie zusätzlich noch ein Smartphone oder Tablet Ihr Eigen nennen, können Sie mit all den Hinweisen auf nützliche Apps sicher mehr anfangen, aber eine Voraussetzung, um dieses Buch zu nutzen, ist das nicht.

Nun nehme ich als Letztes an, dass Sie in der Lage sind, sich selbstkritischen Fragen zu stellen. Sie werden – allein oder mit Unterstützung von Freunden, Familie oder Beratungsstellen – Entscheidungen treffen müssen. Ihnen sollte klar sein oder mit Hilfe dieses Buches klar werden, welche Tragweite die Entscheidung für ein Studium hat.

Wie dieses Buch aufgebaut ist

In insgesamt sechs Teilen, die nach dieser Einleitung darauf warten, gelesen zu werden, möchte ich Sie Schritt für Schritt durch alle wichtigen Entscheidungen und Abläufe vor und während eines Studiums führen. Von der ersten Idee zu studieren und deren Durchleuchtung bis hin zur Jobsuche als Absolvent gibt es für jede Entwicklungsstufe Ihres studentischen Daseins einen Teil, der Sie mit dem vertraut macht, was Sie erwartet.

Teil I: W-Fragen für Studieninteressierte

Den Anfang macht ein Teil, der Ihnen hilft, sich über die grundsätzlichen Anforderungen eines Studiums klar zu werden. Sie sollen lernen, was da auf Sie zukommt, und in Ruhe abwägen, ob Sie das tatsächlich wollen. Wenn Sie Ihren Wunsch zu studieren in den ersten Kapiteln ernsthaft geprüft haben und Ihre Vorstellungen von der Zukunft dabei präziser geworden sind, kann es beginnen!

Teil II: Gute Vorbereitung ist die halbe Miete

Wenn Sie dabei bleiben, dass Studieren das Richtige für Sie ist, beschäftigt sich Teil II damit, Ihnen die Bereiche vorzustellen, die Sie vorbereiten können und müssen, ehe Sie zu den Studierenden zählen. Sie müssen sich für einen Studiengang und -ort entscheiden, zusehen, dass Sie ein Dach über dem Kopf haben und nicht verhungern werden und sich auf das Setting Ihrer Wahl in aller Regel rechtzeitig bewerben.

Teil III: Das Pflichtprogramm eines jeden Studenten

Nachdem Sie den Zulassungsbescheid erhalten haben, geht das Hochschultreiben los: Einschreibung und Orientierung, ein Dschungel aus Büros, Instituten und Einrichtungen und weitläufige Gelände erwarten Sie. Und inhaltlich müssen Sie auch zusehen, dass Sie sich orientieren: in Ihrer Studienordnung, den Modulen und den Veranstaltungen, die Sie besuchen müssen, sollen oder wollen. Wenn Sie wollen, aber irgendwie nicht können, hilft Ihnen Kapitel 11 sich zu organisieren und Hilfe zu beschaffen.

Teil IV: Die Kür oder: Wie werte ich mein Studium auf?

In diesem Teil geht es darum, neben dem eigentlichen Studieren im Sinne von Lernen noch mehr aus Ihrer Studienzeit zu machen. Nicht, dass Sie zu viel Freizeit haben werden, aber notwendig oder nützlich können Nebenjobs und Auslandsaufenthalte schon sein. In Teil IV lernen Sie auch die angenehmen Nebeneffekte des Studierens kennen: Rabatte und Partys!

Teil V: Das Ende ist nah

Das werden Sie sich wünschen: Alle Scheine sind eingetütet und nur noch die Abschlussarbeit steht an. Wie Sie sich ihr stellen, ist ebenso in Teil V beschrieben wie der Ausblick, die Hochschule doch gar nicht zu verlassen und eine wissenschaftliche Karriere anzustreben oder sich damit zu befassen, wie Sie nun als Absolvent an einen Job kommen.

Teil VI: Der Top-Ten-Teil

Im obligatorischen Top-Ten-Teil finden sich vor allem solche Hinweise übersichtlich und in komprimierter Form wieder, die über das Buch verstreut bereits aufgetaucht, aber wichtig sind. Vor allem geht es darum, wie Sie Ihr Studium erfolgreich beenden können – und wie sicher nicht.

Symbole, die in diesem Buch verwendet werden

Ein Tipp steht immer dort, wo Ihnen ein kluger Rat, ein Hinweis auf weitere Informationsquellen oder eine Anmerkung, wie etwas schneller oder besser geht, eigene Suchereien ersparen will.

Während des Studiums lauern nicht wirklich Gefahren, aber dennoch gibt es Fallstricke, über die Sie einen großen Schritt machen können, wenn Ihnen klar ist, wo sie lauern. Das Icon Warnung weist darauf hin, wo Sie besser vorsichtig sein sollten.

Eine Erinnerung klingelt dann los, wenn Sie etwas bereits gelesen haben und ich an einer anderen Stelle darauf zurückkomme. Dann kann es sein, dass Sie sich eben nicht erinnern, weil Sie das Kapitel übersprungen haben. Dann können Sie zurückblättern und die Inhalte nachholen, wenn es Ihnen wichtig erscheint.

Dieses Buch ist recht praktisch und daher stehen viele beispielhafte Informationen schon im Fließtext. Wenn Sie dieses Icon sehen, dann ist zum Thema (beispielsweise Studienplanung) anhand eines Beispiels etwas beschrieben, was aber oft auch übertragbar ist.

Wie es weitergeht

Ich wünsche Ihnen, dass Sie auf den folgenden Seiten Anregungen und Hinweise, aber auch kritische Denkanstöße und Fragen finden, die Sie auf das einstimmen, was Studieren gemeinhin bedeutet: das Wissen, das es zu einem Thema gibt, aufzunehmen, aber auch, es sich durch den Kopf gehen zu lassen und eine eigene Meinung zu entwickeln. Sie lernen tatsächlich auch an der Hochschule nicht (nur) für die Klausuren, sondern fürs Leben, nehmen Sie so viel wie möglich aus dieser unglaublich besonderen Zeit mit, die Ihnen bevorsteht.

Teil I

W-Fragen für Studieninteressierte

»Wollen Sie wirklich und unter allen Umständen studieren ...?«

In diesem Teil ...

Wer sich einem Thema nähern will, landet häufig bei den sechs berühmten W-Fragen, die auch im Journalismus gute Dienste leisten. Wie ein neugieriger Journalist wollen Sie herausfinden, wer was wann wo wie und warum getan hat beziehungsweise tun sollte.

Wer, ist klar: Sie! Was, im Zusammenhang mit diesem Buch, auch: Studieren. Was genau, bleibt zu klären. Wann Sie das tun, wo und wie, können Sie beantworten, wenn Sie Ihr persönliches Warum geklärt haben. Dieser erste Teil des Buchs soll Ihnen dabei helfen, indem Sie die Entscheidung, ob Sie überhaupt studieren wollen, sorgfältig prüfen.

Warum überhaupt studieren?

1

In diesem Kapitel

- Welche Gründe für ein Studium sprechen
- Was die Entscheidung beeinflussen kann
- Welche Ziele durch ein Studium erreichbar werden
- Wieso ein Studium das Leben verändert

Für viele Schulabgänger scheint seit einer gefühlten Ewigkeit klar, dass sie im Anschluss an Abitur oder Fachhochschulabschluss direkt zur Hochschule marschieren, um sich einzuschreiben. Oft ist es der Wunsch der Eltern, manchmal auch der Glaube daran, dass so die entscheidungsfreie und unbeschwerte Zeit verlängert werden kann, bevor der Ernst des Lebens beginnt. Andere stehen seit Jahren im Berufsleben und wollen durch einen zusätzlichen Studienabschluss nebenberuflich oder als Auszeit ihr Leben verändern und ihre Karrierechancen verbessern.

Egal, an welchem Punkt Ihres Lebens Sie stehen, erfolgreich werden Sie nur durch Ihr Studium kommen, wenn Sie Ihre Entscheidung selbst und auf einer soliden Grundlage getroffen haben. Hochschulen sind längst kein Ort mehr, an dem Sie nur die Seele baumeln lassen und das Nachtleben erkunden können. Das gehört dazu, klar, aber den Anforderungen und dem zunehmenden Druck sind nur Studenten gewachsen, die gute Gründe für ihr Studium haben. Dann ist die Wahrscheinlichkeit groß, dass Ihnen Ihr Studium ab und an richtig Spaß macht. Welche das sein könnten, zeigt Ihnen dieses Kapitel.

Gerüchte auf dem Prüfstand

Was ist dran an dem, was die Leute sagen? Die Lehrer mahnen, die Eltern erwarten und Vorgesetzte drängeln: Auf ins Studiengetümmel, ohne Studienabschluss hat man heute keine Zukunft mehr. Doch ist das wahr?

Klischee 1: Ohne Studium bekommt man keinen Job

Seit Jahren schon schwebt das Damoklesschwert des Fachkräftemangels über der Republik; nicht nur akademisch geschulte, sondern auch gut und solide ausgebildete Arbeitskräfte sind gefragt. War Abitur in Zeiten hoher Arbeitslosenquoten Voraussetzung für eine Banklehre und ein Betriebswirtschaftsstudium notwendig, um in der Bank vom Schalter wegzukommen, ist es heute leichter, den Weg andersherum zu gehen: Erst die Ausbildung und dann bei Bedarf den Fachwirt zu machen, führt an den trockenen Uni-Jahren vorbei.

Ein Studium ist nicht (mehr) unbedingte Voraussetzung dafür, überhaupt einen Job zu ergattern. Das ändert nichts daran, dass für bestimmte Berufe wie Tierarzt oder Notar oder für andere Ziele das Studium notwendige Voraussetzung ist.

Klischee 2: Ohne Studium ist die Karriere bald am Ende

Ein schneller Berufseinstieg ist über eine Ausbildung in vielen Branchen gut möglich. Tatsächlich aber tun sich im Laufe der Karriere in vielen Bereichen Hürden auf, die ohne einen Studienabschluss kaum zu bewältigen sind. So kann es sein, dass der nächste Karriereschritt nicht möglich ist, weil für die Beförderung auf eine höhere Position ein abgeschlossenes Studium Voraussetzung ist. Die sogenannte »glass ceiling«, die gläserne Decke, durch die es nicht weitergeht, ist erreicht.

Vielleicht gehören Sie zu denen, die schon lange im Beruf sind, nun aber noch Ihre Abende mit den Skripten einer Fernuni verbringen wollen, um die nächste Beförderung einzufahren. Was würden Sie den jüngeren Lesern wohl raten? Wahrscheinlich dasselbe wie ich: Überlegen Sie sich gut, ob das als Motivation ausreicht.

Karriereaussichten sind nur dann ein Grund zum Studieren, wenn Sie sicher wissen, wohin Sie wollen. Wenn Sie heute schon wissen, dass Sie Manager, Bauleiter oder Chefredakteur werden wollen, ist ein Studium ein sinnvoller Weg.

Klischee 3: Das Studium ist die schönste Zeit im Leben

Wenn Sie Menschen um die vierzig und älter zuhören, die bis zu den 1990er-Jahren studiert haben, klingen deren Erzählungen oft wie das intellektuelle – oder partytechnische – Schlaraffenland. Auf ihren Studentenausweisen standen wahrscheinlich Semesterzahlen jenseits des zwanzigsten Fachsemesters, ohne auch nur alle Grundstudienscheine zu haben. Ihr Studentenleben war geprägt von Kneipenpolitik und Demos, freier Liebe und Vorlesungen, zu denen man geht oder eben nicht. Das alles wirkt heute antiquiert und sollte Sie nicht dazu verleiten, sich das Studium allzu leicht vorzustellen.

Spätestens seit den Reformen, die das deutsche Hochschulwesen auf der Grundlage der Bologna-Erklärung von 1999 diskussionswürdig verschult und in Bachelor- und Masterabschluss gepresst haben, haben viele Studenten nicht nur weniger Zeit für das Studium insgesamt, sondern auch weniger Freizeit. Das Studium als Selbstfindungsspaziergang ist für Bachelorstudenten wirklich und endgültig vorbei.

Klischee 4: Studienabschluss = gesellschaftlich anerkannt

Dann ist da noch der durch Eitelkeit motivierte Wunsch, zu den Akademikern des Landes zu gehören. Besonders Eltern mit Studienabschlüssen neigen dazu, von ihren Kindern zu erwarten, dass sie Anwalt, Arzt oder mindestens Ingenieur werden. Die Möglichkeit, dass der Nachwuchs lieber an Motorrädern schraubt, Tierarzthelfer, Matrose oder technischer Zeichner werden möchte, geht dabei meisten unter.

Lassen Sie sich kein Studium einreden, das Sie nicht interessiert. Das gesamte Kapitel 4 dieses Buchs befasst sich mit der Wahl des geeigneten Studienfachs. Wenn Sie dabei feststellen, dass es für Sie keins gibt, lassen Sie die Finger davon.

Was die Statistik sagt

»Statistik – wie langweilig! Damit will ich nie wieder gequält werden!«

Haben Sie das gerade gedacht? Gut, dann werden Sie schon mal nicht Betriebs- oder Volkswirtschaft studieren, auch nicht Psychologie, Mathe, Physik oder Architektur oder andere Fächer, die sich mit Zahlen befassen. Zahlen (und Statistiken) sind die Grundelemente aller ansatzweise naturwissenschaftlichen Studiengänge, da heißt es Augen zu und durch, oder eben doch geisteswissenschaftlich oder künstlerisch orientieren. Auf jeden Fall gilt: »Augen auf bei der Fächerwahl«. Doch zurück zur Statistik.

Gründe für ein Hochschulstudium

Verschiedene deutsche Hochschulen erfassen regelmäßig die Beweggründe ihrer Studienanfänger, sich einzuschreiben. Abgesehen von den lokalen Vorteilen (welche Gründe für welche Hochschulorte sprechen, erfahren Sie in Kapitel 5), die Studenten in der Großstadt oder nah der Heimat ansässig werden lassen, gibt es Gründe, die immer wieder genannt werden:

- Ich interessiere mich für ein bestimmtes Fach im Detail.
- Ich möchte einen bestimmten Job ausüben, für den ich einen Studienabschluss brauche.
- Ich möchte eine akademische Laufbahn einschlagen und promovieren.
- Ich möchte eine Weile im Ausland Erfahrungen sammeln.
- Ich möchte noch nicht in die Arbeitswelt eintreten.

Wenn Sie später Ihre eigenen Ziele und Gründe formulieren, sollten Sie das präziser tun, damit Sie sich später in der Mitte von Bücherstapeln und Tütensuppen auch gut daran erinnern können, dass Sie das wirklich selbst so wollten.

Entwicklung der Hochschulbesucher 2005–2011

Zahlen zu Hochschulanfängern legte der Bildungsbericht 2012 vor (`www.bildungsbericht.de`). Zu erkennen ist, dass sich der Anteil der Studienanfänger besonders in den vergangenen Jahren in Deutschland wieder gesteigert hat, wir im Vergleich zu anderen Nationen aber noch deutlichen Nachholbedarf haben (siehe Tabelle 1.1).

Studienjahr	Deutschland Insgesamt	Davon Männlich	Davon Weiblich	Finnland	Holland	USA
2005	37,0	37,1	36,9	73	59	64
2006	35,7	35,5	35,9	76	58	64
2007	37,1	36,6	37,6	71	60	65
2008	40,3	39,9	40,8	70	62	64
2009	43,0	42,2	43,8	69	63	70
2010	45,2	44,7	45,8		59	68
2011 (vorläufige Zahlen)	55,3	57,3	53,2			

(Quelle: Bildungsbericht 2012, Tab. F1-4A, F1-10web, www.bildungsbericht.de)

Tabelle 1.1: Studienanfängerquote 1998–2011 (in Prozent)

Was gegen die Aufnahme eines Studiums spricht

Viel interessanter sind die statistischen Erhebungen von 2010 darüber, wieso so viele Studienberechtigte sich gegen den Besuch einer Hochschule entscheiden. Häufig spielen finanzielle Gründe eine Rolle bei der Entscheidung für oder gegen ein Studium.

»Wie stark sprechen aus Ihrer Sicht folgende Aspekte gegen die Aufnahme eines Studiums an einer Fachhochschule oder Universität?«	Insgesamt	Männer	Frauen	Allgemeine Hochschulreife	Fachhochschulreife	Mind. ein Elternteil m. Hochschulabschluss	Kein Elternteil mit Hochschulabschluss
	in %						
Wunsch, bald selbst Geld zu verdienen	81	84	79	82	80	76	84
Festes Berufsziel, das kein Studium voraussetzt	63	61	64	60	66	62	65
Fehlen eines passenden Studienangebots nahe des Heimatorts	32	33	32	27	37	31	33
Lange Wartezeiten durch Zulassungsbeschränkungen im angestrebten Studienfach	37	26	41	42	31	38	36
Unkalkulierbare und unübersichtliche Anforderungen eines Studiums	45	47	44	43	47	48	44
Dauer eines Hochschulstudiums	52	54	52	53	52	48	55
Nötige finanzielle Voraussetzungen eines Universitäts- oder Fachhochschulstudiums	75	72	76	74	76	68	79
Schulden zu machen für die Ausbildungsfinanzierung (z.B. Studienkredit oder BAföG-Darlehensanteil)	71	67	73	67	75	68	73
Studiengebühren übersteigen meine finanziellen Möglichkeiten	68	61	72	65	72	61	73
Geringer Praxisbezug eines Hochschulstudiums	54	48	57	61	48	54	54
Unsichere Berufsaussichten in der infrage kommenden Studienrichtung	41	36	44	41	42	41	42

(Quelle: Bildungsbericht 2010, Tab. F1-3A, www.bildungsbericht.de)

Tabelle 1.2: Gründe gegen die Aufnahme eines Studiums

Dem Argument, möglichst schnell auf eigenen Beinen zu stehen und Geld zu verdienen, kann eine Universität auf den ersten Blick nichts entgegenhalten. Hinzu kommt, dass es neben einem Vollzeitstudium wegen der hohen Belastung kaum möglich ist, zu arbeiten. Die Angst, sich das Studium nicht leisten zu können, soll in der deutschen Bildungslandschaft von Beihilfen und Stipendien gemildert werden. (Kapitel 6 stellt viele Möglichkeiten dar, die Finanzierung des Studiums sicherzustellen.)

Außerdem besteht noch die Chance, über Berufsakademien, die Bundeswehr oder im Verwaltungsdienst, im Fernstudium oder im dualen Studium während des Studierens Geld zu verdienen. Mit der Wahl der passenden Studienform können Sie sich in Kapitel 5 beschäftigen.

Die eigenen Gründe ergründen

Wieso also wollen Sie studieren? Was wollen Sie erreichen? Was möchten Sie vermeiden und womit können Sie sich motivieren? Dazu vielleicht erst einmal eine Anekdote aus meinem Leben.

Nach dem Abi bin ich aus privaten Gründen ans andere Ende der Republik nach Passau gezogen und habe mich dort schlicht für »irgendetwas Interessantes« (in dem Fall war das Deutsche Literatur, Psychologie und Jura auf Magister) eingeschrieben. Damals ging das ohne Bewerbung: hingehen, einschreiben, studieren. Aus den privaten Gründen *für* wurden Gründe *gegen* den Ort, und außerdem wollte ich als Kind immer schon Tierärztin werden – wie meine Eltern nicht müde wurden mich zu erinnern. Also habe ich den Mediziner-Test gemacht (der war damals deutschlandweit Pflichtvoraussetzung für jeden medizinischen Studiengang), dank des guten Ergebnisses meinen Wunschplatz in der Großstadt Berlin angetreten und ein Semester lang Medizin und danach zum Wintersemester Tiermedizin studiert.

Weitere drei Semester später wurde mir klar, dass meine Kindheitsträume schon länger nicht mehr mit meinem Selbstbild »Wer will ich sein, wenn ich erwachsen bin?« übereinstimmten. Danach habe ich zur Betriebswirtschaft gewechselt, wurde von der ZVS für ein Semester weggeschickt, kam zurück und habe recht schnell mein Wirtschafts-Diplom erarbeitet. Inzwischen bin ich mir im Klaren darüber, dass ich gern promovieren würde, aber für eine externe Promotion war die Note nicht gut genug. Das bedeutet, dass ich nun nebenberuflich noch einen Master mache, der als Voraussetzung ausreichen wird.

Wieso schreibe ich das so ausführlich? Damit Sie nicht dieselben Fehler machen wie ich. Hätte ich mir früher überlegt, was ich werden will, wären mir die Umwege erspart geblieben. Natürlich lernt man in so einer Orientierungszeit viel und natürlich hatte ich auch viel Spaß, aber so leid es mir für Sie tut: Das kann sich heute kaum einer mehr leisten.

Zurück zu den W-Fragen, mit denen Sie herausfinden können, ob Sie studieren wollen und sollen. Es ist sicher hilfreich, den folgenden Katalog ehrlich und gewissenhaft durchzugehen, um die Grundsatzentscheidung treffen zu können.

- ✔ Wer hat entschieden, dass Sie studieren sollen (Sie oder ein anderer)?
- ✔ Was wollen Sie mit dem Studium erreichen (bestimmten Beruf, Status)?
- ✔ Was genau wollen Sie studieren (Fächer, Sachverhalte, Interessen)?
- ✔ Wann wollen Sie studieren (sofort, nach Weltreise oder Ausbildung)?
- ✔ Wo wollen Sie studieren (Hochschulart, Studienort)?
- ✔ Wie wollen Sie studieren (Voll- oder Teilzeit, In- oder Ausland, Präsenz- oder Fernstudium)?
- ✔ Warum wollen Sie studieren?

Lesen Sie dieses Buch gründlich – besonders den Anfang, in dem es darum geht, was Sie erwartet und welche Fächer und Systeme es gibt, aber auch Teil II, welche Orte was bieten, wie sich ein Studium finanzieren lässt und – ab Teil III – was konkret Ihr Studentenleben mit sich bringt. Dann können Sie bewusst entscheiden, ob und was Sie mit welchem Ziel studieren wollen.

Anforderungen, die ein Studium mit sich bringt

2

In diesem Kapitel

- Was von Ihnen erwartet wird, wenn Sie studieren
- Die Vorstellungen der Hochschulen einschätzen
- Die Unterstützung durch das Umfeld abklopfen
- Eigene Erwartungen erkennen

Was kommt auf Sie zu, wenn Sie den Schritt gehen und sich einschreiben? Formal ist die Antwort auf diese Frage von Hochschule zu Hochschule unterschiedlich, denn die Abläufe, Inhalte und Anforderungen können je nach Hochschultyp und –ort sehr voneinander abweichen.

Grundsätzlich aber gibt es ein paar Ecken, aus denen für alle Gegenwind kommen kann und über die Sie sich im Vorfeld klar werden müssen.

Universelle Ansprüche an Studenten

Studiengebühren hin oder her, die Ausbildung an einer Hochschule kostet den Staat – und damit die Gesellschaft – Geld und dafür will sie etwas zurück. Sie selbst investieren Zeit und eigenes Geld, auch dafür wollen Sie bestimmt mehr als nur ein Papier am Ende Ihrer Ausbildung haben. Und schließlich ist da noch die Politik, die sich zunehmend bemüht, über Instrumente wie die Bologna-Erklärung den »nutzlosen Studenten« nicht mehr aufkommen zu lassen.

Was die Gesellschaft will

Die Gesellschaft sieht in ihren Studenten unter anderem die zukünftige Elite. Diese soll denken, analysieren und schließlich gestalten, und genau darauf versucht eine Hochschulausbildung Sie vorzubereiten. Elitäres Denken ist einerseits verschrien, weil es allzu nah an Arroganz oder Klassendenken liegt. Dennoch ist es wichtig, dass innerhalb einer Gesellschaft Strukturen existieren, aus denen die Denker und damit hoffentlich auch Kritiker und Akteure gegen den Stillstand hervorgehen.

Ein Ausflug in die Soziologie

Für alle, die sich in geisteswissenschaftliche Fächer einschreiben wollen, ist die soziologische Betrachtung von Sachverhalten vermutlich sowieso interessant. Alle anderen können sich hier der gesellschaftlichen Sicht auf Studenten nähern, ohne sich vom Berufsziel Arzt oder Anwalt abbringen zu lassen.

Studenten erfüllen eine bestimmte soziale Rolle in der Gesellschaft, die mit bestimmten Werten, Erwartungen und Verhaltensweisen verbunden ist. Während manch andere Rollen innerhalb der Gesellschaft *differenziert* (zum Beispiel nur im Berufsleben, das werden Sie nach dem Studium erleben, wenn es zu Chef-Mitarbeiter-Konflikten kommt) oder *situativ* vergeben werden, ist die Rolle des Studenten meistens eine *totale* Rolle. Der Soziologe Allerbeck stellt sich das in seinen Untersuchungen zu radikalen Studentenbewegungen der End-Sechziger Jahre so vor: Der Student lebt durch Wohnheime und die Zeit an der Hochschule in einer Welt, die fast nur aus Studenten zu bestehen scheint, bildet ein Wir-Gefühl heraus und ist schließlich auch durch diese Isolierung imstande, gesellschaftskritisch und politisch aktiv zu werden.

Heute ist durch die Notwendigkeit, neben dem Studium zu arbeiten oder nebenberuflich zu studieren, oft eine größere Durchmischung von Studenten und Nicht-Studenten an der Tagesordnung, aber dennoch gilt, dass die Gesellschaft Ihnen als Studenten größere Freiräume als anderen Gruppen zugesteht, dafür aber auch etwas zurückhaben will, wenn Sie »groß« sind.

Was Sie wollen sollten

Lernen ist gut, Denken lernen noch viel besser. Selbstständiges Lernen, um danach Probleme lösen zu können, ist die eigentliche Fähigkeit, die Ihnen in einem Studium vermittelt wird. Das sollte auch Ihr Anspruch an sich selbst sein: Studieren Sie nicht, um Unmengen an Wissen zu sammeln, sondern um sich Strategien anzueignen, wie Sie sich Wissen beschaffen können, wenn Sie es brauchen.

Nutzen Sie die Chance und nehmen Sie jede nur mögliche Bildung mit, die Sie bekommen können. Sie betreiben ein Studium nicht (nur), um zu einem Job zu kommen. Sie werden später auch die Inhalte und die methodischen und institutionellen Lernstrukturen brauchen, die Ihnen vermittelt werden. Sowohl Strategien, um Wissen zu beschaffen, als auch die Kenntnis der Orte, an denen man es findet – Bibliotheken, das Internet oder Archive – helfen Ihnen im Beruf weiter.

Die Studienzeit ist häufig noch mit Profanerem verbunden; die meisten Studenten müssen arbeiten, um ihren Lebensunterhalt zu sichern. Vergessen Sie dabei nicht, dass auch Feiern, Sport und Freunde finden zu Ihren eigenen Ansprüchen gehören sollte. Genießen Sie das Leben, das Ihnen durch diese Schonfrist vor dem Nine-to-Five-Dasein gewährt wird, aber vergessen Sie nicht, dass es eine Vorbereitung auf das »Leben danach« ist. Sie sollen durch die Studienjahre einen Platz im Leben finden oder, wenn Sie schon älter und etablierter sind, Ihren Platz ein wenig komfortabler gestalten.

Bologna verstehen

»Betreuen Sie auch Bachelorstudenten?« Das ist eine der häufigsten Fragen am Telefon, wenn mich Studenten anrufen. Der schöne Name meiner Beratungsfirma, *Diplomwerkstatt*, scheint überholt, denn kaum einer kann noch auf Diplom studieren. Ich versuche dann zu erklären, dass ein Diplom von jeher das Zeugnis war, das am Ende ausgehändigt wurde. Aber die Verwirrung über das, was seit einer Konferenz der europäischen Bildungsminister und -ministerinnen 1999 in Bologna unter Hochschulbildung verstanden wird, bleibt bestehen. Noch ist die Phase nicht vorbei, in der Hochschulen ihre neuen Studiengänge schlecht konzeptioniert haben, Studenten nicht wissen, welche Veranstaltungen sie belegen sollen oder müssen und das Pensum schwer zu bewältigen ist. Aber es wird besser und Sie müssen sich als Hochschulneuling damit abfinden, dass es kaum noch andere Möglichkeiten als das Bachelor-Master-System gibt.

Bologna steht für die Vorstellungen der europäischen Hochschulpolitik, wie Studieren schneller, effektiver und für die Gesellschaft nützlicher gestaltet werden kann. Damit betrifft das Grundgerüst Sie persönlich und Sie sollten eine Vorstellung davon haben, wie das gedacht war und ist. Folgendes sollten Sie über den Bologna-Prozess wissen, wenn es um Ihr Studium geht:

✔ Der Grundgedanke ist, dass Studiengänge und -leistungen innereuropäisch *vergleichbar* werden. Das ermöglicht es einerseits, an verschiedenen Orten in Europa zu studieren und die Leistungen anrechnen zu lassen, andererseits, dass Abschlüsse in anderen Ländern besser einschätzbar und damit anerkannt sind.

✔ Um die Vergleichbarkeit herzustellen, wurde ein dreistufiges System geschaffen, das einen berufsorientierten *Bachelor* (sechs bis acht Semester Regelstudienzeit), einen wissenschaftlich ausgelegten *Master* (zwei bis vier Semester Regelstudienzeit nach dem Bachelor) und eine forschungsorientierte *Promotion* vorsieht. Somit ist bereits nach drei Jahren der Eintritt ins

Berufsleben mit einem Hochschulabschluss (Bachelor) möglich. Das freut Politiker und Unternehmer angesichts des Fachkräftemangels, Studenten aber lässt es manchmal noch mit dem Gefühl eines minderwertigen Abschlusses trotz erhöhten Leistungsdrucks zurück.

- Die einzelnen Studiengänge werden durch Veranstaltungen gekennzeichnet, die mit *Creditpoints* in einem sogenannten Leistungspunktsystem bewertet werden. Wer Vorlesung X gehört und die entsprechende Klausur bestanden hat, bekommt dafür soundso viele Credits. Diese sind nicht mit der Note zu verwechseln, die in den Abschluss eingeht. Credits sind nur zum Nachweis da, dass bestimmte Veranstaltungen oder Blöcke des Studiums besucht wurden.
- Im Sinne eines *Modern Governance*, der modernen Ansicht, dass Hochschulverwaltung auch Studierende etwas angeht, sollen Studenten in die Planung der Studienanforderungen eingebunden und die Mitbestimmung der Beteiligten bestärkt werden. In der Realität ist der mangelnde Einfluss von studentischen Vertretern in Entscheidungsgremien allerdings stark in der Kritik.
- Das Projekt *Bologna-Zentrum* der Hochschulrektorenkonferenz (HRK) wurde im Jahr 2010 abgeschlossen. Auf der Homepage `www.hrk-bologna.de` stehen viele offizielle Informationen zur Entwicklung und zu Hintergründen des Bologna-Prozesses. Wer eine kritische Auseinandersetzung mit dem Thema wünscht, kann sich zum Beispiel mit Thomas Brändles Buch »10 Jahre Bologna-Prozess« auf der Couch niederlassen.
- Es gibt noch *Alternativen* zu Bachelor und Master; insbesondere in Sachsen ist es noch möglich, Diplomstudiengänge zu beginnen. Zudem bestehen die Studiengänge auf Lehramt und mit Staatsexamen weiter, und auch Magisterstudiengänge sind weiterhin, wenn auch in sehr geringem Umfang, im Angebot (mehr dazu in Kapitel 4).

Das System wird, wenn es erst einmal vollständig und sinnvoll umgesetzt ist, vor allem Vorteile haben: Die Anrechnung ausländischer Prüfungsleistungen oder solcher von anderen deutschen Hochschulen wird vereinfacht, das Studium wird berufsorientierter und weniger »elfenbeinturmverortet« und Hochschulrankings werden aussagekräftiger und damit der Wettbewerb erhöht. Wenn nun noch Lösungen für Probleme gefunden werden, wie

- dass sich kleine und wenig begehrte Studiengänge für Hochschulen kaum noch lohnen (Stichwort Orchideenfächer) und das Spektrum der Bildung und Forschung schrumpft,

- ✔ dass die zunehmende Verschulung manchmal das Vermögen von Studierenden, selbstständig zu denken, einschläfert,
- ✔ dass die angestrebte Internationalisierung durch die Kosten, die mit vor allem von privaten Hochschulen angebotenen Doppel- und Auslandsstudiengängen verbunden sind, kaum allen offen steht und
- ✔ dass die Studenten unter großem Druck stehen und der Bachelorabschluss noch nicht ganz als vollwertiger Abschluss akzeptiert wird,

dann kann von einem Fortschritt im Bildungswesen gesprochen werden.

Timing ist alles

Um die Gesellschaft, die Politiker und sich selbst nicht zu enttäuschen und einerseits erfolgreich zu studieren, andererseits aber auch zufrieden zu leben, ist der wichtigste Faktor das richtige Timing. Alles zu seiner Zeit anzugehen und zu schaffen, ist die Voraussetzung dafür, dass Sie nicht unter die Räder kommen, bei den vielen Ansprüchen von allen Seiten. Einmal gelernt, ist effektives Zeitmanagement, wie es in Kapitel 11 angeregt wird, ein Gewinn fürs Leben.

Ihre zeitliche Planung umfasst aber mehr als nur rechtzeitig auf Klausuren vorbereitet zu sein, die Seminaranmeldung nicht zu verschusseln oder zu den 8-Uhr-Vorlesungen aus dem Bett zu kommen. Timing bedeutet auch, sich rechtzeitig um Praktika oder Berufsaussichten Gedanken zu machen, zu planen, wie das Leben danach aussehen soll, und mit einer Strategie, die auf die Zukunft ausgerichtet ist, zu studieren. Am Ende dieses Buchs in Teil V erfahren Sie, worum Sie sich kümmern müssen, wenn Ihr Studienabschluss naht. Bereits während Ihres Studiums sollten Sie aber die Augen offenhalten, wie sich Ihr Wunsch-Berufsbild entwickelt, was am Markt gewünscht ist und wie Sie Ihr Studium Ihrer Zukunft anpassen können.

Wie sich die Hochschule einen Studenten vorstellt

Ihre Möglichkeiten, sich Ihr Studium selbst zusammenzustellen, sind leider begrenzt. Hauptsächlich sind Sie als Student den Anforderungen und Lehrplänen der Hochschule verpflichtet. Diese untersteht wiederum dem Bundesland beziehungsweise, dank der oft kritisierten Zuständigkeitsverteilung aus dem Hochschulrahmengesetz (HRG), teilweise auch dem Bund, etwa bei der Finanzierung von Forschungsbauten. Ohne auf die Details des Gesetzes einzugehen, ist jede staatliche Hochschule an das HRG gebunden, das ihre Aufgaben (§ 2 HRG) und Ziele (§ 7 HRG) festlegt und die Voraussetzungen für die Zulassung zum Studium (§ 27ff. HRG) bestimmt.

Aus dem, was in den Zielen und der Zulassungsvoraussetzung steht, lässt sich ableiten, dass Hochschulen

✔ eine Masse von *berechtigten* Menschen (Deutsche beziehungsweise Europäer und andere Ausländer mit Sprachkundenachweis und entsprechender Qualifikation)

✔ nach den *zahlenmäßigen* Vorgaben des Landes (Zulassungszahlen werden für einzelne Studiengänge für bestimmte Zeiträume festgelegt)

✔ dazu verhilft, sich auf ein *berufliches Tätigkeitsfeld* vorzubereiten, indem erforderliche fachliche Kenntnisse, Fähigkeiten und Methoden vermittelt werden

✔ und dass sie zudem der *Forschung* verpflichtet sind.

So viel zur Theorie oder Gesetzgebung, in der Praxis haben Hochschulen das Recht, sich eigene, vom Land zu genehmigende Grundordnungen zu geben. Unter anderem steht dort, was den Studenten nun tatsächlich beizubringen ist. Hier entsteht ein Dilemma, in dem sich das deutsche Universitätswesen schon lange befindet und was zunehmend für die bessere Akzeptanz von Fachhochschulabschlüssen in der Unternehmenswelt gesorgt hat: An Universitäten soll geforscht werden, also sind Professoren Lehrer und Wissenschaftler zugleich. Was für die Ausbildung von vielen neuen Forschern ideal erscheint, ist für das Schaffen von »fachlichen Kenntnissen, Fähigkeiten und Methoden«, wie sie im HRG gefordert werden, allerdings manchmal ungeeignet.

Universitäten erwarten häufig von ihren Studenten, dass sie sich aus dem, was der Wissenschaftler-Professor lehrt, ihren eigenen Reim auf die wirkliche Welt machen. Wenn Ihnen dieser Transfer liegt, super, wenn eher nicht, sollten Sie Ihre Wahl beim Studiensystem praxisbezogener anlegen (mehr dazu in Kapitel 5).

Andere Hochschultypen erwarten von ihren Studenten Praktika oder Auslandsengagement, manche haben viele und manche wenige Seminare und Exkursionen vorgesehen. Vor der Auswahl Ihrer zukünftigen Universität haben Sie hoffentlich beachtet, ob deren Anforderungen in Ihr Leben und Ihren Zeitplan passen.

Unterstützung aus dem Umfeld sichern

Unterstützung, das ist doch was Feines. Aber wenn Sie sich in einen neuen Lebensabschnitt begeben, bedeutet das nicht automatisch, dass alle um Sie herum sich darüber freuen. Ob Sie nun gerade Abitur machen und planen, flügge zu werden oder das Hotel Mama weiter zu nutzen, ob Sie bereits eine eigene Familie haben und nun abends Skripte lesen statt das Sandmännchen mitzuschauen, ob Sie beruflich eingespannt sind oder andere Aktivitäten zugunsten Ihres Projekts Studienabschluss kürzer kommen werden, in jedem Fall wird es andere geben, die von Ihrer Entscheidung für ein Studium betroffen sind. Sprechen Sie mit ihnen über die Konsequenzen.

Die Familie einbeziehen

Die Mehrheit von Ihnen befasst sich vermutlich gerade mit der Entscheidung, ob nach dem (Fach-)Abi nun eine Ausbildung oder ein Studium folgen soll. In dieser Situation wohnen Sie wahrscheinlich noch zu Hause bei Ihren Eltern, sehnen sich aber nach einem eigenen Leben und mehr Unabhängigkeit. Was immer Sie sich wünschen, sei es sich daheim weiter die Wäsche waschen zu lassen und in der Heimatstadt zu studieren oder für eine Ausbildung nach Spanien zu ziehen, reden Sie mit Ihren Eltern darüber. Das hat zum einen damit zu tun, dass die meisten Schulabgänger gar keine Ahnung haben, was sich ihre Eltern eigentlich vorstellen: Vielleicht sind sie froh, wenn sie mal ihre Ruhe haben, oder wollen sie gerne dabehalten. Zum anderen stellt sich wieder die Frage der Finanzierung: Rechnen Sie gemeinsam durch, wie Ihre Eltern Sie unterstützen können und was von Ihnen oder Dritten kommen muss, um Ihre Pläne zu verwirklichen. Je mehr Sie andere einbinden, wie zum Beispiel Ihre Eltern, die ja ohnehin per Gesetz beteiligt sind, umso größer sind die Chancen, unterstützt zu werden.

Auch wenn Sie bereits eine eigene Familie haben, einen Partner, möglicherweise Kinder, kann studieren eine Option sein und auch hier sollten Sie alle »Betroffenen« in Ihre Entscheidungen mit einbeziehen.

Den Arbeitgeber ins Boot holen

Sollten Sie zu denjenigen gehören, die bereits in Lohn und Brot stehen, dann kann durchaus auf der anderen Seite der Gehaltsbuchung ein Interessent stehen, der sich für die bessere Ausbildung seiner Mitarbeiter einsetzt. Oft gehört zu den von großen Unternehmen angebotenen Weiterbildungen zum Beispiel ein Master of Business Administration (MBA) in Kooperation mit einer privaten

Business School für mittlere und obere Managementangestellte. Manche Firmen unterhalten auch eigene Programme in Firmenuniversitäten (sogenannte Corporate Universities) oder arbeiten mit regionalen staatlichen Hochschulen zusammen.

Was immer Ihre Position im Unternehmen ist, oft hat die Personalplanung Verwendung für weiterbildungswillige Mitarbeiter und unterstützt auch privates Engagement, nebenberuflich noch einen Abschluss zu erlangen. Auf jeden Fall kommen sich Studium und Beruf zu Prüfungszeiten oder bei notwendigen Präsenzseminaren auch mal in die Quere, weswegen Sie gut daran tun, Ihren Brötchengeber wenigstens einzuweihen, wenn Sie ihn schon nicht einbinden können, um hinsichtlich der zeitlichen Gestaltung Unterstützung zu finden.

Mitstreiter finden

Was Sie im Studium dringend brauchen werden, sind Weggefährten und Mitstreiter. Bereits in den letzten Schuljahren haben Sie wahrscheinlich geklärt, welche der Mitschüler ähnliche Studieninteressen haben oder wohin es sie verschlagen wird. Wenn Sie schon in Kontakt mit Studierenden gekommen sind, können Sie sich an sie halten, wenn Sie sich an deren Hochschule einschreiben.

Den Fernstudienanwärtern unter Ihnen kann ich nur raten, sich in den jeweiligen Zentren vor Ort umzusehen oder über Internetforen Mitstreiter zu finden, die ähnliche Klausuren oder Formalitäten vor sich haben. Auch Studieren an einer Fernuni macht gemeinsam mehr Spaß.

Es gibt viele Gelegenheiten, um Leute kennenzulernen und an Infos zu kommen, die Sie schon einmal im Hinterkopf behalten können, auf die ich Sie aber auch gern in Kapitel 8 noch einmal hinweise:

- Bei der *Immatrikulation* werden Sie vermutlich lange in der Schlange stehen. Hier sind schon immer erste zarte Bande geknüpft worden, die teils ein Leben lang hielten. Vielleicht arbeitet das Zulassungsamt auch aus diesem Grunde im Schneckentempo – oder es liegt daran, dass kaum ein Student den Antrag auf Anhieb richtig ausfüllt.
- *Einführungsveranstaltungen* gehören inzwischen fast schon zum Pflichtprogramm. Lassen Sie sich nicht nur durch die Gebäude führen, sondern nutzen Sie die Gelegenheit, sich mit den anderen zu unterhalten.
- Das Vergnügen sollten Sie sich gönnen: *Erstsemesterpartys* bringen mit sich, dass die älteren Semester gucken kommen, wer die Neuen sind. Hier

lernen Sie andere Erstsemester und solche, die schon wissen, wie der Vorlesungshase läuft, kennen.

- ✔ Bei manchen Problemen können auch Studenten anderer Fächer oder Hochschulen helfen. Gehen Sie mit Ihrem Problem oder einer Frage ins *Studi-VZ* (`www.studivz.net`) oder andere *Netzwerke und Foren* für Studenten (zum Beispiel `www.studis-online.de`), bestimmt finden Sie auch schon im Vorfeld Ihres Studiums jemanden, der auf Ihre Fragen antwortet.
- ✔ Zur Unterstützung bei der Studienentscheidung oder später bei den Anforderungen des Studiums, gibt es noch eine Reihe von *Einrichtungen an den Hochschulen* selbst. Da die für ein ganzes Kapitel reichen, finden Sie mehr hierzu in Kapitel 8.

Wer sonst noch meckern könnte

Es gibt Tage, an denen ist selbst die Kassiererin im Supermarkt nicht auf Ihrer Seite, da flattern Briefe ins Haus, die keiner lesen mag, die EC-Karte bleibt im Automaten, und wenn Sie ein Auto haben, bekommen Sie garantiert einen Strafzettel. An solchen Tagen rufen später, wenn Sie erst einmal studieren, auch folgende Mitbürger und Institutionen an, um Ihnen den Tag zu verderben:

- ✔ Die »Geldgeber«: Ihre Familie war bereits Thema, was die Unterstützung betrifft, aber denken Sie nicht, dass da keiner nachfragt, was mit ihrem Geld passiert. Auch Ihr Arbeitgeber wird beim x-ten freien Tag wegen anstehender Klausuren, Abschlussarbeiten oder sonstigen Terminen wenig erfreut sein. Stellen Sie sich darauf ein, dass Sie es mehr Menschen recht machen müssen als nur Ihrem Professor.
- ✔ Das BAföG-Amt will Papiere, Nachweise und Kontoauszüge. Wenn Sie das nicht gewissenhaft liefern, verlieren Sie womöglich die Unterstützung – keine gute Idee (mehr dazu in Kapitel 6).
- ✔ Auch Ihre Bank kann anklopfen, wenn Sie gar kein Geld mehr vom Dispo-Limit trennt. Achten Sie auf Ihr Budget, von Anfang an (Tipps zur Finanzierung finden Sie in Kapitel 6).
- ✔ Die Hochschulen selbst haben auch Mechanismen erdacht, die eigens dazu da sind, Studenten beschäftigt zu halten; Anträge und Formblätter, Fristen und Sprechzeiten, alles das kommt auf Sie zu, wenn Sie sich weiterbilden wollen (mehr dazu in Kapitel 7 und 8).

Noch einmal: Was wollen Sie?

Sie merken schon, am Ende jedes Kapitels scheint der Bumerang zu Ihnen zurückzukommen, denn immer wieder möchte ich Sie dazu bringen, sich mit Ihrer Entscheidung auseinanderzusetzen. An alle, die befürchten, das ginge nun das ganze Buch lang so weiter: Keine Angst. Nur der erste Teil des Buchs, der Sie auf alle Fragen vorbereitet, die Sie mit dem Buch beantworten können, soll Ihren Blick auf sich selbst schärfen.

Welche Anforderungen haben Sie an sich selbst?

- ✔ Wollen Sie als *Hobby* Studienabschlüsse sammeln? Lachen Sie nicht! Ich kenne Menschen, die das tun. Oder wollen Sie vielleicht hinterher noch promovieren?
- ✔ Wollen Sie *Forscher* werden oder Ihre Karriere ankurbeln, bestimmtes Fachwissen erlangen oder eben nur irgendetwas studiert haben?
- ✔ Wollen Sie ein »sehr gut« auf dem Papier, das Ihnen am Ende Ihren *Erfolg* bescheinigt, oder reicht Ihnen das Abschlusszeugnis an sich?

Auch diese Fragen sollten Sie sich beantworten:

- ✔ Wie weit sind Sie bereit, sich *einzuschränken*?
- ✔ Wie viel *Zeit* können Sie Ihrem Studium widmen, wenn Sie nebenher arbeiten oder andere Menschen versorgen müssen?
- ✔ Wie schnell müssen und können Sie ein Studium abschließen und halten Sie die *Belastung* aus, die damit einhergeht?

Natürlich stellt sich fast jeder Mensch unter einer gewünschten Veränderung auch eine Verbesserung vor. Dabei kann etwas durch ein »Mehr desselben«, wie es schon Watzlawik in seiner unbedingt empfehlenswerten *Anleitung zum Unglücklichsein* beschrieben hat, auch einfach nur noch schlimmer werden, statt besser. Seien Sie misstrauisch bei Gedanken wie diesen:

- ✔ »Die Schule war zwar blöd, aber die Uni wird spannend.«
- ✔ »Der Job nervt, aber wenn ich studiere, kann ich aufsteigen.«
- ✔ »Ich verdiene jetzt nach der Lehre zwar schon genug, aber nach dem Studium wird es erheblich mehr werden.«

Denken Sie gut darüber nach, welche Ziele Sie verfolgen und womit das verbunden sein wird. Vielleicht lesen Sie auch erst das folgende Kapitel 3 und denken dann noch einmal darüber nach, über welche Hürden Sie zu springen bereit sind und wo Sie scheitern könnten.

Was bedeutet Studieren für Ihr Leben?

3

In diesem Kapitel

- Worauf Sie sich einlassen
- Welche Vorteile und welche Einschränkungen mit einem Studium einhergehen
- Was die Entscheidung schließlich ausmacht

Die meisten Ratgeber zum Studieren fangen nicht damit an, Sie drei Kapitel lang zu erschrecken. Ich hoffe, auch ich habe das bislang nicht ausschließlich getan, aber Tatsache ist, dass zu viele Studenten einfach irgendetwas anfangen, was sie selbst Zeit und den Staat und meistens noch die Eltern Geld kostet. Jede Erfahrung ist für etwas gut – keine Frage – und auch ein Studium abzubrechen, ist kein Weltuntergang. Aber wenn Sie schon einen Ratgeber dazu lesen, dann sollte Ihnen nach dessen Lektüre auch klar sein, was auf Sie zukommt.

In diesem Sinne ist dieses Kapitel das letzte, das Ihre Entscheidung für ein Studium noch einmal auf die Probe stellt. Wenn Sie es lächelnd und mit dem Gedanken »Alles kein Problem!« lesen können, sind Sie bereit für den Rest des Buches.

Was ein Studium mit Ihrem Leben macht

Der Wunsch zu studieren kann Sie in den unterschiedlichsten Lebenssituationen überkommen. Typischerweise stellt sich die Frage direkt nach dem (Fach-)Abitur, aber auch direkt nach einer Ausbildung oder einigen Jahren Berufserfahrung kann es reizvoll sein, sich weiterzubilden und etwas zu lernen, was theoretischer Natur ist.

Noch mal die Schulbank drücken

Mit der Theorie geht auch der Schulcharakter einher. Vielerorts werden Sie wieder dem guten alten Frontalunterricht in Vorlesungen oder Übungen ausgesetzt sein. Sie werden zu bestimmten Uhrzeiten an bestimmten Orten sein müssen und bestimmte Lehrende werden Sie mit ihren mehr oder weniger spannenden Ausführungen berieseln.

Ein Hochschulstudium vermittelt in aller Regel theoretisches Wissen. Je nach Art des Institutes wird das mehr oder weniger praxisorientiert aufbereitet, aber um stapelweise Papier, Bücher, Lehrstoff und Pauken kommen Sie nicht herum.

Anders als in der Schule ist allerdings nun verstärkt Ihr Organisationstalent gefragt. Von einem Studenten wird erwartet, dass er sich selbstständig darüber informiert, wann er wo zu sein hat. Das Kurssystem einer Oberstufe soll hierauf vorbereiten, denn auch dort hatten Sie bereits die Wahl, welche Fächer Sie wie zusammenstellen, um genügend Punkte zu erhalten und alle restlichen Vorgaben zu erfüllen. An der Uni besorgen Sie sich ein Vorlesungsverzeichnis und stellen sich ebenfalls zusammen, was Sie in welchem Semester belegen müssen und wollen.

Wenn es Ihnen an der Schule schon gefallen hat, dass alle Klassenräume an einem Ort waren und Sie sich möglichst wenig bewegen mussten, dann sollten Sie nach einer Campus-Hochschule Ausschau halten. Dort sind die Wege kurz und alle relevanten Orte (Vorlesungssäle, Seminarräume, Mensa, Café, Bibliothek) in Laufweite. Andere Hochschulen sind über eine ganze Großstadt verstreut.

Eine Konstante ist der Ablauf *Wissen aufnehmen – Lernen und behalten – abprüfen lassen*. Wie in der Schule müssen Sie Leistungsnachweise erbringen, die allerdings je nach Studienfach und Hochschule sehr unterschiedlich aussehen können.

Das Tütensuppen-Klischee

Das sagt Ihnen nichts? Herrje, sind Sie jung! Es gab eine Zeit, in der die Tütensuppe im Topf Sinnbild des armen Studenten war, der sich notgedrungen davon ernährte. Nun wissen Sie, wieso hier »Klischee« drüber steht. Aber wie immer ist auch an diesem Bild etwas Wahres dran: Gerade wer bereits im Berufsleben stand und regelmäßig ein Einkommen bezogen hat, wird sich wundern, wie schwierig es ist, wieder mit weniger Geld auszukommen. Wer keine Unterstützung der Eltern erhält, bekommt bis zu 650 Euro monatlich vom BAföG-Amt, wenn alle Voraussetzungen erfüllt werden. In dieser Größenordnung liegt auch der Unterhaltsanspruch gegenüber den Eltern, sollte es einen geben. Mehr zu Quellen möglicher Gelder steht in Kapitel 6.

Tütensuppe hin oder her, der Besuch einer traditionellen Hochschule ist mit finanziellen Einschränkungen verbunden. Das liegt einerseits daran, dass Sie einen Großteil Ihrer Zeit dem Studieren und Lernen widmen werden, wofür Sie niemand bezahlt, und somit wenig Zeit zum Arbeiten übrig bleibt. Zum anderen sind Studentenjobs besonders in Städten, in denen viele Studenten leben, meist schlecht bezahlt. Wenn Sie dann abends in einer Kneipe stehen oder kellnern, werden Sie damit sicherlich auch nicht reich.

Es lohnt sich, von Anfang an eine solide Finanzplanung zu erstellen, in die eingeht, welche Miete Sie sich leisten können, welche Aufwendungen für das Studium selbst anfallen (Studiengebühren, Fahrausweise, teure Fachbücher) und wie viel Sie dann am Ende für sich monatlich übrig haben.

Vom Stress, Student zu sein

»Früher war alles besser« – noch so ein Klischee. Aber wenn ich ehrlich sein soll, beneide ich die aktuelle und zukünftige Generation nicht um das, was ihnen bevorsteht. Es geht ja nicht nur ums liebe Geld, sondern Studieren hat auch mit Lebensqualität zu tun. Und so ist es nicht weiter verwunderlich, dass Studierende heute neidvoll auf die Zeit blicken, in der die Gebühren nicht von der Anzahl der Semester abhingen und so mancher Student sein Leben genossen hat, indem er sich den Vorlesungssälen auf maximal 200 Meter genähert hat.

Wenn man dem Klischee auf den Zahn fühlt, kommt man schnell auf die Sozialerhebung des Deutschen Studentenwerks zurück, das dem widerspricht: Im Dreijahresrhythmus werden Studierende mit allerlei Fragen gelöchert, so auch zum wöchentlichen Aufwand für Lehrveranstaltungen und das Selbststudium. Und siehe da, nach 37 Wochenstunden im Jahr 1991 und 36 in den Jahren 1994, 1997 und 2000 gab es zwar einen kleinen Knick (2003 und 2006 fielen mit durchschnittlich 34 Wochenstunden geringer aus), aber das 2009er Niveau setzt nur die alten Zahlen fort. Nicht mehr Studienzeit als vor 20 Jahren, möchte man glauben. Übrigens: Ab dem 15. Semester erleiden diese Zahlen die Schwindsucht und es werden nur noch 28 Stunden im Mittel wöchentlich studiert. Das hat sicher einen direkten Zusammenhang mit der wöchentlichen Arbeitszeit. Die Anzahl der erwerbstätigen Erst- bis Viertsemester hat sich zwar im Vergleich zu vergangenen Befragungen verringert, die Zeit für Erwerbstätigkeit steigt aber ab dem 11. Fachsemester auf über zehn Wochenstunden an. Alles in allem kommt die Studie zu dem Ergebnis, dass der durchschnittliche Gesamtaufwand für Studium *und* Job von 41 (2006) auf 44 (2009) Wochenstunden angestiegen ist und derzeit in dieser Höhe bestehen bleibt. Auch der Anteil derjenigen, die über

46 Stunden pro Woche Gesamtaufwand angeben, ist angestiegen. Es ist also wahr: Studieren ist anstrengender geworden. Zumindest im Durchschnitt.

Und was hab ich davon ...?

Wenn Sie sich das Kapitel bis hierher durchgelesen haben, dann werden Sie denken: »Na toll, lernen, kein Geld und viel Zeitdruck, wer will das?« Aber es gibt eine Menge positiver Dinge, die das Studentendasein mit sich bringt.

Grundsätzlich können Sie nach wie vor Studieren um des Studieren willens oder sich gezielt mit einem Blick auf einen Job oder die Karriere ausbilden lassen. Eine Ernst & Young-Studie kommt zu dem Schluss, dass persönliches Interesse beziehungsweise Hobbys das wichtigste Kriterium für die Studienwahl darstellen, erst danach kommen gute Jobchancen, Verdienstmöglichkeiten, Karriereaussichten, gesellschaftliches Ansehen, und eher unwichtig ist die Fortsetzung eines bereits eingeschlagenen Ausbildungswegs.

Individuell müssen Sie selbst entscheiden, was Sie davon haben, ein Studium zu beginnen. Es könnten einige der folgenden Gründe zum Tragen kommen.

In der Gegenwart

Sie bekommen (mal wieder) *geistigen Input*. Das scheint wenig reizvoll, wenn Sie bis vor Kurzem noch zur Schule gegangen sind, aber gerade wenn Sie es gewohnt sind zu lernen, können Sie mit dem Stoff, der an Hochschulen gelehrt wird, noch besonders gut umgehen. Und wenn Ihre Schulzeit, Ihre Lehre oder das letzte Studium schon eine Weile her sind, können Sie sich darauf freuen, wieder einmal in Ruhe zu büffeln, statt sich mit nervigen Kunden auseinanderzusetzen.

Ein Studium bedeutet immer auch *Vergünstigungen* für Sie, sei es bei den öffentlichen Verkehrsmitteln, kulturellen Veranstaltungen oder beim Kauf eines neuen Laptops (mehr dazu steht in Kapitel 14). Studieren spart Geld, es kostet nicht nur. Das sollte zwar kein Grund dafür oder dagegen sein, aber es ist ein angenehmer Nebeneffekt.

Wahrscheinlich erhalten Sie niemals wieder eine solche Chance, zu *reisen* und sich die Welt anzusehen. Sei es in der vorlesungsfreien Zeit, in der Sie vielleicht Klausuren schreiben müssen, aber im Sommer ja nicht monatelang am Stück, oder sei es mit einem Studium, in dem Sie ein Auslandssemester oder zwei einlegen. Lesen Sie Kapitel 13, wenn Sie das reizt.

Auch *Praktika* gehören klassischerweise in das Zeitfenster rund ums Studium. Sich mit dem Abschluss in der Tasche noch auf einen Praktikumsplatz einzulassen, ist in einigen Branchen zwar üblich, da wird es aber dann bezahlt. Ansonsten sollten Sie sicher sein, dass Sie sich gern ausbeuten lassen. Während des Studiums aber in verschiedene Bereiche zu schnuppern, möglicherweise schon Kontakte zu zukünftigen Arbeitgebern zu knüpfen und die Welt der Berufstätigen anzuschauen, kann nicht schaden (wenn es nicht sogar in der Studienordnung vorgeschrieben ist).

Bildung, und das ist nicht ganz dasselbe wie geistiger Input. Bildung bedeutet, dass Sie sich auch rechts und links von Ihrem eigentlichen Studienfach Wissen aneignen können, dass Sie Zeit haben (hoffentlich), die Zeitung zu lesen (Sie haben das sicher schon einmal gesehen: lose Blätter meist großformatigen Papiers, für die man keinen Strom braucht), mit Kommilitonen zu diskutieren, sich Weltsichten anzuschauen und eine eigene anzueignen. Sie können als Teil einer Hochschule auch Vorlesungen anderer Fächer als Gasthörer besuchen und in der Bibliothek lesen so viel Sie wollen. Auch diese Chance kommt nicht noch einmal im Leben.

Last, not least, sollen Sie *Spaß* haben beim Studium. Das wird Ihnen nicht in jeder Sekunde gelingen und auch eher in der Freizeit als in einer finanztheoretischen Vorlesung, aber ich verspreche Ihnen, Sie werden Spaß haben. Für die meisten von Ihnen wird es, wenn Sie ordentlich haushalten und keine Geldsorgen haben, am Ende doch eine der besten Zeiten im Leben werden.

In der Zukunft

Auch wenn es auf der Liste der Studiengründe nicht an erster Stelle steht, sind bessere *Gehaltsaussichten* fast automatisch mit einem Studienabschluss verbunden. Auch die Chance, überhaupt einen Job zu bekommen, ist deutlich höher. Auch wenn die Nachrichten manchmal erhebliche Anstiege der *Arbeitslosenquote* bei Akademikern beschreien, so sind die Zahlen doch vergleichsweise niedrig. Waren 1999, als es noch deutlich weniger Hochschulabsolventen gab als zehn Jahre später, 195.000 Akademiker arbeitslos, so stand der Pegel 2009 bei 16.700 – deutschlandweit. Aufgrund des Fachkräftemangels kommen auch die letzten Absolventen der gefragten Studiengänge unter. Bei anderen Studiengängen, deren Absolventen in Massen auf den Arbeitsmarkt drängen, sieht es ganz anders aus. Erhalten 90 Prozent der Ingenieure direkt nach dem Abschluss einen Job, so sind es bei allen Studiengängen gesamt nur 70 Prozent, die sofort eine Arbeit finden. Die Hälfte der Übriggebliebenen ist nach einem Jahr immer noch arbeitslos. Ein Grund mehr, sich über die Jobaussichten im angestrebten Fach zu informieren.

Das Studium bringt Ihnen zukünftig auch die Gabe, *lernen* zu können, denn das ist es, was Sie fächerübergreifend in den kommenden Jahren tun werden: Sie werden lernen zu lernen. Sie werden Wissen anhäufen, das Sie vergessen werden, aber vor allem werden Sie am Ende wissen, wo Sie sich wie informieren, wenn Sie sich in ein neues Thema einarbeiten, und wie Sie dabei vorgehen. Das ist der Grundstein dafür, dass Sie mit vielen Studienabschlüssen auch in ganz anderen Bereichen unterkommen können. Sie können Ihrem zukünftigen Chef vermitteln, dass Sie sich selbstständig in etwas einarbeiten können. Auch andere sogenannte *Soft Skills* winken: Da in modernen Studiengängen verstärkt auf Gruppenarbeit wert gelegt wird, fördert ein Studium auch Ihre Teamfähigkeit und Kommunikations- und Kompromissbereitschaft; weitere Attribute, mit denen Sie in Bewerbungen punkten können. Und weil Sie sicherlich auch öfter mal vor dem ein oder anderen Problem stehen werden, müssen Sie sich Ausdauer und eine gewisse Findigkeit im Umgang mit Regeln und Ordnungen aneignen.

Nach einer Hochschulausbildung stehen Ihnen außerdem *Weiterbildungsoptionen* offen. Sie können auf einen Bachelor noch einen Master setzen und eine Dissertation schreiben, und wenn Sie Geschmack daran gefunden haben, wissenschaftliche Texte zu veröffentlichen, können Sie in die Forschung gehen. Kapitel 4 gibt Ihnen weitere Hinweise zu den verschiedenen Abschlüssen, die Sie in vorbestimmter Reihenfolge durchlaufen können, in Kapitel 5 wird besonders das Thema Forschung im Rahmen der Exzellenzinitiative wichtig.

Schließlich bringt Ihnen ein Studium ein nicht zu unterschätzendes *Netzwerk*, einerseits als Alumni, also als ehemaliger Student einer Hochschule, andererseits auch dadurch, dass Sie die Gelegenheit haben – und nutzen sollten –, sich in der Praxis umzusehen und Kontakte zu Firmen zu knüpfen, solange Sie noch studieren. Möglichkeiten dazu bieten zum Beispiel Praktika und Seminare mit Dozenten aus der Praxis.

All diese Vorteile können Sie genießen, wenn Sie ein Studienfach wählen (Kapitel 4), das Sie an einem passenden Ort an der passenden Uni belegen (Kapitel 5), was Sie sich leisten können müssen (Kapitel 6) und für das Sie sich in den meisten Fällen auch noch rechtzeitig bewerben müssen (Kapitel 7).

Na dann mal los!

Teil II

Gute Vorbereitung ist die halbe Miete

In diesem Teil ...

Bevor Sie sich als Student ins Hochschulleben stürzen können, stehen noch ein paar Entscheidungen an. Zunächst einmal sollten Sie eine Idee haben, für welches Fach oder welche Fächerkombination Sie sich einschreiben möchten. Dann gilt es die Fragen nach dem Ort und der Finanzierung zu klären.

Und wenn Sie das alles entschieden haben, gilt es, sich für die Fächer, die das erfordern, rechtzeitig zu bewerben. Wie Sie Antworten auf all diese Fragen finden und viele Tipps zur Bewältigung der Vorbereitungszeit – all das finden Sie in diesem Teil.

Studieren, na klar! Aber was nur?

4

In diesem Kapitel

- Aus Interessen und Fähigkeiten ein Fach machen
- Fakultäten und Fachbereiche kennenlernen
- Abschlüsse für spezielle Berufe in Betracht ziehen
- »Was bin ich, wenn ich fertig bin?«
- Jemanden fragen, der sich damit auskennt

Sie sind fest entschlossen, zu studieren. Gut so, denn ich weiß, dass Sie sich diese Entscheidung nicht leicht gemacht haben, falls Sie die ersten drei Kapitel dieses Buchs gelesen haben. Nach der Frage nach dem »Ob«, steht nun eine weitere Entscheidung an, nämlich die Frage, »Was« Sie studieren wollen.

Aktuell (Stand 2012) sind auf der Such-Seite des Hochschulkompasses (`www.hochschulkompass.de/studium/suche/profisuche.html`) rund 16.000 Studiengänge gelistet. Dabei sind natürlich gleiche Fächer an unterschiedlichen Hochschulen mehrfach gezählt. Auf der anderen Seite fehlt aber eine Reihe von Angeboten privater Hochschulen.

Wenn Sie also ganz ohne Vorauswahl an die Sache herangehen, stehen Sie vor Tausenden von Möglichkeiten. Deshalb soll Ihnen dieses Kapitel helfen herauszufinden, in welchem Studiengang Sie gut aufgehoben sein könnten.

»Ja Kind, was interessiert dich denn?«

Verzeihen Sie mir, denn egal, ob Sie nun frisch von der Schule kommen oder schon mitten im Berufsleben stehen; Sie sind natürlich kein Kind mehr. Dennoch ist die Frage bezeichnend für Generationen von Eltern, die mit ihrem Kind dessen Zukunft besprechen. Dabei sei nun unterstellt, dass Eltern das Glück ihres Nachwuchses im Sinn haben und nicht allein dessen zukünftiges Prestige oder Kontostand.

Die Grundfrage lautet: Was passt zu Ihren Interessen und Fähigkeiten? Oder anders ausgedrückt: Was können Sie gut und können Sie sich vorstellen, es auch beruflich zu tun, und was liegt Ihnen nicht so sehr, so dass Sie sich auch bestimmt nicht den Rest Ihres Lebens damit herumschlagen wollen.

Ihre Talente beziehen sich übrigens nicht nur auf das, was Sie fachlich gut können, sondern auch darauf, was Sie menschlich ausmacht. Nicht nur die mathematische Begabung (oder der Hang zum kreativen Zahlenwerk) gehört auf die Liste der eigenen Fähigkeiten, sondern auch die sogenannten »Soft Skills«, also zum Beispiel die Fähigkeit, anderen aufmerksam zuzuhören oder mitfühlend zu sein. Wenn Sie eher teamorientiert denken und gern mit Menschen zu tun haben, dann ergeben sich andere Berufsmöglichkeiten, als wenn Sie beispielsweise lieber allein unterwegs sind.

Die grundsätzliche Richtung – verschiedene Fakultäten

Es gibt eine Reihe von Studienrichtungen, denen unterschiedliche Fächer zugeordnet sind. Entsprechend ist eine Universität in fachlicher Hinsicht in unterschiedliche Fakultäten unterteilt. Da nicht jede Hochschule die gleichen Angebote hat, sind Sie möglicherweise bereits in Ihrer Auswahl beschränkt, wenn Sie in einer bestimmten Stadt studieren und leben möchten. Oder Sie gehen noch einmal in sich, was die Ortswahl betrifft, wenn Ihr Traumfach nur woanders angeboten wird.

Was hat es mit der Unterteilung in Fakultäten auf sich? Ursprünglich war das universitäre System auf vier Fakultäten beschränkt, die theologische, juristische, medizinische und philosophische. Ab dem Beginn des 19. Jahrhunderts wurden aus letzterer immer mehr Einzelbereiche abgespalten, so zum Beispiel die Wirtschaftswissenschaft, und andere, die bislang eher technischen Hochschulen vorbehalten waren, hinzugenommen. Hochschulen haben heute meist eine Fakultätenanzahl im zweistelligen Bereich, die wichtigsten können Sie nun kennenlernen.

Was für den Kopf: Geisteswissenschaften

Der Ursprung aller Geisteswissenschaften liegt in philosophischen Fragestellungen, die mit Hilfe des Geistes gelöst werden können. Philosophie ist bis heute das klassische Studienfach in den Geisteswissenschaften, aber auch andere Fächer wie Geschichts-, Religions-, Sprach- und Kunstwissenschaften fallen in diesen Bereich, sind an manchen Hochschulen aber auch in eigenen Fakultäten untergebracht.

Um sich ein Bild von diesem schwammigen Begriff zu machen, können Sie sich auf den Internetseiten der geisteswissenschaftlichen Fakultäten großer Universitäten umsehen. In Hamburg sind dieser Fakultät beispielsweise die Fachbereiche Evangelische Theologie, Sprache/Literatur/Medien, Europäische Sprachen und Literaturen, Geschichte, Philosophie, Kulturgeschichte/-kunde und Afrika-/Asienwissenschaften zugeordnet. An der TU Berlin gehören spannende Fächer wie Antisemitismuslehre oder verschiedene Fachdidaktiken zu den Geisteswissenschaften.

Weit verbreitet ist das Bild des Germanistik-Studenten im 37. Fachsemester, der völlig den Faden verloren oder sich längst mit Jobs über Wasser hält und nur noch pro Forma studiert. Der Hintergrund ist leicht zu durchschauen: In den Geisteswissenschaften waren die Inhalte und Kurse in der Vergangenheit recht frei wählbar und es gab wenig Motivation, sich zu (Zwischen-)Prüfungen anzumelden. Dem wurde erst mit steigenden Studiengebühren je länger man studiert und dann mit dem Bachelor-/Master-System durch einen höheren Grad der Verschulung entgegengewirkt.

Wer sich heute etwa an der FU Berlin für Germanistik, genauer: den *Bachelor Deutsche Philologie*, einschreibt, hat drei Phasen mit jeweils vorgegebenen Modulen und Credits in sechs Semestern zu absolvieren. Den inhaltlichen Schwerpunkt im Studienverlauf können die Studenten noch frei wählen, vorgegeben oder zumindest eingegrenzt durch das Angebot der Lehrveranstaltungen ist, was im Basismodul belegt werden muss.

Die Wahl eines geisteswissenschaftlichen Fachs legt in der Regel die Art der Hochschule gleich mit fest, denn Sprach- und Kulturwissenschaften werden nur an Universitäten angeboten (Kunst, Gestaltung und Musik werden im nächsten Abschnitt gesondert beschrieben). In jedem Fach werden Ihnen Berge von Literatur und Abhandlungen über recht spezialisierte Einzelthemen begegnen. Um sich darin zurechtzufinden, sollten Sie eine Begabung dafür haben, den Überblick zu behalten, gern und viel lesen können und sich auch auszudrücken wissen. Nicht umsonst sind mediale Berufe wie Journalist oder Lektor häufig mit Geisteswissenschaftlern besetzt. Wenn Sie ein Lesemuffel sind und lieber strukturierte Studienabläufe erleben möchten, dann sind Sie hier wahrscheinlich nicht an der richtigen Stelle.

Nur für Talentierte: Kunst und Musik

Lesen und schreiben lernen die meisten Schüler in ausreichendem Maß an der Schule, so dass dies keine Zugangsbeschränkungen an sich für die Hochschule darstellen. Manche Fächer setzen mehr als das voraus: Sie brauchen Talent, um sie zu meistern.

Wer nichts außer Strichmännchen zeichnen kann, ist in den meisten Kunst- oder Designstudiengängen früher oder später überfordert (Kunstgeschichte gehört übrigens in den geschichtlichen Fächerbereich, sollten Sie da gerade ein Schlupfloch vermutet haben). Und ohne ein Instrument zu spielen oder wenigstens stimmlich talentiert zu sein, brauchen Sie sich auch für ein Musikstudium kaum bewerben.

Kunst oder Musik kann man, muss man aber nicht, an besonderen Hochschulen (zum Beispiel der Universität der Künste UdK in Berlin oder an den Hochschulen für Musik HfM in Dresden, Detmold, Köln, Düsseldorf und anderen) studieren. Auch allgemeine Unis haben solche Fächer mitunter im Angebot. Mehr zu den spezialisierten Hochschulen finden Sie in Kapitel 5.

Nicht nur denken, sondern tun: Politik- und Sozialwissenschaften

Sozialwissenschaften befassen sich grundsätzlich mit den gesellschaftlich wichtigen Themen – weshalb sie auch oft als Gesellschaftswissenschaften bezeichnet werden – und gliedern sich neben der direkten Bearbeitung von den sozialen Themen in Politik, Psychologie, Pädagogik jeglicher Art, Theologie (dazu mehr im nächsten Teil des Kapitels) und Sport. Zu den Fachbereichen im Einzelnen:

- ✔ *Sozialwissenschaften* bedienen das Klischee, die Fächergruppe für Gut-Menschen zu sein (wobei ich mich hier ausdrücklich von der negativen Besetzung dieses Begriffs distanzieren möchte!). In Wahrheit geht es zunächst einmal um menschliches Miteinander, in der Soziologie eher wissenschaftlich und in Studiengängen wie Sozialarbeit oder Sozialpädagogik eher praxisorientiert. Menschen zu mögen ist eine Grundvoraussetzung und dazu die Bereitschaft, sich aus Idealismus in selten gut bezahlten Jobs zu verausgaben. Viele Berufsfelder der Sozialwissenschaften sind ausdrücklich nichts für zart Besaitete, die sich nicht ein bisschen abgrenzen können oder bereit sind, das zu lernen.
- ✔ *Politikwissenschaft* klingt nach verrauchten Kneipen, hochtrabenden Diskussionen um die Rettung der Welt und der Gesellschaft und einem Einblick in die Machtverhältnisse von Staaten. Das trifft sicherlich zum Teil zu, aber dazu gehört auch die Lehre von Institutionen und Interessengruppen und

der kleinen statt der großen Macht. Viele Politikstudenten sind früher oder später desillusioniert, weil es nicht um die historisch-philosophischen Fragen vom Richtig und Falsch der Gesellschaftslenkung, sondern oft um wirtschaftsnahe Themen der Durchsetzbarkeit geht. Für ein Politikstudium brauchen Sie nicht nur eine eigene Meinung, sondern auch einen Draht zu Zahlen und Statistiken, der Realität und Diplomatie.

✔ *Pädagogik* ist der Erziehung zumeist des Nachwuchses gewidmet. Da dem klassischen Lehramtsstudium ein Abschnitt im nächsten Teil des Kapitels gewidmet ist, möchte ich hier vor allem auf den außerschulischen Bereich eingehen. Dazu gehören einerseits Erwachsenenpädagogik, mit der Sie später im Beratungs- und Weiterbildungsbereich aktiv werden können, aber auch Fächer wie Kulturpädagogik, die im besonderen Maß auf Berufsfelder in der Verwaltung, Beratung, Integration oder Bildungsorganisation vorbereiten. Als Erziehungswissenschaftler können Sie je nach Schwerpunkt von der Kita bis zur Seniorenbildung alles abdecken.

✔ *Sport* scheint hier ein bisschen aus der Reihe zu tanzen, aber einerseits ist es ein klassisches Lehramtsfach, das somit in den pädagogischen Bereich fällt, andererseits ist Sport oft ein Spiegel der Gesellschaft und von daher in diesem Bereich auf den zweiten Blick richtig. Ein Sportstudium als Leistungssportler ist die eher unübliche Variante, denn die sind seit ihrer Kindheit in der Regel im Training und studieren auf einen Beruf, der sie nach der aktiven Phase ernährt. An der Sporthochschule Köln (mehr dazu in Kapitel 5) gibt es vier Studiengänge, »Sportmanagement und Kommunikation« etwa für spätere Managertätigkeiten, »Sport, Gesundheit und Prävention« für die Arbeit beispielsweise im Reha-Bereich, »Sport, Erlebnis und Bewegung« für freizeitsportliche Ausrichtungen sowie »Sport und Leistung« für den Leistungssportbereich, jedoch nicht allein aktiv, sondern auch dort für eine spätere Laufbahn als Trainer. Die Aufnahmeprüfungen für ein Sportstudium sind hart und das Studium selbst nur zum Teil physisch ausgelegt, knapp die Hälfte befasst sich mit naturwissenschaftlichen und organisatorischen sowie didaktischen Anteilen der späteren Berufe.

Rechenschieberreaktivierung: Wirtschaftswissenschaften

Ob Betriebs- oder Volkswirtschaft oder spezielle Richtungen wie Wirtschaftsrecht, -informatik oder Sport- und sonstige Ökonomie: Allen liegt zugrunde, dass sie auf Zahlen basieren. Wirtschaft funktioniert in den Hauptdimensionen von Kosten und Nutzen, meist in einer Geldwährung ausgedrückt. Wer mit der Mathematik auf Kriegsfuß steht, ist mit diesen Fächern folglich nicht gut beraten. Fast alle wirtschaftswissenschaftlichen Studiengänge beginnen mit einem Mathe-Auffrischungskurs – aus gutem Grund. Die Schwerpunkte sind je nach Hochschule zwar unterschiedlich, aber Sie werden Ableitungen bilden, bis die Ihnen im Traum erscheinen.

- Da Sie in einer Welt leben, in der Unternehmen Güter herstellen und Dienstleistungen erbringen, für die Konsumenten Geld bezahlen, können Sie als *Betriebswirt* theoretisch beinah überall arbeiten. Jeder Betrieb, sei es ein Bauernhof oder ein Call-Center, besitzt eine innere Organisation, in der Buchhaltung, Personalwesen, Management oder Produktionsplanung stattfinden. Die Welt braucht also nicht nur Leute, die sich fachlich mit den Produkten auskennen und sie entwerfen, bauen und verkaufen können, sondern auch diejenigen, die dafür sorgen, dass alles reibungslos abläuft. Viele träumen vom großen Geld als Topmanager oder Börsenmakler. Doch wenn Sie eine dieser wenigen begehrten Positionen erreichen wollen, muss Ihnen klar sein, dass eine solche Karriereplanung oft mit 60plus-Stundenwochen und einer hohen Wahrscheinlichkeit, eines Tages unter Burn-out zu leiden, verbunden ist. Weit häufiger ist die Karriere im mittleren Management einer Firma, bei der Sie zunehmend Personalverantwortung erhalten und bei steigendem Gehalt ein Bäuchlein ansetzen.

  Die Grundzüge der Betriebswirtschaft zu beherrschen, ist eine wunderbare Voraussetzung, um sich selbstständig zu machen. Das allein reicht zwar oft nicht aus, es sei denn, Sie wollen gleich Leute anstellen, die Facharbeiten für Sie ausführen. Da aber die meisten Gründungen scheitern, weil genau dort Mängel im Verständnis und der Kontrolle herrschen, scheint es eine gute Idee, beispielsweise in einem 2-Fach-Bachelor BWL als Nebenfach zu belegen, wenn Sie Start-up-Überlegungen verfolgen.

- *Volkswirte* tauchen in den Medien gern im Zusammenhang mit Banken(krisen), Zinsentwicklungen und der Lage der Weltwirtschaft auf. Sie werden später vor allem dafür zuständig sein, internationale Entwicklungen und Vernetzungen so aufzuarbeiten, dass klar wird, was davon für Ihren Brötchengeber wichtig ist. Kein Unternehmen, das auf globalisierten Märkten agiert, kommt noch um die Analyse von Bruttoinlandsprodukten, US-amerikanischen Arbeitslosenzahlen oder der chinesischen Inflation herum.

Abgesehen von den beiden Grundrichtungen der Wirtschaftswissenschaften gibt es eine nahezu unüberblickbare Anzahl von Fachstudiengängen zu Marketing, Tourismus, Rechnungswesen, Verwaltungsmanagement oder anderen Spezialisierungen, mit denen Sie sich gezielt auf einen Job vorbereiten können, von dem

Sie jetzt schon wissen, dass er Ihnen gefällt. Wer noch nicht weiß, in welche Richtung ihn Wirtschaft interessiert, sollte von solch spezialisierten Fächern die Finger lassen.

Karriere in der öffentlichen Verwaltung

Was waren das noch für Zeiten, als es Postbeamte, Bankbeamte und Polizeibeamte gab. Letztere gibt es noch, aber dank der Diskussion darüber, ob der Beamtenstatus die Motivation stört, ist es inzwischen schwieriger als in den 60er- oder 70er-Jahren, ein verbeamteter Staatsdiener zu werden. Möglichkeiten dazu gibt es dennoch und einige davon, speziell die zum gehobenen und höheren Dienst (mit Master), hängen mit einem Studium an den extra dafür eingerichteten Hochschulen der Länder oder des Bundes zusammen. So führt der Weg zur Bundespolizei oder -bank, dem Bundesnachrichtendienst, in die Finanzverwaltung oder den auswärtigen Dienst über entsprechende Ausbildungsstätten (mehr zu den einzelnen Hochschulen in Kapitel 5). Unterschieden werden dabei *technische* (Bauwesen, Luftfahrtbundesamt und so weiter) und *nicht-technische* (alles rund um den Schreibtisch) Laufbahnen. Vorteilhaft sind auf jeden Fall die Ausbildungsbedingungen, denn die in der Regel dreijährigen Studiengänge werden entsprechend dem Dienstgrad der Studierenden wie der Wehrdienst auch vergütet. Dafür suchen Sie vergeblich nach Semesterferien, da in dieser Zeit Praxisabschnitte zu absolvieren sind.

Der Ratgeber »Studien- & Berufswahl« der Bundesagentur für Arbeit hat einen umfangreichen Teil zu dieser Thematik und ist unbedingt lesenswert, falls Sie sich ein Studium in dieser Richtung vorstellen können.

Vom technischen Sachverstand: Ingenieurwissenschaften

Ingenieur, das kann viel heißen und bezieht sich vor allem auf den ehemaligen Abschluss: Der Diplom-Ingenieur (Dipl.-Ing.) war derjenige, der versteht, wie die Dinge funktionieren, wie sie aufgebaut sind und was man weiterentwickeln könnte. Erfinder sind Ingenieure, aber auch Lebensmitteltechniker, Informatiker oder Raumplaner. Klassischerweise sind Architekten und Bauingenieure Vertreter dieser Gattung. Zunehmend hält neben dem Wissen über Naturwissenschaften und Mechanik noch das Feld der Elektronik und Informatik Einzug in die technischen Studiengänge.

Ohne einen gewissen Pragmatismus, die Fähigkeit, in Teams zu arbeiten und sich mit anderen Spezialisten abzustimmen und einer Vorliebe fürs Detail werden Sie in keinem dieser Bereiche glücklich. Daneben gibt es Besonderheiten der einzelnen Fächer:

- *Architektur* oder das Studium zum *Bauingenieur* haben konkret mit der Erschaffung von Bauwerken zu tun, einmal die Planung und Bauüberwachung betreffend, beim anderen eher mit Fokus auf der technischen Umsetzung. Wo der Architekt kreativ träumen darf, muss der Hoch- oder Tiefbauer dafür sorgen, dass auch stehen bleibt, was geplant wurde. Natürlich wird im Architekturstudium vermittelt, was es mit Statik und anderen technischen Bereichen auf sich hat. Ziel ist aber meistens, mit eigenen Entwürfen für Aufsehen zu sorgen. Der Bauingenieur, oder auch Bauinformatiker oder -physiker, kümmert sich um technisch-strukturelle sowie ökologische und wirtschaftliche Umsetzungen der Entwürfe. Im städtischen Tiefbau sind Kanalisation, Brunnenbau und alle Belange rund ums Wasser ein zukunftsträchtiger Arbeitsbereich.
- *Maschinenbau* mit den Unterbereichen des *Fahrzeugbaus* aber auch der *Luft- und Raumfahrttechnik* befasst sich mit Geräten, Motoren und Maschinen. Technische Hilfsmittel jeglicher Art, sei es ein neuer Autoantrieb, eine Marsmissionsrakete oder ein Produktionsroboter, müssen erfunden, geplant, konstruiert und gewartet werden. So genau und zuverlässig, wie die Maschinen arbeiten sollen, müssen auch die dafür zuständigen Menschen sein.
- *Elektrotechniker*, zu denen auch Spezialbereiche wie etwa die *Fernsehtechniker* zählen, haben weniger das große Ganze (zum Beispiel Auto) zu konstruieren, sondern bewegen sich im Bereich von Widerständen und Halbleitern, den Lötkolben fest in der Hand. Sie sollten ruhige Hände und ein Gefühl für Ströme haben, wenn Sie sich in diesem Bereich bewegen möchten. Besonders die seltenen und spezialisierten Studiengänge bieten später gute Chancen auf dem Arbeitsmarkt.
- *Informatik*: Der Klischee-Nerd ist seit dem frühen Teenageralter am Rechner festgewachsen, wenn andere Sport treiben, setzt sich akribisch mit Quellcodes auseinander und hat Freude daran, wenn er das eigene Programm zum Laufen gebracht hat. Das trifft vielleicht auf einen Teil zu, Tatsache ist aber, dass in keinem Bereich unseres Lebens ohne Software irgendetwas passieren würde. Melkmaschinen werden programmiert, Banktransaktionen per Rechner gesteuert, ganze Unternehmenssysteme von Informatikern überwacht, damit weltweit eine E-Mail auch ihren Empfänger erreicht. Weil wir

von Programmen und der Informatik überall umgeben sind, sind auch die Berufsaussichten vielfältig; Sie können zur NASA gehen und die Marsmission entwerfen, Apps für Mittelständler programmieren oder an Robotern tüfteln. Hauptsache, Sie sind präzise und lassen sich nicht davon aus der Ruhe bringen, dass ein winziges Komma an der falschen Stelle alles zunichte machen kann, bis Sie es finden.

✔ *Naturwissenschaftliche Techniker*

In den Laboren finden sich Naturwissenschaftler mit denen zusammen, die neue Ideen, Verbindungen oder Stoffe auch tatsächlich erschaffen können. Je nach Schwerpunkt kann das medizinische, bio(techno)logische oder physikalische oder chemische Hintergründe und Bezüge haben. Klar ist, dass Interesse für die jeweilige Fachrichtung gepaart mit einem tieferen Verständnis Voraussetzung ist. Berufsfelder sind zum Beispiel:

- Biotechniker/Biomediziner
- Medizin- oder Pharmazietechniker
- Chemieingenieur
- Lebensmittel-/Getränketechniker
- Nanowissenschaftler

✔ *Umwelt/Wasser/Recycling/Ver-/Entsorgung*

Hier ist sie, Ihre Chance, die Welt zu verändern. Aber auch, wenn Sie sich nicht direkt zu Greenpeace hingezogen fühlen, ist ein Studium im Zusammenhang mit knappen Ressourcen wie Wasser oder einer gesunden Umwelt ausgesprochen zukunftsweisend. Sie können auch einfach im Kanalbau landen, aber die Möglichkeiten, durch innovative Konzepte und Ideen Einfluss auf die Entwicklung unserer Erde zu nehmen, ist für einige sicher Grund genug für ein solches Studium.

Einen Überblick über die verschiedenen Fachrichtungen können Sie mit einem Blick auf die Internetseiten der verschiedenen Technischen Hochschulen (TH) beziehungsweise Universitäten (TU) bekommen. Die TUs beispielsweise in Berlin (`www.tu-berlin.de`) und München (`www.tum.de`) bieten zwar auch geistes- und wirtschaftswissenschaftliche Fächer an, der Schwerpunkt liegt aber klar auf Naturwissenschaft und Technik.

Den Dingen auf den Grund gehen: Naturwissenschaften

Wer sich den typischen verrückten Professor vorstellt, verpasst ihm gedanklich den weißen Kittel des Naturwissenschaftlers, der unbekannte Substanzen zusammenbraut und ab und zu ganze Laboratorien in die Luft jagt. Tatsächlich ist das Studium der Biologie, Physik oder Chemie häufig auch mit einem Praxisanteil versehen, in dem Sie Insekten bestimmen, Sterne beobachten oder eben Explosionen herbeiführen können. Um allerdings dorthin zu gelangen, müssen Sie den Zusammenhängen in der Natur auch auf den Grund gehen können, also die theoretische, meist mathematische Basis beherrschen. Ohne eine große Leidenschaft für Zahlen und Logik käme sicher niemand auf die Idee, Mathematik zu studieren. Dass das aber ebenso notwendig für jede andere Naturwissenschaft ist, sollten Sie bei Ihrer Wahl unbedingt berücksichtigen. Formeln, Logik und seitenlange Herleitungen werden Sie begleiten, das müssen Sie wollen.

- Die *Mathematik* umfasst zwei grundlegend getrennte Bereiche, zum einen die reine Mathematik mit Bereichen, die Sie aus der Schule kennen (Algebra, Analysis), aber auch noch abstrakteren Feldern in der theoretischen Mathematik, zum anderen der angewandten Mathematik, die durch die Nähe zu den Naturwissenschaften den Laien etwas leichter vorstellbar ist. Die Chance, dass Sie als verrückter Professor enden, ist allerdings wesentlich geringer, als dass Sie in einer Bank, bei einer Versicherung oder in der Prozess- oder Softwareoptimierung Ihren Platz finden. Wenn Sie einen Hang zur Mathematik haben und sie deshalb studieren wollen, ist das schön, nur legen Sie sich vorher ein Berufsziel zurecht, damit Sie hinterher nicht von den Einsatzmöglichkeiten enttäuscht sind.

- *Biologie, Chemie, Physik* und alle ihre Unterarten wie Biochemie, Quantenphysik, Mikrobiologie oder Astrophysik haben gemeinsam, dass konkrete Bereiche der Natur untersucht werden. Die Lehre vom Leben (»bios« auf Griechisch) beschreibt Pflanzen (Botanik), Tiere (Zoologie), Mikroorganismen oder den Menschen (Anthropologie), jeweils in der Entwicklung, dem Vorkommen, Verhalten und Zusammenhängen untereinander. Chemische Zusammenhänge finden innerhalb dieser lebenden Geschöpfe (organische Chemie; streng genommen die Chemie mit Kohlenstoffbezug, aber kein Leben ohne Kohlenstoffverbindungen), aber auch bezogen auf unbelebte Elemente (anorganische Chemie). Die Physik ist die Wissenschaft, die am ehesten das Gesamtbild modelliert, Zusammenhänge und Funktionen aufzeigt und herausfindet, wie etwas nach bestimmten Gesetzmäßigkeiten abläuft.

✔ Ebenfalls systematisch, diesmal auf die Erdoberfläche bezogen, gehören die *Geografie* und *Geowissenschaften* auch zu den Naturwissenschaften. Hier können Sie mit Geologie in die Gesteinsforschung gehen, sich aber auch mit Soziogeografiestudien mit Luftbildanalysen oder Umweltschutz beschäftigen. Einen Überblick über geowissenschaftliche Studiengänge bietet der Berufsverband deutscher Geowissenschaftler auf der Seite `www.geoberuf.de` unter »Service«.

Geografie wird als Verbindung von Gesellschafts- und Naturwissenschaften gesehen und ist vielleicht deshalb etwas für Unentschiedene, die beides wollen und hier die Möglichkeit haben, sich im Laufe ihres Studiums in unterschiedliche Richtungen zu entwickeln.

Ihnen ist sicherlich klar, dass der Rahmen dieses Buchs nicht ausreicht, um alle denkbaren Studiengänge auch nur anzureißen, aber nach der Lektüre der letzten Seiten haben Sie vielleicht ein besseres Bild, was zu Ihnen passen könnte und in welche Richtung Sie beispielsweise auf `www.studienwahl.de` noch weiter recherchieren können. Wenn Sie allerdings schon genau wissen, dass Sie Arzt, Anwalt, Lehrer oder der Psychotherapeut dieser gestressten Menschen werden wollen, ist der folgende Abschnitt für Sie gedacht.

Besondere Ziele erfordern besondere Maßnahmen

Mit den Studiengängen, die bisher beschrieben wurden, können Sie sich spezialisieren, aber auch auf einem weiten Feld von alternativen Berufen herumtreiben. Oft reicht es besonders mit geisteswissenschaftlichen Abschlüssen, dass Sie überhaupt studiert haben und entsprechend im selbstständigen Denken und Recherchieren geschult wurden, um sich dann einen Job zu suchen. In manchen Bereichen wie der Werbung tummeln sich Germanisten, Psychologen, Betriebswirte und Kulturwissenschaftler. Sogar der Weg zum Steuerberater muss nicht über ein Wirtschaftsstudium führen. Allerdings zählt am Arbeitsmarkt auch nicht nur das Abschlusszeugnis an sich, sondern auch, ob Sie motiviert und lernwillig sind.

Anders ist es, wenn Sie einen bestimmten Beruf ergreifen wollen, zu dem nur eine bestimmte Ausbildung führt. Wer Anwalt werden will, muss Jura studieren, wer als Arzt Leben retten möchte, Medizin. Eine weitere Besonderheit der hier vorgestellten Studiengänge ist, dass sie alle mit einem Staatsexamen abschließen.

Recht haben und im Recht sein: Jura

Einerseits ist das Studium der Rechtswissenschaft als Eintrittskarte in Managementkarrieren oder Beratertätigkeiten bekannt und schafft so ein breites Spektrum an Berufsaussichten. Andererseits aber gibt es Berufe, die allein auf diesem Weg erreicht werden können, wie zum Beispiel der des Anwalts, Richters oder Staatsanwalts. Ob Sie aber tatsächlich zu den Glücklichen gehören werden, die mit Anwaltszulassung nicht Taxi fahren oder im Schnellimbiss Burger braten, sondern Ihren Wunschberuf ausüben, hängt in Zeiten der Anwaltsschwemme und nach wie vor steigenden Studierendenzahlen im Fach Jura von Ihren Leistungen, Spezialisierungen und Beziehungen ab, die Sie während des Studiums knüpfen. Kaum ein anderes Studium führt bei schlechter Leistung zu so dramatisch schlechteren Berufsaussichten. Machen Sie sich klar:

✔ Jura zu studieren bedeutet, sich mit *Paragrafen* und *Gesetzen* zu befassen, und zwar, bis sie Ihnen zu den Ohren herauskommen. Je besser Ihr Gedächtnis, desto besser die Chancen auf ein erträgliches Studium.

✔ Die *Vorgehensweise*, die Ihnen im Studium beigebracht wird, um juristische Fälle zu lösen, ist streng normiert und kleinteilig. Sie brauchen ein gehöriges Maß an Geduld und Detailverständnis, um das wunschgemäß abliefern zu können.

✔ Mit dem Studium und seinen Nachwehen werden Sie eine Weile beschäftigt sein, etwa zwei Jahre im Grundstudium, zwei weitere im Haupt- und Schwerpunktstudium, mindestens eines zur Vorbereitung zum ersten Staatsexamen und dann noch zwei im Rechtsreferendariat, bevor das zweite Staatsexamen ansteht. Nach einer *Dauer* von sieben Jahren sind Sie also Volljurist – wenn alles glattgeht.

✔ Juristen sind oft im Studium für sich, was einerseits daran liegt, dass andere Studierende sich vom Barbour-Jacken-Seidenschal-Klischee noch nicht erholt haben, zum anderen am manchmal elitären Selbstverständnis der Kommilitonen. Tun Sie sich und Ihrer Zukunft einen Gefallen und versuchen Sie, auch Kontakte zu Studenten anderer Fächer zu knüpfen, wenn Sie dann um kurz vor Mitternacht die Bibliothek verlassen dürfen.

✔ Die seit 2003 mögliche Spezialisierung auf einen *Schwerpunktbereich* nach Grund- und Hauptstudium ist Ihre Chance auf eine gute Berufsaussicht. Wer in die Wirtschaft gehen will, sollte sich entsprechend und am besten international mit der zugehörigen Fremdsprache und Fachvokabular aufstellen. Da unterschiedliche Universitäten unterschiedliche Schwerpunkte anbieten, sollten Sie sich Ihren Wunsch bereits vor der Bewerbung überlegen.

Sollten Sie nicht Anwalt oder Staatsdiener werden wollen, stehen Ihnen *Bachelor-* und *Masterstudiengänge* offen, die zwar inhaltlich nicht weniger komplex sind, aber mit einer leichteren Prüfung abschließen. Angebote gibt es auch von Fach- und Fernhochschulen. Bedenken Sie aber, dass Sie noch mal von vorn anfangen müssen, falls Sie doch zu einem Beruf wechseln wollen, für den das Staatsexamen Voraussetzung ist. Anrechnungen bringen hier häufig maximal ein Semester. Mehr Informationen und Erfahrungsberichte zum Jura-Studium gibt es im Internet in Jura-Foren.

Menschen und Tiere reparieren: Medizinische Berufe

Einst nannte man sie »Halbgötter in Weiß«, sie hatten den Status von Richtern oder Polizisten und größten Respekt in der Bevölkerung. Inzwischen fallen vielen Menschen zum Stichwort Ärzteschaft auch Streiks, Landarztmangel und schwierige Arbeitsbedingungen ein. Zu Zeiten meiner Großeltern, die in den 40er Jahren studierten und beide Augenärzte waren, galt die eigene Praxis als Garantie für Reichtum und Anerkennung. Wer heute überlegt Arzt zu werden, sollte Folgendes bedenken:

✔ Der *Zugang* zum Studium ist streng reglementiert. Die Vergabe von Studienplätzen aller medizinischen Studiengänge erfolgt über die *Stiftung für Hochschulzulassung* (`www.hochschulstart.de`, Nachfolger der Zentralstelle zur Vergabe von Studienplätzen ZVS) nach folgenden Kriterien:

  - Abiturdurchschnitt: 20 Prozent der verfügbaren Plätze werden allein danach vergeben; unter 1,5 besteht hier kaum eine Chance
  - Wartezeit: 20 Prozent der Plätze; ab etwa 5 Jahren besteht hier die Chance auf einen direkten Studienplatz und
  - spezielle Auswahlkriterien (60 Prozent), wie zum Beispiel das Ergebnis des Medizinertests (`www.tms-info.org`) für einige Hochschulen, die Human- oder Zahnmedizin anbieten, Schwerpunktfächer in der Oberstufe oder medizinische Vorbildung (mehr dazu in Kapitel 7).

✔ Da diese Studiengänge nicht an vielen deutschen Hochschulen angeboten werden (Tiermedizin zum Beispiel überhaupt nur an fünf Universitäten), müssen Sie von Anfang an *flexibel* sein und dort studieren, wo Ihnen ein Platz angeboten wird.

✔ Es stehen Neuerungen an: Auch wenn Ende 2010 der Versuch der Universität Oldenburg, einen Medizin-*Bachelor* (dann Master, dann Dissertation, um praktizieren zu können) einzuführen am Veto des Wissenschaftsrats gescheitert ist, besteht im nahen Ausland wie in den Niederlanden diese Möglichkeit bereits und wird in den kommenden Jahren auch in Deutschland erneut zur Debatte stehen.

- Die *Belastung* während des Studiums ist hoch und die Studienzeit ist lang; unabhängig vom Studiengang (Human-, Zahn- oder Tiermedizin) besteht im vorklinischen Abschnitt (2 Jahre) sowie im Klinikum (3 Jahre Human- und Tiermedizin, 2 Jahre Zahnmedizin) ein erhebliches Lernpensum. Sie sollten keinerlei Berührungsängste mit Naturwissenschaften wie Chemie und Physik haben, denn die stellen neben biologischem Lehrstoff Ihre jahrelangen Begleiter dar. Humanmedizinern steht nach Studienabschluss noch ein praktisches Jahr (PJ) bevor, ehe sie nach dem 2. Staatsexamen die Approbation beantragen und praktizieren können.
- *Praxisteile* sind Pflicht, Praktika im Vorfeld, während des Studiums und mit dem PJ auch danach für alle angelegt und sinnvoll. Schließlich werden Sie es später nicht nur mit den Fakten zu tun haben, die den hohen Lernaufwand verursachen, sondern vor allem mit Menschen beziehungsweise Tieren, den Patienten eben. Sie werden mit viel Leid konfrontiert werden und so ist ein medizinischer Beruf nur eine Option, wenn Sie physisch und psychisch überdurchschnittlich belastbar sind.

Wenn Sie ein medizinisches Studium absolviert haben, sind Ihre *Berufsaussichten* gut. Sie können als klassischer Allgemeinmediziner, Zahn- oder Tierarzt praktizieren, sich spezialisieren, angestellt oder selbstständig arbeiten, Ihr Umfeld in einer Praxis oder Klinik wählen oder – wenn der direkte Kontakt mit Patienten Ihnen doch nicht so liegt – in die Forschung oder Wirtschaft wechseln.

Weitere Informationen finden Sie online zum Beispiel unter `www.studium-der-medizin.de` (für alle drei Richtungen), `campus.doccheck.com` oder `www.zahniportal.de`.

Mittel zum Zweck: Pharmazie

Das Pharmaziestudium soll in erster Linie Apotheker ausbilden, die selbstständig oder angestellt in (Krankenhaus-)Apotheken tätig sind und sich mit Arzneimitteln auskennen. Ähnlich wie bei den medizinischen Berufen ist die Ausbildung mit etwa fünf Jahren plus einem praktischen Jahr lang und durch die naturwissenschaftliche Orientierung lernintensiv.

Der Weg zum Studienplatz führt auch hier über die Stiftung für Hochschulzulassung und endet mit den Staatsexamina vor und nach dem praktischen Jahr. Sind Sie Pharmazeut, dann können Sie in Apotheken oder der Forschung arbeiten. Wer sich in deutschen Städten umsieht, stellt eine hohe Apothekendichte fest, was bedeutet, dass es nicht leicht sein wird, in diesem Bereich als Selbstständiger Fuß zu fassen.

Die Anzahl der Universitäten, an denen Sie studieren können, ist recht gering, ein Blick auf die Homepage des Bundesverbands der Pharmaziestudierenden (www.bphd.de) hilft nicht nur dabei weiter.

Freud lässt grüßen: Psychologie

Die meisten Studenten der Psychologie haben persönliche Gründe, sich mit dem menschlichen Verhalten zu befassen, nicht wenige wollen das eigene Leben und sich selbst besser verstehen. Kaum ein Studiengang wird so oft als Selbstzweck und so wenig mit einem konkreten Berufsziel, etwa mit anderen Menschen zu arbeiten, verfolgt. Doch Vorsicht: Wer einzig und allein sich selbst kennenlernen will, mache eine Therapie und werde nicht Therapeut. Keine Klinik dieser Welt und auch kein Patient braucht narzisstische Therapeuten. Wenn es Ihnen (auch) um die Hilfe geht, die Sie später durch therapeutische oder Beratungsangebote, in Unternehmen oder Bildungsstätten leisten können, lesen Sie weiter. Aber beachten Sie Folgendes:

- ✔ Einst, in der guten alten Zeit, war das Vergabeverfahren der Hochschulen über die ZVS zentralisiert, es gab etwa zehn Bewerber auf einen Studienplatz und die Vergabe erfolgte nach Abiturschnitt oder Wartezeit. Nach einem Umweg über ein geteiltes Vergabesystem (teils zentral, teils über Kriterien der Hochschule) ist der aktuelle Stand nun, dass Anwärter sich bei allen Unis einzeln bewerben und dabei die verschiedensten Anforderungen erfüllen müssen. Sie müssen also gründlich recherchieren, um die jeweils geltenden Fristen und Bestimmungen zu beachten.
- ✔ Besonders das Grundstudium ist sehr theorie- und statistiklastig und damit lernintensiv. Oft wird erst das Hauptstudium praxisbezogen und ist mit einer Anwendung des Wissens verbunden.
- ✔ Eigene Therapieerfahrungen ergeben sich im Laufe des Studiums oft dadurch, dass untereinander geübt und angewendet wird, was später der Beruf sein soll. Wer gar nicht über sich reden möchte, sollte seine Wahl überdenken.
- ✔ Die Spezialisierung, die Sie besonders im Hauptstudium eingehen, wird später essenziell für Ihr Berufsfeld, mehr als in den meisten anderen Studienfächern. Ein Arbeitspsychologe kann kaum in einer Vollzugsanstalt arbeiten, ein klinischer Psychologe eher nicht im Schulbereich.

Die deutsche Gesellschaft für Psychologie bietet unter `www.dgps.de/studium/` umfangreiche Informationen zu Teildisziplinen, Studienorten, Abschlüssen und Berufsfeldern in Deutschland und im Ausland. Dort sind auch Links zu Online-Self-Assessments einzelner Hochschulen eingebunden.

Mit Gott an meiner Seite: Theologie

Die verschiedenen Studiengänge der Theologie nehmen in der deutschen Studienlandschaft eine Sonderstellung ein. Nicht nur, dass die Examensprüfung kein Staats-, sondern naturgemäß ein Theologisches Examen der jeweiligen Kirche umfasst, auch der Bologna-Prozess hat nur teilweise Einfluss auf die Gestaltung der Studiengänge. Möglich sind:

- ✔ *Theologie*, evangelisch oder katholisch, aber auch zum Beispiel alt-katholisch, mit Examen führt Sie zum Ziel, wenn Sie Pfarrer oder Priester werden möchten, als Geistlicher einer Gemeinde zur Verfügung stehen wollen und über einen starken Glauben verfügen. An einigen wenigen Hochschulen in Deutschland kann zudem orthodoxe Theologie studiert werden.
- ✔ *Religionspädagogik*, evangelisch oder katholisch, führt in den Schuldienst als Religionslehrer, ebenso wie ein Theologiestudium mit Bachelor- oder Masterabschluss das kann.

In jedem Fall werden Sie sich zunächst mit den alten Sprachen beschäftigen, was in der Regel Ihr erstes Studienjahr in Anspruch nimmt. Anschließend befassen Sie sich mit den Grundlagen von altem und neuem Testament, Ethik und Philosophie. Dabei wird Wert auf die Verknüpfung der Erkenntnisse zu einem übergreifenden Bild gelegt.

Neben der Wahl einer staatlichen Universität oder Fachhochschule können Sie sich für ein Studium an einer kirchlichen Hochschule bewerben. Informieren Sie sich auf `www.studienfuehrer-theologie.de` (katholische Studiengänge) beziehungsweise `www.theologiestudium.info` (evangelische Studiengänge).

Besserwisser wissen es besser: Lehramt

Viele Leser sind derzeit vermutlich noch an einer Schule oder gerade von ihr befreit und gruseln sich bei dem Gedanken, auf der »anderen Seite« zu stehen und Gegenstand von Schülergesprächen zu sein. Nur wenige haben lange schon den idealistischen Wunsch, Kinder oder Jugendliche mit Wissen zu versorgen und ihnen auf den rechten Weg zu verhelfen.

Dabei sprechen einige Gründe dafür, Lehrer zu werden. Was Sie wissen sollten:

✔ Seit Einführung des Bologna-Prozesses werden die Lehramtsstudiengänge vermehrt über Bachelor- und Masterabschlüsse alternativ zum Staatsexamen gelöst. Somit ist das komplette Studium mit einem alltagstauglichen Abschluss möglich, auch wenn Sie sich nicht für den Lehrerberuf entscheiden.

✔ Da die Abläufe der Ausbildung jedoch nicht einheitlich geregelt sind, sondern je nach Bundesland variieren, ist es sinnvoll, dort zu studieren, wo Sie in den Schuldienst wollen, und sich mit den spezifischen Ausbildungsangeboten auseinanderzusetzen.

✔ Sie können entscheiden, ob Sie an Grund- und Hauptschulen, Realschulen, Gymnasien, im Berufsbildungsbereich oder an Sonderschulen unterrichten wollen. Daraus ergibt sich Ihr genauer Studiengang und die mögliche Fächerkombination. Dass Sie nicht in den Grundschuldienst wollen, wenn Sie keine Kinder leiden können, und nicht an eine Berufsschule gehen, wenn Sie sich nicht gegen spätpubertäre Jugendliche zur Wehr setzen können, versteht sich von selbst.

Aufgrund des Eigeninteresses des Herausgebers, der Länder der Bundesrepublik Deutschland, fällt im Ratgeber »Studien- und Berufswahl« der Bundesagentur für Arbeit und auf der zugehörigen Website `www.studienwahl.de` neben dem Teil zum Staatsdienst auch der zum Lehramt sehr informativ und ausführlich aus.

Studiengänge mit Schöner Aussicht

Auch wenn die Überschrift Hoffnungen auf eine Liste weckt, nach deren Lektüre und entsprechender Studienfachwahl Sie garantiert nicht arbeitslos werden, sondern reich, ist es so einfach nicht. Ich möchte Sie anstiften, sich selbst ein Bild zu machen (ich weiß, wie langweilig, wofür haben Sie dieses Buch denn gekauft ...?).

Immerhin gibt es Bereiche, die zukunftsträchtiger sind als andere. Doch was ist unter »Zukunft« zu verstehen? Ihre Ausbildung an einer Hochschule wird zwischen drei (Bachelor) und zehn Jahre (komplette medizinische oder juristische Ausbildung, ehe Sie praktizieren können) dauern, wenn Sie promovieren wollen, kommen je nach Fachrichtung noch drei bis sieben Jahre dazu.

Daraus ergeben sich weitere, grundlegende Fragen:

- ✔ Wann wollen Sie sich am Arbeitsmarkt umsehen? Wollen Sie bereits während des Studiums Kontakt zum zukünftigen Arbeitgeber knüpfen oder erst nach dem Abschluss?
- ✔ Wofür – Praktisches Jahr, Referendariat, Praktikum – werden Sie sich später bewerben müssen?
- ✔ Wissen Sie, ob es Prognosen gibt, wann für Ihr persönliches Berufsziel ein guter Zeitpunkt wäre? Geben Sie »Berufsaussichten Jura« oder was Sie eben studieren wollen bei einer beliebigen Online-Suchmaschine ein. Daraus ergeben sich oft aktuelle Zeitschriften- und Fachbeiträge zum jeweiligen Fach und Berufsaussichten. Dazu gehört, sich ein Bild von der Altersstruktur der Aktiven in diesem Beruf zu machen.
- ✔ Sind Sie bereit, eine Weile zu warten, ehe Sie entspannte Arbeitsmarktbedingungen vorfinden, und können Sie sich in der Zwischenzeit sinnvoll beschäftigen, etwa weiterbilden, um nicht von den nachrückenden Absolventen überrollt zu werden?
- ✔ Sind Sie bereit, in den Fächern mit eher schlechten Aussichten, zu den Besten zu gehören, um sich eine Chance zu erarbeiten, auch wenn das noch mehr Lernen, noch mehr Druck und noch weniger Freizeit bedeutet?

Aber zurück zu den Fächern, bei denen es im Moment so aussieht, als könne man damit in etwa zehn Jahren gute Chancen haben. Ein wichtiger Entwicklungsschritt in der Vergangenheit für den Arbeitsmarkt in Deutschland war der hin zur *Dienstleistungsgesellschaft*.

An Standorten wie Deutschland, an denen die Produktion automatisiert ist und Arbeitskräfte in der Produktion nur noch in Spezialbereichen eingesetzt werden, hat der Dienstleistungssektor eine zentrale Rolle inne. Personal muss beschafft und eingearbeitet werden, die produzierten Güter müssen vermarktet und verteilt werden, ganze Organisationsbereiche von Unternehmen, wie etwa die Buchhaltung oder das Controlling, werden ausgelagert. Unternehmen, deren Geschäftszweck in Diensten besteht, die früher von eigenen Abteilungen erledigt wurden, treten als Arbeitgeber auf und fragen Arbeitskräfte nach, die diese Dienstleistungen durchführen.

Der Umgang mit den Medien und Kunden erfordert außerdem eigene Zuständige, die als Marketingagenturen oder PR-Berater an Bord kommen. Aber auch im privaten Bereich wird vom Wedding Planer bis zur Discount-Bestattung aus ehemals einfachen Berufen ein breites Spektrum an Angeboten. Und der demografische Wandel tut sein Übriges dazu, dass Best-Ager, die über einen immer größeren Teil der Vermögen und Einkünfte verfügen, mit speziellen Angeboten bei Laune gehalten und versorgt werden.

Der Sektor der *Neuen Medien* umfasst moderne und damit elektronische Formen der Wissens- und Informationsweitergabe. Neue Medien können einfach Internetseiten sein, aber auch redaktionelle Beiträge in Online-Zeitschriften. Der Bereich ist dabei sowohl im B2B-Bereich (Business-to-Business, also Unternehmen, die für andere Unternehmen aktiv sind) als auch im B2C-Sektor (Business-to-Consumer, Angebote an Endverbraucher) ein zentraler Entwicklungsbereich. Es lohnt sich in der technisierten Welt immer, zum Beispiel Informatik zu studieren, aber wer sich mit den neusten Trends auskennt und sich flexibel immer neu spezialisieren kann, hat eindeutig gute Aussichten.

Was noch in großem Ausmaß zukunftsfähig ist, sind *umweltorientierte* Berufe. Sei es umweltfreundliche Ingenieurstechnik etwa zur Energieversorgung, Ökolandwirtschaft oder Lebensmittelsicherheit; in einer Welt, in der die Ausbeutung der Natur zu immer spürbareren Konsequenzen führt, können und müssen die Länder innovativ werden und einen anderen Umgang mit Ressourcen einleiten (Amen, ich weiß ...).

Auch die Globalisierung bringt nach wie vor Chancen mit sich, die Techniker, Logistiker, aber auch Dienstleister für sich nutzen können, die mehr als eine *Fremdsprache* am besten fließend beherrschen. Hier gilt: Zwei sind Standard, drei schön und ab vier können Sie sich mit jedem brauchbaren Studienabschluss die Türen öffnen. Gut sind neben Englisch regional nützliche Sprachen wie Russisch (für den ehemaligen Ostblock), Spanisch (für das Südamerika-Geschäft) und neuerdings und für die Zukunft Chinesisch (was bedeutet, dass Sie gestern schon damit anfangen müssen, denn das ist eine schwere Aufgabe).

Grundsätzlich können Sie in jedem Bereich etwas finden, worauf Sie sich spezialisieren, so dass Sie erfolgreich sein werden, wenn Sie gut genug sind. Wenn Sie keine Ambitionen haben, zu den Besten zu gehören, suchen Sie sich bewusst eine Nische, in der Sie trotz Ihres nicht allzu schlechten Abschlusses wegen Ihres besonderen Engagements und Ihrer guten Ideen als Fachkraft gern genommen werden.

Da die Hochschulen auf den sich ändernden Bedarf mit neuen Studienfächern reagieren, lohnt es sich, einen Blick auf solche neuen Angebote zu werfen. Auf `www.studienrichtung.de` gibt es eine relativ aktuelle Übersicht zum Thema.

Bachelor, Master und was es sonst noch gibt

Einige der genannten Studienfächer schließen mit vorbestimmten oder erwarteten Prüfungen ab. So gehen die meisten Menschen davon aus, dass ein Mediziner sein Studium mit einer Doktorarbeit beendet. Tatsächlich darf er aber auch schon praktizieren, wenn er seine ärztliche Prüfung – das Staatsexamen – absolviert und seine Approbation erhalten hat. Der Doktortitel ist eher eine Frage des Images.

Bevor ich Sie über andere staatlich geprüfte Studienfächer informiere, sollten Sie etwas über die Abschlüsse wissen, die inzwischen die Hochschullandschaft beherrschen, nämlich Bachelor und Master, aber richten Sie auch noch ein Auge auf die verbliebenen Diplome, Magister und andere Abschlüsse.

Zum Einstieg: Der Bachelor

Bologna (na, können Sie es schon nicht mehr hören?) sei Dank ist aus dem ehemaligen Grundstudium vieler Fächer ein eigener Abschluss geworden, der berufsqualifizierend sein soll. Da das Grundstudium aber doch noch ein wenig anders gedacht war, nämlich als Vorbereitung für eine Spezialisierung im Hauptstudium, das wiederum Zugang zu dem jeweiligen Beruf erlauben sollte, musste der Lehrplan verändert werden. Nicht selten ist dabei so viel Inhalt in den Bachelor gerutscht, dass das Lernpensum für den heutigen Bachelorstudenten bemitleidenswert hoch ist.

Strukturell ist ein Bachelor (auch Baccalaureus Artium) fast immer auf 6 Semester, also 3 Jahre ausgelegt. Dabei werden Leistungspunkte (Credits) gesammelt; jedes Modul, das aus unterschiedlichen Veranstaltungen bestehen kann, zählt einen bestimmten Punktwert. Ein Credit entspricht etwa 30 Leistungsstunden. Da in den sechs Semestern insgesamt 180 Credits gesammelt werden sollen, ergibt sich eine Arbeitsbelastung von 900 Stunden Studium (vor Ort und im Selbststudium) pro Semester.

Für die internationale Vergleichbarkeit ist es wichtig zu wissen, dass der Bachelor als »Undergraduate«-Abschluss gilt, der Master ist ein »Graduate«-Examen. Besonders wer sich im angloamerikanischen Bereich umschaut, wird feststellen, dass Studiengänge dort häufig mit Graduate oder Undergraduate beschrieben werden.

Um einen Bachelorabschluss verleihen zu können, muss ein Studiengang von der Stiftung zur Akkreditierung von Studiengängen in Deutschland (`www.akkreditierungsrat.de`) zugelassen werden. Auf ihrer Homepage finden sich unter »Akkreditierte Studiengänge« sowohl ein Link zu einer Suche (in Kooperation mit dem Hochschulkompass) bei den staatlichen Hochschulen als auch eine Datei zum Download, in der die Angebote von Berufsakademien und Verwaltungshochschulen gelistet sind. Darüber hinaus müssen auch die privaten Hochschulen ihr Bildungsangebot akkreditieren lassen, um einen Bachelor zu vergeben.

Der sogenannte *Monobachelor* (auch Ein-Fach-Bachelor) dominiert das Geschehen, er ersetzt die Diplomstudiengänge fast vollständig und deckt einen weiten Teil ehemaliger Magisterstudienfächer ab. Besonders für den Lehrerberuf, aber auch in anderen Bereichen, gibt es zudem Zwei-Fächer-Bachelor. Bei der Auswahl ist die weitere Karriereplanung wichtig, denn bestimmte Bachelor sehen bestimmte weiterbildende Master vor und nicht für jede Fächerkombination wird beispielsweise ein Master of Education auch angeboten.

Am Ende der 6 Semester steht eine Bachelorarbeit an, meist im Umfang von 40-60 Seiten (dazu mehr in Kapitel 15). Hier soll der Student zeigen, was er gelernt hat und dass er mit Hilfe von Literatur, wissenschaftlichen Erkenntnissen und eigenen Gedankengängen selbstständig eine wissenschaftliche Arbeit verfassen kann.

Weiterführende Informationen zum Bachelor gibt es auf `www.bachelor-vergleich.com`. Neben allgemeinen Informationen finden Sie dort eine angenehm übersichtlich organisierte Suchmaske, mit der Sie sich beispielsweise regional alle Bachelor in Berlin in Wirtschaft und Recht ausgeben lassen können und mit einem Klick auf das Ergebnis alle Details auf einen Blick haben.

Weiter im Text: Der Master

Master ist nicht gleich Master, nicht nur was die unterschiedlichen Abschlussbezeichnungen (siehe Kasten) betrifft, sondern auch in Hinblick auf die Art und den Zugang zu dem jeweiligen Studiengang.

Es werden zwei Grundtypen unterschieden:

- ✔ Der sogenannte *konsekutive* Master setzt ein fachlich entsprechendes Bachelorstudium fort. Einen Master in Ägyptologie gibt es nicht ohne den Bachelor in Ägyptologie.
- ✔ *Weiterbildende* Masterstudiengänge setzen nicht direkt bei einem bestimmten Bachelor an, sondern ermöglichen die breitere fachliche Ausbildung von Studenten.

- Nicht-konsekutiv ist der Master dann, wenn der Zugang auch mit anderen qualifizierenden Hochschulabschlüssen möglich ist. So kann an der FU Berlin jeder, der einen Bachelor, ein Diplom oder einen Magister hat, »Öffentliches und betriebliches Umweltmanagement« studieren.
- Manche Studiengänge setzen Berufserfahrung voraus und sind nicht als zweiter Teil der grundlegenden Ausbildung, sondern als echte Weiterbildung von Fachkräften zu verstehen. Hierzu gehört etwa der Master of Business Administration (MBA).

Masterstudiengänge variieren in ihrer Länge zwischen zwei und selten sogar acht Semestern, üblich sind vier. Am Ende müssen in Bachelor und Master zusammen mindestens 300 Creditpoints gesammelt worden sein, was bei 180 CP im Standard-Bachelor zu mindestens 120 CP im Master führt. Der Master berechtigt anders als ein Bachelor zur anschließenden Promotion.

Auf den Internetseiten der meisten Hochschulen können Sie sich darüber informieren, was konsekutiv, nicht-konsekutiv oder weiterbildend angeboten wird. Die Seite `www.master-vergleich.com` bietet analog zum Bachelorvergleich viele Informationen.

Die alte Garde: Diplom und Magister

Bis Ende 2010 sollten dem Wunsch der Kultusminister entsprechend die bisherigen Diplom- oder Magisterstudiengänge durch entsprechende Bachelor/Masterausbildungen ersetzt werden. Fast alle Bundesländer haben sich für die gängigen Studienfächer an diese Vorgaben gehalten, einzig in Sachsen ist es derzeit noch möglich, klassische Studiengänge etwa in den Ingenieurswissenschaften auf Diplom zu studieren. Manche Sonderhochschulen (Musik, Kunst) vergeben auch weiterhin Diplome.

Aktuell werden auch etwa 200 Studiengänge ausgeworfen, wenn auf `www.hochschulkompass.de` nach »Abschluss: Magister« gesucht wird, allerdings sind dort keine Neueinschreibungen mehr möglich, sondern es handelt sich nur um Angebote, die für bestehende Studenten weitergeführt werden und die nun auslaufen.

Die Idee hinter dem Magister, der mit zwei Hauptfächern oder einem Haupt- und zwei Nebenfächern studiert werden konnte, wurde im Zwei-Fächer-Bachelor (siehe oben), der allerdings in aller Regel zum Lehramt führt, wieder aufgegriffen. Ob es aber sinnvoll ist, ohne die Ambition Lehrer zu werden in 6 Semestern auch noch zwei unterschiedliche Fächer zu belegen, sei dahingestellt.

Wer bekommt welchen Bachelor-/Master-Titel?

Wie früher auch schon bei Dipl.-Ing., Dipl.-Kffr. oder M.A. unterscheiden sich die mit dem Abschluss vergebenen Titel je nach Studienrichtung. Üblich sind nach der Vorgabe der Kultusministerkonferenz:

- ✔ Bachelor/Master of *Arts* (B.A., M.A.) für Sprach- und Kulturwissenschaften, Sport- und Kunstwissenschaften (inklusive Studiengängen der darstellenden Kunst), Sozialwissenschaften
- ✔ Bachelor/Master of *Science* (B.Sc., M.Sc.) für Mathematik und Naturwissenschaften, Agrar- und Forstwissenschaften, Ernährungswissenschaften

Einige Studiengänge sind je nach Ausrichtung mit einem Abschluss »of Arts« oder »of Science« versehen, so zum Beispiel die Wirtschaftswissenschaften. Andere Bereiche haben ihre eigene Abschlussbezeichnung:

- ✔ Bachelor/Master of *Engineering* (B.Eng., M. Eng.) für Ingenieure, manche Ingenieursstudiengänge schließen allerdings auch mit »of Science« ab
- ✔ Bachelor/Master of *Law* (LL.B., LL.M.) für Juristen
- ✔ Bachelor/Master of *Fine Arts* (B.F.A., M.F.A.) in der freien Kunst
- ✔ Bachelor/Master of *Music* (B.Mus., M.Mus.) für Musikabsolventen
- ✔ Bachelor/Master of *Education* (B.Edu., M.Edu.) im Zugangssystem für Lehrämter

Immer noch und wieder aktuell: Staatsexamen

Im Abschnitt mit der Überschrift »Besondere Ziele erfordern besondere Maßnahmen« sind Sie bereits auf solche Fächer gestoßen, bei denen der Staat Interesse an einer qualitativ hochwertigen und einheitlichen Prüfung hat und die daher mit einem Staatsexamen abgeschlossen werden. Juristen, die als Staatsanwälte oder Richter später einen Teil der Staatsgewalten darstellen können, Mediziner und Lehrer sind davon betroffen, im erlauchten Kreis sind auch Pharmazeuten, Tier- und Zahnärzte sowie Lebensmittelchemiker.

Das Staatsexamen ist in der Regel zweigeteilt: Die erste Prüfung findet nach Abschluss der Studienzeit an der Universität statt, die zweite nach einer berufspraktischen Erfahrung im Referendariat oder Praktischen Jahr. Das erste Staatsexamen gilt zwar bereits als Studienabschluss (Rechtswissenschaftler sind mit dessen Bestehen seit 2001 an einigen Fakultäten zum Beispiel Diplom-Juristen), allerdings hat nur eine reale Chance am Arbeitsmarkt, wer auch das zweite Staatsexamen absolviert. Das ist die Voraussetzung, um Volljurist zu sein, eine Lehreranstellung zu erhalten oder als Arzt zu praktizieren.

Noch nicht genug? Die Promotion

In der Medizin ist er fast selbstverständlich, Juristen können sich damit schmücken und ihre Karriere antreiben und Naturwissenschaftler unterstreichen ihre Forschungsambitionen: Ein Doktortitel macht auf der Visitenkarte was her und ist unerlässlich für den, der forschen (oder seriös wirken) will.

Promovieren bedeutet nicht nur, eine Dissertation zu verfassen, auch wenn das den Löwenanteil der Arbeit ausmacht. Mehrere hundert Seiten wollen auch recherchiert werden und bedürfen einer soliden Basis aus Literaturquellen (oder eigener Forschungen).

Am Ende der Promotionsphase steht das Rigorosum als mündliche Prüfung und/oder eine Disputation, in der die Dissertation mündlich und öffentlich verteidigt wird. Dann muss sie veröffentlicht werden und dann ist der Spuk – oft nach vielen Jahren – vorbei, und der »Dr.« auf der Visitenkarte. Ausführliche Informationen zur wissenschaftlichen Karriere können Sie auch in Kapitel 16 nachlesen.

Die Internetseite `www.hochschulkompass.de` bietet eine Suche nach Promotionsmöglichkeiten nach Fächern und/oder Regionen. Das ist ein guter Ansatz, um herauszufinden, was infrage käme und wo zu welchen Kosten promoviert werden kann.

Detailfragen für die richtige Auswahl

Was Sie studieren wollen, hängt nicht zuletzt auch davon ab, wie Ihre Lebenssituation ist und was an dazu passenden Hochschulen (die im folgenden Kapitel 5 näher betrachtet werden) angeboten wird. So können Sie Medizin nur an bestimmten Universitäten und auch nur als Vollzeitstudium belegen.

Vollzeit- oder Teilzeitstudium?

Die Frage nach Voll- oder Teilzeitstudium stellt sich nicht nur in Folge der persönlichen Motivation oder familiären Situation. Sie stellt sich vor allem offiziell, denn bei einem Teilzeitstudium werden nur halbe Semester angerechnet, was bedeutet, dass Sie einen Sechs-Semester-Bachelor in sechs Jahren statt in drei absolvieren können, ohne böse Briefe Ihrer Universität zu erhalten.

Der Anteil der Teilzeitstudierenden hat sich in den vergangenen Jahren kaum verändert: Etwa ein Fünftel der Studenten waren der 19. Sozialerhebung des Deutschen Studentenwerks von 2009 zufolge auf diese Art eingeschrieben (siehe Tabelle 4.1).

Studierende nach Erwerbstyp	2000	2006	2009
Vollzeitstudierende gesamt	**80**	**75**	**79**
<= 15 Wochenstunden erwerbstätig	67	66	67
> 15 Wochenstunden erwerbstätig	13	9	12
Teilzeitstudierende gesamt	**20**	**25**	**21**
<= 15 Wochenstunden erwerbstätig	12	17	13
> 15 Wochenstunden erwerbstätig	8	8	8

(Quelle: Isserstedt, W. et al. (2010): Die wirtschaftliche und soziale Lage der Studierenden in der Bundesrepublik Deutschland 2009. 19. Sozialerhebung des Deutschen Studentenwerks durchgeführt durch HIS Hochschulinformationssystem. http://www.sozialerhebung.de/erhebung_19/soz_19_haupt, S. 314.)

Tabelle 4.1: Studierende nach Erwerbstyp in Prozent

Abgesehen davon, dass Sie neben einer beruflichen Tätigkeit oft nicht die Zeit aufbringen können, in Vollzeit zu studieren (ausführlicher sind die Möglichkeiten des nebenberuflichen Studierens im folgenden Abschnitt beschrieben), sind Gründe für ein Teilzeitstudium etwa die Familie beziehungsweise eigener Nachwuchs, eine Behinderung oder Krankheit sowie eine anderweitige Ausbildung (mehr zu den Möglichkeiten, mit besonderen Bedürfnissen zu studieren, finden Sie in Kapitel 5).

Tatsächliche Teilzeitstudiengänge gibt es in Deutschland nur wenige, allerdings ist es bei vielen Studienangeboten möglich, diese in Voll- oder Teilzeit (mit jeweils halben Semestern) zu belegen. Ob und wo das für Ihren Wunsch-Studiengang möglich ist, müssen Sie an der Uni Ihrer Wahl erfragen.

Was ist eigentlich ein Doppelstudium?

Ein Doppelstudium muss in Deutschland (im Gegensatz zu Österreich) vom Zulassungsbüro und oft dazu von den beteiligten Fakultäten genehmigt werden, aber wenn Sie wirklich wollen, können Sie zwei Studiengänge nebeneinander in Vollzeit studieren. Das ergibt allerdings nur dann Sinn, wenn die Fächerkombination nicht über einen Zwei-Fächer-Bachelor belegt werden kann, Ihre Finanzierung gesichert ist und Sie auch sonst niemandem Rechenschaft ablegen müssen, wieso Sie quasi in der Hochschule einziehen.

Nebenberuflich Studieren

Die unterschiedlichsten Motive können dazu führen, Studium und Beruf unter einen Hut bringen zu müssen oder zu wollen:

- Sie haben eine Berufsausbildung absolviert und einen Job angenommen. Nun wollen Sie für Ihre weitere Karriere auch einen Titel auf der Visitenkarte tragen. Dann ist die fachliche Auswahl des Studiengangs vermutlich begrenzt und davon abhängig, was Sie beruflich tun. Ein Bauarbeiter kann Ingenieur werden, eine Rettungsassistentin Notärztin oder ein Bankangestellter Betriebswirt.
- Sie arbeiten in einem Beruf, wollen aber in einen anderen wechseln und benötigen dafür einen Studienabschluss. In dieser Situation geht es meist darum, auf den Traumberuf hinzuarbeiten, was die Wahl des Studienfachs erleichtert. Wer immer schon Anwältin werden wollte, wird nun Jura studieren.
- Sie haben nach einem Bachelor oder Diplom eine Anstellung angenommen oder sind selbstständig, und nun wollen Sie Ihr Wissen erweitern, einen Master absolvieren oder promovieren, aber können (und wollen) nicht aus dem Beruf aussteigen.
- Sie sind aus finanziellen Gründen darauf angewiesen zu arbeiten, wollen aber dennoch studieren. Hier ist es fast wichtiger, einen passenden (Neben-)Job zum Wunschstudium zu finden, als das Studienfach dem Beruf entsprechend auszuwählen.

Ein Vollzeitstudium an einer Präsenzhochschule ist nebenberuflich schwer zu realisieren. Die Vorlesungen und Übungen sind in der Regel tagsüber und vorgeschriebene Module finden an bestimmten Tagen statt. Ihr Chef wird vermutlich nicht jedes Semester den Dienstplan neu nach Ihrem Stundenplan ausrichten. Eine Lösung kann ein *Dualer Studiengang* sein, der Arbeit und Studium miteinander vereint. Die derzeit etwa 500 Angebote reichen von Archäologischer Restaurierung bis Zentralbankwesen.

Eine weitere Alternative ist die Einschreibung an einer Fernhochschule. Die Fernuniversität in Hagen ist die staatliche Variante, Akad oder die Hamburger Fernhochschule sind private Pendants dazu. Viele Fernuniversitäten bieten Teilzeitstudiengänge an, die explizit berufsbegleitend zu bewältigen sind. Auch ein Online-Studium, bei dem ähnlich wie an der Fernhochschule in Eigenregie gelernt wird, allerdings die Medien fast vollständig Internet- und E-Learning gestützt sind, ist eine Variante, selbstbestimmt zu einem Studienabschluss zu gelangen. Online-Studiengänge werden von einigen staatlichen Hochschulen angeboten, auch die privaten Hochschulen sind recht engagiert; `www.online`

studium.de gibt einen guten Überblick über mögliche Studienrichtungen in Fern- und Online-Studiengängen.

Beratung ist besser als Irren

Einen »... für Dummies«-Ratgeber zu kaufen, war schon mal ein guter Anfang. Und vielleicht wissen Sie nun auch mehr, was Ihnen liegt, oder wussten schon vorher, in welche Richtung Sie sich orientieren wollen, was die Fächerwahl betrifft. Allerdings kann dieses Buch unmöglich genau auflisten, was Sie in welchem Fach im Einzelnen erwartet oder welche Spezialisierung für welchen genauen Berufswunsch am besten passt. Da muss noch mehr Beratung her!

Nach diesem Kapitel haben Sie (hoffentlich!) eine Vorstellung davon, was Ihnen liegen könnte, für genauere Erkundungen möchte ich Ihnen ein paar Anlaufstellen nennen, die Sie unbedingt aufsuchen sollten, um nicht erst während des Studiums etwas zu erkennen, was Sie vorher hätten erfahren können.

- ✔ Das Arbeitsamt, korrekt heißt es *Bundesagentur für Arbeit*, bietet Beratungsgespräche und eine Menge Material (auch online, siehe Kasten unten), wie etwa das bereits mehrfach angepriesene Buch »Studien- & Berufswahl« an. Die Zeitschrift »abi« (auch online unter www.abimagazin.de) liegt im Idealfall an Schulen und Arbeitsämtern aus.

- ✔ *Berufsinformationszentren*, die zu den Arbeitsämtern in größeren Städten gehören, sind ganze Institutionen nur dafür, dass Sie sich über alle möglichen Berufe, nicht nur solche mit Studienzugang, informieren und unterschiedliche Wege dorthin und Ergänzungen und Spezialisierungen ausfindig machen können.

- ✔ *Literatur* kann ebenfalls wertvolle Hinweise geben, besonders, wenn die Richtung, in die es gehen soll, schon klar ist. Studienführer extra für Mediziner, Ingenieure, Juristen oder andere Fächer geben genaueren Aufschluss darüber, was Sie erwartet.

- ✔ Fast alle großen *Hochschulen* bieten inzwischen Angebote für Studieninteressierte an. So kann am Tag der offenen Tür, beim Schnupperstudieren oder bei speziellen Informationsveranstaltungen ein Eindruck von der Hochschule selbst, aber auch dem Studienangebot und den jeweiligen Inhalten gewonnen werden. Aufschluss geben die Internetseiten häufig unter »Studium – Studieninteressierte«. Auch die Bundeswehr sowie alle privaten Institute informieren bei eigenen Veranstaltungen.

- ✔ Viele verschiedene Anbieter können Sie auf *Bildungsmessen* finden. Extra für Schulabgänger sind etwa die Messen »Einstieg« (www.einstieg.com),

»Horizon« (horizon-messe.de), die »azubi- & studientage« (azubitage.de) sowie die »stuzubi« (www.stuzubi.de). Weitere, regionale Messen können Sie auf www.messen.de unter »Aus- und Weiterbildung« (im Suchfeld »Branche« auszuwählen) finden.

Webseiten und Apps

Viele Informationsportale geben im Internet Auskunft über verschiedene Studienbereiche und -fächer. Bereits im Kapitel sind genannt worden:

- ✔ www.hochschulkompass.de – Informationsportal über Studiengänge und Hochschulen
- ✔ www.studienwahl.de – Gute Übersicht der Bundesagentur für Arbeit über Studiengänge und die passenden Berufsbilder. Es gibt auch ein App fürs iPhone.
- ✔ www.studienrichtung.de – Überblick auch über neuere Studiengänge
- ✔ www.akkreditierungsrat.de – Liste der akkreditierten, also zum Bachelor-/Master-System zugelassenen Studiengänge aller Hochschulen in Deutschland
- ✔ www.bachelor-vergleich.com beziehungsweise www.master-vergleich.com – Portale über Abschlüsse und Studienrichtungen, auch regionale Suche möglich
- ✔ www.hochschulstart.de – Stiftung für Hochschulzulassung, Infos über zentral vergebene Studiengänge
- ✔ www.onlinestudium.de – Überblick über Fern- und Online-Studienmöglichkeiten

Außerdem gibt es eine Menge Infos rund ums Studieren auf zwei großen allgemeinen Studentenportalen:

- ✔ www.studieren.de inklusive eines Angebots für Hochschulen und damit Extras wie Studienplatzbörse
- ✔ www.studis-online.de mit Kalender über Hochschultage und ausführlichen Informationen zum Thema BAföG

Apps der Unis und Hochschulen sind vielfältig und umfassen oft neben dem Essensangebot in den Mensen auch Studiengänge oder organisatorische Angaben wie Institutsstandorte. Eine Suche bei iTunes (iPhone, iPad) oder im Google Play Store (Android) lohnt sich.

Die richtige Uni am rechten Fleck

5

In diesem Kapitel

- Verschiedene Arten von Hochschulen kennenlernen
- Welcher Studienort zu wem passt
- Die entscheidenden Kriterien festlegen
- Die erste eigene Wohnung finden

Nachdem Sie nun eine Ahnung davon haben, was Sie studieren wollen, kommt gleich die nächste wichtige Frage auf Sie zu: Wo wollen Sie studieren?

Manche zukünftigen Studenten haben bei dieser Frage keine große Auswahl, etwa wenn sie sich über die Stiftung für Hochschulzulassung SfH (früher ZVS) für Tiermedizin bewerben, was nur an fünf deutschen Hochschulen angeboten wird. Andere haben die Qual der Wahl zwischen privaten oder öffentlichen Hochschulen, Fachhochschulen oder Universitäten, Berufsakademien oder anderen dualen Studiengängen und vielem mehr. Dieses Kapitel verschafft Ihnen einen Überblick darüber, was es im Angebot gibt und wie Sie das für sich Passende auswählen können.

Uni, Fachhochschule oder doch was anderes?

In vielen größeren Städten in Deutschland bestehen Universitäten, Fachhochschulen (FH) und andere Hochschulen nebeneinander. Selbst wenn Sie also festlegen, dass Sie Ihr Studium nach Berlin treibt – um ein extremes Beispiel an Hochschulvielfalt zu wählen – haben Sie die Wahl zwischen drei »normalen« staatlichen Unis, vier Kunst-, Musik- beziehungsweise Schauspielhochschulen, fünf (teils ehemaligen) Fachhochschulen, zwei kirchlichen Hochschulen und rund fünfundzwanzig Privathochschulen, zumeist aus dem Bereich Wirtschaft oder Design.

Es müssen also andere Auswahlkriterien her. Der grundlegendste Unterschied dürfte der zwischen forschungsorientierten Universitäten und praxisausgerichteten Fachhochschulen sein – selbst wenn der Bologna-Prozess dazu geführt hat, dass viele FHs eben dieses »Fach-« aus ihrem Namen gestrichen haben, um das Image der vermeintlich zweiten Klasse loszuwerden.

Ganz klassisch: Die Universität

Sie sind sicherlich schon einmal über den Begriff Alma Mater gestolpert und haben sich gefragt, was das eigentlich ist. Wieder führt die Antwort nach Bologna, diesmal, weil dort die älteste Hochschule Europas steht (weswegen sich die Kultusminister auch dort für die neue Weichenstellung getroffen haben). Das Motto der Universität Bologna lautet »Alma mater studiorum«, auf Deutsch »Nährende Mutter der Studierenden«, was sich auf die Versorgung mit Bildung und Wissen bezieht und sinnbildlich für das Image von Universitäten steht: Theoretisches Wissen und die Forschung stehen vor der tatsächlichen Anwendung des Gelernten. Ein Trend der vergangenen Jahre am Arbeitsmarkt war, dass sich Unternehmen, die sofort einsatzfähige Mitarbeiter einstellen wollten, eher für Fachhochschulabsolventen interessierten, weil die meisten Universitätsabgänger den Ruf hatten, erst einmal in der Praxis angelernt werden zu müssen.

Im Zuge der Umstellung auf Bachelor- und Masterstudiengänge hat sich das Profil der Alma Mater ein wenig verändert, soll doch der Bachelor ein direkt berufsqualifizierender Abschluss sein. Viele Unis tun sich allerdings noch schwer damit, die Mengen an Theorie zu reduzieren, was häufig zu einer Überforderung der Studenten führt, die nun den Stoff der ehemaligen Diplomstudiengänge plus Praxisbezug in den drei Jahren des Bachelorstudiums lernen sollen.

Lesen Sie im Internet Erfahrungsberichte zu den Universitäten, die für Sie infrage kommen. In Zeiten des interaktiven Webzugangs sind Empfehlungen oder Warnungen auf Seiten wie `www.studis-online.de` oder `www.studiVZ.net` ein aufschlussreicher Fundus an Hinweisen, ob die Uni und die Lehre zu Ihnen passt oder nicht.

Wer auf den Bachelor aufbauen will, kann sich für ein Masterstudium bewerben. Das kann, obwohl grundsätzlich als Voraussetzung zur Promotion geschaffen, forschungs- oder praxisorientiert ausfallen (mehr dazu steht in Kapitel 4). An Universitäten sind vor allem die konsekutiven Master eher wissenschaftlich ausgelegt.

Die Promotion ist die dritte Stufe der wissenschaftlichen Ausbildung nach dem Bologna-Prozess. Da bisher nur die Universitäten das Promotionsrecht haben, haben sie somit eine exklusive Sonderstellung.

Vom Nutzen der FH

Fachhochschulen, die sich nach der Bologna-Reform immer häufiger mit Namen wie »University of Applied Sciences« schmücken oder schlicht »Hochschule« nennen (etwa »für Technik«, »für Wirtschaft« oder »für Design«), sind

Die technischen Hochschulen

Bereits Ende des 19. Jahrhunderts wurde in Berlin die Technische Hochschule (heute Technische Universität, TU) als erste ihrer Art gegründet – um eine Bildungsstätte speziell für den naturwissenschaftlichen und technischen Bereich zu gründen und in der Lehre und Forschung Synergieeffekte zu nutzen. Viele TUs sind auf den Bereich der Ingenieurswissenschaften spezialisiert.

Inzwischen sind an den größeren technischen Universitäten und Hochschulen auch andere Fächer wie beispielsweise Wirtschafts- oder Sozialwissenschaften oder auch Lehramt für Berufsschulen im Angebot. Oft liegen aber auch dort die Schwerpunkte im Ingenieursbereich, etwa bei einem Bachelor in Wirtschaftsingenieurwesen.

Aktuell gibt es in Deutschland 17 Technische Hochschulen mit 3.500 (Clausthal) bis 36.000 (Dresden) Studierenden. Wenn Ihre Leidenschaft schon immer dem Tüfteln und Basteln galt oder Sie grundsätzlich einen eher pragmatischen Ansatz in Ihrem Leben verfolgen, könnten Sie demnächst einer von ihnen sein.

fachlich schmaler aufgestellt als Universitäten, bieten keine Promotionsmöglichkeit, nehmen aber Bewerber bereits mit Fachhochschulreife auf. Sie waren die Bildungsstätte für Praktiker, die nicht nur im Rahmen einer Ausbildung einen Beruf lernen wollten, sondern ihr Wissen auf eine theoretische Basis stellen wollten, ohne gleich forschen zu müssen.

Fachhochschulen haben häufig weniger Probleme mit der Umstellung auf praxisorientierten Lehrstoff als die Unis. Bereits die als Diplom (FH) gekennzeichneten »alten« Abschlüsse waren mehr auf die Praxis und den Arbeitsalltag ausgerichtet. Dazu gehört auch, dass das Lernen an FHs oft studierendenfreundlicher organisiert ist. Selten findet man an Fachhochschulen Vorlesungen für mehrere hundert Studenten, oft sind die Seminare und Kurse kleiner und besser betreut, besonders im Vergleich zu den Massen-Universitäten mit mehreren zehntausend Immatrikulierten.

Unter welchen Studiengängen und Fachbereichen Sie im Rahmen eines FH-Studiums wählen können, erfahren Sie zum Beispiel auf der Internetseite `www.fachhochschule.de`. Dort können Sie auch nach Ort oder Studienform (Voll- oder Teilzeit, Präsenz- oder Fernstudium) nach Angeboten suchen.

Da die Fachhochschulen inzwischen in das Bachelor-/Mastersystem eingebunden sind, kann anhand des Abschlusses nicht mehr festgestellt werden, ob er an einer Universität oder FH erworben wurde. Es ist also nicht mehr notwendig zum Beispiel Dipl.-Kfm. (FH) auf die Visitenkarte zu schreiben. Wer an Fachhochschulen noch auf Diplom studiert, muss mit der Klammer leben.

Klein, aber fein – oder zumindest sehr speziell

Universitäten wie etwa die in München oder Köln mit circa 50.000 Studierenden bieten ein breites Fächer- und Serviceangebot mit vielen Extras wie Nebenleistungen, Wohnheimen, Mensen, Hochschulsport und Ähnlichem. Viele Menschen schreckt allerdings die Aussicht ab, einer von Zigtausenden zu sein. Die Wahl kann entweder auf eine kleinere allgemeine (Fach- oder technische) Hochschule fallen oder sogar auf eine Hochschule, die auf einen Fachbereich oder in eine besondere Richtung spezialisiert ist.

Kunst-, Film- und Musikhochschulen

Besondere Begabungen verlangen nach besonderer Förderung. Aus diesem Grund gibt es neben der Möglichkeit, Kunst oder Musik an einer allgemeinen Hochschule zu studieren, auch die Möglichkeit, sich an eine Hochschule zu begeben, an der nur diese Fächer gelehrt werden.

Die Organisation und Betreuung ist an solchen Schulen häufig wesentlich individueller und praxisorientierter als an allgemeinen Hochschulen, jedoch sind auch die Zugangshürden für diese Fächer höher. Nicht selten stehen verfügbare Studienplätze und Bewerber im Verhältnis von 1:100 und die Auswahlkriterien sind entsprechend streng. Auf der anderen Seite ist eine fundierte Ausbildung an einer international anerkannten spezialisierten Hochschule ein guter Start, um Kontakte zu knüpfen und Kompetenz zu vermitteln.

Sporthochschulen

In Köln befindet sich die staatliche Deutsche Sporthochschule (DSHS; `dshs-koeln.de/wps/portal`), die grundständige Bachelor-, aber auch konsekutive und weiterbildende Masterstudiengänge rund um den Sport anbietet (dazu mehr in Kapitel 4). Das Bewerbungsverfahren findet inzwischen online statt, aber sollte keinesfalls kurz vor Ablauf der Bewerbungsfrist angegangen werden, da eine Reihe von Unterlagen erforderlich ist. Außerdem ist der Zugang zum Studium über einen Eignungstest beschränkt. Etwa ein Drittel der rund 5.000 Studierenden an der DSHS ist weiblich, sieben Prozent kommen aus dem Ausland.

Seit 2007 existiert in Berlin die private Hochschule für Gesundheit und Sport (H:G; `my-campus-berlin.com`), deren Studiengänge aus den Richtungen Gesundheit (Komplementärmedizin, Sanitäts- und Rettungsmedizin und Psychologie), Sport (unter anderem Leistungssport und Sportpsychologie) und Sport- und Gesundheitsmanagement stammen. Für derzeit 365 Euro pro Monat plus Einschreibungs- und Prüfungsgebühren erhalten Sie die Chance auf einen anerkannten Abschluss in einem akkreditierten Studiengang.

Auch wenn Sie Sport, besonders im Lehramtsbereich, aber auch im Zusammenhang mit Wirtschaft oder Gesundheitswesen, an anderen Hochschulen studieren können, bietet sich besonders für aktive Sportler die Bewerbung an einer speziellen Hochschule an, da sie dort das bestmögliche Trainingsumfeld haben.

Kirchliche Hochschulen

Theologische, aber auch sozialorientierte Studiengänge können Sie ebenfalls sowohl an einer staatlichen Universität als auch an einer der 16 meist evangelischen oder katholischen Universitäten belegen. Außerdem gibt es Fachhochschulen und Kunst- und Musikhochschulen in kirchlicher Trägerschaft. Neben den christlichen Konfessionsrichtungen können diese freikirchlich oder jüdisch geprägt sein.

Kirchliche Hochschulen zeichnen sich dadurch aus, dass sie zwar durch Zuschüsse der Bundesländer finanziert werden, aber ein eigenes Verständnis von Bildung und Wertevermittlung mit sich bringen. Die christliche (oder von einer anderen Religion geprägte) Sicht der Welt stellt einen Schwerpunkt in der Ausbildung an kirchlichen Hochschulen dar. Der Wissenschaftsrat hat sie bereits 1981 mit den Worten »andersartig, aber gleichwertig« bedacht, was die besondere Rolle im deutschen Hochschulsystem deutlich macht. Und die Rektorenkonferenz kirchlicher Fachhochschulen stellt fest, dass Theologie und Sozialethik so in die Lehre einbezogen werden soll, dass das gesellschaftliche Wirken der Studierenden davon beeinflusst wird.

Die Strukturen sind straff vorgegeben, Praktika und andere Blockveranstaltungen werden meist von der Hochschule organisiert. Mögliche Abschlüsse sind Bachelor- und Mastergrade, aber auch weiterbildende Studienangebote sind zu finden. In den Auswahlverfahren wird die religiöse Einstellung der Bewerber abgefragt. An kirchlichen Hochschulen ist das Studium meist kostengünstig und qualitativ hochwertig durch die begrenzte Anzahl der Studienplätze.

Pädagogische Hochschulen

Da Lehrer als jugend- und generationenprägend eine besondere Stellung in der Gesellschaft innehaben, war ihre Ausbildung lange Zeit getrennt von den anderen Studienbereichen geregelt. Hochschulen allein für Pädagogen mit eigenen Lehrplänen und Praxisbezug waren dafür eingerichtet. Heute sind die meisten dieser Pädagogischen Hochschulen in allgemeine Universitäten integriert, nur in Baden Württemberg finden sich noch sechs dieser den Universitäten gleichgestellten Schulen. Sie bieten Lehramts- und Bachelor-/Masterstudiengänge aus verschiedenen pädagogischen Bereichen an.

Wer zum Beispiel in Baden-Württemberg als Lehrkraft tätig werden möchte, sollte sich auch dort ausbilden lassen. Weitere Hinweise zum Lehramt gibt es in Kapitel 4.

Universitäten der Bundeswehr

In München und Hamburg gibt es zwei Universitäten, die von der Bundeswehr betrieben werden, um Offiziersanwärtern eine Hochschulausbildung zu bieten. Grundsätzlich können dabei geisteswissenschaftliche, technische oder wirtschaftswissenschaftliche Studiengänge gewählt werden. Zu manchen Offiziersausbildungen gehören zwar bestimmte Studiengänge, oft aber ist die Wahl frei.

Sie müssen als Offiziersanwärter selbstverständlich eine militärische Ausbildung absolvieren und sich für einige Jahre zum Dienst verpflichten. Dafür ist Ihr Studium finanziell abgesichert, denn Sie erhalten weiterhin Ihre Bundeswehrbezüge und sind nicht von BAföG oder anderen Zuwendungen oder einem Nebenjob abhängig.

Das Studium an den Bundeswehrhochschulen läuft in Trimestern ab und führt in drei Jahren zu einem Bachelorabschluss und in vier Jahren zum Master. Die Abschlüsse sind anerkannt und gleichwertig denen einer allgemeinen Universität. Das Besondere am Standort München ist, dass die Universität der Bundeswehr München (UniBwM) sowohl universitäre als auch Fachhochschul-Fakultäten und -Studiengänge bietet und somit sowohl für Menschen mit allgemeiner als auch mit Fachhochschulreife interessant ist.

Die Bundeswehr bietet nicht nur zukünftigen Offizieren die Möglichkeit, an ihren Hochschulen zu studieren. Es gibt auch die Möglichkeit, einen Bachelor im technischen Bereich zu absolvieren, um danach als Beamter der zivilen Wehrtechnik zu arbeiten. Welche Karrierewege es beim Bund gibt, können Sie auf `www.bundeswehr-karriere.de` nachlesen.

Neben der Ausbildung an den eigenen Unis bietet die Bundeswehr außerdem denen, die Sanitätsoffizier werden wollen, die Chance, an einer staatlichen Universität Human-, Zahn- oder Tiermedizin oder Pharmazie zu studieren. Auch Nautik und andere marinerelevante Studiengänge können unter Umständen in Kooperation mit einer zivilen Fachhochschule belegt werden.

Fachhochschulen für öffentliche Verwaltung

Eine Sonderstellung innerhalb der FHs haben die Fachhochschulen für öffentliche Verwaltung (FHöV), die vom Bund oder den Ländern betrieben werden, um Verwaltungsbeamte auszubilden. Wer beim Zoll, den Steuerbehörden, der Polizei oder der Rechtspflege seine Brötchen verdienen möchte, findet hier die passenden Studiengänge. Die Bewerbungen finden nicht über die Hochschule statt, sondern über die jeweiligen Ämter, für die ein Dienst angestrebt wird. Wer den Studiengang »Auswärtigen Dienst« belegen möchte, bewirbt sich entsprechend beim Auswärtigen Amt.

Die einzelnen Einrichtungen sind nach Themen und Zuständigkeiten zugeordnet:

- ✔ Fachhochschule des Bundes für Öffentliche Verwaltung
- ✔ Hochschule der Bundesagentur für Arbeit
- ✔ Fachhochschule der Deutschen Bundesbank
- ✔ Fachhochschulen der Länder

Einen Sonderfall stellt die Hochschule für Wirtschaft und Recht (HWR) in Berlin dar. Hier wird neben den üblichen Bachelor- und Masterstudiengängen eine breite Palette an dualen Studienmöglichkeiten sowie Diplom-Rechtspflege sowie -Konsulatssekretariat angeboten – diese Abschlüsse führen in den gehobenen Dienst.

Studierende an solchen Verwaltungshochschulen sind Beamtenanwärter und werden für die Ausbildung mit teilweise an die 1.000 Euro im Monat vergütet. Außerdem bieten diese Hochschulen oft Annehmlichkeiten wie hochschulorganisierte Unterbringung für wenig Geld, was die finanzielle Situation der Studierenden verbessert. Allerdings sind Sie nach einem Abschluss an der Verwaltungsfachhochschule auch für fünf Jahre für die Tätigkeit in der freien Wirtschaft gesperrt und lediglich für den öffentlichen Dienst vorgesehen, für den das Studium inhaltlich auch ausgelegt ist.

Studieren als Zusatz zum Arbeiten

Dass Studenten heutzutage oft arbeiten müssen, um sich ihren Lebensunterhalt zu verdienen oder aufzustocken, ist Realität. Noch ein bisschen anders liegt der Fall, wenn Sie bereits einen Job haben und ihn nicht für eine Hochschulausbildung aufgeben wollen, oder wenn Sie von Anfang an zweigleisig fahren und sowohl ein Studium als auch eine Berufsausbildung durchlaufen wollen. An einer Hochschule, die für Vollzeitstudenten ausgerichtet ist, kann es schwer werden, der Doppelbelastung auf Dauer gerecht zu werden. Dazu kommen pragmatische Gründe für ein nebenberuflich ausgelegtes Studium wie die Tatsache, dass Sie sich nicht klonen und auch nicht anders an zwei Orten gleichzeitig sein können: Früher oder später wird Sie also entweder Ihr Chef oder Ihr Professor vermissen, wenn Sie Vollzeitjob und -studium verbinden wollen. Das tut auf Dauer keinem der beiden Bereiche gut.

Fernuniversitäten

Die gute Nachricht ist, dass sich viele private Fernhochschulen nicht nur was ihre Gebühren betrifft, sondern auch durch die Studienstruktur an das Klientel »studierende, arbeitende Bevölkerung« angepasst haben. Lehrmaterialien werden online oder als Postversand zur Verfügung gestellt, Klausuren und Seminare in Präsenzveranstaltungen abgehalten.

Nach einem ähnlichen Prinzip läuft auch die Lehre an der einzigen staatlichen Fernuni ab, der FernUniversität in Hagen (`www.fernuni-hagen.de`). Hier waren im Wintersemester 2011/12 knapp 80.000 Studenten immatrikuliert, etwa 45 Prozent von ihnen Frauen. Die größten Fakultäten sind die für Kultur- und Sozialwissenschaften sowie Wirtschaftswissenschaft. 80 Prozent der Eingeschriebenen sind berufstätig und gut ein Drittel hat schon einen Studienabschluss. Hagen bietet neben den Bachelor- und Masterstudiengängen auch Weiterbildungs- und Akademiestudienmöglichkeiten wie einen Master in Mediation oder das hauseigene »Hagener Managementstudium« für Führungskräfte, das mit Zertifikat (zwei Semester), Abschluss (drei Semester) oder Master (vier Semester) beendet werden kann.

Duales Studium an Berufsakademien und anderen Hochschulen

Wie schon bei den pädagogischen Hochschulen geht der Blick nach Baden-Württemberg, wenn das Stichwort duales Studium fällt. Dort nämlich steht die Wiege dieser Ausbildungsmöglichkeit, mit der in den 70er-Jahren Industrieunternehmen wie Daimler und Bosch den zunehmenden Abiturientenzahlen mit einer neuen Art der Berufsausbildung entgegenkamen. Es wurden Berufsakademien geschaffen, in denen Studierenden sowohl Praxisbezug als auch der theoretische Hintergrund vermittelt werden sollte. Ab 1995 wurden diese Berufsakademieabschlüsse den Fachhochschulabschlüssen gleichgestellt, ab 2009 waren die Berufsakademien Baden-Württembergs unter dem Dach der Dualen Hochschule Baden-Württemberg (DHBW) vereint.

Wie geht das mit dem Fernstudium eigentlich?

Viele Interessierte können sich schwer vorstellen, wie ein Studium abläuft, bei dem es keinen Stundenplan mit Vorlesungen, Seminaren und Übungen gibt. Tatsächlich liegt darin die erste große Hürde: Sie entscheiden, wann (und ob) Sie sich mit den Unterlagen, die Ihnen per Post oder zum Download im Internet zur Verfügung gestellt werden, befassen.

Oftmals wird die Rücksendung von sogenannten Einsendeaufgaben als Voraussetzung zur Klausurzulassung verlangt. Das sorgt dafür, dass Sie sich mindestens ein- bis zweimal während des Semesters mit dem Papierstapel befassen müssen, der Ihnen zugesandt wurde. Andererseits stehen die Antworten für solche Einsendearbeiten oft im Internet oder werden in Foren diskutiert. Wenn Sie also dazu neigen, es sich allzu leicht zu machen und die vielen Pakete mit Skripten monatelang zu ignorieren, müssen Sie entsprechend mehr Zeit vor den Klausuren einplanen. Strukturell sinnvoller ist es jedoch, sich einen halben Tag am Wochenende dafür zu reservieren und kontinuierlich das zu lesen und zu lernen, was geschickt wurde. Wenn Sie merken, dass das zu viel Stoff ist, können Sie an einer Fernhochschule oft das Tempo und die Zahl der Fächer anpassen.

Neben den Klausuren sind Präsenzveranstaltungen die Regel, für die Sie an den Hochschulort fahren müssen. Dazu werden oft im Vorfeld Einzel- oder Gruppenarbeiten ausgegeben, die dann vorgetragen werden. Am Ende steht wie bei jedem anderen Studium auch eine Abschlussarbeit und Abschlussprüfung an.

Inzwischen gibt es duale Studiengänge und mit Unternehmen kooperierende Hochschulen in allen Bundesländern. Die Anzahl der angebotenen Ausbildungen hat sich zwischen 2004 und 2009 von rund 500 auf über 700 erhöht. Über 50.000 Studierende sind größtenteils an Fach- und privaten Hochschulen eingeschrieben.

Im dualen Studium wird Ausbildung oder Berufstätigkeit und Studium verbunden, und zwar in unterschiedlichen Modellen, je nach angestrebter Dauer, Hochschule und gewünschtem Studiengang:

1. Ausbildung und Studium *zeitgleich* (ausbildungsintegrierendes duales Studium). Dabei wird auf dem ersten Bildungsweg ein Studien- und Berufsabschluss erreicht, indem über vier Jahre parallel studiert, die Berufsschule besucht und tage- oder blockweise Zeit im Unternehmen verbracht wird.

2. Studium mit eingebauten *Praxisblöcken* (praxisintegrierendes duales Studium). In diesem Modell, das über drei bis vier Jahre läuft, wird ein Bachelor und Berufspraxis erworben, allerdings kein Ausbildungsberuf abgeschlossen. Die Belastung ist geringer als beim ausbildungsintegrierenden Ansatz, der Nutzen jedoch auch.

   Im Blockbetrieb wird alle drei Monate zwischen Praxis im Berufsumfeld und theoretischer Ausbildung gewechselt, das tageweise Zeitmodell sieht vor, dass drei Tage am Arbeitsplatz und zwei Tage in der Berufsakademie/Hochschule verbracht werden.

3. Wer bereits einen Job hat, kann einen *berufsintegrierenden* dualen Studiengang wählen, der eine abgeschlossene Berufsausbildung voraussetzt und die Praxiszeit ebenfalls tage- oder blockweise neben der beruflichen Teilzeittätigkeit in drei bis vier Jahren unterbringt. Mitunter kann im Rahmen dieser Ausbildung auch ein Meistertitel erlangt werden.

4. In Vollzeit weiterarbeiten, aber dennoch studieren kann durch ein *berufsbegleitendes* duales Studium erfolgen, das ähnlich wie ein Fernstudium strukturiert ist, aber den Arbeitgeber als unterstützenden Faktor einbezieht. Da in Eigenregie meist nur ein Tag in der Woche studiert wird, kann sich dieses Studium über einige Jahre hinziehen – je nach Ihrem Fleiß.

Da es nur sehr schwer möglich ist, während eines dualen Studiums die Fachrichtung zu wechseln oder aus der Ausbildung auszusteigen und zudem die innerfachliche Ausrichtung schon eingeschränkt ist durch die Wahl des Arbeitsplatzes, sollten Sie sich gut informieren und sich Ihrer Sache sehr sicher sein, ehe Sie ein duales Studium beginnen.

Weitere Informationen gibt es unter `www.wegweiser-duales-studium.de` sowie `www.duales-studium.de`. Beide Seiten eignen sich auch, um einen Überblick über die verschiedenen Formen und Modelle an den unterschiedlichen Hochschulen zu bekommen.

Private oder Öffentliche Hochschule?

Die Wahlmöglichkeiten betreffen nicht nur den Hochschultyp, sondern auch die Finanzierung, und damit sind auch die finanziellen Mittel der Hochschule ein Entscheidungskriterium. So bieten die meist besser aufgestellten privaten Hochschulen mehr, was die Betreuung der Studierenden betrifft, haben das bessere Service-Angebot und besonders für berufstätige Studenten die flexibleren Studienmodelle. Auch viele duale Studiengänge werden inzwischen von privaten Anbietern gestellt.

Andererseits finanzieren sie sich nicht über den Staat und die Studiengebühren, sondern kosten teilweise mehrere hundert Euro monatlich, was für die meisten Studieninteressierten – besonders ohne Job – nicht zu stemmen ist. Was also spricht für und was gegen eine private Hochschule?

✔ **Der Imagefaktor**: Manche – aber nicht alle! – privaten Hochschulen stehen in dem Ruf, eine exzellente Ausbildung zu bieten. Entsprechend ist Ihr Wert nach dem Studium am Arbeitsmarkt hoch. Nicht nur in Amerika (»Mein Kind hat in Harvard studiert!«) ist mit privaten Hochschulen die elitäre Ansicht verbunden, dass das, was teuer ist, auch gut sein muss. Dass das jedoch kein Naturgesetz ist, sollte jedem klar sein.

✔ **Der Kostenfaktor:** Sie jammern schon über die Studiengebühren an staatlichen Hochschulen? Dann lesen Sie besser nicht weiter. An privaten Hochschulen kann die Ausbildung locker in die Zehntausende gehen, wenn man am Ende alles zusammenrechnet. Der Anmeldung, gern mehrere hundert bis über tausend Euro teuer, folgen Monate (nicht Semester) mit oft gleich hoher Belastung, Prüfungsgebühren, Prüfungsanmeldegebühren, Betreuungsgebühren, Fehlgebühren und viele Kostentreiber mehr. Informieren Sie sich ganz genau, wie viele Semester Sie studieren dürfen, ehe es zusätzlich teuer wird und welche versteckten Kosten auf Sie zukommen, die nicht in den regelmäßigen Gebühren enthalten sind.

✔ **Der Qualitätsfaktor:** Was teuer ist, muss gut sein? Das habe ich oben schon als Grundsatz angezweifelt. Natürlich zieht es gutes Lehrpersonal dorthin, wo es gut vergütet wird und Zeit, Ausstattung und Mitarbeiter für Forschungen hat. Das ist an manchen privaten Hochschulen tatsächlich der Fall. Außerdem ist die Zahl der Studierenden begrenzt, was besonders bei Präsenz-Unis den Vorteil hat, dass die Dozenten ihre Studenten inklusive ihrer Stärken und Schwächen auch kennen. Das sorgt für individuelle Betreuung und die bestmögliche Ausbildung der jeweiligen Talente. Andererseits gibt es Fernhochschulen, die sich die Aufnahme etwa von Studierenden, die sich mit einem IHK-Abschluss an Abiturvoraussetzung vorbeischlängeln, etwas kosten lassen und weniger Inhalte als überhaupt die Chance auf einen Abschluss verkaufen. Ob die Privathochschule, die Sie im Auge haben, etwas taugt, können Sie schnell durch einige Recherchen herausfinden:

- Besitzt die Hochschule eine staatliche Anerkennung und sind ihre Abschlüsse zertifiziert?
- Wie werden die Gelder eingesetzt; ist zu erkennen, dass die Qualität der Lehre und Betreuung angemessen gut sind?
- Welche Finanzierungsmöglichkeiten werden geboten, gibt es die Möglichkeit, ein Stipendium zu erhalten oder Unterstützung durch BAföG?
- Taucht die Hochschule in den Hochschulrankings (siehe folgender Abschnitt) oder mit positiven Bewertungen im Internet auf?
- Sind Absolventen der Hochschule in exponierten Stellen zu finden etwa als Chef der Bundesbank oder Nobelpreisträger?

Wenn Sie hinter den Satz »Geld spielt keine Rolle« einen Haken machen können, dann ist es sicherlich eine sinnvolle Überlegung, ordentlich in die eigene Ausbildung zu investieren. Die Auswahl sollte aber gründlich getroffen werden, denn wie auf jedem Markt, auf dem viel Geld lockt, gibt es schwarze Schafe, denen Ihre Zukunft nun wirklich nicht am Herzen liegt.

Das Bachelor- und Mastersystem sollte international vergleichbare Abschlüsse und bessere Wechselmöglichkeiten zwischen den Hochschulen ermöglichen. Oftmals haben private Hochschulen hochklassige Kooperationen mit ausländischen Universitäten, deren Gastbesuch während eines Auslandssemesters sich in Ihrer Vita auch ganz hervorragend machen würde. Wenn Sie ins internationale Geschäft wollen, dann achten Sie schon bei der Auswahl der privaten Hochschule darauf, ob die Ihnen noch Oxford oder Harvard in den Lebenslauf bringen können.

Auswahlkriterien für die Studienortwahl

Nun wissen Sie, was es alles gibt, und stehen vor der Qual der Wahl. Nach welchen Kriterien Sie Ihren Studienort küren, ist individuell verschieden. Im Folgenden möchte ich Ihnen allerdings ein paar Überlegungen an die Hand geben, die Sie bei der Entscheidungsfindung unterstützen sollen.

Zahlen, Daten, Fakten

Informieren Sie sich genau über die Hochschulen, die für Ihre Studienfachwahl infrage kommen. Dabei spielt eine Reihe von Eckdaten eine Rolle, die Sie leicht aus Ratgebern wie »Studien- & Berufswahl« oder auch von Onlineportalen wie `www.studis-online.de` (mehr im Kasten am Ende von Kapitel 4) erfahren können. Achten Sie auf Folgendes:

- ✔ **Anlage der Universität:** Große Hochschulen, besonders Universitäten, sind oft quer über die Stadt verstreut. So kann es sein, dass Sie an der Freien Universität Berlin Kurse belegen, deren Räumlichkeiten viele Kilometer voneinander entfernt sind. Sie fahren doch gern Rad, oder? Denn in vielen Großstädten verkehren zwar zwischen den Hochschulstandorten regelmäßig (alle 20 bis 30 Minuten) Busse, doch richtet sich der Fahrplan nicht nach Ihren Vorlesungszeiten und mit Verspätungen müssen Sie immer rechnen. Dagegen sind die Wege auf Campus-Unis kurz, alle Einrichtungen wie Studienberatung, Prüfungsamt, Cafeteria und Mensa, Hörsäle und Seminarräume liegen in Laufweite und Ihr Tag wird sich auf engerem Raum abspielen. Die »Stadt in der Stadt« ist kuschelig und sorgt für das ultimative Studi-Klima, andererseits ist der Kontakt nach außen beschränkt. Informationen über die Anlage erhalten Sie beispielsweise aus Lageplänen, wie fast alle Studienberatungen sie als Print- und Onlineversion zur Verfügung stellen. Wenn Sie zum Beispiel die weit verstreute Freie Universität Berlin mit der Uni Hamburg vergleichen, sehen Sie den Unterschied auf einen Blick.
- ✔ **Anzahl der Studierenden:** Nicht unerheblich für ein angenehmes Studieren ist die Zahl der anderen Menschen, die auf dem gleichen Stuhl wie Sie (statt auf dem Gang) sitzen möchten. Große Hochschulen mit mehreren zehntausend Immatrikulierten haben oft das strukturelle Problem, dass in einem Studiengang oder Kurs mehr Eingeschriebene (und Wiederholer) sind als Plätze im Audimax oder Seminarraum. Besonders auf viele Studierende ausgelegte Studiengänge haben an großen Unis ihre Tücken; Betriebswirtschaft zu studieren heißt oft, für die 8-Uhr-Vorlesung (die c.t. um 8:15 beginnt) um 7:45 auf der Matte zu stehen, um einen Sitzplatz zu ergattern. Weniger Studierende bringen automatisch ein persönlicheres Verhältnis zu den Dozenten mit sich (wer merkt sich schon 400 Zuhörer in einer Vorlesung?) und damit die Möglichkeit, nachzufragen, sich in Erinnerung zu bringen, Kontakte für mögliche Studentenjobs oder Forschungsprojekte zu knüpfen oder sich einfach nur »gemeint« statt als anonymes Schaf einer großen Herde zu fühlen. Viele Studierende sind jedoch genau an jenen Unis zu finden, die breitere Angebote hinsichtlich der Fächer und Kurse, weiterführender Angebote, Kooperationen und Freizeitmöglichkeiten bieten.

- **Ausgestaltung des Vorlesungsverzeichnisses:** Die Bibel der Studenten zeigt, welche Schwerpunkte innerhalb einzelner Fächer gelegt werden, welche Dozenten und Professoren was anbieten (oftmals aus dem eigenen Forschungsgebiet) und wo möglicherweise Lücken im Angebot herrschen. Wenn Sie sich nicht nur für Wirtschaft interessieren, sondern konkret Börsenmakler werden wollen, dann achten Sie darauf eine Uni zu erwischen, an der das auch als Schwerpunkt wählbar ist.
- **Onlineauftritt:** Erscheinen die Seiten aktuell und gepflegt? Oft sind die Hauptseiten der Hochschulen schön, aber auf den Unterseiten der Fakultät zeigt sich, welche Professoren eher traditionell sind und welche ihre Homepage aktuell und informativ halten.
- **Finanzielle Kriterien** wie die Studiengebühren oder Lebenshaltungskosten können die Wahl des Hochschulstandorts auch bestimmen. Sie finden mehr dazu in Kapitel 6.

Nur die Besten

Deutschland ist traditionell kein Land für als solche gekennzeichnete Elite-Universitäten. Was in anderen Ländern gang und gäbe ist, wird hier meist skeptisch betrachtet – zu groß ist oft noch der Wunsch der Politik, als sozial gerecht wahrgenommen zu werden und der breiten Masse eine Chance auf Bildung zu geben. Dass das einerseits richtig ist, andererseits aber im internationalen Wettbewerb um Forschung(sgelder) und Anerkennung nicht zielführend, haben dann auch die Bildungsminister erkannt und im Jahr 2005 die Deutsche Forschungsgemeinschaft und den Wissenschaftsrat mit der Durchführung eines Wettbewerbs beauftragt, der in drei Feldern zur Verbesserung der bundesdeutschen Forschungsstrukturen führen sollte. Diese sogenannte *Exzellenzinitiative* besteht aus den folgenden Bereichen:

- Graduiertenschulen dienen der optimalen Ausbildung von Doktoranden, denen Mittel und Umfeld für außergewöhnliche Forschung zur Verfügung gestellt werden sollen. 39 Graduiertenschulen wurden ausgezeichnet, die über fünf Jahre mit durchschnittlich einer Millionen Euro pro Jahr gefördert werden.
- Exzellenzcluster zielen auf Vernetzung und Kooperation zwischen den forschenden Hochschulen beziehungsweise Bereichen und externen Instituten und Unternehmen ab. Die 37 Exzellenzcluster erhalten jährlich im Schnitt 6,5 Millionen Euro für fünf Jahre.

✔ Zukunftskonzepte stellen die langfristigen Strategien ganzer Hochschulen dar, um die forschungsorientierte Ausrichtung zu bestärken. Für Studieninteressierte, die später in die Forschung wollen, ist dieses Feld für die Auswahl der Hochschule besonders wichtig. Die elf Universitäten, die mit bis zu 13,5 Millionen Euro jährlich gefördert werden, sind derzeit:

  Ludwig-Maximilian-Universität (LMU) München, Technische Universität (TU) München, Universität Heidelberg, Humboldt-Universität zu Berlin (HU), Freie Universität (FU) Berlin, Rheinisch-Westfälische Technische Hochschule (RWTH) Aachen, Universität Köln, Universität Konstanz, Universität Tübingen, Technische Universität Dresden und Universität Bremen

Wer mehr über die Exzellenzinitiative und insbesondere die Zukunftskonzepte wissen möchte, findet Videobeiträge auf der Seite `www.exzellenz-initiative.de/foerderlinien/zukunftskonzepte`.

Ein weiteres Instrument, um sich über »die Besten« zu informieren, stellen *Hochschulrankings* dar. Dabei ist allerdings ein zentraler Aspekt, wer wozu befragt worden ist, denn wenn die Kriterien nicht mit Ihren eigenen übereinstimmen, nutzt Ihnen die gute Position im Vergleich mit anderen Hochschulen nichts.

Das Wirtschaftsmagazin »WirtschaftsWoche« hat beispielsweise Personalberater und -chefs gefragt, worauf sie bei Bewerbern achten, ob sie Absolventen privater Hochschulen denen der staatlichen Universitäten vorziehen und woher die besten Mitarbeiter stammen. Aachen, Mannheim, Karlsruhe und TU sowie LMU München führen die Liste an, was eine bemerkenswerte Übereinstimmung mit den Hochschulen der Exzellenzinitiative enthüllt (Mannheim und Karlsruhe gehören zu den geförderten Graduiertenschulen). Unterschieden wird im Ranking einerseits in Universitäten und FHs, andererseits nach Fächern in den Bereichen Wirtschaft und Ingenieurswesen.

Das Centrum für Hochschulentwicklung (CHE) bietet in Kooperation mit der Zeitung »DIE ZEIT« ein weiteres, umfassendes Ranking an, das die Forschungsaktivität auch der Professoren, Fakten zu Studium, Lehre und Ausbildung sowie die Beurteilung von Studierenden zusammenfasst. Unter `www.che-ranking.de` können die Ergebnisse eingesehen werden.

Ein Quick-Check auf `ranking.zeit.de/che2011/de/` nach Fach, Abschluss und Ihrer Priorität bringt Sie auf eine schön dargestellte Übersicht. Darüber hinaus können Sie noch detaillierter anwählen, was Ihnen wichtig ist, um zu einer Hochschule zu gelangen, die zu Ihnen passt.

Far away from home

Ist es gut oder schlecht, wenn sich viele Kilometer zwischen Daheim und der Studienstätte befinden? Diese Frage stellen sich junge Menschen oft während der Auswahlphase des Studienorts.

Weiter im Hotel Mama zu wohnen, hat unübersehbare Vorteile: Der Kühlschrank ist immer voll, die Wäsche wird gewaschen und Miete fällt meist nicht an. Neben den materiellen Annehmlichkeiten ist es auch schön, weiterhin die Unterstützung der Eltern zu erfahren, und einen Ort zu haben, an dem man von all den neuen Eindrücken erzählen kann.

Auf der anderen Seite beginnt nun ein neuer Lebensabschnitt, zumindest für diejenigen unter Ihnen, die nicht schon lang für sich allein verantwortlich sind und nun auf die Ausbildung oder den bisherigen Beruf aufsatteln wollen. Flügge werden gehört zu der Zeit nach der Schule dazu, und das bedeutet, Wäsche allein zu waschen, selbst die Bedienung eines Herds ins Auge zu fassen (oder zumindest die Anschaffung eines Kochbuchs zum Beispiel »Kochen für Dummies«) und für die Einhaltung des Budgets mit allen Ausgaben, auch der für die Wohnung, verantwortlich zu sein. Wer sich das ganz allein nicht zutraut, kann sich über einen Studienort in der Nähe der Heimat Gedanken machen, so dass Mutti zu Besuch kommen und bügeln kann, aber Sie dennoch für sich sind und erwachsen werden können.

Special Needs – Brauchen Sie Extras?

Eine besondere Situation ergibt sich für Studierende mit besonderen Bedürfnissen, die dennoch eine Hochschulausbildung durchlaufen wollen. Bei der Auswahl des Studienortes können Angebote über das Übliche hinaus ein ausschlaggebender Grund sein, um sich für eine bestimmte Einrichtung zu entscheiden. Es gibt viele Informationsportale, die Sie bei der Auswahl unterstützen können, doch sollten Sie im Vorfeld auch einige Überlegungen anstellen, um sich über den besten Ort für sich klar zu werden.

- ✔ **Studieren und Schwangerschaft oder mit Kind:** Mit einem Säugling oder Kleinkind in die Vorlesung zu gehen, mag an manchen Hochschulen in seltenen Ausnahmefällen möglich sein, aber die Regel ist, dass Sie Ihren Nachwuchs unterbringen müssen, während Sie konzentriert lernen. Dafür gibt es an manchen Hochschulen eigene Kindertagesstätten oder studentisch organisierte Betreuungsangebote, die Sie am besten über das Studentenwerk oder den Studentenrat in Erfahrung bringen.

Es gibt ein Zertifikat »Familiengerechte Hochschule«, dessen Träger die Vereinbarkeit von Studium beziehungsweise Beruf und Familie nachgewiesen haben. Wer das hat, können Sie auf `www.beruf-und-familie.de` unter den Stichworten »Das Audit – Zertifikatsträger« nachlesen.

Dabei gibt es je nach Hochschule unterschiedliche Unterstützungsinstrumente, so die Möglichkeit, Urlaubssemester einzulegen, auf Teilzeit zu studieren, Prüfungsersatzleistungen zu erbringen oder eben spezielle Angebote zur Beratung und Betreuung wahrzunehmen. Einen guten Überblick über die Möglichkeiten bieten Broschüren der jeweiligen Studentenwerke wie etwa »Studieren mit Kind«, das als pdf auf `www.studentenwerk-berlin.de` unter »Sozialberatung – Studieren mit Kind(ern)« anzusehen ist.

✔ **Studieren mit Handicap:** Etwa acht Prozent der Studierenden in Deutschland absolvieren ihre Ausbildung mit gesundheitlichen Einschränkungen, die Hälfte ist mittel bis schwer eingeschränkt. Damit sie an Hochschulen nicht benachteiligt werden, sehen Hochschulrahmengesetz und Landeshochschulgesetze vor, dass eine gleichberechtigte Teilhabe gewährleistet ist. Sie haben das Recht auf individuelle Unterstützung, aber auch darauf, dass das Studium ohne mehr als die notwendige fremde Hilfe für Sie machbar ist.

In der Realität wird in Gebäuden gebaut, Fahrstühle sind außer Betrieb oder Rampen mit Fahrrädern vollgestellt. Da ist es sinnvoll, sich die Gegebenheiten direkt vor Ort anzuschauen und mit dem jeweiligen Beauftragten für Menschen mit Behinderungen und chronischen Krankheiten, den es an fast jeder Hochschule geben sollte, zu sprechen. Einschränkungen, die nicht so offensichtlich sind wie ein Rollstuhl, müssen ebenfalls in Betracht gezogen werden bei der Hochschulauswahl: Leiden Sie unter chronischen Kopfschmerzen, ist der zukünftige Ausbau aller Gebäudeflügel vielleicht kein gutes Omen für Ihr Grundstudium. Gibt es keine Fächer, um Bücher zu lagern, sind Sie mit orthopädischen Problemen möglicherweise bald dennoch als Lastesel unterwegs. Machen Sie sich eine Liste mit nützlichen Angeboten, die Sie unbedingt brauchen, und solchen, die schön wären, und prüfen Sie die tatsächlichen Gegebenheiten ganz genau ab.

Während des Studiums werden sogenannte Nachteilsausgleiche gewährt. Diese beziehen sich insbesondere auf Prüfungssituationen, in denen beispielsweise andere zeitliche Rahmenbedingungen gelten als für nichtbehinderte Studenten. Aber auch Studiengebühren und Finanzierung sind für Menschen mit Handicap oftmals extra geregelt.

Das Deutsche Studentenwerk (`www.studentenwerk.de`, Stichwort »Studium und Behinderung«) hat eine eigene »Informations- und Beratungsstelle Studium und Behinderung« (IBS) und bietet eine umfassende Broschüre zum Thema, die online als pdf herunterzuladen ist. Für international orientierte Studienanfänger eignet sich der »Higher Education Accessibility Guide« (HEAG), in dem europäische Universitäten (übrigens auch deutsche) nach ihrer Tauglichkeit für Menschen mit Behinderung beurteilt sind. Die Datenbank ist zwar weit von der Vollständigkeit entfernt und schwer zu finden (am besten geben Sie auf `www.european-agency.org/agency-projects/heag` »database« in das Suchfeld ein, dann erscheinen die Informationen zu den einzelnen Ländern), bietet aber immerhin Informationen über Hochschulen, bei denen man nicht eben mal vorbeifahren kann.

Auf `www.myhandicap.de` sind unter »Studium – Vereine« Organisationen aufgeführt, die Informationen und Unterstützung bereitstellen. Das umfasst nicht nur allgemeine Vereine, sondern auch speziellere wie die für Seh- oder Hörbehinderte.

Wohnen weit weg von Daheim

Sie wollen also zu Hause ausziehen? Gut so, dann müssen Sie zusätzlich zu dem, was die Ausbildungsstätte zu bieten hat, auch berücksichtigen, was die Stadt, in die es Sie zieht, für Besonderheiten mit sich bringt. Einerseits können hier soziale Umstellungen auf Sie warten; der Wechsel zwischen Süd- und Norddeutschland war vor einigen Jahren sogar das tragende Thema einer Fernsehserie (»Zwei Münchner in Hamburg«), und wie es für mich war, als Hochdeutsch sprechender Mensch nach Passau zu ziehen, werde ich nicht weiter ausführen.

Kulturelle Herausforderungen sind das eine, auf der anderen Seite stehen pragmatische Überlegungen, zum Beispiel wie Sie wohnen wollen und wie viel Geld Sie dafür ausgeben können oder wollen. Dabei kommen unterschiedliche Wohnformen infrage, die in der Sozialerhebung des deutschen Studentenwerks aus dem Jahr 2009, die man unter `www.sozialerhebung.de` herunterladen kann, aufgeschlüsselt wurden und aus Tabelle 5.1 ersichtlich werden.

Zur Untermiete wird anscheinend kaum noch gewohnt, die Zahlen der bei den Eltern lebenden sind tendenziell gleichbleibend, die Wohnung allein weicht scheinbar mehr der WG als aktuell häufigster Wohnart. Was die einzelnen Formen für Vorteile haben, stelle ich Ihnen nun im Einzelnen vor.

Wohnform \ Jahr	1991	1994	1997	2000	2003	2006	2009
Wohnung mit Partner/in	15,2	17,9	18,7	19,0	20,1	19,7	19,9
Wohnung allein	18,5	21,3	21,6	21,2	23,1	20,1	17,2
Wohngemeinschaft	17,9	17,5	19,8	22,0	22,1	24,9	25,8
Untermiete	8,6	5,3	3,0	2,3	1,6	1,6	1,5
Wohnheim	15,5	14,6	14,9	14,4	11,6	11,0	12,4
Eltern	24,3	23,3	22,0	21,1	21,6	22,8	23,4

(Quelle: Isserstedt, W. et al. (2010): DSW/HIS 19. Sozialerhebung. http://www.sozialerhebung.de/erhebung_19/soz_19_haupt, S. 402.)

Tabelle 5.1: Wohnformen der Studierenden in Prozent

Studentenschließfach? – Was Wohnheime bieten

Dauerparty oder klaustrophobische Umgebung, das sind die Extreme, zwischen denen sich das Wohnen im Studentenwohnheim abspielen kann. Manche von ihnen sind eher wie eine große Wohngemeinschaft organisiert, in der jeder sein Zimmer hat, aber Gemeinschaftsküchen und -bäder existieren, manche sind kleine Apartments, in denen Sie etwa zehn Quadratmeter Raum und vielleicht noch eine Küchenzeile im Flur und eine Nasszelle haben. Alle haben gemeinsam, dass Sie Ihr eigenes Refugium haben, aber umgeben sind von anderen Studenten. Das kann schön sein, wenn Ihnen soziale Kontakte zu fast jeder Zeit mit der entsprechenden Lautstärke willkommen sind, das kann aber auch anstrengend sein – besonders in Prüfungsphasen.

Ein unschlagbarer Vorteil von Wohnheimen ist der Mietpreis: Häufig kosten Räume in studentischen Wohnheimen nur Zweidrittel dessen, was eine Mietwohnung oder ein WG-Zimmer kosten würde. Im Jahr 2009 gab der Normalstudent 222 Euro für seinen Wohnheimplatz aus, aber 341 Euro, wenn er in einer eigenen Wohnung lebte.

Wohnheime werden in den meisten Fällen vom Studentenwerk getragen (manche von kirchlichen Trägern oder auch privaten Unternehmen) und Plätze auf Antrag vergeben. Da in vielen Städten Wartelisten üblich sind, sollten Sie sich frühzeitig um einen Platz bemühen; einfach zur Einschreibung in die Stadt fahren und im Wohnheim einen Platz wollen, führt Sie unter die Brücke oder ins Hostel. Häufig stehen freie Plätze auf den Internetseiten des Studentenwerks der

Stadt ausgeschrieben. Dort oder in der Beratungsstelle finden Sie auch die Anträge und Informationen zu allen Unterlagen (Studienzulassung, Kopie Personalausweis, Nachweis der gezahlten Beiträge), die Sie mit einreichen müssen.

Achten Sie auf den Preis! Besonders in Städten mit chronischem Wohnungsmangel bieten Privatunternehmen angebliche Wohnheimplätze an, die deutlich über dem liegen, was das Studentenwerk im Angebot hat. Suchen Sie sich lieber für ein Wartesemester ein Zimmer zur Untermiete, als sich überhastet teuer einzumieten.

Das Angebot auf dem freien Markt

Internet sei dank kann jeder (der einen Zugang hat) in jeder beliebigen Stadt in Deutschland nach den Mietpreisen schauen und sich ein Bild von der Wohnsituation machen. Online-Immobilienportale bieten einen Überblick und ausgereifte Suchfunktionen. Die bekanntesten sind:

- `www.immobilienscout24.de`
- `www.immowelt.de`
- `www.immonet.de`
- `www.immobilio.de`

Der beste Weg, nach Wohnungen zu suchen, ist jedoch nach wie vor die regionale *Tageszeitung*, nicht zuletzt deshalb, weil dort die Anzeigen günstiger, wenn nicht kostenlos, sind und Besichtigungstermine meist für das Wochenende, an dem der Immobilienteil erscheint, ausgeschrieben werden.

Geschickt ist es, wenn Sie sich online über interessante Objekte am Studienort informieren, telefonisch einige Besichtigungstermine in der neuen Stadt ausmachen, sich ein Wochenende dafür frei nehmen und am Samstag zusätzlich ganz früh den Wohnungsteil durchforsten.

Klein, aber mein

Die eigenen vier Wände, davon träumen viele, die ihr bisheriges Leben lang bei ihren Eltern wohnten. Und wer erst einmal selbst für Miete, Strom, den leeren Kühlschrank und das dreckige Bad zuständig war, wird es selten wieder hergeben wollen.

Auf Folgendes sollten Sie bei einer eigenen Wohnung achten, wenn es um die Auswahl am Studienort geht:

- ✔ Die *Entfernung* zur Hochschule. Sie wollen nicht jeden Tag anderthalb Stunden hin und auch wieder zurück im öffentlichen Nahverkehr sitzen, es sei denn, Sie beobachten gern Menschen und lesen leidenschaftlich gern. Die Zeit, die Ihnen für die Wege verloren geht, fehlt Ihnen beim Lernen, Arbeiten und in der Freizeit, und Zeit wird ein knappes Gut sein, wenn Sie studieren.
- ✔ Die *Ruhe* in der Umgebung. Besonders wenn Sie lärmempfindlich sind, können Sie sich bei einer Wohnung an der Hauptstraße oder unter einer siebenköpfigen Familie gleich mal den Weg zur nächsten Bibliothek raussuchen. Sind Sie eher der Typ, der zu Hause lernen und Ruhe haben will, sorgen Sie für eine entsprechende Umgebung.
- ✔ Die *Kosten*, auch die Nebenkosten. Schauen Sie sich an, wie sich der Unterschied zwischen Netto- und Bruttomiete zusammensetzt und ob das realistisch ist. Wenn Sie nach einem Jahr eine Nachzahlung für Wasser oder Heizung leisten müssen, ist Ihr Wohn-Schnäppchen vielleicht auf einmal zum Killer Ihres nächsten Urlaubs geworden.
- ✔ *Gesundheitliche Belastungen* entstehen neben Lärm auch aus schlecht funktionierenden Heizungen, Schimmel im Bad oder Zugluft durch undichte Fenster. Seien Sie kritisch und genau, nehmen Sie jemanden mit, der sich schon mit der Wohnungssuche auskennt und unterschreiben Sie nicht, wenn Sie unsicher sind, ob das Tropfen von der Decke tatsächlich eben erst aufgetreten ist. Im Zweifel können Sie vielleicht mit anderen Mietern im Haus ins Gespräch kommen und sich erkundigen, wie es sich dort so wohnt.

Der Klassiker: WGs

Wohngemeinschaften sind nicht nur für Studenten eine wunderbare Gelegenheit, einerseits die Familie zu verlassen, andererseits aber ein soziales Umfeld mit der Wohngelegenheit gleich mitgeliefert zu bekommen. Sie haben Ihr eigenes Zimmer, aber wenn Sie jemanden zum Reden wollen, auch Anschluss, dann ist das für manche verlockend. Überlegen Sie sich aber, bevor Sie in eine WG einziehen, ob Sie überhaupt ein »WG-Typ« sind – nur wegen der Ersparnis im Vergleich zu einer eigenen Wohnung sollten Sie sich nicht für eine WG entscheiden. Da tun Sie weder sich noch Ihren Mitbewohnern einen Gefallen.

Die meisten WGs haben strenge Regeln, wer aufgenommen wird und was er oder sie für Eigenschaften haben sollte. Gerade in größeren WGs ist ansonsten kaum ein reibungsloses Miteinander möglich. Nutzen Sie die Auswahlgespräche, um sich Klarheit darüber zu verschaffen, welche Pläne (Putzen, Einkaufen, Organisation) bestehen, welche Pflichten auf Sie zukommen und welche Beiträge, finanziell oder sozial, gewünscht sind. In manchen WGs ist es üblich, dass jeder monatlich einen bestimmten Betrag in die Gemeinschaftskasse einzahlt oder dass einmal die Woche gemeinsam gekocht wird. Dabei sollten Sie alle zukünftigen Mitbewohner kennenlernen, damit Sie nicht demnächst aus dem Bad kommen und vor genau dem stehen, den Sie nie in Ihrer Nähe haben wollten.

Es gibt online einige Seiten, auf denen Sie nach WG-Zimmern suchen oder welche anbieten können:

- `www.wohngemeinschaft.de`
- `www.wg-gesucht.de`
- `www.easywg.de`

Wenn Sie selbst eine WG gründen, gibt es mehrere Möglichkeiten was das Mietverhältnis betrifft. Am seltensten, weil zu aufwändig, kommt es vor, dass der Vermieter mit jedem WG-Bewohner einen eigenen Mietvertrag abschließt. Wenn es mehrere Hauptmieter gibt, bedenken Sie, dass jeder einzelne im Ernstfall für die kompletten Mietschulden haftbar gemacht werden kann. Am häufigsten kommt es wohl vor, dass der WG-Gründer der Hauptmieter ist und die anderen einen Untermietvertrag erhalten. Rechtlich ist zu klären, ob überhaupt Untermieter aufgenommen werden dürfen und wie viele Menschen in den Räumen seitens des Vermieters geduldet werden. Außerdem sollte Ihnen klar sein, dass Sie als Hauptmieter für die volle Miete in der Pflicht stehen, auch wenn die anderen nicht bezahlen.

Die Finanzierung sicherstellen

6

In diesem Kapitel

- Die Ausgabenseite des Studiums betrachten
- Mit Zuschüssen oder auf Pump studieren
- Neben dem Studium arbeiten
- Den Masterplan fürs Budget erstellen

Studierende früherer Tage schwärmen von Zeiten, in denen sie für ein paar Mark eingeschrieben waren und während des Studiums weder ökonomischen noch zeitlichen Druck verspürten. Heute macht Studieren auch viel Spaß, kostet aber mehr Geld als früher. So haben einige der Landesregierungen Studiengebühren für sich entdeckt, teils an- und wieder abgeschafft, die Höhe variiert und ich verzichte darauf, hier konkrete Beispiele zu nennen, denn die Zahlen ändern sich in jedem Semester.

Aber auch andere Ausgaben kommen auf Sie zu: Jenseits von Lernmedien, Büchern, Laptop, passenden Programmen müssen Sie wohnen und essen, und am Ende wollen Sie auch ein bisschen Spaß im Leben haben. Damit die Kosten, die auf Sie kommen, besser planbar werden und Sie einen Überblick bekommen, wie viel Geld Sie folglich zum Leben und Studieren brauchen werden, stelle ich Ihnen einmal mögliche Kosten im Detail vor.

Wie viel Geld brauchen Sie zum Leben?

Im Jahr 2009 hat das Deutsche Studentenwerk eine breit angelegte Studie über die wirtschaftliche und soziale Lage der Studierenden in Deutschland durchgeführt, die man unter `www.sozialerhebung.de` herunterladen kann. Darin werden Aspekte wie Studiendauer, -gründe und -umfeld beleuchtet, aber auch die Einnahmen- und Ausgabensituation von Studierenden sehr genau unter die Lupe genommen. Einen Ersten Überblick gibt Tabelle 6.1.

Schon beim ersten Blick auf die Tabelle stellt sich die Frage, wer denn der »Normalstudent« ist. Für die Studie sind das ledige Studenten, die nicht zu Hause wohnen und sich im Erststudium befinden. Der Normalstudent gab also im Schnitt 2009 rund 760 Euro monatlich – und damit 20 Euro mehr als drei Jahre zuvor – für seinen Lebensunterhalt aus.

Interessanterweise variieren diese Zahlen stark; Studierende mit dem geringsten Einkommen geben nur gut 570 Euro aus, wer dagegen Gutverdiener ist, gibt mit knapp 1300 Euro im Schnitt 700 Euro mehr aus.

Monatliche Ausgaben für ...	2006	2009
Miete inkl. Nebenkosten	266	281
Ernährung	147	159
Kleidung	50	51
Lernmittel	35	33
Auto/Öffentliche Verkehrsmittel	82	81
Krankenversicherung/Arzt	54	59
Kommunikation	43	35
Freizeit	62	63
Gesamt	739	762

(Quelle: Isserstedt, W. et al. (2010): DSW/HIS 19. Sozialerhebung. http://www.sozialerhebung.de/erhebung_19/soz_19_haupt, S. 252.)

Tabelle 6.1: Monatliche Lebenshaltungskosten von »Normalstudenten«

Die Ausgaben unter der Lupe

Was genau in den einzelnen Positionen steckt, sollten Sie sich klarmachen, bevor Sie danach Ihre persönliche Finanzplanung angehen. Vielleicht haben Sie ja vier Autos oder nur einen Roller, vielleicht sind Sie rundum sorglos versichert – was ein Vermögen kostet – oder Sie sind schuhsüchtig oder treiben eine kostenintensive Sportart. Erst, wenn Sie wissen, was in die einzelnen Kategorien gehört, fallen Ihnen alle Ihre Positionen dazu auch ein.

Die Basics: Miete, Essen, Kleidung

In Kapitel 5 habe ich Ihnen im Zusammenhang mit der Studienortwahl als ein Auswahlkriterium die Wohnungssuche und -auswahl ans Herz gelegt. Hinsichtlich der finanziellen Seite Ihres Projekts Studium spielt das auch eine erhebliche Rolle; ob Sie sich für eine Zweizimmerwohnung in München oder eine WG in Dessau entscheiden, kann Ihre Mietkosten um den Faktor zehn verändern. Wenn Sie mit einem sehr kleinen Budget klarkommen müssen, tun Sie gut daran, sich einen Wohnort zu suchen, wo die Mieten günstig sind, sofern Sie nicht durch Ihre Studiengangwahl eingeschränkt sind. Die Studienerhebung gibt auch an, welche Mietkosten nach Wohnform angefallen sind, wieder unterteilt nach den Einkommen der Befragten. Die Ergebnisse zeigt Tabelle 6.2 (lies: 42 Prozent der Wohnheimbewohner leben von bis zu 640 Euro monatlich, Wohnheime kosten im Schnitt 222 Euro pro Monat).

Das Viertel der Befragten, das mit weniger als 640 Euro monatlich auskommen muss, gibt also 28 Prozent seiner Einnahmen für die Wohnung aus, wenn es in einer WG wohnt. Offensichtlich ist, dass die Vorliebe für die »eigenen vier Wände« mit zunehmendem Einkommen steigt, fast die Hälfte derjenigen mit einem Einkommen unter 640 Euro dagegen in Wohnheimen untergebracht sind.

Der Blick auf regionale Unterschiede offenbart, dass die neuen Bundesländer im Schnitt mit 213 (Sachsen-Anhalt) bis 246 Euro (Brandenburg) die niedrigsten monatlichen Mietkosten aufweisen, Berlin (282), Bremen (286) und Hamburg (319) stehen an der Spitze. Noch krasser wird der Unterschied beim Blick auf ausgewählte Hochschulstädte. Hier führt München erwartungsgemäß mit 348 Euro monatlicher Durchschnittsmiete für den Normalstudenten, gefolgt von Hamburg, Köln, Düsseldorf und Frankfurt am Main. Am Ende der Liste finden Sie Leipzig, Magdeburg, Jena, Dresden und Chemnitz mit 200 bis 250 Euro. Insgesamt liegen die Ausgaben, die Studierende in Miete investieren, bei rund einem Drittel der monatlichen Einnahmen.

	Einkommensquartile (in Prozent)				
Wohnform	< 640 Euro	641 bis 770 Euro	771 bis 944 Euro	> 944 Euro	Ausgaben (in Euro)
Wohnheim	42	25	19	14	222
Untermiete	28	23	29	20	237
WG	28	29	25	18	264
Wohnung mit Partner/in	17	22	26	35	302
Wohnung allein	16	21	26	37	341

(Quelle: Isserstedt, W. et al. (2010): DSW/HIS 19. Sozialerhebung. http://www.sozialerhebung.de/erhebung_19/soz_19_haupt, S. 257.)

Tabelle 6.2: Verteilung der Einkommensgruppen und Ausgaben für die jeweiligen Wohnformen

Werfen Sie einen Blick in die Erhebung und finden Sie heraus, auf welchem Niveau sich die Mieten in Ihrer Wunschstadt befinden. Ein Blick in ein Immobilien-Onlineportal wie zum Beispiel `www.immobilienscout24.de` kann ebenfalls helfen.

Zu den grundlegenden Bedürfnissen, die Sie zu erfüllen haben, gehört neben dem Dach über dem Kopf noch Nahrung und Kleidung. Wenn Sie auf Ersteres verzichten, brauchen Sie sich über den Rest bald keine Gedanken mehr zu machen, Letzteres wegzulassen, würde Sie vermutlich in staatliche Obhut führen, wo Sie auch studieren können, aber nicht ganz so frei, wie Sie das gerne hätten.

Essen und Studierende, das ist ein weites Feld; die einen schwören auf bio, regional, vegan oder freilaufend, die anderen ernähren sich von Chips und Tiefkühlpizza. Keine Frage, dass sich dementsprechend das Budget auch verändert. Günstig und ab und zu sogar gut ist es, wenn Sie die Mensa besuchen. Oft über Prepaid-Karten bezahlbar, werden dort verschiedene Gerichte, inzwischen meist inklusive einem für Vegetarier, angeboten. Viele Hochschulstandorte haben sowohl auf dem Gelände als auch im Umfeld weitere Cafeterien (oft in der Nähe der Bibliotheken) und Restaurants. Dass auswärts zu essen ins Geld geht, muss man niemandem erklären. Die Erhebung im Bildungsbericht ergibt eine Spanne von 5 bis 850 Euro monatlichen Ernährungskosten, die meisten Befragten lagen zwischen 80 und 200 Euro, im Mittel gaben die Studierenden 159 Euro für Essen aus.

Kleidung (und ja, Schuhe sind auch Kleidung!) ist eine ebenso weit gestreute Ausgabenart. Man kann mit wenig auskommen, nach oben gibt es keine Grenze. Im Schnitt gab der deutsche Normalstudent 2009 etwa 50 Euro monatlich aus. Wenn Sie nicht exzessiv Prada-Taschen oder Boss-Anzüge sammeln, kann das auch reichen. Was genau reichen wird, können Sie sich mit Hilfe der Budget-Tipps am Ende des Kapitels selbst ausrechnen.

Von A nach B kommen: Öffentlicher Nahverkehr und andere Fortbewegungskosten

Fahrtkosten bleiben nicht aus, besonders wenn Sie in einer größeren Stadt studieren, in der die Hochschulgebäude verstreut liegen und auch Ihr Wohnort möglicherweise nicht in der Nähe der Uni ist. Grundsätzlich können das Kosten für den öffentlichen Nahverkehr (ÖPNV, genauer: öffentlicher Personennahverkehr), ein eigenes Auto oder sonstigen motorisierten Untersatz oder ein Fahrrad sein.

Der ÖPNV ist nicht selten in Form eines Semestertickets Teil der Gebühren, die pro Semester an die Hochschule fällig werden. Wenn Sie in der Nähe der Hochschule eine Bleibe finden und ansonsten auch keine Affinität zu Bus und Bahn verspüren, lohnt sich ein Blick in die Beitragsordnung des jeweiligen Ticket-Verbandes beziehungsweise der Hochschule. Hier ist geregelt, wer sich von den Gebühren befreien lassen kann. Das betrifft auch Studierende, die im Semester nicht vor Ort sind oder ihren Abschluss machen.

Wie weit das jeweilige Semesterticket reicht, kann online auf der Seite `www.semesterticket.net` unter dem Punkt »Stadtsuche« herausgefunden werden. So spart sich mancher einen zusätzlichen Fahrschein der Deutschen Bahn, wenn er ins Umland aufbrechen möchte.

Immerhin ein knappes Drittel der Studenten hat der Studentenwerksstudie zufolge ein eigenes Auto. Bezeichnend ist hierbei, dass Autofahrer im Schnitt 110 Euro, ÖPNV-Nutzer lediglich 38 Euro monatlich für die Fortbewegung ausgeben. Im Unterhalt günstiger ist ein Motorroller, die gesündeste und von Studenten beliebte Lösung ist das Fahrrad. Wichtig ist hier, in ein gutes Fahrradschloss zu investieren und die Hausratversicherung so zu wählen, dass sie den Diebstahl auch abdeckt. Ein Fahrrad kann je nach Semesterticket manchmal sogar mit in die Bahn genommen werden.

Sozial verbunden bleiben: Kommunikationskosten

Als Mitte der 90er-Jahre aus Ostberliner Plattenbauten Studentenwohnheime entstanden, war die Antwort auf die Frage, wann es denn Telefonleitungen gäbe, es würde noch »um die drei Jahre« dauern. Damals war ein Mobiltelefon noch die Ausnahme, wenn auch die einzige Möglichkeit, dem Kommunikations-Gau zu entgehen – ich weiß es, ich hatte eine solche Wohnheimzelle. Heutzutage ist es technisch möglich, mobile WLAN-Router, über die mit Skype telefoniert werden kann, in der Natur herumzutragen; ein Handy oder Smartphone hat fast jeder Student, offene Datennetze sind an fast jeder Hochschule mindestens in der Bibliothek, meist auch in der Mensa oder in Cafés verfügbar.

Allnet-Flatrates, in denen ohne Limit telefoniert und gesurft werden kann, bestimmen das Bild, und die wenigsten machen sich über einen Festnetzanschluss zu Hause Gedanken, es sei denn, sie wollen noch schnelles Internet dazu. Wer nur einen Laptop besitzt, kann seine Kommunikationskosten mit VoIP und kostenlosem WLAN gegen null fahren, wer aber mit dem neusten Smartphone immer alles und am besten gleichzeitig haben muss, darf für diesen Posten um die 50 Euro monatlich einplanen. Je nachdem, ob Sie überall und in beliebiger Länge telefonieren wollen oder nur ab und an mal etwas im Internet nachschlagen, sind Sie eher am einen oder dem anderen Ende der Skala.

Nicht vergessen: Versichern

Die wichtigste Versicherung hierzulande ist die Krankenversicherung. Sie ist gemeinsam mit der Pflegeversicherung Teil der Sozialabgaben, die Arbeitnehmern ohnehin gleich vom Lohn abgezogen werden – wenn Sie nebenberuflich studieren, sind Sie also vermutlich bereits krankenversichert. Anders als bei einer selbstständigen Tätigkeit sind diese Versicherungen für Studenten in Deutschland Pflicht. Wie Sie versichert sein können, ist unter anderem vom Alter abhängig:

✔ Bis zur Vollendung des 25. Lebensjahrs sind Sie bei Ihren Eltern mit *familienversichert*, sofern diese in einer gesetzlichen Krankenversicherung Mitglied sind. Wer Wehr- oder Zivildienst geleistet hat, bekommt diese Zeit angerechnet und hat entsprechend über den 25. Geburtstag hinaus noch dieses Anrecht. Wenn Sie verheiratet sind und Ihr Ehepartner gesetzlich versichert ist, können Sie Ihre gesamte Studiendauer von der Familienversicherung profitieren.

✔ Nach Ihrem 25. Geburtstag müssen Sie sich *studentisch* versichern. Hier gibt es einen einheitlichen Beitrag (zurzeit etwa 77 Euro im Monat), aber ein Versicherungsvergleich lohnt sich, da die Leistungen und mögliche Erstattungszahlungen unterschiedlich geregelt sind.

✔ Ab dem 30. Lebensjahr – oder wenn Sie das 14. Fachsemester überschritten haben – müssen Sie »*freiwillig*« versichert sein. Dabei bezeichnet der Status nicht ein Wahlrecht, sondern nur die Tarifart. Auch hier weichen die Kassen in ihren Bedingungen voneinander ab, wieder ist vergleichen sinnvoll.

✔ Als Berufstätiger oder im dualen Studium sind Sie möglicherweise nicht zu einer studentischen Versicherung berechtigt, klären Sie das unbedingt mit Ihrer Krankenversicherung.

Solange Sie nicht über 20 Stunden in der Woche beziehungsweise unter 26 Wochen im Jahr neben dem Studium arbeiten, bleibt eine berufliche Tätigkeit versicherungsfrei. Wenn Sie darüber liegen, ist Ihr Arbeitgeber verpflichtet, Ihre Kranken- und gleich auch Arbeitslosenversicherung von Ihrem Gehalt abzuziehen. Rentenversicherungsbeiträge fallen an, wenn Sie einer geringfügigen Beschäftigung (bis zu 400 Euro monatlich) nachgehen, hier sind die Abgaben pauschal geregelt. Wenn Sie monatlich mehr als 375 Euro verdienen (bei einem Minijob liegt die Grenze bei 400 Euro), entfällt der Anspruch auf Familienversicherung.

Privat oder gesetzlich? Diese Frage stellen sich viele zu Beginn des Studiums privat versicherte Studenten. Die Privaten Versicherungen locken mit günstigen Angeboten, allerdings gibt es einige Fallstricke: Prüfen Sie unbedingt, ob und wie Sie dem Vertrag wieder entkommen können. Private Versicherungen neigen dazu, ihre Beiträge im Laufe der Jahre stärker anzuheben als gesetzliche Versicherungen das tun. Im Zweifel zahlen Sie bald privat viel mehr, als die gesetzliche kosten würde. Und wer sich von der gesetzlichen Versicherungspflicht befreien lässt, muss eine Anstellung antreten, um zurückkehren zu können. Wollen Sie sich nach dem Studium selbstständig machen, können Sie in aller Regel nicht mehr zurückwechseln.

Andere Versicherungen, die für Studenten infrage kommen, sind Unfall-, Hausrat- und Haftpflichtversicherungen, privat oder auch für Auto oder andere Fortbewegungsmittel. Allerdings sind Sie auf dem Weg von der und zur Uni sowie auf deren Gelände gesetzlich unfallversichert, das sollten Sie nur dann in Betracht ziehen, wenn Sie gefährlichen Hobbys nachgehen. Und wenn Sie gar zu viel Geld übrig haben, schadet es nicht, sich frühzeitig über eine Altersvorsorge Gedanken zu machen, solange die Beiträge wegen der langen Laufzeit noch bezahlbar sind.

Studiengebühren und andere Lernkosten

Kurz war es bereits Thema im Rahmen der Transportkosten und des Semestertickets: Die jeweiligen Bundesländer erheben Gebühren dafür, dass Sie ihre Hochschulen besuchen dürfen. Und das ist grundsätzlich auch gut so, denn Bildung wird erst dann als das wahrgenommen, was sie ist – ein kostbares Gut –, wenn sie nicht nahezu umsonst zu haben ist. In den USA sind mehrere tausend Dollar pro Semester übliche Studiengebühren, denn das kostet die Ausbildung von Studenten auch tatsächlich.

Eine Voraussetzung sollte allerdings sein, dass die erhobenen Gelder auch wieder in die Bildungsinfrastruktur fließen. Dass zudem für finanziell schlecht gestellte Menschen Chancengleichheit hergestellt werden sollte, versteht sich in sozialer Hinsicht von selbst. Es gibt einige Möglichkeiten, beim Studieren schon Geld zu verdienen (siehe dazu Kapitel 4 und 12) oder Zuschüsse und Kredite zu erhalten (mehr dazu weiter hinten in diesem Kapitel), dass von einem generellen Zugangshindernis keine Rede sein kann. Wohl muss aber der, der nicht aus eigener Kraft alles finanzieren kann, besser sein als die anderen oder zumindest einen finden, der ihm den Abschluss zutraut und finanziert.

Zurück zu den Gebühren: Nachdem im Jahr 2005 das Bundesverwaltungsgericht das Verbot von *Studiengebühren* gekippt hat, waren die Landesregierungen von elf Bundesländern schnell dabei, die bis zu 500 Euro pro Semester zu erheben. Einige haben sich, nicht zuletzt wegen erfolgter Regierungswechsel, wieder anders entschieden. Aktuell (WS 2012/13) erheben Bayern (nach Gestaltung durch die Hochschulen) und Niedersachsen allgemeine Gebühren für alle Studenten, in Bremen, Hessen, Rheinland-Pfalz, Sachsen-Anhalt und Thüringen fallen solche Gebühren für Langzeitstudierende an. Auch ein Zweitstudium kostet in der Regel deutlich mehr als der erste Versuch. Private Hochschulen erheben Gebühren in ganz anderen Größenordnungen, hier können Sie mit einigen hundert Euro im Monat, nicht Semester, rechnen. Eine Übersicht finden Sie auf `www.studis-online.de/StudInfo/Gebuehren`.

An allen Hochschulen fallen außerdem *Sozial-* beziehungsweise *Semesterbeiträge* in Höhe von etwa 100 Euro an, mit denen der Studentenrat (StuRa) und die Verwaltung finanziell unterstützt werden. Bei vielen Unis sind darin auch die Kosten für das Semesterticket mit enthalten.

Damit nicht genug: Sie werden in jedem Fach und von jedem Lehrstuhl eine mehr oder minder umfangreiche *Literaturliste* erhalten. Selbst wenn Sie zu den Glücklichen gehören, die so schnell in der Bibliothek sind, dass sie eins der vorhandenen Exemplare ergattern können, fallen für Skripte, Kopiervorlagen und anderen Lesestoff noch Kosten an. Und wenn Sie Bücher in einer anderen als der Hochschulbibliothek beschaffen müssen, kommen Gebühren für den Leihausweis und möglicherweise Fernleihe dazu. Gibt es keine Möglichkeit, ein Buch in der Bibliothek auszuleihen, können Sie auf gebrauchte Bücher ausweichen, die an schwarzen Brettern, in Foren oder Online-Antiquariaten angeboten werden.

Exkursionen und viele Seminare sind ebenso mit Aufwendungen verbunden wie es Geld kostet, Seminar- oder Abschlussarbeiten drucken und binden zu lassen. Und auch die Software – etwa ein Textverarbeitungsprogramm – kostet häufig Geld, ganz zu schweigen vom Computer, auf dem sie laufen soll. Bestimmte Studiengänge sind auch mit höheren Ausgaben verbunden als andere: Juristen benötigen Literatur, die durch Abo-Verträge ständig auf dem neusten Stand gehalten wird, Tiermediziner kaufen bereits im ersten Semester eigene Kittel, Handschuhe und Skalpell-Sets und die IT-Ausstattung von Informatikern ist mit den besseren Schreibmaschinen der anderen Studierenden auch nicht zu vergleichen.

Befassen Sie sich frühzeitig mit guten Free- oder Sharewareprogrammen. Von der Mind-Map (xMind) über Textverarbeitung und Tabellenkalkulation (OpenOffice) bis hin zu Aufgabenplanern gibt es Teures aber auch Kostenloses. Dazu hilft ein Blick ins Infomaterial des

Rechenzentrums, denn häufig werden günstige Studentenversionen beispielsweise der Statistiksoftware SPSS hier bereitgestellt.

Leben wollen Sie auch noch?

Wie jetzt, nicht nur das Notwendigste? Dann gehen Sie nach der folgenden Budgetplanung tief in sich und überlegen, was es alles sein soll. Kino und Theater ab und zu hat noch keinem geschadet, zudem es bei kulturellen Veranstaltungen oft Rabatte für Studenten gibt. Ein Urlaub dann und wann ist schön, aber selbst wenn Sie mit dem Rucksack durch Thailand touren, muss das Ticket bezahlt werden. Hier könnten Sie das Angenehme mit dem Nützlichen verbinden und einen Auslandsaufenthalt zum Studieren und Credits sammeln nutzen.

Hobbys und Sport sind oft ein Groschengrab, gerade dynamische Sportarten mit Spaßfaktor (Kiten, Klettern, Fallschirmspringen) gehen ins Geld, aber da jede größere Hochschule ein recht umfangreiches Sportangebot aufweisen kann, ist auch hier mit günstigen Lösungen zu rechnen.

Ein offensichtliches Naturgesetz findet Anwendung, wenn es finanziell ohnehin knapp wird; dann geben meist innerhalb einer Woche der Fernseher, die Waschmaschine und das Zahn-Inlay den Geist auf. Für solche Sonderausgaben gehört ein Sonderposten auf den Zettel.

Wer greift Ihnen unter die Arme?

Glücklicherweise stehen Sie mit all den Kosten nicht alleine da, denn einige Personen und Institutionen – Eltern, Staat, Stipendienvergebende oder Banken – können Ihnen bei der Finanzierung Ihres Studiums helfen. Sollten Sie bereits während der Hochschulausbildung verdienen wollen, statt (gefühlte) Schulden zu machen, kommen duale Studiengänge sowie die Bundeswehr- oder Verwaltungshochschulen (siehe dazu Kapitel 4) infrage. Alle anderen zahlen erst einmal nur für ihre Ausbildung und lassen sich meist dabei von anderen unterstützen.

Die Eltern zur Kasse bitten

Die haben Sie schließlich in die Welt gesetzt, zahlen seit 18 Jahren Ihr Essen und die Miete für Sie mit, wieso sollte das nun aufhören? Tatsächlich haben Kinder in der Ausbildung einen Anspruch gegenüber ihren Eltern auf Unterhaltsleistungen. Erst wenn diese das nicht leisten können, fühlt sich der Staat in der Pflicht.

In der sogenannten Düsseldorfer Tabelle sind Richtlinien aufgestellt, die den Unterhaltsanspruch von Kindern gegenüber ihren Eltern normieren sollen. Die Sparte »Barunterhalt gegenüber volljährigen Kindern in der Ausbildung« gibt Hinweise auf die Höhe der Bezuschussung, zu denen Ihre Eltern verpflichtet wären. Sie ist abhängig vom Einkommen der Eltern.

Ihren Eltern gegenüber haben Sie allerdings kein Recht auf eine Auszahlung in Geldscheinchen, die können also weiter das Dach dicht und den Kühlschrank gefüllt halten und müssen nur die für das Studium tatsächlich anfallenden Kosten tragen, sofern Sie nicht von anderen, etwa der ZVS, in eine andere Stadt zum Studieren verschickt werden. Ihre Eltern können aber darauf bestehen, dass Sie Ihren Unterhalt in Form von Naturalien erhalten und deshalb auch zu Hause wohnen bleiben, wenn es zumutbar ist. In den meisten Fällen ist aber das Verhältnis zwischen Eltern und Kindern so, dass Erstere froh sind, Sie aus dem Haus zu haben, und dafür auch bereit sind, Sie nach ihren Kräften zu unterstützen. Die Höhe ist dabei von Fall zu Fall unterschiedlich und selbst eine gerichtliche Entscheidung hängt davon ab, was beiden Seiten zumutbar ist, wie viel die Eltern verdienen und ob Sie auch tatsächlich studieren.

BAföG beziehen

Das Bundesausbildungsförderungsgesetz (jawohl, das Wort passt in eine Zeile) sorgt seit den frühen 70er-Jahren dafür, dass in Deutschland auch studieren kann, wer sich das eigentlich nicht leisten beziehungsweise nicht von den Eltern unterstützt werden kann. Zuletzt wurden 2010 umfassende Änderungen durchgesetzt, was das Bundesministerium für Bildung und Forschung auf der Internetseite `www.das-neue-bafoeg.de` ausführlich darstellt. Grundsätzliche Eckdaten zur Förderung sind:

- ✔ BAföG besteht immer zur Hälfte aus einem *Zuschussanteil*, die andere Hälfte ist ein zinsfreies *Darlehen*, das nach Ende der Ausbildung zurückgezahlt werden muss.
- ✔ Je nachdem, ob Sie bei den Eltern wohnen oder nicht und welche Art der Ausbildung Sie durchlaufen, kann ein *monatlicher Satz* von bis zu 670 Euro (für höhere Fachschulen, Akademien, Hochschulen, nicht bei den Eltern untergebracht, inklusive Kranken- und Pflegeversicherungszuschlag) geleistet werden.
- ✔ Vom Höchstsatz individuell abgezogen werden eigenes Einkommen sowie das der Eltern und der (Ehe- oder eingetragene Lebens-)Partner, das als

anrechenbar gilt. Dabei nimmt das Amt Bezug auf die Höhe, die im vorletzten Kalenderjahr erzielt wurde. Sollte sich hier Wesentliches geändert haben, muss mit einem Zusatzantrag die Berechnung nach den aktuellen Verhältnissen beantragt werden. Vom monatlichen Einkommen bleiben rund 1600 Euro (Eltern gemeinsam) beziehungsweise 1070 Euro (Elternteil alleinerziehend oder Partner) anrechnungsfrei. Eigenes Vermögen wird angerechnet, sofern es 5200 Euro (übrigens inklusive eines Autos, das seit 2010 nicht mehr bis 7500 Euro Wert unberücksichtigt bleibt) übersteigt.

- ✔ Unter bestimmten Voraussetzungen wie der Besuch einer Abendschule oder einer Ausbildung nach dem 30. Lebensjahr kann das BAföG *elternunabhängig* bezogen werden.
- ✔ Da BAföG nicht rückwirkend gezahlt wird, sollte die nicht ganz unkomplizierte *Antragstellung* so früh wie möglich erfolgen, um nicht zu Beginn der Hochschulausbildung noch ohne Kohle dazustehen. Anträge gibt es online auf der genannten Website, aber auch bei den BAföG-Ämtern (zu finden auf `www.bafoeg-antrag.de/bafoegamt.php`) und bei den Studentenwerken, die häufig auch gleich eine Beratung dazu anbieten, was Sie wie ausfüllen müssen.
- ✔ Wenn Sie BAföG beziehen, dürfen Sie nur unter bestimmten Bedingungen die *Fachrichtung wechseln*, ohne Ihren Anspruch zu verlieren. Auch wenn Sie zu lange brauchen und die Regelstudienzeit Ihres jeweiligen Studiengangs überschreiten, dreht das Amt den Geldhahn zu.
- ✔ Die *Rückzahlung* des Darlehensanteils erfolgt mit mindestens 105 Euro monatlich (Stand März 2012), sofern nicht ein Freibetrag von 1070 Euro monatlichem Einkommen unterschritten wird. Dabei wird quartalsweise gezahlt, also mindestens 315 Euro viermal im Jahr. Die Rückzahlungsfrist beginnt spätestens fünf Jahre nach Ende der Förderungshöchstdauer, innerhalb von 20 Jahren muss der Betrag getilgt sein.

Insgesamt bezogen im Jahr 2009 in Deutschland rund 30 Prozent der Studierenden BAföG, im Schnitt erhielten sie 413 Euro monatlich (307 Euro, wenn sie bei den Eltern wohnten, 435 Euro, falls nicht). Je höher die soziale Herkunftsgruppe der Studierenden ist, desto geringer ist dabei der Anteil der BAföG-Empfänger.

Stipendien erringen

Wer besonders engagiert oder hochbegabt ist oder ein bestimmtes Talent besitzt, kann sich von den unterschiedlichen Stellen fördern lassen, oft ohne damit

Schulden aufzubauen. Dabei sind die Anbieter und Arten von Stipendien fast so unterschiedlich wie die Möglichkeiten zu studieren. Deshalb lege ich Ihnen hier ein paar Internetseiten ans Herz, auf denen Sie je nach individuellen Plänen und Fähigkeiten suchen können, ob Sie für das ein oder andere Sponsoring geeignet sind.

- ✔ Auf `www.stipendienlotse.de` finden Sie eine vom Bildungsministerium bereitgestellte Datenbank, in der Sie unter anderem nach Fach und Art der Förderung suchen können.
- ✔ Das Deutschland-Stipendium (`www.deutschland-stipendium.de`) ist die Hochbegabtenförderung des Bundes. Dabei stammen 150 der 300 Euro monatlicher Förderung vom Bund, die andere Hälfte wirbt die Hochschule bei eigenen Förderern ein.
- ✔ Eine tabellarische Übersicht finden Sie auf `www.stipendien-tipps.de/anbieter.html`, außerdem sind mindestens die zwölf großen Stipendiengeber, die zum Teil parteinah oder kirchlich basiert sind, auf den entsprechenden Studieninfoseiten `www.studis-online.de/StudInfo/Studienfinanzierung/stipendien.php` beziehungsweise `studieren.de/stipendien.0.html` zu sehen.
- ✔ Speziell für diejenigen, die im Ausland studieren möchten, gibt es Hilfen des Deutschen akademischen Austauschdienstes DAAD (`www.daad.de/deutschland/foerderung/stipendiendatenbank`)
- ✔ Im Juli 2011 hat die Stiftung Warentest Förderprogramme für Studenten bewertet und in 2012 auch noch einmal BAföG und Co. unter die Lupe genommen. Die Artikel stehen unter `www.test.de/bildung-beruf/specials` zum Lesen bereit (Titel: Zahlreiche Chancen auf Stipendien – Sponsoren fürs Studium; Weiterbildung finanzieren – Geld und Zeit für die Bildung).

Allen Förderern gemeinsam ist, dass Sie nicht nur fachlich, sondern auch gesellschaftlich und im Sinne der Stiftungen aktiv sein sollten. Sie erhalten Ihre Unterstützung somit nicht allein für gute Leistungen, sondern auch dafür, dass Sie später einmal und bereits während des Studiums ein überdurchschnittlich engagierter Mensch sind, der dies in Seminaren, bei Veranstaltungen und Tagungen auch unter Beweis stellt.

Studienkredite abschließen

Wenn Sie zu viel Vermögen für BAföG haben, Ihre Eltern zu viel verdienen, Sie nicht hochbegabt sind und/oder Sie einfach keine Lust auf die umfangreichen

Zugangsbarrieren zu BAföG oder Stipendien haben, steht Ihnen der Weg eines Bildungs- oder Studienkredits frei.

- ✔ Der *Bildungskredit* ist ein Programm der Bundesregierung, bei dem in maximal 24 Raten bis zu 300 Euro monatlich gezahlt werden. Er ist mit rund zwei Prozent Zinsen günstig und einfach online zu beantragen. BAföG-Bezieher können ihn zusätzlich zur Förderung beantragen. Die Rückzahlung des Bildungskredits startet vier Jahre nach Ende des Erhalts und läuft in monatlichen Raten von 120 Euro. Weitere Informationen bietet das Bundesverwaltungsamt unter `www.bildungskredit.de`.
- ✔ Eine weitere Möglichkeit ist, sich über *Studiendarlehen* (oder -kredite) den Lebensunterhalt sichern zu lassen. Hier springen Privatbanken, Sparkassen oder auch die staatliche KfW ein und winken mit Beträgen von bis zu 1000 Euro im Monat, teils mit fast schon marktüblicher Verzinsung, die die Zinsen des Bildungskredits weit übersteigen. Solche Angebote, die auch kurzfristig in Form von Studienabschlussfinanzierungen existieren, wollen sorgfältig geprüft und verglichen werden. Nicht nur die Zinsen sind hoch, auch die Gebühren für Anträge, Auszahlung und Bearbeitung variieren und können der Bank ein Zusatzeinkommen in die Kassen spülen, das zu Ihren Lasten geht. Zudem brauchen Sie in aller Regel einen solventen Bürgen.
- ✔ *Studienbeitragsdarlehen* sind, wie der Name schon sagt, ausschließlich für die Finanzierung der Studienbeiträge, also Gebühren, bestimmt und werden auch in genau dieser Höhe ausgezahlt. Geber sind die KfW und in manchen Ländern mit Studiengebühren auch die Landesbanken, aktuell führt die KfW in ihrer Förderdatenbank die Programme von Bayern und Niedersachsen. Die Bedingungen variieren mit Zinsen ab 2,83 Prozent und Rückzahlungszeiten bis zu 25 Jahren.
- ✔ Zuletzt gibt es inzwischen auch in Deutschland das US-amerikanische Modell der *Bildungsfonds* etwa von Festo, der DKB oder Career Concept (mehr auf `www.bildungsfonds.de`), bei dem Investoren ein Säckchen füllen, aus dem dann Kredite an Studenten vergeben werden. Das Ausfallrisiko ist damit auf die Geldgeber verlagert. Die Rückzahlung variiert je nach Fondsmodell.

Einen Kredit sollten Sie nur aufnehmen, wenn alle anderen Förderungsmöglichkeiten geprüft sind. Die unterschiedlichen Optionen können Sie beispielsweise auch unter `www.bildungskredit.net` sowie `www.studienkredit.de` vergleichen. Zinsen sind immer eine zusätzliche Belastung und wenn Sie schon endlich in der Arbeitswelt angekommen sind, wollen Sie doch nicht noch allzu lange durch monatliche Rückzahlungen an Ihr Studium erinnert werden, oder?

Arbeiten neben dem Studium

In der Realität führt für viele Studierende der Weg nicht an einem Job vorbei. Wieder einmal die Zahlen aus der Sozialstudie 2009 belegen, dass 66 Prozent der Studierenden im Erststudium erwerbstätig waren, nur 10 Prozent gaben an, dass dies nicht notwendig gewesen sei, 24 Prozent hatten wegen der Studienbelastung keine Zeit oder aber keinen Job gefunden. Knapp ein Fünftel der Befragten haben gelegentlich gearbeitet (im Schnitt 8 Stunden pro Woche), 10 Prozent häufig gearbeitet (durchschnittlich 13 Wochenstunden) und der Rest (immerhin 38 Prozent) arbeiteten laufend und im Mittel 16 Stunden in der Woche. Da der Bachelor beziehungsweise Master bereits auf eine Belastung von 40 Wochenstunden berechnet wurde, kann also von einem enormen Zeitaufwand für Studium und Arbeit gleichzeitig die Rede sein.

Wenn Sie schon Zeit und Energie ins Geldverdienen stecken müssen, dann lohnt sich vielleicht ein strategischer Blick, um das so zu gestalten, dass es Ihnen auch noch nützlich sein kann. Sie können ...

- ✔ **... die Fühler nach dem späteren Brötchengeber ausstrecken:** Ob Sie in den Semesterferien arbeiten oder ein Praktikum absolvieren, neben dem Studium Daten erfassen oder Befragungen durchführen, in jedem Fall kann der Inhalt Ihrer Tätigkeiten nah oder fern an dem liegen, was Sie in der Hochschule lernen. Als BWL-Student in einer Beratung zu jobben, bringt Ihnen später eine bessere Ausgangssituation als abends in der Kneipe hinter dem Tresen zu stehen – und mehr Schlaf außerdem. Informieren Sie sich schon bei der Suche nach einer Stelle, ob vielleicht an dem Ort eine Abschlussarbeit möglich ist, weitere Mithilfe gefragt wird oder gar eine Übernahme in Betracht kommt. Je spezialisierter Sie im Hauptstudium werden, desto besser können Ihre Qualifikationen Ihnen auch Zugang zu interessanten Arbeitsplätzen bieten.
- ✔ **... studentische Hilfskraft werden:** Jeder Lehrstuhl hat studentische Hiwis, die Kaffee kochen, Kopien anfertigen, dem Professor die Füße massieren oder ab und zu tatsächlich qualitativ arbeiten dürfen (was das sein kann, erfahren Sie in Kapitel 12). Besonders wenn Sie es auf eine wissenschaftliche Karriere abgesehen haben, aber auch sonst, weil es bequem und mitunter gar nicht schlecht bezahlt ist, können Sie sich an der Uni umschauen, wo es Aushänge mit Angeboten für solche Stellen gibt. Meist hat ein Lehrstuhl irgendwo vor dem Sekretariat einen Kasten oder ein schwarzes Brett. Auch der Blick auf die Homepage kann hilfreich sein. Wenn Sie bereits eine Vorstellung haben, welche Fächer Sie vertiefen oder worüber Sie Ihre

Abschlussarbeit schreiben wollen, können Sie so frühzeitig mit dem entsprechenden Dozenten in Kontakt kommen.

✔ **... der grauen Theorie entrinnen:** Ein Job kann auch unabhängig von seinem Inhalt dafür sorgen, dass Geld in die Kasse gespült wird und Sie weg von den Büchern hinein ins Leben kommen und mit Menschen zu tun haben. Abends in der Kneipe an der Bar zu stehen, sorgt sicher für mehr Lebens(problem)nähe und psychologische Erfahrungen als morgens Zeitungen auszutragen, wenn noch keiner wach ist. Dafür verspricht letzterer Job dem zukünftigen Arbeitgeber, dass Sie beim Aufstehen eine gewisse Disziplin an den Tag legen können.

Das Budget planen

Ich gehe nun einmal davon aus, dass Sie noch nie ein Budget geplant haben. Selbst wenn Sie im Begriff sind, ein BWL-Studium anzutreten, haben Sie bislang wahrscheinlich Ihr Taschengeld ausgegeben, bis es weg war (diejenigen unter Ihnen, die seit Jahren im Berufsleben stehen und mit Ihrem Gehalt auskommen müssen, können die folgenden Seiten lesen, müssen es aber nicht).

Ein Budget zeichnet sich dadurch aus, dass Sie schauen, was Sie mit Ihrem Geld anstellen wollen, und dann zusammenrechnen, was Sie brauchen. Dem stellen Sie gegenüber, was Sie vermutlich einnehmen werden, streichen rasch den Porsche und sehen zu, dass Sie sich halbwegs an den Plan halten, damit Sie keine Schulden machen und in der letzten Monatswoche noch zu essen haben.

Im Schnitt würden monatlich 44 Euro übrig bleiben. Nun fallen nicht alle Ausgaben zeitgleich an, darum brauchen Sie zwar im Schnitt etwa 1000 Euro monatlich für den angenommenen Lebensstil, müssen aber nicht tatsächlich jeden Monat so viel ranschaffen. Wenn Sie Ihre Einnahmen nicht gleichmäßig im Jahr erwirtschaften, kann ein monatlicher Plan helfen, den Kontostand nicht unter Null rutschen zu lassen.

	täglich	monatlich	Pro Semester	jährlich	Im Schnitt im Monat
Ausgaben					
Miete		250			250
Lebensunterhalt	10				300
Kleidung		100			100
Bus & Bahn			120 (Semesterticket)	122 (BahnCard)	30
Handy/Internet		30			30
Versicherungen				150	12,5
Studienkosten			500		83,5
Freizeit		35			35
Urlaub/Reisen				500	40
Extras		25			25
Summe					**906**
Einnahmen					
Arbeit während der Ferien			2500		416,50
Unterhalt		450			450
Weihnachts- und Geburtstagsgeld				1000	83,50
Summe					**950**

Tabelle 6.3: Ein Beispiel für eine Budgetplanung

Richtig und rechtzeitig bewerben

7

In diesem Kapitel

- Zentrale und dezentrale Vergabeverfahren von Studienplätzen
- Was es mit der ZVS noch auf sich hat
- Bewerben an einzelnen Hochschulen
- Vollständige Bewerbungsunterlagen abgeben
- Gut vorbereitet in die Auswahlverfahren

Es hat ein bisschen etwas von einer Bewerbung für einen Job: Bewerben ist oft Pflicht, um angenommen zu werden und studieren zu dürfen. Inzwischen sind nur noch wenige Studiengänge frei zugänglich und die meisten Hochschulen prüfen nicht nur den Notenschnitt des Abiturs, sondern wählen ihre zukünftigen Studenten immer sorgfältiger aus. Der Grund ist, dass in vielen Studiengängen die Zahl der Bewerber erheblich höher ist als die Zahl der Studienplätze.

Sie sollten also bereits bei der Bewerbung das Bestmögliche für sich herausholen und abgesehen von der Pflicht, dass Sie Ihre Unterlagen vollständig und rechtzeitig abgeben müssen, auch die Kür gut meistern und sich kreativ von den Mitbewerbern abheben. Nehmen Sie sich die Zeit für ordentliche Mappen, Anschreiben, Motivationsbriefe oder Lebensläufe, denn das ist erst einmal alles, was die Prüfer der Bewerbungen von Ihnen sehen. Was Sie in welcher Reihenfolge tun sollten und worauf zu achten ist, erfahren Sie in diesem Kapitel.

Die Stiftung für Hochschulzulassung (SfH, früher ZVS)

Früher war sie das Maß aller Dinge: die ZVS, gern auch »zentrale Verschickungsstelle für Studenten« genannt, weil so mancher sich an einem Ort wiederfand, den er sich ursprünglich nicht vorgestellt hatte. Tatsächlich steht ZVS für *Zentralstelle für die Vergabe von Studienplätzen*. Seit 1972 hatte die ZVS die Aufgabe, beliebte Studiengänge zentral für Deutschland über den Numerus Clausus – eine Grenze durch die Abiturnote – und Wartezeiten zu regeln. Das heißt, durch den Numerus Clausus wurde die Zulassung zu nachgefragten Studiengängen mit einer bestimmten Anzahl an freien Plätzen geregelt. Seit 2010 ist die vorige Anstalt des öffentlichen Rechts in eine Stiftung, die *Stiftung für Hochschulzulassung* (SfH, `www.hochschulstart.de`), umgewandelt worden und erfüllt die zentrale Vergabefunktion nur noch für wenige Fächer, wie zum Beispiel die medizinischen und Pharmazie.

Ab dem Wintersemester 2012/2013 übernimmt die Stiftung die Koordinierung der örtlich begrenzten Studienplätze im sogenannten »Dialogorientierten Serviceverfahren« (DoSV). Das soll den unschönen Zustand beenden, dass Interessierte sich oft für mehrere Hochschulen beworben haben und die SfH keinerlei Überblick über die dann tatsächlich angenommenen beziehungsweise freien Studienplätze hatte. So soll die Vergabe transparenter werden.

Um sich bei der ZVS für Medizin, Zahn-, Tiermedizin oder Pharmazie zu bewerben, sollten Sie Folgendes beachten:

- ✔ Die *Frist* zur Bewerbung für das Sommersemester ist der 15. Januar des jeweiligen Jahres. Um sich für das Wintersemester zu bewerben, müssen diejenigen, die ihre Studienberechtigung vor dem 16. Januar des Jahres bereits in der Tasche hatten, bis zum 31. Mai Mitternacht den Antrag Online (AntOn) auf der Seite `www.hochschulstart.de` abschicken. Neu-Abiturienten können sich bis zum 15. Juli Zeit lassen.
- ✔ Sofern Sie den Antrag online rechtzeitig abgesendet haben, sollten Sie losziehen und die Unterlagen in Form von *beglaubigten Kopien* zusammenstellen und zusammen mit dem ausgedruckten und unterschriebenen Antrag als echten Papierstapel an die Stiftung schicken. Wieder gilt es Fristen einzuhalten, diesmal den 15. Juni für Alt- und den 31. Juli für Neu-Abiturienten. Sie haben also nur zwei Wochen Zeit, wenn Sie bereits den Onlineantrag auf den letzten Drücker eingereicht haben.
- ✔ Von der Stiftung werden 40 Prozent der Plätze sofort je zur Hälfte nach Abschlussnote und Wartezeit vergeben, die restlichen 60 Prozent werden von den Hochschulen selbst vergeben. Weil diese hochschuleigenen Auswahlverfahren zum Teil mit weiteren, eigenen Kriterien verbunden sind, setzen einige Hochschulen eine *zusätzliche Bewerbung* direkt bei ihnen voraus.

  Andere Hochschulen wünschen, dass Bewerbungsunterlagen ausschließlich an hochschulstart.de gesendet werden, allerdings werden dort persönliche Auswahlgespräche geführt. Auf der Seite `www.hochschulstart.de` finden Sie unter »Studienangebot« beim entsprechenden Semester und gewünschten Studiengang die Liste von Hochschulen mit einer Verlinkung zu den Bewerbungsdetails.

Trotz der zentralen Vergabe müssen Sie unbedingt darauf achten, welche Unterlagen für Ihre gewünschte Universität noch gefordert werden und welche Fristen da gelten. Ansonsten wird die ZVS (nun SfH) doch wieder zur Verschickungsstelle, nur weil Sie sich nicht ausreichend über die Anforderungen Ihrer Wunsch-Hochschule informiert haben.

- ✔ Für Human- oder Zahnmedizinanwärter mit bestimmten Uni-Wünschen (eine Liste finden Sie auf `www.tms-info.org`) kann der freiwillige *Test für medizinische Studiengänge* (TMS) die Chancen verbessern. Früher war dieser Test für alle Medizinrichtungen vorgeschrieben, ein Teil der Studienplätze wurde direkt über Testbestenquoten vergeben. Heute haben viele Hochschulen das Ergebnis des Tests als Kriterium aufgenommen, mit dem Sie Ihren Rang verbessern können (übrigens nicht verschlechtern, falls Sie im TMS einen Blackout hatten). Der TMS ist einem Intelligenztest nicht unähnlich, es sollen Konzentration, Gedächtnisleistung und naturwissenschaftliches Verständnis auf den Prüfstand gestellt werden. Eine Teilnahme kostet 50 Euro und dauert einen Tag.
- ✔ Hamburg und inzwischen auch Magdeburg setzen den Hamburger Test für medizinische Studiengänge (HAM-Nat) voraus. Auch hierfür gibt es online Selbsttests auf der Seite des Uni-Klinikums (`www.uke.de/studierende` unter »Studienbewerber – Auswahlverfahren«) und passende Vorbereitungskurse.

Wer seine Aussichten auf einen medizinischen Studienplatz ernsthaft steigern will, sollte an dem Test und zuvor an einem Vorbereitungskurs teilnehmen oder sich ein Buch dazu kaufen. Im Internet bietet die E-Learning Plattform `www.medizinertest-vorbereitung.de` die Gelegenheit, sich auf die Art der Fragen einzustimmen.

Härtefallanträge

Zwei Prozent der Studienplätze stehen den sogenannten Härtefällen zur Verfügung. Für solche Anwärter, für die soziale oder familiäre Gründe erfordern, dass sie ihr Studium sofort beginnen können, wird trotz der Ablehnung nach dem ansonsten gültigen Verfahren der Hochschulzugang ermöglicht. Der dann vorliegende Ausnahmefall, zum Beispiel eine sich verschlimmernde Krankheit, die das Studium zu einem späteren Zeitpunkt erschweren würde, muss nachgewiesen werden.

Der Härtefallantrag wird zusammen mit dem Zulassungsantrag gestellt. Da bei Ablehnung der zunächst gültigen Grenzen bei der Prüfung des Härtefalls auf die Hochschulen zurückgegriffen wird, die Sie im Feld »Zulassung nach Wartezeitquote« eingetragen haben, sollte dort unbedingt auch eine Wunsch-Uni vermerkt sein. (Zusatzinfos zum Härtefallantrag für medizinische Studienfächer finden Sie unter `www.hochschulstart.de` unter dem Stichpunkt »Unterlagen – Zulassungschancen können verbessert werden«.)

Übliche Bewerbungsverfahren an Hochschulen

Alle Studiengänge, die nicht deutschlandweit zentral vergeben werden, erfordern eine individuelle Bewerbung pro Fach und Hochschule. So kann ein Interessent an Betriebswirtschaftlehre weit über 50 Bewerbungen über Deutschlands Hochschulen verteilen, bei denen er sich auf den ganzen Strauß von Verfahren – vom Auswahlgespräch über die Gewichtung von Schulfächern – einstellen muss. Weil das dazu führt, dass viele Studenten viele Bewerbungen verschicken, aber nur wenige rechtzeitig Bescheid geben, wenn sie einen Studienplatz dann nicht annehmen wollen, blieben im Wintersemester 2010/2011 17.000 NC-pflichtige Studienplätze unbesetzt. Ein deutliches Zeichen, dass eine stärkere Zentralisierung dringend notwendig ist. Eine Zwischenlösung ist die bundesweite Studienplatzbörse (`www.freie-studienplaetze.de`), auf der Interessenten nach nicht vergebenen beziehungsweise nicht angenommenen Plätzen suchen können.

Was auf Sie zukommen kann, wenn Sie sich an Ihrer Wunsch-Hochschule bewerben, lesen Sie jetzt. Dabei sollten Sie immer im Hinterkopf behalten, dass diese Verfahren eingeführt wurden, weil es mehr Bewerber als Plätze gab. Also sind Sie erstens nicht allein in der misslichen Lage, einem Gremium Ihre Motivation mitzuteilen, und zweitens haben Sie erhebliche Vorteile, wenn Sie gut vorbereitet an die Sache herangehen, weil Sie so für sich werben können, auch wenn Ihr Abi-Schnitt über 1,0 liegt.

Einen Überblick über die Numerus-Clausus-Werte der vergangenen Semester findet man auf `www.nc-werte.info`. Da steht, welche Fächer an welchen Hochschulen was für einen Abiturdurchschnitt erfordern und wie viele Wartesemester und welche sonstigen Anforderungen sie mit sich bringen.

Schriftliche Bewerbung

Der größte Teil der Hochschulen bietet ein Online-Bewerbungsverfahren wie das der (ehemaligen) ZVS an, bei dem ein Antrag ausgefüllt und virtuell gesendet wird. Im Anschluss muss dieser gedruckt und mit den erforderlichen Unterlagen (beglaubigte Kopien!) dann auch tatsächlich bei der Hochschule eingehen. Welche Fristen zu beachten sind, klärt ein Blick auf die jeweilige Bewerbungsseite der Bildungsstätte, oft sind es dieselben wie bei den zentral vergebenen Studiengängen (15. Januar für das Sommersemester, 15. Juli für einen Start im Winter).

Anders als in den Zeiten, in denen Studienplatzzusagen allein am Numerus Clausus (NC), also dem Abi-Schnitt, und den Wartesemestern hingen, ist heute der Wettbewerb unter den Hochschulen um die aussichtsreichsten Studierenden entbrannt. Der Wunsch der Hochschule, möglichst die besten Studierenden mit den kürzesten Studienzeiten und den besten Forschungsambitionen zu haben, führt dazu, dass Anwärter sich wie auf eine Stelle bewerben müssen – teils mit Anschreiben, Motivationsschreiben und Lebenslauf.

✔ Mit dem *Anschreiben* soll in erster Linie auf die beigefügten Anlagen hingewiesen werden. Schreiben Sie es nicht voll mit guten Wünschen und Vorsätzen, wenn es noch ein zusätzliches Motivationsschreiben gibt. Es reicht völlig, wenn dort etwa Folgendes steht:

»Sehr geehrte Damen und Herren,

mit diesem Schreiben bewerbe ich mich auf
(Studiengang ABC) zum (Semester x).

In der Anlage finden Sie xyz,

Ich würde mich freuen, wenn Sie Interesse an meiner Bewerbung
finden, und stehe gern für Rückfragen zur Verfügung.

Mit freundlichen Grüßen,

(Name)«

Dazu sollten Sie einen ansprechend formatierten Briefkopf mit Ihren Angaben inklusive Telefonnummer und Datum, eine Betreffzeile vor und eine Anlagenliste nach dem Text verfassen. Wenn es kein gesondertes Motivationsschreiben gibt, dann stellen Sie Ihr Interesse am Studienfach, -gang und der Hochschule im Text in einem eigenen Absatz dar. Wenn kein Lebenslauf gefordert wird, erstellen Sie einen weiteren Absatz mit einigen grundlegenden Angaben über sich (Alter, Abschluss, Herkunft, relevante Interessen).

✔ Das *Motivationsschreiben* stellt Sie und Ihr Interesse ausführlich vor. »Wieso will der Bewerber zu uns und nicht woanders hin?« Das ist die Frage, die Sie dem Zuständigen der Hochschule mit Ihrem Motivationsschreiben beantworten wollen.

Dabei gibt es einige Dos and Don'ts, auf die Sie beim Verfassen achten sollten:

- Stellen Sie klar, wieso das *Fach* Sie interessiert. Dabei können Sie darauf eingehen, dass Sie schon immer in Mathe (Kunst, Deutsch, ...) gut waren und mit Spaß bei der Sache. Wenn Ihr Zeugnis voller schlechter Noten in den relevanten Fächern ist, lassen Sie die Finger davon, irgendwas schönzureden (ich war schon immer schlecht im Rechnen, aber an Ihrer hervorragenden Hochschule kann ich bestimmt trotzdem BWL studieren). Stellen Sie nur Vorteile von sich heraus.
- Erklären Sie Ihre Liebe zu den möglichen *Berufen* nicht dadurch, dass es dort sichere und gut bezahlte Arbeitsplätze gibt. Vielmehr ist es von Vorteil, wenn Sie zum Beispiel durch ein Praktikum bereits Erfahrungen gesammelt haben und belegen können, dass Sie im Berufsumfeld X gut zurechtgekommen sind und sich dort wohlgefühlt haben.
- Auch Ihre *Freizeitaktivitäten* können von Interesse sein. Wenn Sie sich zum Beispiel für Tiermedizin bewerben, zeigt ehrenamtliches Tierschutzengagement, dass Sie auch mit der leidvollen Seite des Berufs vertraut sind.
- Vergessen Sie nicht, die *Hochschule* speziell mit einzubeziehen; welche Fächerkombinationen, Lehrangebote, Dozenten oder Kooperationen bringen Sie dazu, dort und nirgends sonst studieren zu wollen (und das in zehn verschiedenen Motivationsschreiben). Recherchieren Sie dazu genau, was die Hochschule bietet und was sie besonders auszeichnet.
- Am Ende des Motivationsschreibens steht ein obligatorischer Satz, dass Sie sich auf Antwort freuen und für Rücksprachen gerne zur Verfügung stehen.

Hinweise und eine Vorlage gibt es online auf `studienwahl-deutschland.de/aufbau-bachelor-master/24`.

✔ Ein *Lebenslauf* gibt einen Überblick über Ihren bisherigen Werdegang. Wenn er gefordert wird, ist der Lebenslauf meistens in tabellarischer Form abzugeben. Textverarbeitungsprogramme wie Word haben hierfür eigene Vorlagen eingebunden, aber auch im Internet (etwa unter `www.bewerbungsmappen.de`) gibt es eine Reihe von Beispielen, wie ein solcher Lebenslauf aussehen sollte. Er sollte mindestens Folgendes enthalten:

- Persönliche Daten: Name, Anschrift, Familienstand und Geburtsdatum/-ort
- Etappen der Schul- und Berufsausbildung und Abschlussgrade
- Bisherige Praktika und Anstellungen

- Sprach- und Softwarekenntnisse
- Hobbys und Interessen

Wer sich für ein duales Studium bewirbt, muss seine Bewerbung in der Regel an das ausbildende Unternehmen richten. Auch hier kommen die oben genannten Unterlagen, oft mit Bewerbungsfoto, mit in den Umschlag. Weitere Tipps gibt es auf `www.wegweiser-duales-studium.de/bewerbung`.

Gern gesehene Vorleistungen

Für viele Hochschulen ist es das ausschlaggebende Kriterium bei der Vergabe von Studienplätzen, wenn Sie bereits Erfahrungen in dem Bereich gesammelt haben, für den Sie sich ausbilden lassen wollen. So ist für die Auswahlverfahren der Hochschulen, die über 60 Prozent der zentral vergebenen Studienplätze nach eigenen Kriterien entscheiden, oft wichtig, ob Sie eine abgeschlossene *Berufsausbildung* haben. Als Krankenpfleger steigen Ihre Chancen auf einen Medizinstudienplatz, als Buchhändlerin die auf einen Platz in der Kommunikationswissenschaft.

Auch *Praktika* verbessern an einigen Hochschulen Ihre Chancen, sofern sie fachrelevant sind. Ebenso sind Aktivitäten in Form von Wettbewerben (»Jugend forscht« für naturwissenschaftliche Fächer), sozialem Engagement (Kinderbetreuung in den Ferien, Nachhilfe geben) oder Auslandserfahrungen (Sprachkenntnisse durch ein Schuljahr in einem anderen Land) hilfreich.

Denken Sie daran, dass jede Tätigkeit mit entsprechenden Zeugnissen und Nachweisen als beglaubigte Kopie belegt werden muss. Es nutzt Ihnen nicht viel, wenn in Ihrem Lebenslauf steht, dass Sie viele tolle Sachen gemacht haben, wenn Sie das nicht nachweisen können.

Welche Hochschule welche Vorleistungen wie bewertet, ist individuell. Wieder kommen Sie nicht drum herum, sich das Infomaterial, die Homepage und besonders die Bewerbungs- und Zulassungssatzung sehr genau anzusehen. Geben Sie »Bewerbung Studium Uni X« bei einer beliebigen Online-Suchmaschine ein, dann kommen Sie schnell zu den entsprechenden Seiten der Hochschule.

Getestet und bestanden

Nicht genug damit, dass Sie sich jetzt schon ordentlich bewerben müssen, manche Hochschulen führen auch einem Assessment-Center ähnliche Testverfahren durch, um die Kandidaten vorab zu prüfen. Dabei gibt es unterschiedliche Schwerpunkte und Vorgehensweisen.

- **Sprachtest:** Besonders wer in internationalen Studiengängen unterkommen möchte oder einfach Sprachen studieren will, wird vor der Aufnahme seines Studiums einen Sprachtest absolvieren müssen. Oft dienen diese Tests der Einstufung Ihrer Fähigkeiten und das Ergebnis ist nicht entscheidend für eine Zusage. Ohne einen Einstufungstest allerdings können Sie sich in vielen Fällen gar nicht einschreiben. Für einige Studiengänge wie Theologie, Philologie und andere Sprachen ist häufig das Latinum, Graecum oder Hebraicum Voraussetzung spätestens für das Hauptstudium, das aber in der Regel an der Hochschule in den ersten Semestern nachgeholt werden kann.
- **Allgemeinwissen beweisen:** Besonders für geisteswissenschaftliche Fächer, aber auch an mancher Uni für Wirtschaft oder Ingenieursstudiengänge wird mitunter vorausgesetzt, dass Sie sich für die Welt interessieren. Politikwissenschaftler sollten ein wenig Ahnung von der Tagespolitik haben, Germanisten das ein oder andere Goethe-Zitat gehört haben. Um zu prüfen, ob Sie schon mal einen Blick in die Zeitung geworfen haben und wie es um Ihre Bildung steht, ist ein Allgemeinwissenstest oft ein Teil von umfangreicheren Testverfahren.
- **Test kognitiver Leistungen:** Die Universitäten in Hamburg und Köln setzen für die Zulassung für einen Masterstudiengang in den Wirtschafts- und Sozialwissenschaften voraus, dass Sie einen speziellen Test, den TM-WISO, bestehen (`www.tm-wiso.de`). Er fragt die Fähigkeiten zur Planung und Analyse von Texten, Zahlenmaterial und Grafiken ab. Andere Hochschulen wollen den Graduate Management Admission Test (GMAT) absolviert sehen. Mehr Infos dazu gibt es unter `www.gmat-test.de`.
- **Persönlichkeitstests:** Oft sind neben den Tests der Allgemeinbildung auch die Persönlichkeitstests im Strauß der Prüfungsverfahren vor der Zulassung enthalten. Sie sollen der Hochschule Aufschluss darüber geben, wie Sie »ticken« und was Sie wollen, um die Studienabbruchquote weiter zu verringern. Inhalte von Persönlichkeitstests sind Teamfähigkeit und Kontakt- und Kommunikationsfreude, aber auch individuelle Belastbarkeit und Stressresistenz.
- **Fachliche Eignungstests:** Nicht nur im medizinischen Bereich werden fachliche Vorkenntnisse geschätzt. Auch in mathematischen, naturwissenschaftlichen oder ingenieurstechnischen Studiengängen sind besonders technisch-analytisches und pragmatisches Denken hilfreich.

Eine schöne Übersicht über verschiedene Online-Selbsttests, mit denen Sie sich auf die verschiedenen Arten von Tests einstimmen können, bietet die Universität Heidelberg unter `www.uni-heidelberg.de/studium/interesse/beratung/testverfahren.html`.

Auswahlgespräche

Das eine ist es, zum Test vorbereitet zu erscheinen und ihn – oft als Multiple-Choice-Fragebogen – in Ruhe mit Zettel und Stift zu absolvieren. Ein ganz anderes Gefühl kommt auf, wenn Sie zum Gespräch geladen werden. Dann sitzen häufig mehrere Personen vor Ihnen, die Sie mit sonderbaren Fragen löchern, Ihnen vermeintliche Fallen stellen (in Wahrheit tut das fast niemand, aber es erscheint Ihnen vielleicht so) und denen Sie mit schweißnassen Händen gar nichts recht machen können.

Beruhigen Sie sich, das ist alles nicht so schlimm. Die Menschen, die Ihnen da gegenübersitzen, wollen Sie kennenlernen, und Sie haben nichts zu verlieren, wenn Sie authentisch sind und überlegt antworten.

- ✔ Erst einmal betreten Sie einen Raum, lächeln und stellen sich vor. Denken Sie daran, sich die Namen der Gegenüber bei der Vorstellung zu merken, dann können Sie jeden direkt einzeln und korrekt ansprechen.
- ✔ Nach der Begrüßung werden Sie häufig gebeten, etwas über sich und Ihre Motivation zu sagen, das können Sie im Vorfeld üben. Schließlich haben Sie ein Motivationsschreiben abgegeben. Den Verweis darauf, dass dieses Schreiben doch schon vorliegt, sparen Sie sich aber bitte, ebenso wie das Motivationsschreiben nun eins zu eins aufzusagen.
- ✔ Beantworten Sie Nachfragen ehrlich und offen. Versuchen Sie auch nicht, im Vorfeld zu viel im Kopf durchzugehen, sonst wirken die Antworten mechanisch und unecht. Sie dürfen ruhig einen Moment nachdenken, bevor Sie etwas sagen, aber überlegen Sie dabei nicht, was die anderen hören wollen, sondern was eine für Sie passende Antwort ist.
- ✔ Am Ende des Gesprächs ist häufig Zeit, in der Sie noch Fragen stellen können. Auch die können Sie sich im Vorfeld bereits überlegen, um damit zu punkten, dass Sie sich tatsächlich einen Eindruck von den Abläufen machen und die Experten dazu befragen möchten. Damit können Sie Ihr Interesse an Zusatzangeboten wie Sport oder ausländischen Kooperationen zeigen oder auch ganz allgemein erfragen, was die Forschungsziele sind.
- ✔ Bleiben Sie noch an Ihrem Platz, wenn Sie erfahren, wann Sie Bescheid bekommen. Erst, wenn die anderen Abschiedssignale geben, können auch Sie sich verabschieden, am besten bei jedem einzeln mit Händedruck.

Spezielle Bewerbungsverfahren

Bei der Vorstellung der Hochschularten gab es besondere Einrichtungen, die nur für Menschen mit entsprechenden Talenten geeignet und gedacht sind. Talent in den Bereichen Kunst und Design, Musik oder Sport sind nicht jedem gegeben und so vergewissern sich die Bildungsstätten im Vorfeld genau, ob Sie auch geeignet sind, ein solches Studium aufzunehmen und am besten erfolgreich zu beenden. Dabei gibt es Bausteine der Aufnahmeverfahren, die immer ähnlich sind, auch wenn Sie sich natürlich wieder an der angestrebten Hochschule nach den jeweils geltenden Zulassungsvorschriften erkundigen müssen.

Kunstmappen und -eignungstests

An Kunsthochschulen müssen Sie sich mit einem längeren Vorlauf als an normalen Hochschulen bewerben. Oft starten die Verfahren mit dem Antrag auf Zulassung zur Eignungsprüfung schon ein Jahr vor dem Beginn des eigentlichen Studiums. Mit der Einladung zum Eignungstest werden häufig kleinere Aufgaben vergeben, deren Lösung zusammen mit der individuellen Mappe (Bilder, Fotografien, Designzeichnungen, Fotos von Bildhauerei oder Plastiken, DVDs von Installationen und Ähnliches) spätestens am Tag des Eignungstests vorgelegt werden müssen. Die Bewerter der Mappe befördern sie entweder auf den Ja-Stapel, was bedeutet, dass Sie am mehrstündigen bis -tägigen Aufnahmetest teilnehmen dürfen, oder auf den Nein-Stapel, der die Heimreise bedeutet.

Auf der Homepage der Aer-Academy (`www.aer-academy.de/bewerbungsfristen.html`) finden Sie einen Überblick über die Bewerbungsfristen der deutschen Kunsthochschulen. Ganz nebenbei können Sie dabei nachsehen, ob Sie auch alle infrage kommenden Hochschulen kennen und bei Ihren Plänen berücksichtigt haben.

Musikalisches Talent

In Deutschland gibt es 24 allein auf (Kunst und) Musik (und zum Teil Theater beziehungsweise Schauspiel) spezialisierte Hochschulen, deren Aufnahmeprüfungen Jahr für Jahr die Nerven der Anwärter blank legen. Auf der Seite `www.die-deutschen-musikhochschulen.de` stellen sie sich vor und verraten auch gleich etwas über Projekte und Wettbewerbe. Weitere musikalische Ausbildungsstätten sind die Hochschulen für Kirchenmusik sowie Hochschulinstitute an allgemeinen Universitäten und Konservatorien.

Wer eine umfassende Seite im Internet zum Thema Musik sucht, die unter »Institutionen« auch viele Ausbildungsorte auflistet, ist im Deutschen Musikinformationszentrum (`www.miz.org`) des Deutschen Musikrats für Stunden gefesselt.

Inzwischen sind die meisten musikalischen Studiengänge auf einen Bachelor oder auf einen darauf aufbauenden Master of Music-Abschluss ausgerichtet. Dabei können Sie vom BA Violine (und fast alle anderen Instrumente) über Gesang bis hin zu Regie oder Chordirigieren sehr spezifische Fachrichtungen wählen. Die Hochschulen verlangen eine besondere künstlerische Begabung, die Sie im Rahmen eines Zulassungsverfahrens intensiv bezeugen müssen. Die *Zulassungsprüfung*, hin und wieder auch erst nach einer Vorauswahl, erfolgt auf eine Bewerbung hin, deren Fristen – wie bei Kunst auch – früher als bei anderen Studiengängen gesetzt sind. Sie liegen meist im November bis Januar für das Sommersemester und März bis Mai für das Wintersemester.

Sportliche Leistungstests

Nicht nur für ein Studium an der Deutschen Sporthochschule in Köln, sondern auch für Sport auf Lehramt oder einen Bachelor/Master of Arts Sport müssen Bewerber eine ausreichende Fitness nachweisen. Die Sporteingangsprüfung besteht meistens aus verschiedenen Disziplinen der Bereiche Leichtathletik, Schwimmen, Geräteturnen und/oder Gymnastik beziehungsweise Tanz sowie Ballsportarten und Rückschlagspielen. Es reicht also bei Weitem nicht aus, nur in einer Sportart sehr gut zu sein. Nicht nur die sportlichen Anforderungen sind sehr hoch, auch der Stress und Leistungsdruck am Prüfungstag sollten nicht unterschätzt werden. Ohne oft monatelange Vorbereitung haben Sie hier fast keine Chancen.

Viele Hochschulen bieten auf den Onlineseiten der Sportinstitute umfassendes Material wie Videos und Trainingsanleitungen an. Wenn Sie in einer Online-Suchmaschine nach »Sporteignungstest« oder »Sporteingangstest« suchen, finden Sie hilfreiche Informationen und werden auch schnell feststellen, dass sich die Anforderungen von Hochschule zu Hochschule unterscheiden.

Vorbereitung auf Bewerbungen und Tests

Im Zusammenhang mit dem Medizinertest habe ich Sie bereits darauf hingewiesen: Wer bei Auswahlverfahren einen wirklich guten Eindruck machen will, der muss sich entsprechend gut vorbereiten. Ganze Beratungsunternehmen haben sich inzwischen darauf spezialisiert, Sie in den Stand der Studierenden zu bringen. Es werden Seminare und Einzelcoachings angeboten, die von sehr sinnvoll bis total überflüssig reichen. Recherchieren Sie online über die Meinungen derjenigen, die an solchen Veranstaltungen teilgenommen haben, um sich über die Qualität ein Bild zu machen.

Grundsätzlich: Was kommt da auf Sie zu?

In Bewerbungsgesprächen und -tests soll herausgefunden werden, ob Sie sich für ein bestimmtes Studium tatsächlich eignen oder nicht. Deshalb sind die Fragen, mit denen Sie schriftlich oder mündlich konfrontiert werden, oft denen sehr ähnlich, die Sie sich schon bei der Auswahl des passenden Studienfachs stellen sollen. Daher ist es sinnvoll, sich einem sogenannten Self-Assessment zu unterziehen und vor den Testterminen noch einmal gründlich durchzugehen, was die Gründe für die Bewerbung waren. Eine Möglichkeit dazu bieten Online-Tests wie der auf `www.uni-nordverbund.de/selfassessment.html`.

Mappenkurse

Kunsthochschulen wollen das Außergewöhnliche, Besondere, Individuelle sehen. Sie wollen Bewerbungen, die einzigartig sind, und schon stoßen Sie auf ein Problem, das Mappenkurse mit sich bringen: viele Menschen besuchen denselben Lehrgang und kommen mit demselben Wissen heraus. Es ist nicht verkehrt, sich die Grundlagen der Mappengestaltung beibringen zu lassen und ein Gespür dafür zu bekommen, was gut ankommen kann und was Sie auf keinen Fall tun sollten. Ein Blick in die Suchergebnisse bei dem Schlagwort »Mappenkurse« zeigt, dass einige kommerzielle Anbieter das für sich als Betätigungsfeld entdeckt haben. Sogar Volkshochschulen bieten in manchen Städten entsprechende Lehrgänge an.

Sportvorbereitungskurse

Hier können Sie nichts falsch machen. Um nicht zu sagen: Da sollten Sie hin! Kaum ein Sportler, so trainiert er oder sie auch sein mag, ist in allen Disziplinen gleichermaßen fit, und häufig müssen Sie alle Einzelprüfungen bestanden haben, um eine Chance auf einen Sportstudiumsplatz zu haben.

Recherchieren Sie, ob die Hochschule, an der Sie sich bewerben, solche Kurse gleich mit anbietet. Nehmen Sie das Informationsmaterial, das es online gibt, trainieren Sie und wenn Sie alleine gar nicht klarkommen, besuchen Sie einen Kurs von professionellen Anbietern, auch wenn die gerne mal rund 1500 Euro kosten können. Ihr Studium wird teurer, ein Wartesemester ist teurer und nur, weil Sie nicht gut vorbereitet sind, Ihre Chance zu verpassen, wäre nicht besonders klug.

Teil III

Das Pflichtprogramm eines jeden Studenten

The 5th Wave By Rich Tennant

Nachdem sie 11 Stunden 46 Studienordnungen und Vorlesungsverzeichnisse von 23 verschiedenen Hochschulen gelesen hatten, erlitt die Familie Huber einen Anfall des B.A.-Syndroms (Beängstigend-viele-Auswahlmöglichkeiten-Syndrom).

In diesem Teil …

Studieren ist so vielfältig wie die Anzahl der Studiengänge, Hochschulen und Systeme es vermuten lassen. Dennoch gibt es Elemente, die sich in fast jedem Studium wiederfinden. Sie zu kennen, bereitet Sie bereits ein bisschen darauf vor, wie ein studentischer Alltag aussehen könnte. Bestimmte Teile nicht zu kennen, etwa Einrichtungen wie Bibliotheken, Beratungsstellen oder auch das Prüfungsamt, kann Ihnen das Leben unnötig schwer machen.

Aller Anfang ist … vorgegeben!

8

In diesem Kapitel

- Der Start in das Studentenleben
- Anlaufstellen ganz am Anfang
- Die richtige Reihenfolge bei Anträgen & Co.
- Einführungsveranstaltungen nutzen

Sie haben Ihre Zulassung zu Ihrem gewünschten Studienplatz in der Tasche? Gratulation! Damit haben Sie die ersten Hürden bereits gemeistert und sich für ein Fach entschieden und einen Stuhl dazu ergattert. Nun wenden wir uns ersteinmal all den Formalitäten und vorgezeichneten Wegen zu, die Sie sicher in Ihren Studienablauf bringen sollen.

Formalitäten zum Anfang

In Ihrem Zulassungsbescheid finden Sie erste Informationen zu Daten, Fristen und Anforderungen, die Sie beachten müssen, um sich einzuschreiben. Weitere Papierstapel oder bei einem entsprechenden Angebot Onlineformulare müssen Sie ausfüllen, wenn Sie mehr als nur eingeschrieben sein wollen. Dazu kommen verschiedene Stellen für verschiedene Bedürfnisse infrage; ein Antrag auf Teilzeitstudium verläuft naturgemäß nach anderen Vorgaben als die Anrechnung bereits vorhandener Prüfungsleistungen. Aber zunächst zu dem, was alle machen müssen.

Einschreibung

Jede Hochschule hat ein Immatrikulationsbüro (Immatrikulation ist das lateinische Wort für Einschreibung, kurz: Imma), zu dem Sie real oder virtuell hin müssen. In jedem Fall bestätigen Sie, dass Sie den angebotenen Platz tatsächlich annehmen und dass Sie an keiner anderen Hochschule eingeschrieben sind.

Im Formular geben Sie weiterhin Auskunft über:

- ✔ persönliche Daten inklusive der Angaben zu Ihrer Krankenversicherungspflicht oder eines Nachweises der Befreiung davon
- ✔ die Art Ihrer Hochschulzugangsberechtigung

- Ihren eventuellen bisherigen Studienverlauf, also ob bereits ein Studium begonnen oder gar abgeschlossen wurde
- das Fach, für das Sie sich einschreiben

Außerdem versichern Sie, dass Sie die Semesterbeiträge ordnungsgemäß zahlen werden. Ausstehende Beiträge können ein Grund für die Exmatrikulation, also den Rauswurf aus der Hochschule, sein. Wenn Sie dann ordentlich eingeschrieben sind, erhalten Sie Ihre Immatrikulationsbescheinigung oft sogar gleich vor Ort ausgedruckt. Dazu kommt der Studentenausweis, auf dem meistens auch gleich das Semesterticket für den Nahverkehr vermerkt ist.

Zulassungsbeschränkte Studiengänge

Wenn Sie sich nach einer erfolgreichen Bewerbung einschreiben wollen, sollten Sie sich Ihren Zulassungsbescheid sehr genau ansehen. Dort stehen die wichtigen Eckdaten, die Sie beachten müssen, um tatsächlich studieren zu können:

- **Fristen:** Wann sollen Sie sich einschreiben? Da Immabüros nicht rund um die Uhr geöffnet haben, sollten Sie gleich einen Blick auf die Zeiten werfen, zu denen Sie vor Ort auch jemanden antreffen.
- **Orte:** Wohin sollen Sie kommen? Gerade bei Hochschulen, die nicht nach einem Campus-Modell aufgebaut sind, kann das Immabüro an ganz anderer Stelle sein als die Ihnen bereits bekannten Hochschulgebäude.
- **Erforderliche Unterlagen:** Was sollen Sie mitbringen? Mindestens den Personalausweis sowie Ihre Hochschulzugangsberechtigung (das (Fach-)Abiturzeugnis) im Original. Aber auch Nachweise von Vorleistungen, Sprachkenntnissen oder bestandenen Aufnahmeverfahren können gefordert werden.

Da Sie an dem Tag auch sicher nicht der Einzige sind, der sich einschreiben möchte, sollten Sie Zeit und Geduld mitbringen. Je nach Hochschule kann die ganze Angelegenheit auch schon mal einige Stunden dauern. Die können Sie nutzen, um bereits einen ersten Blick ins Vorlesungsverzeichnis zu werfen oder auch dazu, die anderen Wartenden kennenzulernen.

Die Zulassung an sich bestätigt Ihren Anspruch auf einen Studienplatz. Wenn Sie sich aber nicht einschreiben (und später im Verlauf Ihres Studiums nicht rückmelden), verfällt dieser Anspruch. Sie müssen also aktiv, persönlich und rechtzeitig sagen »Hier bin ich und möchte bei Ihnen studieren« um das auch zu können. Sonst bekommt ein Nachrücker Ihren Platz.

Zulassungsfreie Studiengänge

Sollten Sie sich für einen Studiengang entschieden haben, für den Sie sich nicht bewerben mussten, dann können Sie sich direkt an der Hochschule einschreiben oder die Immatrikulation online durchführen – an einigen Hochschulen ist Letzteres bereits möglich, teilweise sogar ausschließlich.

Wieder gibt es bestimmte Fristen zu beachten. Die Einschreibung im Internet und vor Ort ist oft nur in bestimmten Zeiträumen durchführbar. Manche Hochschulen (die Uni Duisburg-Essen zum Beispiel) erwarten, dass Sie einige Tage vor der Einschreibezeit für Ihren zulassungsfreien Studiengang vor Ort einen Bon ziehen, der als Termin für die Einschreibung gilt. Ohne Bon und demnach Termin keine Immatrikulation am jeweiligen Tag. Den Termin können Sie aber auch telefonisch oder per Mail beantragen.

Bei einer Einschreibung online geben Sie Ihre Daten ein und drucken dann den Antrag aus, der an die Hochschule gesendet werden muss. Diese prüft, ob Sie auch Ihre Semesterbeiträge überwiesen haben und schreibt Sie dann ein. Ihre Unterlagen erhalten Sie in aller Regel mit der Post zugesendet.

Sollten Sie kein Deutscher sein beziehungsweise nicht zu den sogenannten Bildungsinländern zählen, die ihre Hochschulzugangsberechtigung in Deutschland oder einer deutschen Schule im Ausland erworben haben, dann müssen Sie sich in jedem Fall online über das Portal `www.uni-assist.de` bewerben.

Zusätzliche Anmeldungen und Anträge

Eine Reihe von weiteren Anträgen, die über die bloße Einschreibung hinausgehen, kann oder muss ebenfalls bei der Immatrikulation mit abgegeben werden. Dazu gehören:

- ✔ **Antrag auf Teilzeitstudium:** Falls Sie vorhaben, nur die Hälfte des vorgegebenen Pensums zu absolvieren (oder eben die Leistungen in der doppelten Zeit zu erbringen), zum Beispiel weil Sie noch arbeiten oder andere versorgen müssen, dann ist dieser Antrag bei der Immatrikulation einzureichen. Sie finden ihn in den Formular-Ständern an der Hochschule oder inzwischen bei fast allen größeren Hochschulen auf den Internetseiten des Immatrikulationsbüros.

  An manchen Hochschulen ist ein Nachweis über die Wahrnehmung eines Beratungsgesprächs zum Studienverlauf vorgeschrieben, manche Anträge sehen auch die Angabe von Gründen für das Teilzeitstudium vor. Oft ist es an

Fernhochschulen üblicher und folglich auch leichter, auf Teilzeit umzustellen. Über die erforderlichen Nachweise sollten Sie sich rechtzeitig, am besten einige Wochen vor dem Einschreibetermin, informieren.

- **Nachweise von Prüfungsleistungen:** Manche Bewerber für ein Studium haben in ihrem Leben bereits studiert, vielleicht ihr Studium in demselben Fachgebiet oder einen Studiengang mit teils ähnlichen Fächern abgebrochen. Auch wenn Sie sich zum höheren Fachsemester an einer neuen Hochschule bewerben, können Sie einen Antrag stellen, dass bisher erbrachte Studienleistungen im neuen Studiengang anerkannt werden. An wen, wann (an manchen Unis sogar bereits bei der Bewerbung!) und in welcher Form dieser Antrag gestellt wird, variiert von Institut zu Institut, einheitlich sind dagegen die Mindestvoraussetzungen, dass es eine Bewertung der erbrachten Leistung, also eine Note, und konkret zuzurechnende Credits beziehungsweise Semesterwochenstunden gibt.
- **Antrag auf Zweitstudium:** Zweitstudienbewerber ist, wer bereits ein abgeschlossenes Studium in der Tasche hat und auf demselben Level (also nach einem Bachelor einen weiteren Bachelor oder nach einem Diplom oder Master einen weiteren Master) noch etwas anderes studieren möchte. Die Bewerbungs- und Immatrikulationsverfahren sind oft identisch mit denen im Erststudium, allerdings ist ein Motivationsschreiben üblich, das verrät, wieso Sie sich nun mit noch einem Studium quälen wollen. Zudem sind Nachweise über Ihr bereits beendetes Studium einzureichen.

  Die finanzielle Seite eines Zweitstudiums ist ein wenig schwieriger als die beim Erststudium. Es gibt nur in Ausnahmefällen BAföG, und hinzukommt, dass an einigen Hochschulen die Gebühren höher sind als im Erststudium.

  Da das Bologna-System ein Weiterkommen im Bildungsbetrieb (Bachelor, Master, Promotion) im selben Fach vorsieht oder einen Ausstieg in die Arbeitswelt erwartet, werden Zweitstudienbemühungen nicht wirklich unterstützt.
- **Antrag auf Doppelstudium:** Noch schwieriger als ein Zweitstudium ist es, die Zulassung für ein Doppelstudium zu bekommen. Bei zulassungsbeschränkten Studienfächern kann der Antrag nur nach Bewerbungen und Zulassung für jeweils beide Studienfächer erfolgen. Der Antrag auf ein Doppelstudium wird meist formlos beim Prüfungsamt eingereicht und wird nur dann positiv beschieden, wenn damit kein anderer Interessent vom Erststudium ausgeschlossen wird.

✔ **Antrag auf Gast-/Nebenhörerschaft:** Sie wollen etwas lernen? Das ist löblich. In diesem Fall können Sie Ihr restliches Leben (oder ein anderes Studienfach ohne den Antrag auf Doppelstudium) dadurch aufpeppen, dass Sie Veranstaltungen zusätzlich besuchen. Das geht als:

- *Gasthörer,* falls Sie an keiner Hochschule eingeschrieben sind. Sie können dann zwar keine Prüfungen absolvieren und entsprechend die Lehrveranstaltungen später auch nicht anerkennen lassen, aber gegen eine Gasthörergebühr können Sie an solchen Kursen teilnehmen, deren Dozenten das zulassen. Zuvor muss der Antrag beim Immatrikulations- oder Zulassungsbüro gestellt, dann in der Regel der Dozent befragt und dann bei der ersten Instanz eingeschrieben werden.
- *Nebenhörer,* sofern Sie an einer anderen Hochschule eingeschrieben sind. Somit können Sie – meist ohne weitere Gebühren – Veranstaltungen an fremden Hochschulen besuchen und den jeweiligen Leistungsnachweis kassieren (und damit die Credits für Ihren Abschluss). Das ist besonders dann praktisch, wenn bestimmte Inhalte, die Sie interessieren, an Ihrem Institut nicht angeboten werden oder nur zu Zeiten, an denen Sie nicht können.

Wieder gilt: Nur wer sich rechtzeitig informiert, welche Unterlagen bis wann an der Hochschule eingereicht werden müssen, kann Gast- oder Nebenhörer werden. Sie sehen schon, Fristen sind in der aktuellen Phase des Studentenlebens ein allgegenwärtiger Begleiter.

✔ **Anträge beim Studentenwerk:** Spätestens wenn Sie nun zur Einschreibung vor Ort sind, sollten Sie Ihre Schritte beim Studentenwerk Ihrer Hochschule vorbeilenken. Dort können Sie sich über alle Anträge bezüglich der Unterstützung der Wohnsituation, eventuell benötigter Kita-Plätze oder bei der Eingliederung von Menschen mit Behinderungen ins Studium informieren.

Die Orientierungsphase

Eingeschrieben – fertig – los! Jetzt sind Sie ordentlicher Studierender und können die Uni, die Stadt oder die ganze Welt mit diesem neuen Status unsicher machen. Nur zu!

Ein paar Weisheiten möchte ich Ihnen gerne noch mitgeben. Vieles werden Sie auch an der Hochschule in der Eingliederungsphase erfahren, aber einiges ist so wichtig, dass es doch besser ist, es aufzuschreiben, damit Sie nachlesen können, was der verkaterte Tutor vielleicht am Tag nach der Erstsemesterparty vergessen hat zu erwähnen.

Einführungsveranstaltungen

In oder vor der ersten Woche des regulären Studienbetriebs bieten Hochschulen beziehungsweise die jeweiligen Studiengänge ihren Erstsemestern eine Reihe von Extras an, um sie schneller an das Studentenleben zu gewöhnen. Eine große und offizielle Veranstaltung ist dabei häufig die *Erstsemesterbegrüßung*, die im Audimax (dem größten Hörsaal) oder einer Aula stattfinden kann. Den Rahmen bildet manchmal ein Sektempfang, manchmal eine Rede des Dekans oder anderer Offizieller. Inhaltlich muss das nicht unbedingt nützlich sein, aber nehmen Sie es als Startschuss mit, um sich als Teil der neuen Gemeinschaft zu fühlen. Nutzen Sie die Gelegenheit, sich ein Bild von den Rednern zu machen, denn häufig werden Sie in den kommenden Jahren nur noch deren Namen lesen, sie aber nicht mehr zu Gesicht bekommen. Und kommen Sie mit anderen Studenten ins Gespräch – über das Wetter, den Sekt oder das Studienfach.

Tatsächlich hilfreich wird es dann, wenn es Touren und *Begehungen der Hochschule* vor Ort gibt. Da können Studenten höherer Semester als Tutoren bereitstehen, die Fragen beantworten oder auch geführte Runden durch die Hochschule anbieten. Lassen Sie diese Angebote nicht aus, weil Sie denken, dass sie nicht zum eigentlichen Studium gehören. In den meisten Fällen ist dort zwar keine Anwesenheitspflicht, aber Sie werden in kurzer Zeit viel mehr Informationen erhalten, als Sie sich allein zusammensammeln können.

Die meisten großen und viele kleinere Hochschulen bieten eine ganze *Erstsemesterwoche* an, in denen verschiedene Einführungsveranstaltungen zur Studienorganisation, zu den Einrichtungen, Instituten und Freizeitangeboten stattfinden. Darin sind allgemeine Hochschulbegehungen ebenso wie fachbezogene Informationen und Diskussionen enthalten. Manchmal wird ein Unkostenbeitrag für Speisen und Getränke fällig, der sich aber meist unter 10 Euro bewegt.

Eine *Stundenplanberatung* kann hilfreich sein, um sich nach ein bis zwei Wochen im Unitrubel festzulegen, was Sie nun ernsthaft belegen wollen und nach welchen Kriterien Fächer auch wieder rausfliegen dürfen. Solche Beratungen werden von den einzelnen Lehrstühlen angeboten und sind studienfachspezifisch.

Neben den zentralen Einführungsveranstaltungen gibt es häufig auch noch Veranstaltungen für besondere Gruppen, wie zum Beispiel für Studierende mit Lehramtsoption, ausländische Studierende oder auch solche mit Behinderungen oder chronischen Krankheiten.

Viele Hochschulen geben eine Broschüre für den Start ins Studi-Leben heraus, in dem nicht nur nützliche Adressen, sondern auch die Termine der Einführungsveranstaltungen zu finden sind. Die Daten der Veranstaltungen sind auch oft im Vorlesungsverzeichnis zu finden.

Um einen fachlich gleichen Stand zu gewährleisten und dafür zu sorgen, dass kein Student in den ersten Vorlesungen schon überfordert ist, gibt es je nach Studiengang mitunter Vor-, Pflicht- oder Brückenkurse, die vor den eigentlichen Lehrveranstaltungen besucht werden müssen. So ist die Einführung in Mathematik-Grundkenntnisse in allen wirtschaftswissenschaftlichen Studiengängen für diejenigen Pflicht, die nicht ohne Weiteres Logarithmen oder Integrale berechnen können. Auch in medizinischen Studiengängen, Ingenieurs- und Naturwissenschaften und bestimmten Lehramtsfächern werden Kurse in Mathematik, Physik oder Chemie angeboten und sind teilweise verpflichtend. Ebenso gibt es Programmier-Vorkurse für Informatikstudenten.

Quellen der Information

Auch wenn Sie ganz zu Anfang Ihrer Zeit an der Hochschule ein mehr oder minder engagierter Tutor an die Hand nimmt und Ihnen viele Dinge in kurzer Zeit erklärt, werden Sie sich dennoch fragen: »Wie plane ich denn nun mein erstes Semester?« Bei der Lösung des Rätsels sind Sie auf sich allein gestellt. Allerdings gibt es – richtig! – wieder jede Menge Informationen, die Sie auf den Pfad der Erleuchtung führen können. Sie müssen sie nur noch finden und sollten zudem mehrere Quellen anzapfen.

Die Studienordnung sichten

Jeder Studiengang hat eine eigene Ordnung, die Sie sich beim Studien- oder Prüfungsamt organisieren oder einfach aus dem Internet herunterladen können. Googeln Sie zum Beispiel »Studienordnung BWL HU-Berlin«, so finden Sie direkt den Link zum gewünschten Dokument. Auch die jeweilige *Prüfungsordnung*, die Ihnen verrät, welche Prüfungsleistungen Sie absolvieren müssen, um zu Ihrem Abschluss zu kommen, finden Sie hier. Die *Studienordnung* informiert Sie auch über den strukturellen Aufbau Ihrer einzelnen Semester, oft sogar inklusive der zu belegenden Kurse, zumindest im Grundstudium. Je verschulter das Studium ist, desto eingeschränkter wird die Auswahl der einzelnen Module in den Semestern. Im Betriebswirtschaftsstudium sind mehr Kurse genau vorgegeben als beispielsweise in einem Zweifächer-Bachelor Geschichte und Sport.

Oft gibt es Informationshefte der Studienämter, die über die Studienordnung hinaus anschaulich machen, wie ein Studium idealerweise aufgebaut ist und welche Kurse in welcher Reihenfolge und in welchem Semester sinnvoll sind. Solche Empfehlungen sind zwar nicht verpflichtend, aber in den meisten Fällen deshalb anzuraten, weil häufig Module nur jedes zweite Semester angeboten werden und so nicht vom zweiten ins dritte geschoben werden können.

Das Vorlesungsverzeichnis lesen lernen

Wirklich, das hilft. Umso erstaunlicher ist es, dass gerade dieser Wälzer so wenig Beachtung findet (okay, oft ist das Vorlesungsverzeichnis auch im Internet hinterlegt, das halten die Institute nach wie vor recht unterschiedlich). Häufig gibt es einen Buchladen in Hochschulnähe, der das aktuelle *Kommentierte Vorlesungsverzeichnis* (KVV) und in vielen Fällen auch einen Studienführer zum Standort vertreibt. In den jeweiligen Prüfungsämtern oder Immabüros können Sie auch fündig werden.

Wichtig an der Informationsquelle Vorlesungsverzeichnis ist, dass Sie sich Ihren Stundenplan zusammenbasteln, wie in den letzten Schuljahren. Dazu gehört, nicht nur die jeweilige Vorlesung zu integrieren, sondern auch dazugehörige Übungen, möglicherweise Seminare und Zeit fürs Selbststudium einzuplanen (mehr dazu in Kapitel 9). Das Vorlesungsverzeichnis ist zentrale Ausgangsbasis für all Ihre Lernaktivitäten im anstehenden Semester oder Trimester.

Relevante Schwarze Bretter suchen

Nach wie vor bestimmen Kästen, Bretter und Aushänge das studentische Leben. Ein Zettel ist schnell geschrieben und nicht immer ist die Person, die damit beauftragt ist, auch in der Lage oder willens, die Information auch auf der Homepage eines Instituts bereitzustellen. Schwarze Bretter gibt es zu fast allem: zum Hochschulsport, den Ländergruppen oder Stammtischen bestimmter Studierender, Interessengruppen wie Schwul-lesbische Verbünde, Lauf-, Tanz-, Selbsthilfegruppen und vieles mehr. Für den Anfang sollten Sie herausfinden, was genau Sie interessiert und woran Sie teilnehmen wollen, und sich dann auf die Suche nach dem entsprechenden Brett begeben.

Schwarze Bretter und dementsprechend Aushänge finden Sie auch in Einrichtungen wie den Prüfungsämtern, dem Immabüro sowie dem StuRa oder Studentenwerk. Auch Lehrstühle an einzelnen Fakultäten haben eigene Bretter, um etwa Seminare auszuschreiben, die Änderung des Prüfungsortes zu verkünden oder Jobs und Vorträge auszuschreiben.

Gut informiert zu sein lohnt sich in jedem Fall. Auch wenn besonders an großen und unübersichtlichen Hochschulen der Einstieg oft schwerfällt, sollten Sie sich doch bemühen – am besten mit anderen Leidensgenossen, die Sie bereits in der ersten Schlange zur Einschreibung oder in der Erstsemestereinführung kennengelernt haben – und sich ein Bild von Ihrem Umfeld machen. Es wird sich für Sie auszahlen.

Das Who's who (und where) der Hochschule

Da Sie bei der Suche nach den schwarzen Brettern ohnehin eine Tour durch die Hochschule antreten, können Sie die ja gleich systematisch angehen: Lernen Sie die Einrichtungen, Cafés, Mensen, Märkte und versteckte Idyllen Ihres neuen Campus kennen. Dabei kann der Campus von Ort zu Ort unterschiedlich ein recht kleiner Bereich sein, sich aber auch über die halbe Stadt verteilen. Der Ausgangspunkt ist oft das Studienamt oder Studentensekretariat oder ein anderer zentralen Anlaufpunkt wie das Immatrikulationsbüro, den Sie bereits kennen und der sich wahrscheinlich in der Nähe der Hauptgebäude befindet.

Den Weg zu den Offiziellen finden

Da Sie Ihre Hochschule und den zugehörigen Campus kennenlernen möchten, sollten Sie bequeme Schuhe tragen. In größeren Städten sind zentrale Einrichtungen und die einzelnen Fachbereiche oft weit auseinander. Aber selbst wenn Sie an einer sogenannten Campus-Uni studieren, wo sich alles an einem Ort befindet, haben Sie manchmal weitere Wege vor sich. Nur die privaten Hochschulen sind in der Regel in einem einzigen Gebäude untergebracht, so dass Sie die High Heels anlassen können.

Viele zentrale Einrichtungen, die Sie früher oder später kennen sollten, sind dem Verwaltungsbereich zugeordnet. Dieser wiederum hat mehrere Ebenen:

✔ **Hochschulleitung und -organisation:** Organisatorisch steht der Hochschule eine Leitung vor, in der ein *Präsident* verschiedenen Vizepräsidenten mit unterschiedlichen Schwerpunktbereichen der Zuständigkeit vorgesetzt ist. Auf der Ebene des Präsidenten sind die *Frauenbeauftragte* sowie der *Datenschutzbeauftragte* angesiedelt. Unterhalb des Präsidenten sind die Zuständigkeiten für bestimmte Bereiche den Fakultäten zugeordnet.

  Zentrale Anlaufstellen für Studenten gehören zur allgemeinen Hochschulverwaltung. Das *Immatrikulationsbüro* haben Sie bereits bei Ihrer Einschreibung kennengelernt. Daneben gibt es zahlreiche Stellen, die sich der allgemeinen Beratung oder auch spezielleren Themen widmen.

  - Die *zentrale Studienberatung*, in die meist auch die psychologische Beratungsstelle (mehr in Kapitel 11) eingebunden ist, ist die erste Anlaufstelle für alle Fragen rund um den Ablauf des Studiums, mögliche Fächerwahlen und -wechsel, Anforderungen und so weiter. Hier finden Sie umfangreiche Printinformationen und haben außerdem die Möglichkeit, persönliche Gesprächstermine zu vereinbaren. Die Mitarbeiter der Studienberatung sind in der Regel vernetzt mit anderen Beratungsstellen, so dass sie Sie bei Bedarf an die richtige Stelle verweisen können.

Gehen Sie einmal auf die Homepage Ihrer Hochschule und schauen Sie einmal unter »Verwaltung« oder »Organisation«, wie die übergeordneten Einrichtungen strukturiert sind. Oft finden Sie dort auch ein Organigramm, das Aufschluss darüber gibt, welche Beratung wo angesiedelt ist.

- Das *Familienbüro* ist die richtige Anlaufstelle, wenn Sie Fragen zur Vereinbarkeit von Studium und Familie haben. Hier können Sie sich über Förder- und Unterstützungsmöglichkeiten informieren und Kommilitonen in ähnlichen Situationen zum Erfahrungsaustausch treffen. Auch die Beschäftigten der Hochschulen finden hier Hilfe, um ihren Job und die Familie unter einen Hut zu bringen. Je nach Größe der Hochschule kann das Familienbüro in die Studienberatung integriert oder Teil der Sozialberatungsstelle sein oder ganz allein stehen.
- Im *Internationalen Büro* beziehungsweise dem *Akademischen Auslandsamt* sind Sie richtig, wenn Sie aus dem Ausland kommend an der Hochschule zu Gast sind oder einen Auslandsaufenthalt planen und sich über Kooperationen und Finanzierungsmöglichkeiten aufklären lassen wollen. Oft werden eigene Infotheken und Veranstaltungen angeboten, bei denen Sie einen ersten Eindruck beispielsweise über Ihr Zielland bekommen können. Häufig sind auch eigene Auslandsbeauftragte benannt, an die Sie sich ebenfalls für Informationen wenden können. Kapitel 13 in diesem Buch informiert Sie ausführlich zu den Auslandsprogrammen und anderen Möglichkeiten, im Ausland zu studieren.

✔ **Fakultätsbezogene Einrichtungen:** Ein Schritt in der Hochschulhierarchie weiter unten finden Sie Einrichtungen, die es pro Fachbereich gibt. Diese sind spezialisierter auf Fragen, die mit Ihrem konkreten Studiengang zusammenhängen.

- Der Fakultät steht ein *Dekan* vor, der in seinem Dekanat Entscheidungen über Personal- und Finanzierungsfragen seines Fachbereichs trifft. Vertreten wird er vom Prodekan.
- Das *Prüfungsamt* ist eine Stelle, die Sie sich unbedingt anschauen und merken sollten. Hier geben Sie Ihre Anträge auf Prüfungsleistungen ab, melden sich zu Klausuren an, reichen Krankmeldungen für Klausurtage ein und erfahren oft auch vor Ort oder online die Terminierung sowie Ergebnisse von Prüfungen. Am Ende von Kapitel 9 bekommen Sie einen Überblick über die üblichen Prüfungsleistungen und deren Ablauf.

- Viele Fakultäten unterhalten ein eigenes *Studienbüro*, in dem Sie sich konkret zu Fragen Ihres Studienverlaufs informieren können. Oft ist es sinnvoll, direkt hier anzuklopfen, statt ins zentrale Büro der Hochschule zu wandern, wenn Sie fachspezifische Fragen haben.
- Oft findet sich auch auf Fachbereichsebene noch ein Internationales Büro, zudem gibt es auch auf diesem Level *Beauftragte* für besondere Bereiche wie Frauenbeauftragte, Beauftragte für Öffentlichkeitsarbeit oder Qualitätsmanagement.

✔ **Institute und Lehrstühle:** Die *Lehrstühle*, die an Instituten verortet sind, bilden die kleinste Verwaltungseinheit der Hochschule. Innerhalb einer Fakultät gibt es unterschiedliche Institute, die unterschiedliche Fachausrichtungen repräsentieren.

BEISPIEL

Wer Wirtschaft an der Freien Universität Berlin (`www.fu-berlin.de`) studieren möchte, kann zwischen Betriebs- und Volkswirtschaftslehre wählen. Innerhalb der betriebswirtschaftlichen *Fakultät* sind die *Institute* (auch Departments) »Finance, Accounting & Taxation«, »Management«, »Marketing« oder »Wirtschaftsinformatik« vertreten. Am Institut Management wiederum liegen die *Lehrstühle* beziehungsweise Professuren »Organisation und Führung«, »Personalpolitik«, »Strategisches Management«, »Unternehmenskooperation« und »Wertschöpfungsorientiertes Wissensmanagement« (siehe Abbildung 8.1). Die Bezeichnungen und Inhalte der Lehrstühle ändern sich häufig mit den Zu- oder Abgängen von Professoren.

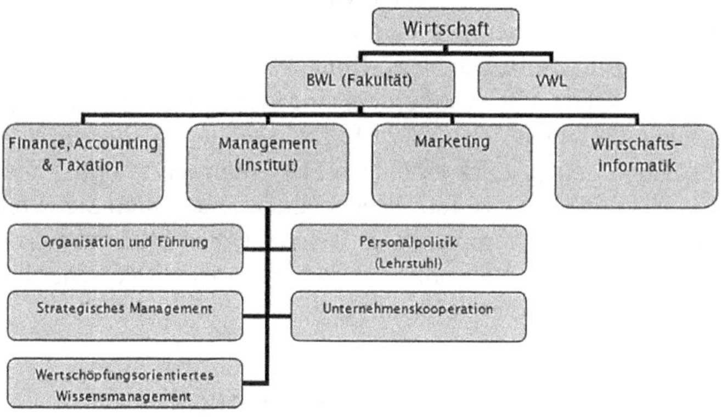

Abbildung 8.1: Aufteilung der betriebswirtschaftlichen Fakultät der FU Berlin

Die Institute und Lehrstühle haben in der Regel eigene Sekretariate und Sprechzeiten. Bei diesen Terminen können Sie kursspezifische Inhalte und Themen wie Seminare und Abschlussarbeiten klären.

- ✔ **Studentische Organisationen:** Die Studierendenschaft, also die Gemeinschaft aller Studierenden einer Hochschule, wird durch verschiedene Gremien repräsentiert. Außerdem gibt es in Form der Studentenwerke ein zwar privatwirtschaftliches, aber nur für die Belange von Studenten ausgerichtetes Unternehmen in Hochschulstädten beziehungsweise Regionen.

  - Die (verfasste) Studierendenschaft wählt ihre Vertretung in Form eines *Studierendenparlaments* oder Studentenrates (StuRa). Das ist ein politisches Gremium, dessen wichtigste Aufgabe darin besteht, den *Allgemeinen Studierendenausschuss (AStA)* zu wählen.

  - Der *AStA,* der über einen Teil der Semestergebühren der Studierenden finanziert wird, erledigt die laufenden Geschäfte der Studentenschaft. Das ist ein weites Feld, in das Fachschaftsräte, das Semesterticketbüro, Referate (im Sinne von Abteilung, zum Beispiel für Ausländer, Frauen, Behinderte, LesBiTrans, Kultur und Soziales) und eigene Beratungsstellen fallen können. Besonders die BAföG- und die Rechts- und Sozialberatungen sind oft genutzte Informationsquellen.

Gehen Sie bei Ihrer Hochschultour auf jeden Fall beim AStA vorbei, denn hier werden Sie auf jeden Fall fündig, was Interna und von offizieller Seite nicht verbreitete Informationen betrifft, die Ihnen das Studentenleben erleichtern können.

  - Das *Studentenwerk* Ihrer Region ist Träger von Wohnheimen und Mensen, bietet ebenfalls häufig Beratungsleistungen an und führt mitunter auch die Hochschulzugehörigen Kinderbetreuungseinrichtungen. An vielen Hochschulen gibt es außerdem eine studentische Jobvermittlung, bei der Sie von Halbtagsjobs bis zu festen Stellen alles finden können. Die Informationszentrale des jeweiligen Studentenwerks sollte, falls erreichbar, auch auf Ihrer Start-Tour liegen. Mindestens sollten Sie sich im Internet über das Angebot informieren. Welches der 58 Studentenwerke für Sie zuständig ist, können Sie online beim Dachverband Deutsches Studentenwerk (`www.studentenwerk.de`) erfahren.

Für das leibliche Wohl sorgen: Essen und Sport

Natürlich sollen Sie nicht darben und nur von einer Informationsquelle zur nächsten wandern. Gönnen Sie sich eine Pause und verschaffen Sie sich einen

Überblick über die Orte der Nahrungsaufnahme. Und wenn Sie beim kalorienschweren Stück Sahnekuchen sitzen, können Sie gleich darüber nachdenken, welches Hochschulsportangebot wohl für Sie infrage kommt.

- ✔ Die *Mensa* – an großen Hochschulstandorten gibt es mehrere Mensen – ist oft besser als ihr Ruf. Sie ist so etwas wie die Kantine der Hochschule und Montag bis Freitag in der Mittagszeit geöffnet. Auf dem Speiseplan steht eine täglich wechselnde kleine Auswahl an Gerichten, häufig ist auch ein vegetarisches dabei. Bezahlt wird bar oder mit einer aufladbaren Karte. An der Kasse ist der Studentenausweis vorzuzeigen, weil es unterschiedliche Preise für Studenten und Externe gibt.

  Da die Mensa häufig vom Studentenwerk betrieben wird, finden sich auf dessen Homepage oder in dessen Zeitschrift, die meist kostenlos ausliegt, die Speisekarten der aktuellen Woche oder des Monats. Oft gibt es da auch einen Feedback-Bogen, also nutzen Sie die Chance, Einfluss auf die Mahlzeiten zu nehmen, wenn Sie sehr unzufrieden sind.

- ✔ Die Studentenwerke oder die Hochschule beziehungsweise Fakultät selbst betreiben oft eigene *Cafeterien*. Außerdem gibt es themenbezogene Cafés (Sport-Café, Frauen-Café) an großen Hochschulen. In Hochschulnähe findet sich oft auch eine gute Infrastruktur von Restaurants, Imbissen, Bars und Cafés, die manchmal vergünstigten Mittagstisch oder Happy Hours für Studenten anbieten.

- ✔ Als Student sitzen Sie die meiste Zeit: Sie sitzen in Vorlesungen, in der Bibliothek, in Arbeitsgruppen, Seminaren und den öffentlichen Verkehrsmitteln. Vielleicht sitzen Sie zudem noch einige Zeit in der Woche in einem Büro und verdienen Ihre Brötchen. Da kommt es sehr gelegen, dass es ein kostengünstiges und oft sehr umfangreiches *Sportangebot* an Hochschulen gibt. Von den Klassikern wie Leichtathletik und Schwimmen über Teamsportarten mit Ball – hier lassen sich auch wunderbar neue Bekanntschaften machen – bis zu Trendsportarten wie Klettern, Kiten oder LindyHop ist oft eine große Auswahl vorhanden. An vielen Unis gibt es außerdem eine kostenlose *Sportpartnerbörse*.

  Führen Sie Ihr Hobby fort, starten Sie, was Sie schon immer mal lernen wollten oder gehen Sie mit anderen Studenten laufen – wichtig ist, dass Sie nicht zum immer lernenden Stubenhocker verkommen, denn das fördert weder die geistige noch die körperliche Gesundheit und Leistungsfähigkeit. Eigene Broschüren und die jeweilige Homepage des Hochschulsportzentrums informieren darüber, aus welchen Sportarten Sie wählen können und wie viel Sie das kostet.

Wer es ambitioniert mag, kann im Rahmen des Hochschulsports auch an Wettkämpfen und Meisterschaften teilnehmen. Der allgemeine deutsche Hochschulsportverband (`www.adh.de`) führt ein umfassendes Verzeichnis der beteiligten Hochschulen und möglichen Sportarten sowie Wettbewerbe.

Fürs Studium und das Leben lernen: Bibliotheken und Lernzentren

Weswegen sind Sie noch mal an der Uni? Ach ja, um etwas zu lernen. Auch dafür gibt es verschiedene Einrichtungen an Ihrer Uni. Das können Bibliotheken sein, in denen Sie Ihrem Selbststudium nachgehen oder recherchieren können, Sprachenzentren, die Ihre Fremdsprachenkenntnisse verbessern helfen, oder das Rechenzentrum, das Ihren Umgang mit der IT schult.

Bibliotheken werden Sie im Laufe Ihrer Studienzeit begleiten. Dort können Sie Bücher für Vorlesungen ausleihen, Informationen für Seminararbeiten zusammentragen, in Ruhe auf Klausuren lernen und nicht zuletzt für Ihre Abschlussarbeit recherchieren und sie gleich vor Ort schreiben. Dabei gibt es unterschiedliche Bibliothekstypen:

- ✔ Die *zentrale Unibibliothek (UB)*, auch Hauptbibliothek genannt, befindet sich meist in der Nähe der Hauptgebäude der Uni, ist fächerübergreifend und vom Platzangebot meist die größte der vorhandenen Bibliotheken an der Hochschule, in Kleinstädten sogar am Ort. Zum Semesterstart gibt es oft Kurzeinführungen in die UB, um sich ein Bild zu verschaffen, welche Fachbereiche wo stehen, wie der sogenannte Handapparat aufgebaut ist (eine Auswahl an Büchern für ein bestimmtes Seminar, die zugriffsbereit in den Regalen stehen und nicht ausgeliehen werden dürfen), welchem System die Signaturen (so etwas wie die Kennzeichen der Bücher) folgen und wie Sie etwas aus dem Magazin ausleihen können. Mehr dazu, wie Sie sich in einer Bibliothek zurechtfinden, steht in Kapitel 9.
- ✔ Fakultätsbezogene Bibliotheken beziehungsweise *Fachbereichsbibliotheken* sind thematisch enger und nur mit Büchern und Zeitschriften passend zum Fachbereich bestückt. So findet sich in der Wiwi-Bib alles über Wirtschaft (oft auch besser sortiert als in der UB), bei den Juristen jedes Gesetz und bei den Psychologen alles über Freud. Und ein bisschen mehr, aber das Prinzip dürfte klar sein.
- ✔ Bibliotheken fernab der Hochschule können ebenfalls hilfreich und teils noch besser bestückt sein als die UB. So ist in Großstädten häufig eine *Staats- oder Landesbibliothek* vorhanden, zudem gibt es Fachbibliotheken

wie das Hamburger Welt-Wirtschaftsarchiv (`www.wwa.de`) oder die deutsche Zentralbibliothek für Medizin (`www.zbmed.de`).

Das *Sprachenzentrum* einer Hochschule ist der Ort, an dem übergreifend für unterschiedliche Bachelor- und Masterstudiengänge sowie Lehramt die Sprachausbildung stattfindet. Zusätzlich werden häufig Fremdsprachenkurse angeboten, die nicht mit Ihrem Studium zusammenhängen müssen. Ob Sie immer schon mal Chinesisch lernen wollten oder Ihr Business Englisch aufbessern, hier bietet sich vielleicht die Gelegenheit dazu. Diese Kurse sind dann zwar kostenpflichtig, meistens aber noch günstiger als die Angebote außerhalb der Hochschule. Außerdem ist es der zentrale Anlaufpunkt für ausländische Studenten oder solche mit Auslandsambitionen, da dort die Sprachtests für die in Kapitel 13 vorgestellten Zertifikate durchgeführt werden.

Auch Ihr *Rechenzentrum* sollten Sie bei der Tour durch die Einrichtungen der Universität kennenlernen. Dort findet nicht nur die Pflege der Uni-internen Internetseiten statt, sondern auch die Verwaltung Ihrer Hochschul-E-Mail-Adresse, Ihrer Onlinezugänge zu Datenbanken und virtuellen Bibliotheken. Des Weiteren sind hier Kurse und weiterbildende Angebote zu Softwareanwendungen wie SPSS oder Office-Programmen verortet. Schauen Sie sich das Programm Ihres Rechenzentrums genau an, da wird oft neben einer kostenfreien Rechnernutzung einiges an Software angeboten, was Sie sonst in Unkenntnis teuer bezahlen, wenn Sie nicht wissen, dass Hochschullizenzen zur Verfügung stehen.

Über das Rechenzentrum wird auch der WLAN-Zugang verwaltet, den die meisten Hochschulen mindestens in der zentralen Bibliothek und häufig noch in der Mensa und den Cafeterien sowie Hauptgebäuden installiert haben. Suchen Sie nach drahtlosen Netzwerken und halten Sie Ihre Mobilfunkrechnung niedrig.

Dies & Das, was Sie noch kennen sollten

Wenn Sie schon mal dabei sind, einen kleinen – oder größeren – Spaziergang zu unternehmen, dann halten Sie doch gleich die Augen auf nach nützlichen Orten und Extras, die Ihnen Ihr Studentenleben erheblich erleichtern können:

- ✔ *Copyshops* sind unbestritten wichtige Orte, denn Sie müssen mal das Skript oder die Mitschrift vom Vorlesungsnachbarn vervielfältigen, mal eine Literatursammlung kopieren und mal eine Seminararbeit drucken und möglicherweise dort gleich binden lassen. Meist sind Copyshops in Laufweite der großen Bibliotheken und bieten studentenfreundliche Preise. Auch die dort angebrachten schwarzen Bretter können ein Quell der Freude sein, wenn Sie Nachhilfe geben oder nehmen wollen, eine Gitarre, ein Surfbrett oder Ihren Laptop loswerden möchten.

- *Buchhandlungen* sind nicht weniger wichtig. Da in Deutschland die Buchpreisbindung gilt, gibt es hier auch keine Preisvorteile für Studenten, aber meist haben die Läden in der Nähe bestimmter Fakultäten sich auf die Pflichtlektüre der dortigen Lehrstühle eingestellt. Wenn Sie in der »Einführung in die Betriebswirtschaftslehre« also vom Prof ein Buch ans Herz gelegt bekommen, dann ist es sicher in der nächsten Buchhandlung auch im Regal. Auch geben sich diese Buchhandlungen in kleineren Hochschulstandorten Mühe, Sie in den Laden zu locken und bieten zum Beispiel am Anfang des Semesters ein »Erstsemesterfrühstück« (in Form einer Brezel) und Ähnliches an.
- *Süßigkeitenläden und Kaffeeverkaufsstellen* – am besten to go, dazu muss ich wohl nichts weiter sagen, als: Nervennahrung und Wachmacher = wichtig. So wichtig wie das Sportangebot.
- Sie liegen an allen Ecken kostenlos aus: *Studentenzeitschriften* wie Audimax oder Unicum, aber auch hochschul- oder studentenwerkseigene Publikationen geben Aufschluss über aktuelle Themen, Aktionen, das Kinoprogramm, Möglichkeiten zum Ausgehen oder den Speiseplan der Mensa.
- *Vereinigungen und Gruppen*, die sich im Rahmen der Hochschulaktivitäten bilden, hängen ihre Belange oft an eigenen schwarzen Brettern aus und betreiben eigene Internetseiten. Halten Sie die Augen offen, ob es vielleicht eine Gruppe gibt, der Sie gern beitreten würden. Mehr zum Netzwerken im Hochschulalltag finden Sie in Kapitel 14.
- Auch die häufig von den Studentenwerken betriebenen *Jobagenturen* für Studenten sind einen Blick wert. Das Prozedere ist häufig denkbar einfach: Wer zuerst kommt, mahlt zuerst. Dazu müssen Sie allerdings dort angemeldet sein, was Sie bei einem ersten Informationsbesuch gleich erledigen können.

Das Studentenleben einrichten

Zu Beginn Ihres Studiums befinden Sie sich wahrscheinlich in einer völlig neuen Lebensumgebung, für die Sie sich ebenfalls Zeit nehmen sollten, um sie kennenzulernen. Oft kommen Studenten aus ländlichen Gebieten in die Großstadt, aber auch für Personen aus Millionenstädten, die nun an einem Ort leben, dessen Einwohner zu 80 Prozent Studenten sind, kann gewöhnungsbedürftig sein. Alle Vorschläge zur Freizeitgestaltung gelten natürlich auch für diejenigen, die weiterhin zu Hause wohnen, aber ihre Stadt neu oder zum ersten Mal richtig kennenlernen wollen.

Die Fernhochschule kennenlernen

Auch wer nicht dort wohnt, wo er studiert, kann sich ein Bild der Hochschule machen. Einerseits vor Ort durch einen Besuch, andererseits durch das Stöbern nach Onlineangeboten und die Lektüre der hochschuleigenen Zeitschrift. So versendet zum Beispiel die Fernuni Hagen regelmäßig die Zeitschrift der Studierendenschaft »Sprachrohr« sowie ein Zeitungsformat der Uni selbst, in dem weitere Informationen zu hauseigenen Angeboten stehen.

Auf der Startseite des Internetauftritts finden Sie oft aktuelle Hinweise auf Veranstaltungen oder Lernangebote. Außerdem sollten Sie wissen, wie Sie sich in den geschützten Bereich einloggen, wer im Prüfungsamt zuständig ist, welche Seiten die für Sie relevanten Lehrstühle belegen und wo Sie Informationen zu Fristen und Terminen erhalten.

Viele Fernhochschulen betreiben Studienzentren in bestimmten Städten, in denen dann auch Klausuren abgenommen oder Seminare durchgeführt werden. Suchen Sie sich ein nah gelegenes Studienzentrum heraus und besuchen Sie es – am besten zum Tag der offenen Tür, der meist zu Beginn eines Semesters stattfindet. Dort treffen Sie möglicherweise auch Kommilitonen, mit denen Sie sich vernetzen und zu Lerngruppen zusammentun können.

Verschaffen Sie sich einen Überblick:

✔ Starten Sie ein *Touri-Programm*. Klingt komisch, ist aber sehr hilfreich. Denn aus eigener Erfahrung kann ich Ihnen sagen, dass man als Einheimischer oft die eigene Stadt am schlechtesten kennt – zumindest was Wahrzeichen und Museen betrifft. Schauen Sie sich Ihre (neue) Stadt an, machen Sie eine Rundfahrt mit dem Bus oder, wenn es Kanäle oder einen Hafen gibt, auf dem Wasser und genießen Sie bewusst, dass ein neuer Lebensabschnitt in einer neuen Umgebung begonnen hat.

✔ Freunden Sie sich mit *Kultur* an – wenn diese Vorstellung bei Ihnen nicht zu einem großen Gähnen führt. Stadtmagazine helfen dabei herauszufinden, was es an Lesungen, Theater- oder Musikangeboten gibt. Und ganz weit gefasst gehört ja auch Kino zur Kultur. Dabei helfen die Angebote, die es speziell für Studenten gibt, den Geldbeutel zu schonen.

✔ Erkunden Sie die *Umgebung* und lassen Sie sich auf mal aufs Land verschlagen. Radtouren – auch von der Uni organisierte – oder Ausflüge helfen dabei, sich den neuen Ort nicht nur als ein Fleck auf der Landkarte vorzustellen, sondern zu verstehen, dass es Raum drum herum gibt, der irgendwo irgendwie dann auch mit dem alten Zuhause verbunden ist. Außerdem befinden sich die schönsten Wanderwege und Badeseen selten direkt in der Innenstadt.

- ✔ Suchen Sie nach *Reisegruppen* an der Uni. Nicht nur Tagesausflüge in die Umgebung, sondern auch Reisen, um das Land kennenzulernen, haben den Effekt, dass Sie Ihren Horizont erweitern und dabei noch nette Mitstudenten kennenlernen.
- ✔ Sehen Sie sich in *Mitfahrzentralen* um. Wer kein eigenes Auto hat, kann auf diese Art häufig günstig reisen und zu den Eltern – oder noch weiter weg – gelangen. Mitfahrzentralen haben häufig online Portale, aber es gibt auch welche mit Büros vor Ort, in denen Sie sich anmelden müssen. Mitfahrzentrale bedeutet nicht unbedingt mit dem Auto fahren: Oft werden auch Mitfahrer für Gruppentickets der Bahn gesucht. Prüfen Sie aber erst, wie weit der Radius des Semestertickets ist, damit Sie nicht unnötig Geld ausgeben.
- ✔ Wenn Sie halbwegs gut im laufenden Unibetrieb angekommen sind, gibt es außerdem vielleicht noch das ein oder andere hinsichtlich der *Wohnsituation* zu erkunden. Rund um die eigene Wohnung haben Sie sich sicherlich bereits bei der Suche nach einer Bleibe umgesehen und kennen daher die Bio- und Supermärkte, Coffee-to-go-Shops und vielleicht auch Kneipen der Umgebung. Nach einer Weile in einer neuen Stadt erkennen Sie aber vielleicht noch Optimierungsmöglichkeiten Ihrer Wohnsituation beispielsweise hinsichtlich des Stadtteils.

Auf jeden Fall empfiehlt es sich, von Anfang an das Geld im Auge zu behalten, das Ihnen nur so durch die Finger gleitet. Wenn Sie sich an Ihr Budget erinnern, dann verlieren Sie auch in der ersten Zeit an einem neuen Ort, wo es so viele Dinge zu bestaunen gibt, nicht den Überblick und können sich immer noch etwas zu essen kaufen.

Auf Los geht's los

9

In diesem Kapitel

- Sich an die Studienplanung wagen
- Was eine Semesterwoche mit sich bringt
- Informationsflüsse zum Studierenden
- Stoff selbst nachbereiten
- Prüfungen rechtzeitig vorbereiten

Im Rahmen Ihrer Einführungsveranstaltungen sollten Sie einen Überblick bekommen haben, wie Ihr Studium läuft (beziehungsweise laufen soll), welche Voraussetzungen Sie erfüllen müssen, um sich zu welchen Prüfungen anmelden zu können und was am Ende der Preis – in der Regel Ihr Abschlusszeugnis – ist. Vielleicht lesen Sie dieses Buch lange vor dem Studienantritt, vielleicht waren Sie auch so aufgeregt, dass Sie sich absolut nichts aus der Einführung gemerkt haben – oder vielleicht hatten Sie keine solche Veranstaltung und wollen trotzdem wissen, wie Sie die Planung angehen können.

In jedem Fall fasst Ihnen dieses Kapitel zusammen, wie insbesondere die aktuellen Bachelor- und Masterstudiengänge ablaufen und welche Programmpunkte auf Ihrem Zettel stehen könnten. Dabei gibt es Veranstaltungen, zu denen Sie gehen müssen oder zumindest sollten, und andere, die nur auf Ihrem individuellen Plan stehen, denn Sie müssen Zeiträume einrichten, in denen Sie sich allein mit dem Stoff befassen, der am Ende abgeprüft wird. Hilfreiche Strategien, wie Sie diese Punkte bestmöglich bewältigen, erkläre ich Ihnen in Kapitel 11.

Organisation und Studienstruktur

Kennen Sie die Chaos-Theorie? Oder Murphys Law (»If something can go wrong, it will«; Alles, was schiefgehen kann, wird auch schiefgehen)? Oder den Spruch: »Wenn du Gott zum Lachen bringen willst, mach einen Plan«? Wenn ja, dann hatten Sie vielleicht auch schon mit Menschen zu tun, die Anhänger des Glaubens sind, dass ohnehin alles von allein passiert, vom Schicksal vorbestimmt ist und schon so laufen wird, wie es soll. Einerseits ist das eine entspannte Haltung dem Leben gegenüber, denn letztlich sind Sie für nichts verantwortlich.

Andererseits ist es ein Trugschluss zu meinen, die Dinge können so laufen wie sie sollen, wenn Sie nicht die Rahmenbedingungen dafür schaffen. Da will Ihnen das Universum einen Bachelorabschluss zukommen lassen und Sie gehen nicht hin? Suboptimal. Am Anfang steht ein Plan. Ob Sie ihn einhalten oder mit der Zeit abändern müssen, was sehr wahrscheinlich ist, hat nichts damit zu tun, dass Sie ihn machen müssen, um einen Ausgangspunkt zu haben. Ich verrate Ihnen nun, wie das gehen kann.

Bologna lässt grüßen: Das Modul- und Punktesystem

Erinnern Sie sich an Kapitel 2? Dort habe ich Ihnen die Grundgedanken der Bologna-Reform vorgestellt. Studiengänge sollten – auch international – vergleichbar werden, Hochschulen besser zu bewerten und schnelle Abschlüsse gefördert. Daher haben sich die Bürokraten ein System aus Creditpoints (ECTS) ausgedacht, die für Bachelor- oder Master-Titel zu erringen sind, und die Umsetzung schön den einzelnen Hochschulen überlassen. Es ist schön, dass Sie das Grundprinzip (hoffentlich) verstanden haben, doch in der Realität nutzt Ihnen das häufig erst einmal nichts. Wie das System nun konkret für Sie auszufüllen ist, ist so individuell wie es verschiedene Studiengänge und Hochschulen gibt.

In Kapitel 8 habe ich Ihnen nahegelegt, sich schon einmal ein Vorlesungsverzeichnis zu besorgen, als PDF zu speichern oder zumindest die Webseite zu kennen, auf der es steht. Werfen Sie dort einen Blick hinein, bevor Sie weiterlesen, dann können Sie gleich nachvollziehen, was ich mit »Wert« oder »Credit-Punkte« meine. In den Unterlagen der Hochschulen sind die oft auch als **ECTS** (European Transfer Credits System) bezeichnet.

Ihre Studienordnung gibt vor, wie viele Punkte Sie in welchem Abschnitt Ihres Studiums zu sammeln haben. Oft gibt sie auch Pflichtveranstaltungen inklusive deren Credit-Wert vor. Doch dann beginnt das große Raten. Ein paar Fragen sollten Sie sich gleich zu Beginn Ihrer Semester- und Studiumsplanung stellen:

- Wenn ich X als Schwerpunkt nehmen will, ist dann Y als Ergänzung zugelassen?
- Wie viele Punkte muss ich insgesamt sammeln und welche Kurse kommen dafür infrage?
- Welche Module sind für mein Studium vorgesehen?
- Welches sind Pflicht- und welche Wahl-(Pflicht-)Fächer?

- ✔ Gibt es Vorgaben zu der Veranstaltungsart (mehr dazu weiter hinten in diesem Kapitel), etwa Pflichtseminare oder Scheine für praktische Arbeiten?

Die Antworten finden Sie in einer Kombination aus Detektivarbeit im Internet auf den Seiten des Prüfungsamts und der jeweiligen Lehrstühle sowie in Gesprächen mit Kommilitonen (Vorsicht, hier kursieren auch oft Gerüchte, die dann doch nicht stimmen) und in der Studienberatung. Die individuelle Beratung kann ich nicht ersetzen und die Mitstreiter müssen Sie auch selbst finden, aber ich kann Ihnen Tipps zur Frage geben: Wie werden Sie ein guter Detektiv?

Einen Überblick über die verfügbaren Module gibt das jeweilige *Modulhandbuch*, das als PDF auf der Hochschulseite zu finden sein sollte. Daraus ergeben sich meist die Kurse, die im Modul enthalten sind, sowie die Punkte und damit die Arbeitsbelastung, die Ihnen pro Semester nahegelegt werden.

BEISPIEL

Die Prüfungsordnung für einen Master in Wirtschaftswissenschaften sieht vor, dass von insgesamt drei *Pflichtmodulen* zwei ausgewählt werden. Diese sollen im besten Fall im ersten Semester belegt werden. Ein Modul kann aus mehreren Kursen bestehen; Die sechs *Wahlpflichtmodule* im Master müssen aus zwei Modulgruppen (betriebswirtschaftliche oder volkswirtschaftliche Module) gewählt werden. Dabei dürfen Sie nicht auf eine der beiden Gruppen verzichten – mindestens ein Fach muss also je aus BWL oder VWL stammen. Außerdem dürfen Sie im Master maximal zwei Bachelormodule wählen, sofern Sie diese nicht an derselben Hochschule bereits im zugehörigen Bachelor besucht und eingebracht haben. Am Ende fehlen noch ein *Seminar* in einem der Schwerpunktfächer und die *Masterarbeit*. Um am Seminar teilnehmen zu dürfen, müssen Sie drei Module erfolgreich abgeschlossen haben und um die Masterarbeit zu schreiben, das Seminar besucht haben.

Die Hochschule beziffert die zugeordneten Stunden, den sogenannten *Workload*, jedes Moduls mit 10 Stunden pro Woche, also 300 Stunden im Semester. Bei einer Veranstaltung mit 3 Semesterwochenstunden (SWS) wird also von 7 Stunden Selbststudium, Vor- und Nachbereitung der Kurse und Co. ausgegangen. Drei Module pro Semester ergeben damit ein Vollzeitstudium.

... in den verschiedenen Fachrichtungen

Die Grenzen eines Ratgebers wie dieses »... für Dummies«-Buch einer ist, sind schnell erreicht, wenn es um die Details der Planung geht. Studienführer nur für Wirtschaft, Jura, Medizin, Naturwissenschaften oder Kunst und Musik können hier hilfreiche Ergänzungen darstellen. Dennoch möchte ich Ihnen einen kleinen Überblick geben, wie die am häufigsten gewählten Studiengänge ungefähr strukturiert sind.

Manche Hochschulen wie die Universität Hamburg bieten ihren Studierenden eine Software, mit der Studien- und Raumplanung vereinfacht werden. Über das Programm »STiNE – Das Studieninformationsnetz« müssen sich die Hamburger Studierenden ebenfalls für die Lehrveranstaltungen anmelden und können dort Scheine ausdrucken und Prüfungsergebnisse einsehen. Erkundigen Sie sich, ob Ihre Hochschule ein derartiges Angebot hat.

- **Geisteswissenschaften:** Wie im Wirtschaftsbeispiel weiter vorne sind die Module der geisteswissenschaftlichen Studiengänge in Pflicht- und Wahlpflichtbereiche aufgeteilt. Dabei gehen die Pflichtteile auf für das gesamte Studium notwendiges Basiswissen ein (in der Soziologie etwa »Grundlagen der Soziologie« oder »Methoden der empirischen Sozialforschung«, in der Germanistik »Literatur und Literaturgeschichte« und »Textanalyse und -interpretation«), um ein Rüstzeug für das weitere Studium zu haben. In den Wahlpflichtbereichen, die oft noch in Erweiterungs- und Spezialisierungsmodule untergliedert sind, erfolgt eine Spezialisierung, die besonders in den Geisteswissenschaften aus einem extrem weit gefächerten Angebot gewählt werden kann. Ob Sie Techniksoziologie oder Medien- und Geschlechtersoziologie vertiefen, bringt Sie in völlig andere Ecken des Fachs. Ebenso ist eine Erweiterung Ihres germanistischen Wissens zu Sprachwissenschaft inhaltlich nicht zu vergleichen mit der genaueren Betrachtung von literaturwissenschaftlichen Inhalten. In den Geisteswissenschaften sind eine Reihe von Hausarbeiten sowohl in Grund- als auch Erweiterungsmodulen üblich. Dazu kommen nicht selten Referate und gesonderte Prüfungsgespräche. Am Ende steht immer die Abschlussarbeit (Bachelor- oder Master-Thesis).

- **Natur-/Ingenieurswissenschaften:** Die Wahlfreiheiten in naturwissenschaftlichen Fächern sind begrenzter als in den Geisteswissenschaften. So werden im Bachelor Physik oftmals viele physik- und mathematikbezogene Module sowohl aus dem theoretischen Bereich (Elektrodynamik, Quantenmechanik) als auch aus der Anwendung (Optik und Wellenmechanik, Praktikum zur Wärmelehre) vorgegeben. Wahlpflichtfächer können dazu aus anderen Naturwissenschaften, teilweise aus der Wirtschaft oder Informatik oder gar Philosophie hinzugezogen werden. Sie machen häufig nur einen kleinen Teil des Lernumfangs aus.

Auch in Studiengängen wie Bauingenieurswesen oder Architektur ist der Lehrplan recht unflexibel; Basis- und Kernmodule (etwa Höhere Mathematik, Statistik und Informatik beziehungsweise Werkstoffe, Konstruktion und technische Mechanik) müssen alle Studenten besuchen, Wahlpflichtmodule entstammen Bereichen wie Wasser- oder Verkehrsschwerpunkten. Einzig die Wahlmodule lassen einen eigenen Schwerpunkt zu. Wie jedes Studium schließen auch diese Fächer mit einer Abschlussarbeit.

- ✔ **Rechtswissenschaften:** In den ersten Semestern eines Jura-Studiums stehen Sie vor einem Pflichtprogramm aus den Bereichen Straf-, Zivil- und Öffentliches Recht. Danach haben Sie einen groben Überblick über die deutsche Gesetzeslage vom Bürgerlichen Gesetzbuch über das Grundgesetz bis zum Strafgesetzbuch. Dabei lernen Sie die typisch juristische Vorgehensweise der Falllösungen. Zusätzlich finden Veranstaltungen etwa zu Rechtsgeschichte, -philosophie oder -soziologie statt, bei denen Sie häufig wählen dürfen, was Sie interessiert. Sie sind nach jedem Kurs mit einer Klausur konfrontiert und haben in der vorlesungsfreien Zeit Hausarbeiten zu verfassen. Das Grundstudium schließt mit einer Zwischenprüfung ab. Häufig bestehen zeitliche Vorgaben, so dass Sie beispielsweise alle 15 Prüfungsleistungen innerhalb der ersten vier Semester erbringen müssen und höchstens vier Prüfungen bis Ende des fünften Semesters wiederholen dürfen (so in der Studienordnung der Uni Hamburg). Das kann Ihnen auf die Füße fallen, wenn Sie nichts davon wissen, also informieren Sie sich über alle Fristen.

  Das Hauptstudium sieht ebenfalls Pflichtvorlesungen aus den drei Teilbereichen vor, innerhalb der Bereiche steht es Ihnen frei, sich in eine bestimmte Richtung zu orientieren. Neben dem Pflichtteil müssen Sie frei wählbare Leistungen aus Ihrem Schwerpunktbereich erbringen, für den eine Reihe von Fächern zur Auswahl steht, aus denen Sie eine bestimmte Anzahl an Semesterwochenstunden (in Analogie zu Credits) zusammenbringen müssen.

  Zudem sind *Praktika* – meist insgesamt 3 Monate – in fast allen Prüfungsordnungen vorgesehen. Auch Lehrveranstaltungen zu Rhetorik oder Mediation (Schlüsselqualifikationen) stehen oft im Pflichtprogramm. Die letzten zwei bis drei Semester eines Jura-Studiums verbringen Sie mit der Vorbereitung auf Ihr Staatsexamen. Nach dem ersten gehen Sie in den Praxisteil des Studiums – das Referendariat, im Anschluss erfolgt das zweite Staatsexamen, damit Sie Volljurist sind.

- ✔ **Medizinische Studiengänge:** Jeder medizinische Studiengang beginnt mit dem vorklinischen Abschnitt, in dem Ihnen die naturwissenschaftlichen und teils auch bereits handwerklichen Grundlagen beigebracht werden. Zwischen Biologie-, Physik-, Chemie-, Anatomie- und Physiologie-Kursen liegen dann noch Erste-Hilfe-Kurse und in der Humanmedizin zusätzlich oft noch ein Pflegepraktikum. Da Sie nur sehr begrenzte Wahlmöglichkeiten haben (oft beträgt der Teil der Studienleistungen, die nicht vorgeschrieben und festgelegt sind, nur ein bis zwei Credits pro Semester, was einer einzigen Wahlveranstaltung entspricht), müssen Sie Ihre Credits meistens nicht nachrechnen. Der Stundenplan ist so ausgerichtet, dass Sie die notwendige Zahl erreichen, wenn Sie sich an ihn halten.

Der Studiengang Tiermedizin ist innerhalb der Vorklinik noch in Vorphysikum und Physikum unterteilt, beide schließen wie die Vorklinik auch mit eigenen Prüfungen ab. Der zweite Abschnitt der ärztlichen Prüfung erfolgt nach dem klinischen Studienabschnitt, in den der Kontakt mit Patienten, Pflichtpraktika und jede Menge Pflichtveranstaltungen aus den einzelnen Teilbereichen des jeweiligen Studiengangs (Neurologie, Pathologie, Orthopädie und so weiter) fallen. Außerdem stehen hier etwas mehr Wahlfächer als in der Vorklinik und am Ende das Praktische Jahr (PJ) an. Mehr als in allen anderen Studiengängen haben Sie in der Medizin einen bestimmten Stundenplan vorgegeben und müssen sich nur sehr selten mit eventuellen Wahlmöglichkeiten herumschlagen. Damit ist aber auch recht klar vorgegeben, was Ihr Pensum ist, und das ist mehr als eine Vollzeitbeschäftigung.

- **Lehramt:** Der Ablauf eines Lehramtsstudiums unterscheidet sich nach Hochschulstandort (Bundesland) und Art des Lehramts erheblich. Eine Ausbildung in Nordrhein-Westfalen zum Lehrer für Grundschulen hat beispielsweise 180 Credits im Bachelor aus den Bereichen sprachliche, und mathematische Grundbildung sowie Sachunterricht und einem weiteren Unterrichtsfach (je 41 Credits). Bildungswissenschaften, Praktika, Deutsch für Schüler mit Zuwanderungsgeschichte und die Bachelorarbeit kommen hinzu. Der Master vertieft die Fächer und führt zum Master of Education (MoE), der nach 300 Punkten erreicht ist.

  Wenn Sie auf den Studienverlaufsplan für Lehramt an Gymnasien der Uni Würzburg schauen, so haben Sie je 92 ECTS-Punkte pro Fach, je 10 Credits pro Fachdidaktik und diverse Punkte aus Erziehungswissenschaften (35 Punkte), Praktika, Hausarbeit und dem Wahlbereich zu sammeln, um auf 270 Credits zu kommen. Ein Blick in die sehr detaillierten Aufstellungen des Buchs »Studien- und Berufswahl« der Bundesagentur für Arbeit hilft hier wirklich weiter.

Wahlfreiheit: Planung der Semesterwochenstunden

Stellen Sie sich noch einmal Ihre Zeit an der Schule, genauer gesagt in der Oberstufe vor. Dort haben Sie – sofern Ihr (Fach-)Abitur noch nicht allzu lange her ist, auch selbst Ihre Woche geplant, um Ihre Leistungskurse und die dazu erforderlichen oder auch zusätzlich interessanten Grundkurse unter einen Hut beziehungsweise in einer Woche unterzubringen. Das steht Ihnen nun wieder bevor.

Für das Grundstudium ist es in vielen Studiengängen leicht, die richtigen Kurse zu finden, denn in den Studienordnungen sind konkrete Vorlesungen und passende Übungen vorgegeben. Ob Sie in die am Montag um 8 Uhr angebotene Botanikvorlesung auch gehen und dort den selten leeren Hörsaal genießen oder liegen bleiben, ist keine Planungsfrage, sondern wird sich erst im Kampf mit dem inneren Schweinehund entscheiden. Wenn Sie nach diesem Semester eine Botanikprüfung absolvieren müssen, dann sollte die Vorlesung in Ihrem Stundenplan stehen. Dazu werden dann vielleicht Übungen angeboten, zum Beispiel um 16 Uhr am Dienstag und 12 Uhr am Donnerstag. Eine von beiden müssen Sie einplanen, welche, das wird davon abhängen, was sonst noch wann stattfindet und wie voll Sie Ihr Semester machen wollen – vorausgesetzt, Sie haben eine Wahl. Dazu ein paar Hinweise:

- ✔ Jede Veranstaltung erfordert *Vor- und Nachbereitungszeit*. Vor dem Kurs laden Sie sich Skripte oder Übungsaufgaben herunter und schauen sie im besten Fall auch schon einmal an. Hinterher sollten Sie schauen, ob alles lesbar ist, was Sie mitgeschrieben haben, damit Sie beim Lernen auf die Prüfungen nicht alles noch einmal von Kommilitonen besorgen müssen. Es kann auch sein, dass der Dozent Ihnen »Hausaufgaben« gibt, also Teile des Skripts bis zur nächsten Kursstunde durchzulesen oder sich anders vorzubereiten.
- ✔ Sie werden eine Weile brauchen, um sich an die Denkanforderungen einer Hochschule zu gewöhnen. Was nicht passieren wird, nicht passieren kann, ist, dass Sie sich ohne Eingewöhnungszeit an fünf Wochentagen je vier bis fünf Veranstaltungen (in der Regel dauern diese 90 Minuten) geben und bei geistiger Gesundheit bleiben. Gehen Sie es langsam an und besuchen Sie lieber weniger Veranstaltungen als zu viele, diese dann aber mit voller Aufmerksamkeit. Alles andere wird Ihnen in der Prüfungszeit Probleme bereiten.
- ✔ Planen Sie Ihre Woche ausgewogen. Wenn Sie nebenher arbeiten müssen, dann tragen Sie das als feste Termine in Ihren Wochenplan ein. Und dann schauen Sie zu, dass nicht jede noch so kleine Lücke ausgefüllt wird, sondern Sie auch ausreichend Zeit zum Lernen und Regenerieren haben.

- Bleiben Sie flexibel; wenn Sie in den ersten Wochen merken, dass Sie am Limit unterwegs sind, dann streichen Sie etwas aus Ihrem Plan und verschieben es, wenn möglich, auf das nächste Semester. Ein bisschen länger studieren ist kein großes Drama im Verhältnis zum Abbruch wegen Burnout. Nehmen Sie Ihre geistige Leistungsfähigkeit und deren Grenzen ernst und überschätzen Sie sich nicht. Sollten Sie zu lax geplant haben, können Sie nach zwei bis drei verpassten Veranstaltungen vielleicht immer noch in einen Kurs einsteigen.

Ihr Typ ist gefragt: Präsenzveranstaltungen

Ein Teil Ihres Studiums spielt sich so ab, dass Sie zu einer festen Zeit zu einem festen Ort gehen und dort Wissen präsentiert bekommen – oder selbst präsentieren. Die Lehrveranstaltungen, die Ihre Hochschule anbietet, haben Sie sich bereits aus dem Vorlesungsverzeichnis herausgesucht. Doch was sich hinter welchem Veranstaltungstyp verbirgt, ist Ihnen vielleicht noch nicht so ganz klar.

Hingehen und zuhören: Vorlesungen

Eine Vorlesung ist vermutlich die klassischste aller Lehrveranstaltungen, die traditionell an Hochschulen im Angebot sind. Nach dem althergebrachten System des Frontalunterrichts steht einer und wacht und redet dabei und oft genug schläft der Rest. Das muss nicht sein, denn wenn Sie in den Vorlesungen bereits Wissen aufnehmen, ersparen Sie sich lästiges Nachlernen im stillen Kämmerlein, ohne dass Sie beim Dozenten nachfragen können.

Eine Vorlesung, die einmal in der Woche zwei Stunden in Anspruch nimmt, ist meist mit zwei bis drei Creditpoints verbunden, was einer Arbeitsbelastung von 60 bis 90 Stunden im Semester entspricht (siehe Kapitel 2). Schon eine Vorlesung pro Wochentag führt Sie also zu 300 bis 450 Stunden Arbeitsbelastung pro Semester.

- **Vorbereitung:** Skripte und Dokumente besorgen und ansehen.

  An den meisten Hochschulen ist es inzwischen üblich, dass Dozenten ihr Material – meist PowerPoint-Folien, die zur Vorlesung gehören – vorab ins Internet stellen. Dieses Material ist in der Regel passwortgeschützt, das Passwort erhalten Sie in der ersten Veranstaltung oder am Lehrstuhl.

Drucken Sie PowerPoint-Folien im Format »Handzettel« aus (das können Sie anwählen, wenn Sie auf Drucken geklickt haben) und mit drei Folien pro Seite (auch das lässt sich im Menü einstellen). Dann erhalten Sie DIN-A4-Seiten mit je drei Folien auf der linken Hälfte untereinander und jeweils Platz für Notizen rechts daneben.

Einige Professoren geben in der ersten Vorlesung oder auf der Homepage auch Literaturempfehlungen. So kann es sein, dass Ihnen Ihr Harmonielehre-Dozent in der Vorlesung etwas über seine Lieblingsstücke vorschwärmt, in der Prüfung aber etwas wissen will, wovon er nie gesprochen hat, das im empfohlenen Buch aber auf den Seiten 267-273 steht.

So mancher ist schon in einer Klausur baden gegangen, weil er sich nur an die Vorlesungsmitschriften gehalten hat. Denken Sie daran, dass Sie nicht mehr in der Schule sind und dass das, was der Dozent sagt, nur einen Teil des Wissens darstellt, das Sie zum Thema X sammeln müssen. Faire Prüfer lassen Sie nicht derart auflaufen und geben – manchmal auch erst auf Nachfrage – Hinweise, welche Literatur prüfungsrelevant ist, aber das Leben und die Hochschule sind nicht immer fair.

Nach wie vor gibt es auch Kopiervorlagen mit Auszügen aus der relevanten Literatur, die am Lehrstuhl oder der Institutsbibliothek bereitliegen, in Copyshops hinterlegt sein oder als fertiges Manuskript käuflich erworben werden können.

✔ **Während der Vorlesung:** Zuhören, Mitschreiben, Nachfragen!

Der Mensch, der da vor Ihnen steht, mag sein Geld damit verdienen, Ihnen das Wissen verständlich aufzubereiten, das er sich in den vergangenen Jahrzehnten angeeignet hat. Er mag mehr oder weniger motiviert und engagiert sein. Vielleicht fehlt ihm die Lust, vor einer Wand aus 400 Maschinenbaustudenten zum x-ten Mal in Folge etwas über Produktionszyklen zu erzählen. Vielleicht brennt er auch dafür, jedem einzelnen seiner Studenten möglichst viel mit auf den Weg zu geben. Wie auch immer Ihr Dozent drauf ist, es kann Ihnen egal sein. Fakt ist, dass Sie den Stoff am Ende können müssen. Und mit können meine ich nicht auswendig können, das nützt Ihnen später gar nichts im Berufsleben, sondern verstanden haben. In jedem Studium gibt es natürlich das eine Pflichtfach, mit dem man nie wieder zu tun haben will und das nur wortgleich in der Prüfung reproduziert wird, aber Ihre Grundhaltung darf das nicht sein. Also hören Sie zu, schreiben Sie Notizen in die vorbereiteten Unterlagen und fragen Sie nach, wenn Sie etwas nicht verstanden haben.

- **Nachbereitung:** Wiederholen und das Wissen festigen.

  Selbst wenn Sie nicht ein paar Tage später in einer Übung zur Vorlesung sitzen und sich dafür Ihre Unterlagen ansehen müssen, wird es Ihnen guttun und den späteren Lernaufwand verringern, wenn Sie zeitnah – spätestens vor der nächsten Vorlesung zum selben Fach – Ihre Folienausdrucke mit Notizen ansehen und verstehen können. Vorlesungsinhalte bauen auf den vorigen Veranstaltungen auf und wenn Sie eine mathematische Grundfunktion nicht verstanden haben, können Sie auch später nicht folgen, was analog in allen Fächern gilt.

Zu den Vorlesungen gehört auch die Sonderform *Ringvorlesung*. Dabei tragen fachbereichsübergreifend verschiedene Dozenten zu einem bestimmten Thema vor, um die Vielfältigkeit der Betrachtungsperspektiven deutlich zu machen und das Thema ganzheitlich zu behandeln.

Und danach: Üben in den Übungen

Zu vielen Vorlesungen gibt es Übungsveranstaltungen, die von Tutoren geleitet werden. Sie sind häufig freiwillig und dienen dazu, dass Sie die Inhalte, die Sie theoretisch in einer Vorlesung präsentiert bekommen haben, auch selbst anwenden können. Das kann eine statische oder wirtschaftliche Berechnung sein, die Sie nun am Beispiel durchführen, eine juristische Fallprüfung oder eine Literaturanalyse. In jedem Fall können Sie hier Erfahrungen sammeln, wie Sie in Klausuren und im späteren Leben mit den Problemen umgehen, von denen Ihnen zuvor vorgelesen wurde.

Nutzen Sie die Übungen, um

- zu überprüfen, ob Sie den Stoff der Vorlesung tatsächlich verstanden haben.
- typische Aufgaben als Klausurvorbereitung zu üben.
- bestimmte Aufgaben und Abläufe routinierter zu bewältigen, um schneller zu werden. Schriftliche Prüfungen sind fast immer mit Zeitdruck verbunden, da kostet es Punkte, wenn Sie lange nachdenken müssen.
- Fragen zu stellen, wenn Ihnen Schritte unklar sind.

Die Übungsleiter sind meistens Studenten oder Doktoranden, die am Lehrstuhl als wissenschaftliche Mitarbeiter tätig sind. Das senkt die Hemmschwelle, sich zu beteiligen und Fragen zu stellen, oft enorm. Außerdem finden Übungen oft in kleinerem Rahmen, also mit weniger Teilnehmern in übersichtlicheren Räumen statt. Auch das vermittelt eher das Gefühl, dass Sie sich einbringen und äußern können.

Helfen Sie dem Tutor und arbeiten Sie mit, wenn er Fragen stellt. Bitten Sie ihn, noch einmal zu erklären, was Sie in der Vorlesung nicht verstanden haben. Ansonsten hat er einen einsamen Job, was die Qualität der Übung sicherlich negativ beeinflussen wird.

Übungen gehören häufig zu Vorlesungen und steigern oft den Wert der Gesamtveranstaltung in Credits. Eine Pflichtvorlesung mit 2 oder 4 SWS mit Übung (ebenfalls 2 SWS) kommt oft auf bis zu sechs Credits, die Sie sammeln können (und müssen). Module können aber auch nur aus einer oder mehreren Übungen bestehen und durch deren Absolvieren und zugehörigen Prüfungen die Credits einspielen. Übungen, die zu Vorlesungen gehören, haben meist keine eigene Benotung, allerdings können Hausaufgaben eingesammelt und bewertet werden, so dass Studenten, die sich nicht beteiligen, der gesamte Schein verweigert werden kann.

Zum Selbst-Denken: Seminare

Der Grundcharakter von Seminaren liegt in Ihrem aktiven Beitrag. Weniger technisch: Sie müssen nicht nur hingehen und zuhören wie in der Vorlesung oder Ihre Aufgaben rechnen wie in der Übung, sondern Sie leisten einen Beitrag, oft in Form eines Referats, zu dem in aller Regel eine Seminararbeit abgegeben wird.

Seminare kann es in allen Fächern und zu allen Themen geben. Sie können mit Gruppenarbeit verbunden sein, praktische oder theoretische oder empirische Untersuchungen verlangen und auf unterschiedlichste Arten bewertet werden. Hierarchisch sind sie oft in Proseminare und Hauptseminare unterteilt, die Proseminare dienen der Vermittlung von Grundlagen und die Hauptseminare der Vertiefung.

Ihr Ablauf folgt in fast allen Fällen einer bestimmten Reihenfolge:

✔ **Vor dem Seminar:** Einen Platz ergattern.

  Das klingt nach Ellenbogen ausfahren und tatsächlich kommt es nicht selten zu Rangeleien, wenn Listen ausgehängt werden, auf denen vielleicht 20 freie Plätze stehen und eine Traube von 50 Studenten gern den eigenen Namen dort eintragen würde. Das ist Hochschule von ihrer schlechteren Seite: In den begehrten Veranstaltungen gibt es fast immer weniger Plätze als Interessenten. Ähnlich läuft es, wenn man sich online für ein Seminar anmelden muss; auch hier werden nur diejenigen berücksichtigt, die sich zuerst gemeldet haben. Die anderen gehen leer aus und müssen sich entweder nach einem anderen Seminar umsehen oder ein Semester warten.

- **Zu Beginn des Seminars:** Ran an die Themen.

  Sind Sie erst einmal untergekommen, ist der nächste Schritt die Themenvergabe. Häufig werden zu dem Hauptthema des Seminars Unterthemen zu speziellen Aspekten vergeben, die der Student beziehungsweise die einzelnen Gruppen selbstständig vorbereiten und beim Seminartermin präsentieren müssen. Das kann je nach Dozent ein mehr oder weniger langes Referat sein, oder es ist Ihre Aufgabe, die komplette Seminarstunde zu gestalten.

  Sogenannte Blockseminare handeln an einem oder zwei Terminen alle Vorträge in Folge über viele Stunden am Stück ab. Besonders für diese Seminarform sind die Vorbereitungstreffen wichtig, um sich über die genaue Aufgabenstellung klar zu werden.

  Es kann nicht schaden, einen Rhetorik- und/oder Präsentationskurs vor dem ersten Seminar zu besuchen, um technisch zum Beispiel im Umgang mit PowerPoint und rednerisch besser zu werden. Ein erster Blick ins folgende Kapitel 10 kann dabei auch schon helfen. Angeboten werden solche Kurse teilweise von den Hochschulen selbst, aber auch private Anbieter können helfen. Ich habe in Workshops zur Präsentation die Erfahrung gemacht, dass Studenten wesentlich sicherer werden, wenn sie Übung im Umgang mit der Technik sowie ein genaues Bild der Möglichkeiten und Grenzen von Präsentationsfolien und dem technischen Schnickschnack besonders von PowerPoint haben.

- **Das Seminar selbst:** Zuhören und Präsentieren.

  Der eigentliche Sinn dieser Lehrform liegt darin, dass Sie lernen ein Thema zu erarbeiten und vor Publikum zu präsentieren. Damit das alle mal durchspielen können, sind Sie in den meisten Fällen das Publikum und einmal der Präsentierende. Und weil Sie sich bestimmt ein aufmerksames und interessiertes Publikum wünschen, ist es nur fair, wenn Sie sich auch selbst so verhalten, wenn ein anderer vorn auf dem heißen Stuhl sitzt. Mehr Tipps dazu, wie Sie Ihre Präsentation erstellen und halten, gibt's in Kapitel 10.

- **Nach dem Seminar:** Was bleibt?

  Seminare stehen inhaltlich im Zusammenhang mit Ihrem Studium, meist mit Ihren Studienschwerpunkten. Aus diesem Grund ist es anzuraten, dass Sie sich nicht nur Ihr Thema merken, sondern tatsächlich auch die Themen der anderen. Der Stoff von Pflichtseminaren kann in Prüfungen wieder auftauchen und in mündlichen Tests für Bonuspunkte sorgen, aber auch in Ihrem weiteren Leben und Beruf werden Sie eher wieder auf Inhalte aus jenen Seminaren stoßen als auf die teilweise abgehobenen Theorien aus den Vorlesungen.

In vielen Studiengängen sind nur wenige Seminare Pflicht. Da Sie hier die Dozenten näher kennenlernen und sich in einem guten Licht präsentieren können, eignen sich diese Veranstaltungen, um mit dem Lehrkörper in Kontakt zu treten. Das gilt besonders, wenn Sie bereits einen Lehrstuhl für Ihre Abschlussarbeit im Auge haben. So können Sie auch herausfinden, was der Dozent von seinen Studenten erwartet und wie streng er schriftliche Arbeiten bewertet.

Seminare und andere Pflichttermine an Fernhochschulen

Fast jedes Fernstudium hat Präsenzveranstaltungen, meist handelt es sich dabei um Seminare. An der Fernuni Hagen ist es beispielsweise üblich, dass ein Teil der Credits im Hauptstudium aus Seminaren in den Wahlpflichtfächern gesammelt wird. Aber auch an den privaten Hochschulen wie der Akad, Steinbeis oder der HHW kann ein Teil des Pflichtprogramms aus Blockveranstaltungen in den Räumen der Hochschule bestehen.

So bietet zum Beispiel die private Fernhochschule Apollon an verschiedenen Orten Präsenzprüfungen an, die Seminare finden aber mehrheitlich am Sitz der Hochschule in Bremen statt. Im Laufe der Studiengänge sind Einzel- und Gruppenarbeiten im Rahmen von Präsenzseminaren vorzustellen. Dazu können Sie über das Internet mit Ihren Mitstreitern in Kontakt treten, sich treffen (sofern die Wege nicht zu weit sind) oder in einem Konferenzgespräch klären, wer welchen Teil übernimmt. Sie können sich die Arbeit beispielsweise über eine Dropbox (`www.dropbox.com`) gegenseitig verfügbar machen und sich dann vor Ort vielleicht am Abend vor dem Seminar treffen, um alles in Ruhe durchzusprechen.

An der Fernuni Hagen wählen Sie Seminare, die zu Ihrem Schwerpunkt im Studium und im Abschluss passen. Da oft mehr Bewerber als Plätze vorhanden sind, ist die Anzahl der absolvierten Semester und Prüfungen, besonders der Klausuren in diesem Fachbereich, ausschlaggebend für einen Stuhl beziehungsweise ein Thema. Vor Ort muss ein Vortrag gehalten werden, zudem eine Seminararbeit angefertigt und rechtzeitig – oft über einen Monat vor dem Präsenztermin – eingereicht werden.

Weitere Veranstaltungstypen

In Kapitel 5 gab es eine Unterscheidung nach Hochschultypen. Nun ist es nicht verwunderlich, dass es gerade bei den spezialisierten Hochschulen auch spezielle Veranstaltungen gibt, die Sie an allgemeinen Hochschulen eher selten so finden werden:

- Ein *Kunststudium* kann mit Werkstattkursen einhergehen, in denen Sie die Bedienung der notwendigen Werkzeuge etwa für Bildhauerei, aber auch andere gestalterische Arbeit kennenlernen. Auch finden Exkursionen beispielsweise in Museen oder zu Denkmälern und längere Praxisphasen statt, die häufig in Seminaren vor- und nachbereitet werden.
- Sollten Sie *Musik* studieren, ist die Vielfalt an Veranstaltungen davon abhängig, ob Sie ein einzelnes Instrument vertiefen, was Sie in künstlerischen Einzel- und Gruppenunterricht befördern wird, oder etwas Allgemeineres wie Popular Music studieren, was zu einem Mix aus Gruppenunterricht, Seminaren und auch Vorlesungen in Musiktheorie führt.
- Im *Sportstudium* erwartet Sie neben Vorlesungen oder anderen theoretischen Veranstaltungen zu Erster Hilfe oder physiognomischen Grundlagen ein breites Angebot an sportartbezogenen Didaktik-Kursen und Seminaren, in denen die Sportart dann tatsächlich betrieben wird.
- In allen *Medizinstudiengängen* ist es üblich, von Anfang an (in Tiermedizin sogar bereits im ersten Semester) praktisch zu üben – am toten Tier beziehungsweise Menschen. Diese Präparierkurse dienen dazu, sich über den Körper, die Lage von Muskeln, Nerven und Knochen und deren Verbindungen klar zu werden. Im Situs-Kurs wird später nicht mehr am präparierten, also in Formaldehyd eingelegten, Objekt, sondern am Frischpräparat besonders die Lage der inneren Organe erkundet, um ein Gefühl für spätere chirurgische Tätigkeiten zu erlangen.

In fast allen Studiengängen gibt es zwei weitere Veranstaltungsformen, die der Beschäftigung mit spezifischen Themengebieten im Dialog mit dem Dozenten zugeordnet werden: Ein *Tutorium* ist dabei in der Regel der Vorbereitung auf einzelne Prüfungen und Klausuren gewidmet, währen das *Kolloquium* erst später im Studium besucht wird und der Auseinandersetzung mit größeren wissenschaftlichen Arbeiten wie der Bachelor-Thesis dient.

Über die fachbezogenen Veranstaltungen hinaus kann es sinnvoll sein, Kurse zum wissenschaftlichen Arbeiten, zu Rhetorik und Präsentationstechniken oder Computer- und Bewerbungsworkshops zu besuchen. Wenn diese an der Hochschule nicht oder nicht zufriedenstellend angeboten werden, lohnt sich ein Blick zu den privaten Anbietern solcher Seminare.

Selbst tätig werden: Praktika

Nicht alles, was ein Studium Ihnen beibringen will und soll, kann in den Vorlesungssälen und durch Seminare und Vorträge gelehrt werden. Ab und an ist es notwendig, die Hochschule zu verlassen (oder zumindest die Hörsäle und Seminarräume) und sich in das Berufsleben, die Natur, das Labor oder andere Umgebungen zu bewegen.

- ✔ *Praktikumsseminare* sind besonders im künstlerischen und musischen Bereich gängig, um in einer Kleingruppe Inhalte zu erarbeiten beziehungsweise teilweise theoretisch zu vermitteln und sofort auch praktisch einüben und anwenden zu lernen. Oft sind sie mit Aufenthalten außerhalb der Hochschule verbunden, deren Ergebnisse in den Seminaren vorgetragen und nachgearbeitet werden.
- ✔ In den meisten Fachhochschulstudiengängen sind inzwischen im Bachelorstudium von Architektur bis Sozialarbeit mehrwöchige *Berufspraktika* vorgesehen, um einen Einblick in die späteren Tätigkeitsfelder zu bekommen. Häufig gilt der Praktikumsbericht als (bewertete) Prüfungsleistung.
- ✔ Ebenfalls praxisorientiert sind *Sprachexkursionen*, die im Rahmen von Sprachstudiengängen in kleinen Gruppen ins Ausland führen, um dort Sprache und Kultur besser kennenzulernen.
- ✔ In der Medizin steht am Ende des Studiums gar ein ganzes *Praktisches Jahr* (PJ) auf dem Plan. Tiermediziner müssen während ihrer Studienzeit im Schlachthof, einer Tierarztpraxis, dem Gesundheitsamt und anderen Stellen Berufsluft geschnuppert haben.

Auch wer nicht von der Hochschule vorgegeben in die Praxis schauen muss, sollte sich vor Augen halten, dass eine spätere Bewerbung bei potenziellen Arbeitgebern durch Praktika aufgewertet wird. Mehr dazu gibt es in Kapitel 12 nachzulesen.

Big Brother is not watching you

Ich gehe einfach einmal davon aus, dass die Zeiten, in denen Ihre Eltern Ihre Hausaufgaben kontrolliert haben, schon in der Oberstufe vorbei waren und Sie Ihr (Fach-)Abi trotzdem gut bewältigt haben. Dennoch war an der Schule allein dadurch, dass es Hausaufgaben gab, die besprochen oder eingesammelt wurden, eine gewisse Kontrolle Ihres Lernfortschritts gegeben. Das fällt an einer Universität und den meisten Fachhochschulen nahezu gänzlich weg. Bis auf wenige

Ausnahmen in spezialisierten Studiengängen mit wenigen Teilnehmern wird es bis zur Klausur oder anderen Prüfungen keinem auffallen, wenn Sie nichts lernen.

Das mag zunächst erleichternd klingen, aber wenn Sie ein paar Tage vor dem Prüfungstermin zum ersten Mal in die Unterlagen sehen und nur Bahnhof verstehen, wird es schnell zum Problem. Damit das nicht passiert, sollten Sie sich auch außerhalb der Uni mit Ihrem Stoff beschäftigen, wofür es unterschiedliche Strukturen und Möglichkeiten gibt.

Den Stoff nacharbeiten

Als es am Anfang des Kapitels um die verschiedenen Veranstaltungsarten ging, habe ich bereits darauf hingewiesen, wie wichtig das Nacharbeiten von Inhalten ist. Die Frequenz liegt ein bisschen an Ihnen und Ihrem Zeitplan, in umfangreichen Veranstaltungen kann es nötig sein, wöchentlich dem Stoff hinterherzulernen, in weniger intensiven Veranstaltungen reicht es, monatlich oder alle paar Veranstaltungen nach einem Themenwechsel die Unterlagen durchzugehen. Wie genau Sie dabei vorgehen, möchte ich Ihnen nun nahebringen.

1. **Ordnen Sie Ihre Unterlagen.**

   Ich schreib es auch gern noch einmal, weil es so wichtig ist: Ordnen Sie Ihre Unterlagen! Das bedeutet, dass es einen Ordner (mindestens) pro Fach beziehungsweise Kurs gibt, in dem alle Unterlagen zu genau diesem Kurs zu finden sind. Wenn Sie das tun, darf es keine »Kruschtel-Haufen« mit Rechnungen, Skripten, Tankbelegen, Einkaufslisten und der Fernsehzeitschrift mehr geben, sondern bestenfalls einzelne Stapel, die dann in Ordnern verschwinden. Das Vorgehen hierbei beschreibe ich in Kapitel 11 bei der Selbstorganisation noch sehr ausführlich – weil es im gesamten Studium so wichtig ist, dass es über Erfolg oder Misserfolg, Abschluss oder Abbruch entscheiden kann.

2. **Suchen Sie auch das letzte Blatt aus Ihrer Tasche heraus.**

   Ihre ganze schöne Ordnung nutzt Ihnen rein gar nichts, wenn die Unterlagen nicht vollständig sind. Sie werden einen bestimmten Beweis NIE nachvollziehen können, wenn in der Mitte ein Zettel fehlt. Finden Sie frühzeitig heraus, was aus Versehen im Papiermüll gelandet ist, und beschaffen Sie es sich von Kommilitonen, sonst haben Sie in der Prüfungsvorbereitungsphase ein ernstes Problem.

3. **Lesen Sie Ihre Mitschriften einmal komplett durch.**

   Jawohl: Lesen. Das, was Sie geschrieben haben. Dabei stellt sich heraus, ob Sie das a) überhaupt noch lesen können und b) noch nachvollziehen können, was der Dozent von Ihnen wollte. Kommen Sie nicht in die Versuchung, sich ablenken zu lassen, sondern lesen Sie in einem Rutsch alles einmal durch.

4. **Notieren Sie offene Fragen.**

   Beim Lesen wird Ihnen auffallen, dass nicht alles klar ist. So sicher wie ich hier sitze und schreibe, wird es offene Fragen geben. Wenn Sie nun aber schon beim ersten Durchlesen losrennen und sich Antworten beschaffen wollen, kommen Sie vom Hölzchen aufs Stöckchen und werden aus dem Lesen einer Vorlesungsmitschrift eine mehrstündige Aktion machen. Deshalb lesen Sie erst, wie im 3. Schritt beschrieben, alles einmal durch, dann gehen Sie es ein zweites Mal durch und notieren sich alle Fragen, die sich Ihnen in den Weg werfen.

5. **Klären Sie Fragen mit dem Skript und der angegebenen Literatur.**

   Nun, da Sie eine Liste mit Fragen haben, können Sie nach deren Lösungen suchen. Sehen Sie im Skript nach, schauen Sie, ob es weiterführendes Material vom Lehrstuhl gab, beschaffen Sie sich die Literatur, die zur Veranstaltung empfohlen wird, und sehen Sie zu, dass Sie alles verstanden haben.

6. **Erstellen Sie eine Zusammenschrift.**

   Sollten Sie den Stoff in den Griff bekommen haben, können Sie anfangen, ihn im Kopf und schriftlich zusammenzufassen. Das fällt im Laufe der Zeit immer leichter und ist eine gute Vorbereitung auf die Prüfungsphase. Wenn Sie mit Karteikarten lernen, können Sie nun auch anfangen, diese passend zur erarbeiteten Veranstaltung zu erstellen.

Einloggen zum E-Learning

Die Tücken und der Segen des Internets liegen nah beieinander; war es vor ein bis zwei Jahrzehnten bestenfalls üblich, wenn nicht revolutionär neu, Material zum Download bereitzustellen, sind die internetbasierten Lernsysteme, sprich: E-Learning, heute ausgefeilter und in ständiger Verbesserung begriffen. Einerseits kommen geniale Unterstützungsprogramme zur Anwendung, die besonders im Fernstudium erhebliche Erleichterungen mit sich bringen, andererseits aber wird ein Teil der Lehre weiter anonymisiert, die Studenten noch mehr von den Lehrkräften und der realen Welt entfremdet.

E-Learning kann dabei in ganz unterschiedlichen Formen angeboten werden:

- ✔ Lange schon praktiziert und eine einfache Unterstützung der Präsenzlehre ist die *Bereitstellung der Vorlesungs- und Übungsunterlagen* im Internet.

Zusätzlich können Korrekturen, Hinweise und Übungsaufgaben online zur Verfügung gestellt werden, die die Vorbereitung der Lehre im realexistierenden Hörsaal unterstützen. Auch Informationsseiten wie fachbezogene *Wikis* oder sogar *Austauschplattformen* zu Klausurstoff (`www.unidog.de`) oder Professorenleistungen und -anforderungen (`www.meinprof.de`) helfen beim Lernen. Diese Formen fallen unter den Begriff *Content Sharing*.

- ✔ Ebenfalls schon so alt wie die interaktive Nutzung des Webs für den Austausch der Studenten untereinander oder auch mit den Dozenten sind Foren für Angehörige bestimmter Fachrichtungen und Diskussionsseiten von Einsendearbeiten der Fernhochschulen (für die Fernuni Hagen zum Beispiel `www.studienservice.de`). Solche *Learning Communities* sollen dabei helfen, sich gegenseitig zu unterstützen und zu motivieren.

- ✔ Umfassendere E-Learning-Angebote sind oft systematisch zusammengefasst. Geben Sie »XYZ Hochschule E-Learning« in eine Suchmaschine ein, um sich über die Angebote Ihrer (zukünftigen) Hochschule zu informieren. Zum Beispiel erhalten Sie bei der Suche »FU Berlin E-Learning« Erläuterungen zum Center für Digitale Systeme (CeDiS), das für den Betrieb des »Blackboards«, der zentralen Lernplattform, zuständig ist. Studierende der Freien Universität Berlin erhalten Login-Daten und können so auf das Material der Veranstaltungen sowie interaktive Lernangebote zugreifen.

Wird das Präsenzlernen durch zusätzliche Online-Lernangebote unterstützt, die über die Bereitstellung von Materialien hinausgehen, spricht man von *Blended Learning*. Dabei werden beispielsweise Chats, Foren, E-Tutorien, multimediales Material oder interaktive Prüfungsvorbereitungen zur Verfügung gestellt.

Ein Beispiel für eine virtuelle Lernplattform ist das »Modular Object-Oriented Dynamic Learning Environment«, kurz Moodle (`moodle.de`). Es bietet eine Open Source Plattform für die Organisation für Kurse und virtuelle Klassenzimmer. Moodle wird an vielen Hochschulen in Deutschland, Österreich und der Schweiz als E-Learning-Plattform eingesetzt. Im Blog des E-Learning-Centers der TU-Darmstadt (`blog.e-learning.tu-darmstadt.de`) findet sich eine relativ aktuelle Liste dieser Hochschulen – auch der privaten – nach Städten geordnet. Einige Hochschulen lassen den Zugang als Gast zu.

Andere Plattformen und Systeme sind *Blackboard* (wie für die FU bereits erwähnt), *ILIAS* (integriertes Lern-, Informations- und Arbeitskooperationssystem) und *BSCW* (Basic support for cooperative work), das vor allem dem Dokumentenaustausch dient.

- Die *Virtuelle Lehre* hingegen ersetzt weitgehend die Präsenzveranstaltungen. Vorlesungen und Übungen werden als Webcasts, also als abrufbare Videoaufzeichnungen, online angeboten. Das Computer Based Training (CBT) macht den Zeitplan flexibel, sorgt aber dafür, dass ein unmittelbares Nachfragen meist unmöglich ist. Eine Lösung bieten die sogenannten »Webinare«, die live und mit Voice over IP (VoIP) Technik abgehalten werden, so dass der Zuhörer beispielsweise parallel im Chat Fragen stellen kann.

Virtuelle Hochschulen

Nicht zuletzt wegen der Förderaktivitäten der Bundesregierung in diesem Bereich haben einige Präsenzhochschulen regionale Kooperationen gebildet, um die Lehre zum Teil ins Internet zu verlagern und damit die Lehrkräfte und Studenten zu entlasten und die Raumsituation zu entspannen. Das Programm »Neue Medien in der Bildung«, das im Jahr 2000 vom Bundesministerium für Bildung und Forschung aufgelegt wurde, hat bis zur Föderalismusreform einen großen Beitrag zur Virtualisierung und Modernisierung der Lehre in Deutschland geleistet.

Als übergreifendes Verbundinstitut bayerischer Hochschulen bietet zum Beispiel die *Virtuelle Hochschule Bayern* (`www.vhb.org`) ein umfangreiches Lehrangebot zu Fachbereichen von Lehramt über Medizin und Rechts- und Naturwissenschaften bis hin zu Sprachen und Wirtschaft an. In vielen Kursen können Leistungsnachweise abgelegt werden, die im Präsenzstudiengang angerechnet werden können. Studierende im Freistaat Bayern haben den Vorteil, dass sie kostenfrei Zugang zur Virtuellen Hochschule Bayern erhalten. Anderen muss das ein Nutzungsentgelt von 35 Euro pro belegter Semesterwochenstunde wert sein; vorausgesetzt alle Zugangsbedingungen für die Kurse sind erfüllt. Wer also schon immer mal Schwedisch lernen wollte oder einen Videolernkurs Chirurgie zum Erlernen praktischer Fähigkeiten für Famulatur, Blockpraktikum und das praktische Jahr belegen wollte, kann das hier tun.

Ähnliche Konzepte wie die VHB verfolgen auch der Hochschulverbund Virtuelle Fachhochschulen (`www.vfh.de`), der Virtuelle Campus Rheinland-Pfalz (`www.vcrp.de`), die Virtuelle Hochschule Baden-Württemberg (`www.virtuelle-hochschule.de`) und international beispielsweise der Baltic Sea Virtual Campus (erreichbar über `www.oncampus.de`).

Wie jede selbstbestimmt Lernart am Schreibtisch ohne Aufsicht kann auch E-Learning eine Falle werden, wenn Sie es vor sich herschieben. Eine umfassende Zeitplanung, die Sie in Kapitel 11 lernen können, und dazu ein halbwegs diszipliniertere Umgang mit den Zeitplänen werden umso wichtiger, je mehr Sie selbst für Ihre Bildung verantwortlich sind.

Vermerken Sie in Ihrem Stundenplan, wann Sie wo sein wollen. Präsenzveranstaltungen finden in den entsprechenden Hochschulräumen statt, Nacharbeit zu Hause oder in der Bibliothek. E-Learning fällt gern unter »Das mach ich am Nachmittag im Park oder danach im Café«. So wird das nichts! Legen Sie auch dafür Zeit und Ort genau fest.

Die Bibliothek richtig nutzen

In Kapitel 8 haben Sie eine Reihe von unterschiedlichen Bibliothekstypen kennengelernt, doch was sie nun damit beziehungsweise darin tun sollen, ist vielen Neu-Studenten nicht so ganz klar. Was alle wissen: In Bibliotheken stehen Bücher, die man dort lesen oder ausleihen und mit nach Hause nehmen kann. Damit ist eine Hauptaufgabe der Bibliothek bereits klar: Jede Veranstaltung wird Sie mit einer Liste zugehöriger Pflichtliteratur erfreuen und vieles davon bekommen Sie in der Fachbereichsbibliothek, wenn Sie schnell sind. So viele Exemplare – gerade der aktuellen Auflage – wie Studenten in den Kursen sind, kann es dort nicht geben. Wenn Sie sich die Liste aus den vorigen Semestern besorgen, können Sie vielleicht schon früh an ein Buch kommen, das Sie dann nicht kaufen müssen.

Eine Bibliothek kann aber noch viel mehr als nur Bücher zur Verfügung zu stellen:

- ✔ Viele Zeitschriften und dementsprechend *Zeitschriftenartikel* sind nicht nur in gedruckten Bänden, sondern auch elektronisch vorhanden und erst bei Bedarf als Druckversion verfügbar. Was Sie wo finden, verrät Ihnen auch die Zeitschriftendatenbank (`www.zeitschriftendatenbank.de`) im Internet. Auch so manche Raritäten, historische Bücher und Kartenmaterialien finden Sie nur in spezialisierten Bibliotheken.
- ✔ Einige Bücher sind selten oder alt oder schwer zu beschaffen oder alles drei, so dass sie Ihnen nicht in die Hand gegeben werden und Sie damit davonmarschieren können. Sie werden im *Lesesaal* ausgegeben und verbleiben in den Mauern der Bibliothek, so dass auch in Zukunft noch Interessierte etwas davon haben. Im Lesesaal stehen Tische und Stühle, an denen Sie sich ausgiebig und ungestört der Lektüre widmen können.

- Die *Lese- und Lernatmosphäre* ist ein weiterer Grund, um eine Bibliothek aufzusuchen. Nach dem Motto »Geteiltes Leid ist halbes Leid« lernt es sich viel konzentrierter und effektiver, wenn alle um Sie herum auch mit Lernen beschäftigt sind. Kein Kühlschrank, kein Fernseher, und jedes laute Geräusch wird sofort durch ein kollektives »Psssst« geahndet.
- Die *Cafeteria* der Bibliothek ist nicht nur ein guter Ort, um Kontakte zu knüpfen, sondern tatsächlich ist auch das Angebot gar nicht schlecht und gar nicht teuer. Hier können Sie sich mit anderen Lernenden alle zwei bis drei Stunden auf einen Kaffee treffen, sich Ihr Leid klagen und sich gegenseitig motivieren, noch eine Runde zu schaffen.
- Ein wichtiger Aspekt bei der Suche nach Büchern ist die *Fernleihe*. Wenn ein Buch, eine Zeitschrift oder ein Artikel in Ihrer Bibliothek nicht vorhanden ist, kann es innerhalb eines Bibliotheksverbundes beschafft werden, wenn Sie den entsprechenden Antrag dazu ausfüllen. Freundliche Bibliothekare helfen Ihnen dabei bestimmt weiter. In der Regel kostet die Fernleihe 1,50 Euro pro Bestellung.

Besonders wenn Sie nicht in einer großen Stadt mit vielen städtischen oder staatlichen Bibliotheken leben, kann Ihnen der Onlineservice von subito e.V. (`www.subito-doc.de`) weiterhelfen. Nachdem Sie sich dort einen Zugang eingerichtet haben, können Sie beliebig nach Büchern recherchieren und sich die ab 9 Euro Gebühren mit der Post zusenden lassen. Der Dokumentenlieferdienst kann zudem Artikel aus Zeitschriften ab 4 Euro beispielsweise als PDF-Anhang per Mail an Sie schicken, wenn Sie genau wissen, welche Seiten in welchem Band Sie brauchen. Mehr zu subito und Bibliotheksrecherche erfahren Sie in Kapitel 15 im Zusammenhang mit wissenschaftlichen Arbeiten.

Jede Bibliothek bietet Ihnen einen Katalog zur Recherche vor Ort an und die allermeisten haben auch einen online Recherchekatalog (Online Public Access Catalogue, kurz: OPAC). Die Seiten der DigiBib (`www.digibib.net`) des Hochschulbildungszentrums des Landes Nordrhein-Westfalen (hzb) bietet Ihnen einen Überblick über alle Standorte und die verschiedensten Medien von Büchern und Zeitschriften über elektronische Dokumente bis hin zu Inhalten internationaler Datenbanken. Dabei können Sie auf der Startseite Voreinstellungen zu Standort und Institution machen, innerhalb derer Sie suchen wollen, können das Feld aber für eine umfassende Suche auch freilassen.

In Bibliotheken gelten einige Grundregeln, die Sie beachten sollten, um nicht anzuecken:

- Wenn Sie ankommen, müssen Sie Ihre Jacke und meistens auch Ihre Tasche an einer *Garderobe* ablegen. In den großen Bibliotheken finden Sie immer Schließfächer, manche Einrichtungen etwa innerhalb von Fachbereichen bieten auch Schließfächer an. Im Mantel und mit Rucksack sind Sie auf keinen Fall gern gesehener Gast.
- Um die Bibliothek nutzen zu können, benötigen Sie einen *Ausweis*. Den bekommen Sie oft an der Ausleihe oder Rezeption. Die Kosten dafür richten sich unter anderem nach der Gültigkeitsdauer des Ausweises, so kostet der Zugang zur Staatsbibliothek Berlin für einen Monat 10 Euro, für ein Jahr 25 Euro. Für die Deutsche Nationalbibliothek in Frankfurt werden 15 Euro pro Monat beziehungsweise 38 Euro für ein ganzes Jahr fällig. In den Hochschulbibliotheken bekommen Sie in aller Regel bei Vorlage Ihres Studentenausweises kostenlos einen Bibliotheksausweis.
- Sobald Sie einen Ausweis haben, können Sie *Einlass* begehren. Das geschieht in manchen großen Bibliotheken durch eine Schleuse, die mit Personal besetzt ist, damit Sie eigene Bücher und Computer anmelden und kein Essen einschmuggeln können. Viele Bibliotheken können Sie allerdings auch ohne Ausweis betreten und sich dort umschauen oder lesen. Nur Bücher ausleihen können Sie dann natürlich nicht.
- In den heiligen Hallen angekommen suchen Sie sich einen *Platz*, falls Sie vorhaben, eine Weile in der Bibliothek zu verbringen. Das kann der Fall sein, wenn Sie dort lernen wollen, aber auch, wenn Sie umfangreichere Recherchen vorhaben. Wenn Sie einen Laptop dabei haben, hilft ein Laptop-Schloss, das meist aus einem Kabel besteht, das an den festen Tischen angebracht wird, und einem Ende, das sich im Laptop verriegeln lässt.
- *Unterhaltungen* sind innerhalb der Bibliotheksräume in aller Regel unerwünscht. Gehen Sie dafür in die Cafeteria oder raus, aber stören Sie die Konzentration der Lesenden und Lernenden nicht. Dass Handys ausgeschaltet sein müssen, versteht sich von selbst, sogar die Vibration eines auf leise gestellten Geräts kann unglaublich nerven.
- Nun geht es an die Bücher: Im *Freihandbestand* steht eine Auswahl davon, die einer bestimmten Sortierweise folgt. Dafür sind die Rückseiten mit Signaturen versehen, die den Standort jedes einzelnen Buchs festlegen. Der *Handapparat* stellt Bücher thematisch zusammen und ist anders als die meisten anderen Bücher im Freihandbestand nicht ausleihbar. Werke, die

zwar in der Bibliothek vorhanden sind, aber im nicht zugänglichen *Magazin* stehen, müssen bestellt und von Mitarbeitern herausgesucht werden.

✔ An den Recherche-PCs vor Ort können Sie im OPAC der Bibliothek ebenso wie von zu Hause aus *recherchieren,* was Sie brauchen können. Dabei stoßen Sie auf die Signatur des Buches, die Ihnen den Standort verrät. Sie können das gewünschte Werk in den Lesesaal oder zur *Ausleihe* nach Hause bestellen, Letzteres ist allerdings nicht mit allen Büchern möglich.

Informationen und Kurse helfen Ihnen auch hier. Wie genau die Systematik der Signaturen, die Katalogrecherche, Ausleihfristen oder Fernleihprozeduren an der Bibliothek Ihres Vertrauens geregelt sind, können Sie nur vor Ort erfahren. Jede Bibliothek bietet Einführungskurse beziehungsweise Bibliotheksführungen an, um sich mit den Gegebenheiten vertraut zu machen.

In viele Bücher können Sie mittlerweile online schon einen ersten Blick werfen. So bietet das Projekt Gutenberg (`www.gutenberg.org`) kostenlose und komplette E-Books an. Auf den Seiten von Google Books (`www.books.google.de`) finden Sie eine Vielzahl von Büchern zumeist auszugsweise gescannt zur Einsicht. Um zu entscheiden, ob Sie ein bestimmtes Buch leihen sollten oder nicht, hilft diese Einsicht auf jeden Fall weiter.

Wissens-Check: Klausuren und Prüfungen

In vielen Studiengängen sind die Lernzyklen recht einfach gestrickt: Während des Semesters gibt es Vorlesungen mit dazu passenden Übungen, danach in der vorlesungsfreien Zeit – fälschlich oft als Semesterferien bezeichnet, aber glauben Sie mir: Sie werden keine Ferien haben – wird abgeprüft, was Sie gelernt haben. Es finden Klausuren statt, die sich entweder auf einzelne Lehrveranstaltungen oder auch auf eine Gruppe von Vorlesungen beziehen. Beispielsweise besteht eine BWL-I-Klausur an der Universität Düsseldorf aus den Fächern Ressourcenökonomie, Finance, Markt und Strategie sowie Planung und Entscheidung. Jedes Fach belegt 2 SWS, hat 30 Präsenz- und 60 Selbststudienstunden, und bei 360 Stunden Workload legen Sie nach zwei Semestern eine komplette Klausur über 12 Credits ab. Das bedeutet viel Stoff und Lernstress.

Es ist sehr wichtig, den *Termin* von Prüfungen zu kennen, also den Tag und die Zeit und den *Ort,* an dem sie stattfinden. Das klingt trivial, ist aber mehr als einmal vorgekommen (und ich gebe zu: auch mir passiert), dass eine Raumänderung unbemerkt bleibt oder der Tag falsch im Gedächtnis haftet (ich hätte schwören können, Donnerstag, nicht Mittwoch). Wer zu spät kommt, den bestraft das Leben nicht selten mit einem Extra-Semester, denn dass Klausuren pro Semester an zwei Terminen stattfinden – zu Beginn und am Ende der vorlesungsfreien Zeit – ist nicht sehr verbreitet.

Den Termin erfahren Sie entweder wenn Sie sich zur Prüfung anmelden oder im Laufe der zugehörigen Veranstaltung. Oft gibt es in der letzten Vorlesung auch noch einmal Hinweise darauf, was drankommen könnte oder zu möglichen Terminverschiebungen, also sollten Sie da unbedingt anwesend sein. Wenn eine *Prüfungsanmeldung* notwendig ist, müssen Sie diese unbedingt fristgerecht einreichen, sonst können Sie die Teilnahme an der Klausur ebenfalls vergessen.

Auf den Internetseiten des Prüfungsamts Ihrer Fakultät finden Sie mit Sicherheit alle Informationen, Formulare und eventuell sogar die Möglichkeit, sich online für die Prüfung anzumelden. Erkundigen Sie sich rechtzeitig nach den Fristen und dem Prozedere, damit Sie nicht unnötig Zeit verlieren.

Mündliche Prüfungen umfassen häufig auch mehr als ein Fach und werden in Einzel- oder Gruppensituationen durchgeführt. Wie bei den Mehr-Fächer-Klausuren sind auch hier lange Vorbereitungs- und Lernphasen angesagt, die gut strukturiert sein müssen, um am Ende zu allem etwas gelesen zu haben.

Anders als theoretisches Wissen, das sich in Klausuren abprüfen lässt, sind praktische Fähigkeiten oft vor den Augen des Prüfers nachzuweisen. Im Medizinstudium müssen Sie am (toten) Körper Muskeln und Nerven benennen können, im Musikstudium nachweisen, dass Sie Ihr Instrument beherrschen und im Designstudium bestimmte Aufgaben kreativ umsetzen können. Darüber, wie Sie Ihren Lernfortschritt zeigen und bewertbar machen sollen, gibt wiederum die Studien- und Prüfungsordnung Aufschluss. Besonderer und umfangreicher Vorbereitung bedürfen auch die physischen Leistungstests etwa in Sportstudiengängen oder im Rahmen eines Studiums bei der Bundeswehr.

Das eigene Wissen (und sich selbst) präsentieren

10

In diesem Kapitel

- Aktiv werden und Präsentationen halten
- Einen Vortrag planen
- Die Möglichkeiten von Präsentationsprogrammen nutzen
- Seminar- und Abschlussarbeiten präsentieren

Je nach Studiengang werden Sie früher oder später damit konfrontiert, dass Sie ein Thema selbst erarbeiten und Ihre Ergebnisse vor der Gruppe oder Prüfern präsentieren sollen. Das ist am Ende bei der Verteidigung Ihrer Bachelor- oder Masterarbeit so (die in Kapitel 16 näher beschrieben wird), aber schon in Seminaren und Übungen, wie sie im letzten Kapitel Thema waren, können Sie erste Erfahrungen mit Präsentationstechnik und Rhetorik sammeln.

Der Schritt vom passiv Wissen aufsaugen hin zum aktiv wiedergeben wird an vielen Hochschulen immer wichtiger. Im Berufsleben werden Sie mit großer Wahrscheinlichkeit vor Kollegen, Kunden oder Vorgesetzten präsentieren müssen und in immer praxisorientierteren Studiengängen verschiebt sich der Schwerpunkt auch zunehmend dorthin. Sie kommen nicht mehr drum herum; Sie werden sich einem Publikum stellen müssen. Damit das gelingt, gebe ich Ihnen ein paar Hinweise mit auf den Weg.

Chancen und Fallstricke beim Präsentieren

Versuchen Sie, sich an den letzten Vortrag zu erinnern, den Sie über sich ergehen lassen mussten. Das kann ein Referat von Mitschülern sein, eine Produktpräsentation von Kollegen oder der Frontalunterricht eines Lehrers. Was ist Ihnen im Gedächtnis geblieben?

Der ein oder andere von Ihnen verzieht vermutlich gerade das Gesicht und gähnt bei der Erinnerung, andere zucken in Fremdscham zusammen und der wahrscheinlich kleinere Teil der Leser lächelt und freut sich, gut unterhalten worden zu sein. Dabei ist das der Schlüssel: Unterhalten Sie Ihr Publikum. Ohne dem Rhetorikteil vorgreifen zu wollen, hier ein paar erste Tipps, worauf Sie achten sollten und was Sie mit einer guten Präsentation erreichen können:

- ✔ Besonders bei Gelegenheiten, bei denen verschiedene Menschen etwas präsentieren, wie in Seminaren, ist es wichtig, dass Sie sich von den anderen abheben. Sie können vermutlich nicht beeinflussen, ob Sie als erster oder 18. dran sind, aber Sie können dafür sorgen, dass es kein 08/15-Vortrag wird, den Sie halten. Nutzen Sie die Chance, nicht als erster zu präsentieren, um sich von den anderen abheben zu können.
- ✔ Wenn Sie Ihre Seminar- oder Bachelorarbeit vorstellen müssen, können Sie mit einer guten Präsentation sogar eine mittelmäßige Arbeit rausreißen. Was sich vielleicht ein bisschen dröge und gleichförmig gelesen hat, kann toll vorgetragen ungleich spannender wirken.
- ✔ Wenn Sie können, lassen Sie Ihren Charme spielen. Im direkten Dialog mit dem Publikum haben Sie die einmalige Chance, mit Ihrer Persönlichkeit zu punkten und eine ganz andere Wirkung zu erzielen als in der Schriftform.

Aber Vorsicht, es kann sein, dass Sie bei all dem Expertenwissen, das Sie sich angeeignet haben, in Rechthaberei verfallen oder aber sich durch Unkenntnis blamieren. Ein Vortrag, der zu lang, zu kurz, zu bunt, zu farblos, eben irgendwas »zu sehr« ist, bleibt nicht in guter Erinnerung. Das ist der sicherste Weg, das Publikum zu verlieren, und wer sich nicht positiv an Sie erinnert, gibt Ihnen auch keine gute Note.

Wie aus einer Arbeit eine Präsentation wird

In mündlichen Prüfungen präsentieren Sie vor allem sich und Ihr Wissen, bei den meisten Präsentationen geht es dagegen darum, den Stoff aus einer Haus- oder Seminararbeit oder Ihre Ergebnisse der Abschlussarbeit vorzustellen. Entsprechend haben Sie schon eine fachliche Grundlage für Ihren Vortrag, aber es stellt sich die Frage, welche Inhalte denn nun auch in die Show gehören – und welche nicht.

Den Präsentationsrahmen klären

Bevor Sie sich nun dranmachen und mühevoll eine Auswahl treffen, müssen Sie sich über die Rahmenbedingungen informieren. Ein zehnminütiger Vortrag mit anschließender Diskussion wird anders gestaltet als eine halbstündige Präsentation.

Klären Sie also vorab Folgendes:

- ✔ Den *Zeitplan*: Wie lang soll die Präsentation sein, ist eine Diskussion vorgesehen, welcher Teil soll welchen zeitlichen Rahmen füllen?
- ✔ Die *inhaltlichen* Anforderungen: Soll Bezug zum Seminar- oder Hausarbeitsthema genommen werden, sollen Theorien dargestellt werden oder nur Ergebnisse präsentiert?
- ✔ Die *räumlichen* und *technischen* Anforderungen: Können Sie Ihren eigenen Laptop anschließen, gibt es überhaupt einen Beamer oder brauchen Sie Folien für den Overheadprojektor, lässt sich der Raum wenigstens teilweise verdunkeln und wie groß wird das Publikum sein?

Erst wenn Ihnen klar ist, dass Sie etwa in zehn Minuten vor fünf Reihen Zuschauern die Ergebnisse Ihrer Arbeit über Overheadprojektor zeigen sollen, können Sie sich darauf einstellen und entsprechend vorbereiten.

Aus Inhalten eine Folienstruktur generieren

Der Präsentationsaufbau kann unterschiedlichen Mustern folgen. Das einfachste ist, der Gliederung der Arbeit zu folgen und in der Trichterstruktur erst das Vorhaben (weit), dann die Theorie (enger) und dann die Ergebnisse (konkret) zu erläutern.

Aber auch eine pyramidale Struktur ist möglich, bei der die Kernaussage an den Anfang gestellt und anschließend mit Argumenten untermauert wird. Der Vorteil der Pyramide ist, dass besonders komplexe Ergebnisse einfacher nachvollziehbar sind, wenn bereits am Anfang klar ist, worauf Ihr Vortrag hinauslaufen soll, und der Spannungsbogen nur aufrechterhalten bleiben muss. Im Trichter wird die Storyline nach und nach aufgebaut, was schwerer zu verfolgen ist, und dabei können Sie die Zuhörer verlieren, die einen Moment nicht aufpassen. In beiden Fällen ist es wichtiger, eine klare Argumentationslinie zu verfolgen, als alle möglichen Details und Sonderfälle aufzulisten.

Falls eine Anschlussdiskussion vorgesehen ist, können und sollten Sie auch kontroverse Thesen präsentieren, auf deren Basis eine Diskussion im Anschluss in Gang kommt. Seien Sie ruhig ein wenig provokant, Hauptsache, man hört Ihnen zu und Sie werden nicht geschmacklos.

Um die Präsentation zu unterteilen, sollten Sie nicht einfach die Überschriften Ihrer Gliederung in Folientitel verwandeln, denn das führt unweigerlich dazu, dass Ihr Vortrag theoretisch und sperrig daherkommt. Wissenschaftliche Formulierungen sind super auf dem Papier, aber oft in der Kommunikation einschläfernd. Bestimmte Teile einer Präsentation sollten Sie auf jeden Fall einbauen:

- ✔ Die *Titelfolie* stellt das Thema und Sie vor. Diese Folie liegt auf, während die Zuhörer zur Ruhe kommen und Sie Ihren Vortrag beginnen. Damit stellen Sie sich vor und nehmen den Kontakt zum Publikum auf.
- ✔ Eine *Übersicht* über den Aufbau der Präsentation zeigt den Zuhörern, was sie erwartet. Welche Struktur Sie auch immer wählen, sie sollte sich auf einer Folie darstellen lassen und Ihr Publikum für Ihr Thema interessieren, statt ihm Angst vor vielen, miteinander unverbundenen Vortragspunkten zu machen.
- ✔ Der eigentliche *Inhalt* der Präsentation sollte sachlich und in Form von Stichworten darstellen, was das Publikum an Informationen braucht. Ihr Text während des Vortrags übersteigt die Infos, die auf die zugehörigen Folien passen, bei Weitem, aber wer kurz eingenickt ist, sollte sich mit einem Blick an die Wand orientieren können.
- ✔ Wenn Sie Ihre Eigenleistungen präsentieren, liegt der Schwerpunkt auf der Durchführung und besonders den Ergebnissen Ihrer *Untersuchung*. Unabhängig davon, ob Sie eine Befragung oder eine Literaturanalyse oder ein Experiment durchgeführt haben, dies ist der spannende Teil, mit dem Sie das Publikum begeistern und beeindrucken können. Stellen Sie dar, mit welchen Methoden Sie zu welchen Ergebnissen gekommen sind und was Sie daraus schließen.
- ✔ Am *Schluss* bedanken Sie sich und eröffnen gegebenenfalls die Diskussion. Dazu liegt eine Endfolie auf, auf der etwas wie »Herzlichen Dank für Ihre Aufmerksamkeit« steht.

Je nachdem, für welche Struktur Sie sich entscheiden, werden die Teile des Spannungsbogens unterschiedlich geordnet, aber vergewissern Sie sich, dass zwischen den Folien und den Unterpunkten keine inhaltlichen Brüche oder Übergänge liegen, die Sie lange erklären müssen, ohne dass sich der Blick der Zuhörer irgendwo festhaken kann. Wenn Ihr Publikum Ihnen ohne passende Stichworte in der Präsentation lange zuhören soll, verlieren Sie sie leicht.

Mehr als ein bis zwei Folien pro Minute Vortrag sollten Sie nicht produzieren. Wer ständig nur damit beschäftigt ist, weiter zu klicken (Sie) bzw. eine neue Folie aufzunehmen (das Publikum), kann sich unmöglich auf die Inhalte konzentrieren.

Mit Technik und Präsentationsprogrammen umgehen

Die meisten Präsentationen passieren inzwischen vom Laptop aus über einen Beamer, so dass Sie Ihren Vortrag am eigenen Rechner planen, üben und später auch halten können. Wenn es ein fremdes Gerät ist oder Sie Ihre Präsentation am Flipchart oder mit OH-Projektor durchführen sollen, dann machen Sie sich mit der Technik vor Ort rechtzeitig vertraut. Nichts ist langweiliger, als dem Vortragenden minutenlang dabei zuzusehen, wie er sich einrichtet, dabei den Desktop von der Wand ablesen zu können oder – schlimmer noch – Ihre Notizen oder Ihr Hinterteil zu sehen.

Ein Layout einrichten

Bei der grafischen Gestaltung der Präsentationsfolien sollten Sie daran denken, dass eine Fußzeile mit Foliennummer, eine Kopfzeile mit Verortung der jeweiligen Folie innerhalb der Gliederung und ein einheitliches Layout dabei helfen, dem Zuschauer ein homogenes Bild zu vermitteln.

Damit das schöne Bild auch lesbar wird, sollten Sie auf die Schriftgröße achten. Die Lesbarkeit hängt davon ab, wie groß auf eine Wand projiziert wird und wie weit Ihre Zuhörer wegsitzen. Gehen Sie davon aus, dass in einem üblichen Seminarraum mit mehreren Tisch- oder Sitzreihen alles unterhalb von 20 Punkt eine Zumutung bedeutet. Auch wenn Sie eine Schriftfarbe wählen, die sich nicht gut vom Hintergrund abhebt, oder eine Schriftart, die beispielsweise wegen der Serifen (die kleinen Strichlein am Buchstabenende, beispielsweise in Times New Roman) schlecht lesbar ist, belasten Sie Ihre Zuschauer unnötig.

Programme wie *PowerPoint* oder *OOo Impress* bieten die Möglichkeit, sich einen Folien-Master anzulegen. Unter »Ansicht« – »Folienmaster« können Sie sich einrichten,

- ✔ welche Kopf- oder Fußzeile auf allen Folien angezeigt werden soll,
- ✔ wie Folien aufgeteilt sind und welche Begrenzungen die Textfelder haben,
- ✔ welche Schriftarten und –grade verwendet werden,
- ✔ wie die einzelnen Ebenen dargestellt werden (mit Bulletpoints, Pfeilen, Strichen oder kleinen Kühen, wenn Sie sie selbst als Bild importieren).

Unter »Entwurf« – »Designs« können Sie ein von Microsoft vorgegebenes Layout auswählen, das sich hinsichtlich der Farben oder Schriften über den Folien-Master leicht anpassen lässt. Auch für Handzettel und Notizseiten gibt es die Möglichkeit, das Layout in der jeweiligen Master-Ansicht zu verändern.

Die Freuden der Special Effects

Präsentationsprogramme bieten außerdem umfangreiche Möglichkeiten der Effekthascherei. Wenn aber alles leuchtet und blinkt, alle verfügbaren Farben und Größen bemüht werden und aus allen Richtungen in verschiedenen Geschwindigkeiten Text und Bilder in der Präsentation erscheinen, erreichen Sie eher, dass das Publikum überfordert abschaltet, als dass es besser zuhört.

Sie müssen Effekte nicht nur deshalb nutzen, weil es sie gibt. Denken Sie sich Ihre Präsentation lieber als Erzählung und ergänzen Sie dabei behutsam, um die Möglichkeiten der modernen Technik zum Unterstreichen zu nutzen, nicht zum Überlagern.

Grundsätzlich gibt es drei Möglichkeiten, Inhalte einprägsamer zu visualisieren:

1. Mit *Grafiken, Bildern und Filmen* können Sie optische Gegensätze zum Text schaffen und Sachverhalte plastischer darstellen als mit Stichworten allein. Dabei sollten Sie einer Folie mit Grafikelementen Zeit geben, um vom Zuschauer betrachtet zu werden. Wenn sie zu komplex ist, können Sie sie nach und nach einblenden, um immer nur das zu ergänzen, was gerade Thema ist. Auch Filme lassen sich an bestimmten Stellen unterbrechen, so dass sie nur weiterlaufen, wenn Sie mit Ihrem Text auch an der richtigen Stelle sind.

2. *Töne und Audiodateien* (Original Interviewzeilen, Lieder und so weiter) können humorvoll oder auch prägnant Ihre Präsentation unterstützen. Aber setzen Sie sie nur ein, wenn nicht die Gefahr besteht, dass Sie die Nerven Ihres Publikums unnötig strapazieren. Während der Audioeinlage halten Sie den Mund, denn Sie wollen nicht dazu in Konkurrenz um die Aufmerksamkeit treten.

3. *Animationen* wie das Einblenden von zunächst versteckten Text- oder Grafikelementen oder das kurzfristige Vergrößern vorhandener Stichworte, um auf sie aufmerksam zu machen, sind unglaublich tolle Instrumente, um den Vortrag zu unterstützen. Aber sie sind auch ein gutes Mittel, um Ihrem Publikum den letzten Nerv zu rauben. Gehen Sie sparsam mit den Möglichkeiten um und nutzen Sie sie nur, wenn es auch sinnvoll ist. Es muss nicht jede Zeile auf jeder Folie einfliegen, es muss nicht jedes Wort einer Grafik nach einem anderen erscheinen.

Verwenden Sie keinen Stilmix. Bilder und Animationen dienen dazu, die Aufmerksamkeit zu erhalten und zu steigern. Wenn Sie von einer Folie zur nächsten übergehen, dann kann sich die neue auch langsam oder in bestimmter Form aufbauen. Aber nicht auf jeder Folie sollte ein anderer »Eyecatcher« zu finden sein.

Zusätze wie Notizen und Handouts

Abgesehen davon, dass Sie einen *USB-Stick* mit Ihrer Präsentation oder Ihren eigenen Laptop zum Vortrag mitbringen sollten, sind zwei weitere Unterstützungsmedien sinnvoll und bereits in den Programmen integriert.

✔ *Notizseiten* können Sie bei einem Blackout retten, wenn Sie gar nicht mehr wissen, was Sie zu den Stichpunkten auf den Folien erzählen wollten. Sie brauchen sie nur im Notfall oder wenn Sie sich kurz vergewissern wollen, ob Sie auch alles Wichtige besprochen haben. Um sich schnell orientieren zu können, sollten die Notizen mit den Präsentationsfolien übereinstimmen. Gängige Programme bieten die Möglichkeit, unter den Folien etwas zu notieren und sich im Druckmodus »Notizseite« die Folie samt Anmerkungen auszudrucken. Sicherheitshalber sollten Sie diese Ausdrucke nummerieren, denn falls der Stapel doch mal runterfällt, haben Sie schneller wieder den Überblick.

  Schreiben Sie keine vollständigen Sätze auf, sonst dauert es zu lang, die richtige Stelle zu finden. Außerdem drucken Sie besser nicht doppelseitig, denn durch das Blättern entsteht Unruhe. Gut geeignet sind auch Notizen auf Karten, die leichter handhabbar als DIN-A4-Blätter sind.

✔ Oft ist es empfehlenswert, vor der Präsentation ein *Handout* auszuteilen und dazu etwas zu sagen (was nicht kommentiert wird, legen viele beiseite und es landet ungesehen im Papierkorb). Idealerweise gibt es die Präsentationsstruktur wieder und hilft den Zuhörern den Vortrag zu verfolgen und gegebenenfalls in der Präsentation »zurückzublättern«. Auch Raum für eigene Anmerkungen darf freigelassen werden, so dass Gedanken zur späteren Diskussion notiert werden können.

  Als Zusammenfassung kann ein Handout, das sehr detailliert ist oder eine andere Struktur als die Präsentation hat, auch nach der Präsentation verteilt werden, damit Ihr Publikum nicht mit Lesen beschäftigt ist, sondern Ihnen zuhört.

✔ Ein *Skript* mit vollständigen Formulierungen kann Ihnen dabei helfen, zeitlich und in der Länge passende Sätze zu formulieren und zu lernen. Nicht allen ist es gegeben, frei sprechen zu können und sich aus dem Stehgreif gute Sprachbilder einfallen zu lassen. Nur lernen Sie bitte nicht die komplette Präsentation auswendig, denn sonst ist die Gefahr groß, dass Sie sie in der Aufregung monoton und viel zu schnell herunterleiern.

Die Präsentation halten

Alles im Kasten? Gut. Aber noch hat niemand den Vortrag zu sehen oder zu hören bekommen. Den meisten Studierenden verschafft es kein gutes Gefühl, vor den Kommilitonen stehen zu müssen und frei zu reden. Die wenigsten genießen gar den Moment im Rampenlicht. Wie Sie ihn trotzdem bewältigen, hängt davon ab, wie Sie Ihre Sprache anwenden und ob Sie so viel geübt haben, dass Ihnen kein Blackout passieren kann.

Ein paar Worte zur Rhetorik

Eine Grundregel bei Reden, Vorträgen und Präsentationen ist, dass völlig nebensächlich ist, was Sie sagen, solange Sie niemanden damit fesseln, wie Sie es sagen. Erst wenn Sie die volle Aufmerksamkeit Ihrer Zuhörer haben, bekommen Sie die Chance, Inhalte zu vermitteln. Dazu ist es sinnvoll, sich einmal kurz in die Opfer Ihrer Redekunst hineinzuversetzen: Im Gegensatz zu einem Leser können die keine Pause machen, wenn sie müde oder durstig oder gelangweilt sind. Und Publikum, das Sie verlieren, bekommen Sie so leicht nicht wieder. Publikum, das sich langweilt, stört Sie zudem. Menschen tuscheln, räuspern sich, gähnen oder klopfen mit ihren Fingern auf den Tisch und bringen Sie damit aus dem Konzept – keine schöne Situation!

Damit Sie während Ihrer Präsentation einen souveränen Eindruck machen und das Publikum fesseln, gibt es einige Tricks. Mehr davon können Sie übrigens auch im Pocketbuch »Rhetorik für Dummies« nachlesen.

- ✔ Benutzen Sie eine lebendige Sprache, nicht die Sprache Ihrer Haus- oder Abschlussarbeit. Im Gegensatz zur Schriftsprache darf gesprochene Sprache knackig kurz sein und kann auf Nebensätze meist verzichten.

  Lesen Sie probeweise einen Abschnitt aus Ihrer Arbeit laut vor, nehmen Sie ihn auf und überlegen Sie sich beim Zuhören, an welcher Stelle Sie eingeschlafen wären, wenn Sie nicht selbst geredet hätten. Die Angst davor, inkompetent zu wirken, nur weil Sie verständlich und nachvollziehbar reden, ist unbegründet.

- ✔ Vermeiden Sie möglichst Fremdwörter und erklären Sie Fachtermini sofort, damit niemand sein Smartphone zücken muss, um Ihnen zu folgen.

- ✔ Formulieren Sie positive Aussagen und vermeiden Sie Verneinungen. Hätte ich hier geschrieben: Verwenden Sie keine negativen Formulierungen, wäre es genau das gewesen, wovon ich Ihnen abrate. Der Grund ist einfach: Menschen brauchen länger, eine negative Aussage zu verstehen als eine positive.

- ✔ Sprechen Sie in ganzen Sätzen, eher langsam (das kommt Ihnen meist schneller vor als den Zuhörern) und laut genug, dass es überall im Raum zu verstehen ist. Achten Sie darauf, die Sätze ordentlich zu Ende zu sprechen und keine Wort- und Satzenden zu verschlucken. Wenn Sie unsicher sind, sprechen Sie mit einem Bekannten ab, dass er sich hinten im Raum platziert und Zeichen gibt, sobald Sie zu leise werden.
- ✔ Lassen Sie umfangreiche Anekdoten, Klischees oder Witze stecken. Kein Aber, lassen Sie es einfach. Die Gefahr, sich damit zu blamieren, ist viel größer als die Chance, dass Sie der neue Hape Kerkeling sind. Bei einer Rede kann das gut ankommen, bei einem Vortrag auch, aber nicht, wenn Sie benotet werden.
- ✔ Versuchen Sie die Grundeinstellung zum Vortrag zu entwickeln, dass Sie den Zuhörern helfen, ihr Wissen zu einem Inhalt zu erweitern. Das wirkt viel positiver, als wenn Sie ängstlich wie ein Kaninchen vor der Schlange vor Ihrem Publikum stehen.
- ✔ Behalten Sie den Ball in der Hand und arbeiten Sie mit den Zuhörern. Wenn Sie merken, dass die abschweifen, müssen Sie sie durch eine kurze Zusammenfassung oder Nachfragen zurückholen: »Sind Sie noch bei mir?« oder »War dieser Punkt für Sie nachvollziehbar?« Nicht so empfehlenswert ist ein – am besten noch leicht beleidigtes – »Ich mach auch nicht mehr lang ...«
- ✔ Arbeiten Sie mit einfachen, gern auch durchlaufenden Beispielen, die Sie sich vorher überlegen und auf den Notizseiten vermerken. Bei den Beispielen und auch sonst sollten Sie auf Empfängerorientierung achten: Passen Sie Ihren Vortrag an das Vorwissen Ihrer Zuhörer an und rechnen Sie im Zweifel damit, dass die anderen Studenten die Basistexte nicht gründlich gelesen haben.

Üben, üben, üben

Nachdem Sie Ihre Inhalte, Grafikelemente und Animationen in der Präsentation untergebracht und sich eine Struktur und einen Spannungsbogen überlegt haben, sollten Sie zur Übung die Präsentation mehrfach halten. Das bringt allerdings nichts, wenn Sie am Bildschirm vor sich hinnuscheln, sondern üben Sie besser im Stehen, am besten vor Publikum, sonst vor einem Spiegel. Achten Sie dabei auf Pausen und Leerzeiten, die beim Wechsel auf eine Grafik oder als Folge auf eine (wenn auch rhetorische) Frage eintreten.

Ihre rhetorischen Fähigkeiten können Sie durch Audioaufnahmen entweder mit einem Diktiergerät oder einfach mit Headset und Computer oder Sprachaufnahme am Handy überprüfen. Viele Vorträge wirken langweilig, weil sie zu leise oder wenig artikuliert gehalten werden.

Lassen Sie sich von Ihren Test-Zuhörern eine Rückmeldung über die Verständlichkeit der Sprache und der Inhalte geben. Meist sind diese sogar noch kritischer als das spätere Publikum – das ist oft schon Kummer gewohnt.

Durch den vorgegebenen Zeitrahmen ist es sinnvoll, auch mit einem Blick auf die Uhr zu proben. Sollten Sie Timing-Probleme haben, kann ein großer Wecker hilfreich sein. Viele Programme haben auch extra Zeitfunktionen, die Ihnen jeweils das Limit pro Seite oder bis zum Schluss angeben. Wenn Sie Gefahr laufen, nicht rechtzeitig fertig zu werden, gibt es nur einen Weg: Kürzen Sie spontan.

Der Tag X

Und dann ist er da, der Tag, an dem Sie sich und Ihren Vortrag präsentieren müssen. Sie kennen bestimmt den Tipp gegen die Angst, sich Ihre Zuhörer in Unterwäsche oder als Kohlköpfe vorzustellen. Lassen Sie das. Sehen Sie erwachsene Menschen vor sich, die Ihnen wohlgesonnen sind und an Ihrem Wissen teilhaben wollen. Keine Schäfchen, keine Feinde – keine Unterwäsche.

Dennoch müssen Sie »die da« noch etwas genauer zu fassen kriegen. Um ein Publikum einschätzen zu können, sollten Sie sich klarmachen, *wer* da im Einzelnen vor Ihnen sitzt.

- ✔ Sind es Kommilitonen, interessierte Laien oder Fachleute?
- ✔ Haben Ihre Zuhörer, der Professor und eventuelle Beisitzer den gleichen Wissensstand?
- ✔ Was können Sie voraussetzen, was muss erläutert werden?

Hier läuft der schmale Grat zwischen Unter- und Überforderung der Zuhörer, beide Fälle sind kontraproduktiv.

Auch mit Ihrem Äußeren sollten Sie das Publikum nicht zu sehr vom Vortrag ablenken.

Wählen Sie für diesen Tag eine zu Ihnen und zur Situation passende Garderobe, in der Sie sich wohlfühlen. Die ganze Zeit darüber nachzudenken, ob das tiefe Dekolleté da bleibt, wo es hingehört, der hochgekrempelte Ärmel rutscht oder wie die doch etwas enge Hose wohl von der Seite aussieht, raubt Ihnen garantiert die Konzentration, während alle Blicke auf Sie gerichtet sind.

Am Anfang Ihres Vortrags, wenn Sie sich und das Thema vorgestellt haben, können Sie auch etwas dazu sagen, ob Sie sich Zwischenfragen wünschen oder das Publikum darum bitten, sich Unklarheiten zu notieren, so dass sie am Anfang der anschließenden Diskussion geklärt werden können – sofern es eine gibt.

Und hier noch ein paar Tipps, wie Sie besser ankommen können.

- ✔ Ihre Körpersprache verrät viel über Sie. Stehen Sie gerade und verstecken Sie sich nicht hinter einem Tisch. Auch wenn Sie sich setzen wollen oder müssen, behalten Sie Körperspannung. Sehen Sie das Publikum an und lesen Sie möglichst wenig ab. Sie schaffen Offenheit, indem Sie weder mit verschränkten Armen noch übergeschlagenen Beinen vortragen.
- ✔ Behalten Sie Ihre Zuhörer im Blick, auch die am Rand. Wenn Sie unsicher sind, können Sie sich freundlich und interessiert wirkende Personen ausgucken und sich bei Bedarf später aufmunternde Blicke abholen.
- ✔ Bleiben Sie entspannt, auch wenn es am Anfang holprig ist – Sie selbst empfinden Ihre Anspannung meist viel stärker, als es die Zuhörer tun. Wenn Sie mal den Faden verlieren oder sich versprechen, sollten Sie sich kurz sammeln und dann in Ruhe weitermachen. Sparen Sie sich ellenlange Entschuldigungen, falls Sie sich mal verhaspeln, die Zuhörer interessieren sich für die Inhalte und nicht für Ihre Versprecher.

Wenn dann doch mal ein Blackout kommt, ist das auch nicht schlimm. Überlegen Sie sich vorher etwa drei Stellen, an denen Sie gut wieder einsteigen können, und trainieren Sie, diese im Schlaf zu finden. Wenn Ihnen einfach nicht mehr einfällt, was Sie sagen wollten, gehen Sie souverän zum nächsten Punkt über – so als ob der Sprung gewollt war.

Um Blackouts zu vermeiden, achten Sie noch mehr auf Kürze und Strukturierung der Präsentation und auf Folien, die Ihnen helfen, den roten Faden beizubehalten. Und üben Sie die Präsentation lieber ein Mal zu viel als zu wenig!

Am Ende noch ...

Wenn Sie fertig sind, wird Erleichterung einkehren. Allerdings ist nach dem Vortrag vor der Diskussion, die Sie am besten mit etwas Freundlichem wie »Ich freue mich auf Ihre Fragen!« einleiten.

- ✔ Klären Sie dabei erst die Verständnisfragen, dann die Diskussionsfragen.
- ✔ Signalisieren Sie Offenheit und Interesse an einer Diskussion der Präsentationsinhalte: Es geht oft weniger darum, die Fakten und Inhalte zu verteidigen (die sollten ohnehin korrekt sein), als vielmehr darum, den Horizont zum Thema zu erweitern.
- ✔ Sie können sich auch schon vorher überlegen, welche eventuell kritischen Rückfragen kommen könnten und was darauf zu antworten wäre. Nehmen Sie die Fragen interessiert auf und entwickeln Sie sie weiter. Ein Integrieren kommt immer besser an als eine Verteidigungshaltung.
- ✔ Bereiten Sie sich mit eigenen Diskussionsfragen auf den Fall vor, dass nichts von anderen Studenten kommt. Damit behalten Sie auch selbst die Zügel in der Hand, anstatt sich zu vielen kritischen Fragen des Dozenten auszuliefern.

Nach dem Abschluss Ihres Vortrags, beispielsweise in der folgenden Pause, können Sie den Dozenten und befreundete Kommilitonen um Feedback bitten. Nehmen Sie solche Rückmeldungen als hilfreiche Information, was Sie das nächste Mal noch besser machen können. Darüber hinaus sollten Sie sich selbst bewerten: Hat mein Zeitplan gestimmt, sind die Inhalte rübergekommen, was hat gut geklappt, was hat Schwierigkeiten gemacht? Lernen Sie sich selbst kennen und wenden Sie das Gelernte für die nächste Präsentation an.

Falls Sie die Hausarbeit über das Referatsthema erst im Anschluss an den Vortrag schreiben, halten Sie das Feedback und die Gedanken fest, die Sie für die Verschriftlichung verwenden möchten, und schreiben Sie die Arbeit zeitnah – Sie vergessen schneller als Sie meinen, und Sie sparen so jede Menge Zeit.

Wie's läuft, wenn's läuft – und auch wenn nicht

11

In diesem Kapitel

- Die eigene Zeit gut einteilen
- Den passenden Plan zum Lernpensum erstellen
- Helfer und Hilfsmittel zum Zeit-Zähmen kennenlernen
- Blockaden und Zweifel überwinden
- Hilfe in der Not und die richtigen Ansprechpartner finden

Im Studium wie im Leben geht es darum, die vorhandene Zeit effektiv zu nutzen. Das bedeutet nicht gleich, dass Sie sich in eine Maschine verwandeln sollen, die an einer Zeitschaltuhr hängt, aber einige Routinen und automatisierte Abläufe erleichtern den Alltag im manchmal extrem wenig von außen bestimmten Dasein erheblich.

Auch Krisen können und dürfen dabei vorkommen. Sie werden auf der Welt keinen Menschen finden, der nicht schon gezweifelt und gehadert hat, mit sich, dem Schicksal, dem Professor oder der Studienwahl. Das kann passieren, und wenn es Ihnen passiert, ist es gut zu wissen, wie Sie damit umgehen können, welche Fragen Sie sich stellen sollten und wer Ihnen möglicherweise zur Seite stehen kann. All das möchte ich Ihnen in diesem Kapitel vermitteln.

Selbstorganisation ist Trumpf

Schon in den vorangegangenen Kapiteln haben Sie festgestellt, dass Ihr Studentenleben nicht nur aus verwirrten, weißhaarigen Professoren besteht, die Ihnen in Vorlesungen bestimmte Inhalte aufbereiten, sondern dass Sie einen erheblichen Teil Ihrer »Arbeitszeit« im stillen Kämmerlein, der Lerngruppe, der Bibliothek oder dem virtuellen Lehrraum verbringen werden. Der gemeine Student tendiert dazu, plötzlichen Anfällen von Aufschieberitis (auch Prokrastination genannt – klingt besser, meint aber dasselbe) zu erliegen. Dann schiebt er eine Bugwelle von unerledigten Aufgaben vor sich her, und je mehr es werden, desto aussichtsloser wird es, sie je zu bewältigen – also besser gleich gar nichts tun.

Oder putzen. Oder fernsehen. Immerhin neigt – Studien zufolge – die Hälfte aller Studenten dazu, Dinge lieber morgen als heute anzugehen und ein Fünftel sagt von sich selbst, das nahezu immer so zu handhaben.

Im März 2012 fand zum zweiten Mal die bundesweite *Lange Nacht der aufgeschobenen Hausarbeiten* statt. In 13 Schreibzentren wurde Beratung, Raum und Motivation angeboten, um die leidigen aufgeschobenen Arbeiten endlich anzugehen. Anfangs war nur die Frankfurter Uni Viadrina 2010 dabei, doch mit immerhin sechs beteiligten Schreibzentren im Jahr 2011 ist das nun ein deutlicher Zuwachs, der auf eine Wiederholung in 2013 deutet. Mehr Infos und die Beteiligten können Sie unter `http://schreibnacht.wordpress.com` nachlesen.

Die Aufschieberitis wird Sie allerdings einiges kosten; im besten Fall kriegen Sie Ihr Pensum noch irgendwie auf die Reihe, schaffen es, den Vortrag vorzubereiten oder die Klausur zu bestehen, sind eben noch rechtzeitig mit dem Modell fertig oder meistern die Programmierung auf den letzten Drücker. Dann ist das Ergebnis aber ziemlich sicher nicht so gut – auch in der Bewertung –, wie es sein könnte. Im schlimmeren Fall sind Sie zu spät und fallen durch, im allerschlimmsten Fall durch Ihre Abschlussprüfung und als Super-GAU zum wiederholten Mal. Dann war alles umsonst.

Lassen Sie es gar nicht erst so weit kommen. Ich nehme an, dass Sie dieses »... für Dummies«-Buch vor oder zu Beginn Ihres Studiums lesen. Nutzen Sie den Wissensvorsprung, den Sie damit haben, und schaffen Sie sich von Anfang an strukturierte Lernabläufe. Konkret bedeutet das, dass Sie sich mit Zeit- und Projektmanagement auseinandersetzen sollten.

Zeitmanagement schließt die Fähigkeit mit ein, nicht nur Pläne zu erstellen (die möglichst machbar sind), sondern diese auch einzuhalten. Das Projektmanagement versorgt Sie mit Wissen darüber, wie Sie bestimmte Aufgaben wie Hausarbeiten, Vorträge oder die Abschlussarbeit angehen können. Doch zunächst zum Grundsätzlichen rund ums Zeitmanagement.

Zeitmanagement: Wann ist wofür die rechte Zeit?

Der Begriff Zeitmanagement hat auf den ersten Blick für Sie vielleicht etwas Abschreckendes; das klingt nach Stress, nach Plänen und wenig Freiraum. Dabei ist genau das Gegenteil der Fall! Wenn Sie lernen, gut mit Ihrer Zeit zu haushalten, dann werden Sie feststellen, dass Sie sich viel mehr Freiräume schaffen können und häufiger guten Gewissens einfach auch mal nichts tun dürfen, weil die Aufgaben erledigt sind.

Der »Zustand Student« bringt es oft und schnell mit sich, dass Sie mit allem in Verzug geraten, was eben noch das normale Leben war. Plötzlich haben Sie keine sauberen Socken mehr, vergessen einzukaufen, die Hausarbeit ist aber trotzdem noch nicht fertig und Sie leiden ohnehin unter chronischem Schlafmangel. Dafür kennen Sie möglicherweise alle Probleme der Hauptfiguren der Soaps und Telenovelas im Fernsehen. Wenn es schon so weit ist, raffen Sie sich auf und lesen Sie zumindest dieses Kapitel. Wenn nicht, lesen Sie es, damit es nicht so weit kommt.

Warum mit der Zeit haushalten?

Im Grunde habe ich das eben schon beantwortet: um ein stressfreieres und entspannteres Leben zu haben. Aber es gibt noch mehr Aspekte, wie Ihnen ein gutes Zeitmanagement den Alltag verschönern kann.

- ✔ Wenn alles seine Zeit hat, dann können Sie nichts Wichtiges mehr vergessen. Es ist wirklich ärgerlich, wenn Sie aus Schusseligkeit Termine versäumen, Fristen nicht einhalten oder am Ende noch Geld zahlen müssen, weil Sie vergessen haben ein Buch in der Bibliothek zurückzugeben oder einen Physiotherapietermin verpeilt haben.
- ✔ Wenn nichts mehr in Ihrem Hinterkopf herumgeistert, weil es seinen Platz in einem Kalender oder auf einer Liste gefunden hat, dann können Sie ruhiger schlafen und sind ausgeruhter, um all die Aufgaben zu bewältigen, vor denen Sie im Studentenalltag stehen.
- ✔ Wenn Sie regelmäßig dazu kommen, Sport zu treiben, Schach zu spielen oder was auch immer Ihre vernachlässigten Hobbys sind, sind Sie ausgeglichener und können zu den Zeiten am Tag, die dem Lernen oder der Arbeit gehören, effektiver und produktiver sein.
- ✔ Wenn Sie sich an die richtigen und zu Ihnen passenden Kommunikations- und Organisationsmittel gewöhnen, gehen viele Dinge, die Sie sonst tage- oder wochenlang vor sich hergeschoben haben, bis es schließlich zu spät war (Geburtstagsgrüße, Papiere sortieren, Karteikarten schreiben), schneller und sind kein Hemmschuh mehr.
- ✔ Wenn Sie lernen, Prioritäten zu setzen, dann wissen Sie immer, welche Aufgabe als Nächstes dran ist, und Sie verschwenden keine Zeit mehr auf der Suche nach der nächsten Beschäftigung.

- Wenn Sie Ihre Zeit im Blick haben, wird Ihnen auffallen, dass die Belastung gar nicht so groß ist, wie Sie denken. Eine Studie der Uni Hamburg hat ergeben, dass Studenten, die fünf Monate lang ihre Tage protokolliert hatten, statt der zuvor geschätzten 36 Stunden wöchentlicher Arbeitsbelastung tatsächlich nur 23 auf dem Zettel hatten. Unter Druck und mit vielen Ablenkungen ist die gefühlte Arbeitszeit deutlich länger als die wahre.

Das alles ist das Ziel: Lernen Sie, dass Aufgaben und deren Erledigung planbar und machbar sind – und nicht ein notwendiges Übel, das das Unterbewusstsein beschäftigen und Sie um Ihre Freizeit bringen muss.

Die richtigen Voraussetzungen

»Na klar«, werden Sie gerade gedacht haben, »wenn ich gut planen könnte, müsste ich dieses Kapitel ja nicht lesen. Als ob das so einfach wäre«. Es *ist* einfach, wenn Sie wissen, an welchem Ende des Zeitknäuls Sie ziehen müssen. Dabei ist nicht nur das Verständnis von Zeit wichtig (siehe grauer Kasten »Zeit – Eine Frage der Wahrnehmung«), sondern auch, dass Sie wissen, wo Sie stehen, was Sie derzeit den ganzen Tag so treiben und was Sie eigentlich zu tun hätten.

Der perfekte Arbeitsplatz

Ein Grundsymptom der Aufschieberitis ist, immer erst noch etwas anderes zu tun zu haben. Erst noch rasch die Wäsche in die Maschine, eben noch die Oma anrufen, dann den Schreibtisch aufräumen, die Bleistifte spitzen (am besten alle, wer weiß, wann man die 127 anderen noch brauchen kann), den Füller reinigen, Rechnungen bezahlen, online bei Ikea nach einem neuen Bücherregal schauen, ... Sie ahnen, worauf ich hinaus will: So wird das nichts.

Was Sie brauchen, ist ein Arbeitsplatz, an den Sie sich setzen und dann sofort losarbeiten können, ohne dass Oma, Bleistifte oder Ikea Ihnen dazwischenfunken können. Das hat zum Teil mit Ordnung zu tun, zum Teil aber auch mit der richtigen Einstellung. Kaum ein Student kommt heute ohne Computer mit Internetzugang am Arbeitsplatz aus, aber ob der dann zum Lernen und Nachschlagen oder daddeln und shoppen genutzt wird, ist eine Frage der (igitt) Disziplin, mit der Sie Ihre Pläne einhalten. Denken Sie linear: »Erst die Arbeit, dann das Vergnügen!« *und* zyklisch: »Jeden Tag nach drei Stunden effektivem Statistiklernen gönne ich mir eine halbe Stunde Pinguin-Weitschlagen« (wer es nicht kennt, suche im Internet nach Yeti Games – aber nicht jetzt gleich, sondern frühestens, wenn dieses Kapitel gelesen ist!).

Zeit – Eine Frage der Wahrnehmung

Zeit ist ein von Menschen erfundenes Konzept, um Ereignisse einzuordnen. Sie dient dem sozialen Miteinander (Zeit füreinander haben oder finden) und immer mehr auch den individuellen Bedürfnissen (Zeit für sich haben). Doch nicht immer sprechen die Menschen von derselben Sache, wenn sie über Zeit reden.

Die erste wichtige Unterscheidung hinsichtlich des Verständnisses von Zeit ist die *lineare* versus die *zyklische* Vorstellung von Ereignissen. Zyklisch ist, was immer wieder kommt: Jahreszeiten, Sonnenaufgänge, der Abwasch, die Übung am Donnerstagmorgen um 8 Uhr. Linear ist dagegen die Abfolge von Aufgaben (Aufstehen, Duschen, Kaffee trinken, Statistik lernen, ...). In der linearen Sicht kommt immer nach dem einen etwas Neues, Zyklisches landet immer wieder auf Ihrem Tisch. Daraus ergibt sich schnell ein Irrtum: »Wieso soll ich abwaschen/aufräumen, wenn doch sowieso alles wieder schmutzig/unordentlich wird?« Das ist nur dann kein Totschlagargument, wenn Sie die Dinge zyklisch sehen; Sie räumen (zum Beispiel Ihren Papierkram) nicht deshalb auf, damit dann für immer alles weg ist, sondern Sie tun das immer wieder zu einer festen Zeit, um nicht irgendwann als Messie zu enden. Zeitmanagement ist die Kunst, lineare Abläufe in Zyklen unterzubringen, so dass alles Nötige getan wird – und das auch noch regelmäßig wiederkehrend.

Verwirrend kann auch die kulturell unterschiedliche Wahrnehmung von Zeit sein. Auf der Basis von linear und zyklisch neigen Kulturen wie die deutsche dazu, Zeit *monochron* wahrzunehmen; eines geschieht nach dem anderen und wenn ich bei einem Termin zu spät bin, komme ich den ganzen Tag nicht mehr hinterher. Ganz anders sehen beispielsweise Menschen aus Südeuropa das Geschehen: Eine *polychrone* Wahrnehmung – die Ereignisse können sich überlappen und mehrere Dinge zur selben Zeit geschehen – sorgt für eine flexiblere Anordnung der »Zeitblasen« im Tag. Für den monochronen Homo sapiens wirkt es nicht selten unhöflich, wenn Verabredungszeiten in einer polychronen Kultur eher als Anhaltspunkte wahrgenommen werden. Im Gegenzug wird er in polychronen Kulturen als unflexibel und engstirnig eingeschätzt. Behalten Sie das im Hinterkopf, wenn Sie in anderen Ländern unterwegs sind oder mit ausländischen Kommilitonen oder Dozenten zu tun haben.

Was sich an Ihrem Arbeitsplatz befinden sollte:

- Eine freie *Fläche*, auf der Sie Materialien und Bücher ausbreiten können. Ein Minimum von 1 Meter Breite und 50 Zentimeter Tiefe sollte gegeben sein. So können Sie einen Bildschirm aufbauen oder Ihren Laptop auch mal an der Seite deponieren, ohne dass Ihnen gleich der Platz ausgeht.
- Ein *Regal* in der Nähe, in dem Sie hinterher das Material und die Bücher wieder wegsortieren können. Dabei kann auch ein Stehsammler oder Hängeregister (siehe weiter hinten im Kapitel unter »Helfer und Instrumente«) ungemein praktisch sein.
- Textmarker, Bleistifte, Kugelschreiber, Füller, eben *Schreibwerkzeug* nach Bedarf und ein Ringbuch, in dem Sie Zusammenschriften erstellen und Fragen notieren können.
- Wenn Platz ist, ein magnetisches *Whiteboard* oder eine Pinnwand, an der sich Folgendes befindet:
    - ein Kalender, der einen Überblick über die kommenden Tage oder Wochen gibt
    - die Aufgabenliste, die Sie auch noch genauer kennenlernen werden, wenn Sie weiterlesen
- Eine *Uhr*, am besten mit Timerfunktion, damit Sie Zeitgrenzen (»Ich will von 9:00 Uhr bis 10:00 im Internet nach Modellen der Sozialen Arbeit recherchieren.«) einhalten können.

Was sich nicht so gut an Ihrem Arbeitsplatz macht, ist Ablenkung jeglicher Art: ein Smartphone, um rasch bei Facebook reinzuschauen, ein Telefon (siehe oben: Oma-Gefahr), ein Fernseher oder Kühlschrank oder die Katze zum Streicheln.

Nun wissen Sie, wieso so viele Studenten in der Bibliothek lernen: die Ablenkung dort ist wirklich minimal. Aber auch zu Hause können Sie sich konzentrieren, wenn Sie Ihre klassischen Ablenkungsfallen kennen und vermeiden lernen.

Kennen Sie den Ist-Zustand?

Das Telefon klingelt. »Was machst du gerade?« Wer hat schon darauf immer eine passende Antwort? »Eigentlich schreibe ich gerade an meinem Buch, aber eben habe ich mir noch einen Kaffee gemacht, die Wäsche aufgehängt und nun hast du angerufen ...« (was mich mindestens eine halbe Stunde nach hinten wirft), ist vielleicht zu umfangreich als Antwort. Schöner wäre doch: »Ich schreibe gerade Kapitel 11 für mein neues ›... für Dummies‹-Buch!« (und habe leider gar keine Zeit für ein Telefonat).

Das ist der Unterschied zwischen Ist- und Soll-Zustand. Um ein Ziel zu erreichen, müssen Sie aber zuerst wissen, wo Sie derzeit stehen. Also nehmen Sie sich nun einen Stift und einen Zettel und versuchen Sie aufzuschreiben, womit Sie den Tag bisher verbracht haben. Und damit meine ich, was Sie wirklich getan haben, nicht, was Sie sich vorgenommen hatten. Wenn Sie den Tag haben, dann versuchen Sie mal, die letzte Woche zusammenzukriegen. Ein paar Hilfestellungen dafür:

- ✔ Malen Sie sich etwas Stundenplanartiges auf, oben die Wochentage, seitlich die Stunden des Tages.
- ✔ Überlegen Sie, wann Sie an welchem Tag aufgestanden sind.
- ✔ Schauen Sie nach, falls Sie einen Kalender führen, welche Termine und Verabredungen Sie hatten und wie lange die (und die An- und Abfahrt!) gedauert haben.
- ✔ Erinnern Sie sich an Zeiten, in denen Sie ausgesprochen fit und produktiv waren und an solche, in denen gar nichts mehr ging, weil Sie in einem Tief steckten? Markieren Sie diese.

Wenn Sie gar nichts mehr aufschreiben können, weil Ihr Gedächtnis Sie im Stich lässt, dann schreiben Sie ab jetzt einmal für die ganze nächste Woche auf, was Sie tun. Nun sehen Sie deutlich, wann Sie besonders einsatzfähig sind, wie viel Zeit Sie mit Onlinespielen, dem Hund, Milchkaffeeverabredungen oder tatsächlich mit Lernen verbringen. Das gilt es nun, neu zu ordnen und zu strukturieren, falls Sie nicht jetzt schon völlig zufrieden mit sich und Ihren Tagen sind.

Am Anfang steht ein Plan

Erinnern Sie sich an den Satz aus Kapitel 9: »Wenn du Gott zum Lachen bringen willst, mach einen Plan«? Es scheint oft so, dass Pläne gar nicht weiterhelfen, weil sie der permanenten Anpassung unterliegen. Andersrum gedacht gilt aber: ohne Plan keine Anpassung und ohne Anpassung keine Idee davon, was eigentlich wann passiert. Ein bisschen Plan muss also sein, nicht nur konkret auf die Module und Kurse bezogen, die Sie zu belegen haben (darum ging es in Kapitel 9), sondern auch umfassender in Ihrer Lebensstruktur, damit Sie die verschiedenen Stränge, die Sie gerade verfolgen, auch parallel und erfolgreich fortsetzen können.

Dazu sollten Sie ...

- ... *nicht zu kleinteilig* werden. Detaillierte Planung ist etwas Gutes, solange Sie nicht länger zum (Um-)Planen brauchen als dafür, die Aufgaben dann umzusetzen. Planen Sie grob in Stunden oder halben Stunden, eine minutiöse Aufstellung scheitert schon an einem Gang zur Toilette.
- ... sich *konkrete Aufgaben* vornehmen. Denken Sie nicht »Heute lerne ich weiter Physik«, sondern »Heute schaffe ich die Nacharbeit von Vorlesung 5 des Physik-Einführungskurses inklusive Übung«. Die Aufgaben sollten kleine, machbare Schritte bezeichnen. »Heute schreibe ich die Hälfte meiner Dissertation« erscheint wenig realistisch.
- ... *Prioritäten setzen* und das Ziel im Auge behalten. Egal, ob Sie für Hausarbeiten recherchieren, Klausuren vorbereiten, Veranstaltungen nacharbeiten oder an der Abschlussarbeit sitzen: Immer ist die Hauptfrage, wie viel Aufwand gerechtfertigt ist und was Ihnen das Ergebnis bringt. Wenn Sie in einer Klausur eine 2,0 brauchen und noch eine Arbeit abzugeben haben, die nicht bewertet wird, können Sie sich die Prioritäten in der Zeitverteilung sicher vorstellen.

Ziele setzen, aber SMART

Was alle Pläne und Projekte gemeinsam haben ist, dass es einen Ablauf, sozusagen den Weg, und ein Ziel gibt. Ziele sollten dabei SMART sein – und Sie auch.

Die Abkürzung *SMART* stammt aus dem Projektmanagement und steht für:

- **S – spezifisch:** Gemeint ist, dass Sie genau bestimmen, welche Ziele Sie erreichen wollen. Ein Problem – eine Lösung. Also, eine Klausur führt zu dem Ziel, zum Zeitpunkt X (möglichst spätestens das Datum der Klausur) ein Pensum Y erarbeitet zu haben und entsprechend vorbereitet zu sein.
- **M – messbar:** Tagesziele können Inhalte haben wie »25 Quellen aktueller als 2008 für Kapitel 3 rausfinden« oder wie schon genannt »Vorlesung 5 mit zugehöriger Übung in den nächsten 3 Stunden nacharbeiten«. Dann können Sie konkret anhand der geschafften Seiten/Quellen/Stunden schnell erkennen, ob Sie im Plan sind. Wichtig ist, dass Sie am Ende des Tages wissen, ob Sie Ihr Ziel erreicht haben oder nicht bzw. wie viel des vorgenommenen Pensums Sie geschafft haben.
- **A – akzeptiert** (oder auch achievable, also erreichbar oder anspruchsvoll): Ein akzeptables Ziel ist eines, das so auch standhält, wenn Sie es genauer ansehen, und möglich ist. Wenn Sie mich anrufen und sagen, Ihr Ziel sei es,

in vier Semestern mit dem Bachelor durch zu sein und dabei zwei Wochen für die Thesis zu benötigen, akzeptiere ich das nicht. Eine Faustregel besagt, dass alles immer doppelt so lange dauert (und wenn Sie irgendwann ein Haus bauen: doppelt so teuer wird) wie geplant. Nun können Sie aber nicht davon ausgehen, dass Sie sich Vorlesung 5 in drei Stunden zutrauen und dann flugs sechs Stunden verplanen. Hier helfen wieder nur Erfahrungswerte: Schauen Sie in Ihr Protokoll und schätzen Sie ab, wie lange Sie für die Nacharbeit einer Vorlesung oder Übung benötigen.

✔ **R – realisierbar:** Die Realisierbarkeit hängt eng mit der Akzeptanz zusammen, hat aber noch die Komponente, ob das, was Sie sich da vornehmen, überhaupt möglich ist. Sie können heute Nachmittag nicht Ihre Vorlesung nacharbeiten, wenn Sie gleichzeitig vorhaben, dieses Buch nun noch zu Ende zu lesen. Erst müssen also die Dates und Pflichttermine in den Plan, dann können Sie den Rest drum herumbauen.

✔ **T – terminierbar:** Besonders Zwischenschritte müssen eine klare Deadline haben, die letzte Zeitvorgabe geschieht meist seitens der Uni (Abgabe der Hausarbeit, Termin einer Klausur, nächste Vorlesung).

Sobald Sie wissen, was Sie erreichen wollen und in welchen Schritten Sie das zu schaffen gedenken, haben Sie Inhalte, die Sie in einen Plan oder einer Liste eintragen können. Aus der *Definitionsphase* – wieder so ein Begriff aus dem Projektmanagement – gelangen Sie nun zur *Umsetzung*, also dazu, alles besser als vorher zu machen. Danach muss eine *Kontrollphase* folgen, also wieder ein Protokoll, beispielsweise am Ende des Semesters, wenn Sie denken, dass Sie Ihre Routinen im Griff haben, um zu sehen, was besser geworden ist und was nicht.

Systeme und Systematiken, Ihre Zeit zu verplanen

Es gibt viele Möglichkeiten, wie Sie bei der Planerstellung vorgehen können. Wissenschaftlich gesehen – Sie sollen im Studium ja lernen, wissenschaftlich zu denken – können Sie induktiv oder deduktiv vorgehen. Noch nie gehört? Macht nichts. *Induktiv* bedeutet, dass Sie vom Spezialfall ausgehend etwas verallgemeinern möchten. Stellen Sie sich den einen perfekten Tag vor, der schon einmal geklappt hat: Sie waren froh, um 8:00 Uhr am Schreibtisch zu sein, haben um 13:00 einen Spaziergang gemacht, etwas gegessen und sind dann in die Bibliothek gefahren und haben dort von 15:00 bis 20:00 Uhr produktiv gelernt. Und jetzt machen Sie eine allgemeine Regel daraus, was Sie von nun an immer tun möchten. *Deduktiv* wäre die gegenläufige Richtung vom Allgemeinen zum Besonderen. Da Sie wissen, dass Sie schlafen, lernen, duschen, abwaschen und essen müssen, können Sie einen allgemeinen Plan entwerfen und ihn an jedem einzelnen Tag möglichst gut an die jeweiligen Besonderheiten (Zahnarzttermin, Oma-Telefonat) anpassen.

Sowohl der entworfene Plan als auch der perfekte Tag – die Blaupause zum Plan – müssen visualisiert werden. Pläne nur in Ihrem Kopf sind schön, aber nehmen dort Platz weg, den Sie ja gerade frei räumen möchten. Wohin Sie nun Ihre Pläne schreiben und welche der im folgenden Abschnitt vorgestellten Instrumente Sie verwenden, sollten Sie sich gut überlegen. Es hängt von Ihrem Alltag und Ihren Gewohnheiten ab, ob Sie digital oder analog erinnert werden möchten (oder beides), Ihnen Ihr Smartphone an der Hand festgewachsen ist oder Sie lieber einen Onlinekalender führen, wie viel Sie unterwegs sind und worauf Sie wann Zugriff haben.

Wie Sie sich ordnen und welchem System Sie dabei folgen, können nur Sie selbst entscheiden. Wichtig dabei ist, dass Sie sich für etwas entscheiden und das dann auch durchhalten. Nach einer Weile wird es Routine und ist auch nicht mehr so schwer.

Analoge Hilfsmittel zurechtlegen

Viele Unterstützer finden Sie mit Sicherheit bereits in Ihrem Alltag. Wie Sie die nutzen und was Sie vielleicht noch zusätzlich anschaffen könnten, möchte ich Ihnen nun vorstellen.

- *Stift und Papier* helfen Ihnen, denn was zu tun ist, muss raus aus Ihrem Kopf. Ob das eine Idee für einen Hausarbeitstitel ist, der blitzartige Einfall, dass Ihre Mutter übermorgen Geburtstag hat, oder eine Notiz, dass Sie keine Nachtcreme mehr haben – alles kann die Gedanken blockieren, wenn Sie es nicht aufschreiben. Das schnellste und einfachste Mittel hierzu sind ein Block und ein Stift.

  Während der Erstellung eines Arbeitsplans kann es sinnvoll sein, ein bisschen Abstand zu den eigenen, manchmal verfahrenen Ideen und Abläufen zu gewinnen. Gehen Sie aus der bisherigen Systematik (etwa Ihrem alten Terminplaner oder der Gliederung der letzten fünf Hausarbeiten) heraus und lassen Sie neuen Gedanken einfach ihren Lauf. Allerdings sollten Sie sich bei so einem Brainstorming nicht hinreißen lassen, einen ganzen College-Block mit wirrem Gedankengut vollzukritzeln, ohne je die Chance zu haben, eine bestimmte Struktur darin wiederzufinden.

Deshalb:

- Schreiben Sie einen entsprechenden Titel oben auf das Blatt.
- Vermerken Sie das Datum der Erstellung, dann können Sie später nachvollziehen, wie lange bestimmte Aufgaben gebraucht haben, bis sie erledigt wurden.
- Unterteilen Sie das Blatt. Aufgaben können nach Prioritäten geordnet werden, ein Plan nach Tagen und Stunden.
- Verwenden Sie nicht zu viele Farben. Bunt ist schön, natürlich, aber zu bunt macht unübersichtlich.
- Versuchen Sie, sich auf eine Seite zu beschränken, wenn es um ein konkretes Projekt geht. Bei der Niederschrift einer kompletten Aufgabenliste können es auch mehr Seiten werden.

Kaufen Sie einen karierten Block und ein paar Bleistifte, beschreiben Sie die Zettel im Block einseitig mit Aufgaben oder Plänen und hängen Sie sie da auf, wo Sie sie gut sehen können. Später legen Sie sie in einem Ordner ab, in dem nur Ihre Arbeitsunterlagen sind und der mit »Pläne und Aufgaben« beschriftet wird. So können Sie sichergehen, dass Sie nie eine schlaflose Nacht verbringen, weil Sie denken, dass Sie irgendetwas zu übertragen vergessen haben.

✔ Es gibt eine Reihe Helfer aus Papier zu kaufen, die Ihnen die Grundordnung vorgeben beziehungsweise erleichtern. Allein schon *Kalender* gibt es in vielfältigen Formen:

- Wandkalender – hier haben Sie den Überblick über wichtige Termine, dafür passt an den einzelnen Tagen oft nicht viel Text in das Feld.
- Tischkalender – den können Sie sich ins Gesichtsfeld rücken, er kann aber auch leicht hinter Bücherstapeln verschwinden.
- Abreißkalender – als Tageskalender gut für motivierende Sprüche, nicht so praktisch für ein organisiertes Arbeiten.
- Taschenkalender – die sind was für die Hosentaschen, wenn Sie kein Smartphone-, PDA- oder Tablet-Liebhaber sind.
- Buchkalender – der große Bruder des Taschenkalenders. Sie sind groß und wichtig, aber geschlossen im Regal zu nichts nutze. Wenn Sie diskret viele Termine unterbringen wollen, sind sie die richtige Wahl.

- Terminplaner – als Ringbuchsystem mit hübscher Hülle sind sie oft die Zwischenlösung zwischen Taschen- und Buchkalender und müssen auch nur jährlich neu mit bestimmten Einlagen bestückt werden.
- Kalender-Schreibtischunterlage – hervorragend für Notizen, solange der Schreibtisch leer ist, doch wann ist er das schon? Das ist nur etwas für Menschen, die nach dem Lernen tatsächlich immer ihren Arbeitsplatz aufräumen.

  In den meisten Kalenderformen gibt es integriert oder extra zu kaufen zusätzliche Listen etwa für Adressen, Geburtstage oder Aufgaben. Wer sich für einen Terminplaner entscheidet, muss die nur einmal ausfüllen und dann pflegen, statt sie jedes Jahr neu zu übertragen.

✔ *Post-its/Haftnotizen* sind (unterschiedlich) klein, bunt und leicht zu handhaben; eine Idee, rasch notiert, dahin geklebt, wo man sie sieht. Die Idee ist grandios, allerdings ist die Umsetzung oft Anti-Zeitmanagement. Viele Post-its, besonders wenn sie nicht zeitnah bearbeitet und wieder abgenommen werden, bekommen einen Deko-Effekt, ohne dass Sie sie je wieder ernsthaft lesen. So vergessen Sie vielleicht den Geburtstag der Mutter, obwohl die Erinnerung daran die ganze Zeit vor Ihrer Nase am Bildschirm geklebt hat. Haftnotizen sind gut geeignet, um Literatur zu markieren oder ab und zu eine wichtige Idee an prominenter Stelle zu verewigen (bitte nicht wörtlich nehmen), aber sie sind kein geeignetes Mittel zur regelmäßigen Aufgabenplanung.

✔ Eine *Aufgabenliste* wird von vielen Zeitmanagement-Gurus als das Werkzeug überhaupt angesehen (so zum Beispiel auch vom Autor von »Zeitmanagement für Dummies«, was ich allen Lesern als Erweiterung dieses Kapitels ans Herz legen möchte). Wer ein paar Probleme mit der Ordnung hat, seinen Kalender (die Brille, den Schlüssel) permanent suchen muss und ab und zu auch mal einen eingetragenen Termin verpasst, kann sich hier Hilfe erhoffen. Auf einem einzigen DIN-A4-Papier stehen Ihnen 30 Zeilen zur Verfügung – so viel wie 30 Haftnotizen aufnehmen können. Das Vorgehen dabei ist denkbar einfach:

  - Erst einmal schreiben Sie alles auf, was Ihnen in den Sinn kommt, was Sie zu erledigen haben. Da kann Motorradputzen neben Statistiklernen stehen, Hauptsache erst einmal aufgeschrieben.
  - Schreiben Sie alles untereinander, so dass Sie nicht noch an den Rand kritzeln oder in Zwischenräume. Lieber wird die Liste mehrere Seiten lang.

- Fassen Sie Seiten mit mehreren durchgestrichenen Einträgen auf einer neuen Liste zusammen, so dass darauf nur noch die unerledigten Dinge stehen. Das kann auch erst nach ein paar Tagen geschehen und muss nicht jeden Morgen neu sein.
- Setzen Sie Prioritäten, was von den Aufgaben auf der Liste zuerst beziehungsweise bald erledigt werden muss (auch mit Terminen, wenn es welche gibt) und wobei Sie noch ein wenig mehr Zeit haben. Das können Sie grafisch durch Ausrufezeichen hervorheben oder gleich bei der Erstellung ganz nach oben schreiben.
- Weisen Sie den Aufgaben Zeitfenster zu, in denen Sie sie erledigen möchten. Das kann gut mit einem Kalender umgesetzt werden, besonders wenn der eine Tages- oder zumindest Wochenansicht hat.
- Termine, die noch weit in der Zukunft liegen, schreiben Sie besser in einen Kalender. Dessen Durchsicht machen Sie sich einmal in der Woche zur Gewohnheit. Um das, was in den kommenden Tagen ansteht, nicht zu versäumen, setzen Sie es dann auf die Aufgabenliste.
- Haken Sie erledigte Aufgaben ab oder – wenn Sie das mit mehr Freude erfüllt – streichen Sie sie durch, gern mehrfach, so dass klar wird: »Das habe ich geschafft!«

✔ Papiere sollten nicht in Stapeln überall ihr Zuhause finden, sondern in einem *Ablagesystem* ihre Ruhestätte haben, aus dem Sie auch wiedererweckt werden können. Dafür bieten sich Ordner, Hängeregister, Stehsammler, Zettelkästen und Ablagen an.

Was Sie nicht wieder lesen möchten, das sollten Sie überfliegen und gleich wegwerfen. Ganze Zeitungen aufzubewahren, weil ein Artikel vielleicht gut sein könnte, Jahrgänge der ADAC Motorwelt oder des Versichertenmagazins der Krankenkasse zu horten oder Ihre Abiturunterlagen des Bio-LKs für Ihr Studium verwenden zu wollen, bringt Sie nur der Kandidatenliste für die Fernsehsendung »Raus aus dem Messie-Chaos« näher.

Ordner sind gut für alles, was sortiert, gelocht und leicht zugeordnet werden kann. Hängeregister stellen eine hervorragende Übergangslösung für Stapel dar, die Ihnen die Sicht versperrt haben. Stehsammler eignen sich für Zeitschriften, die Sie wirklich behalten wollen, und Zettelkästen, wie der Name schon sagt, für Zettelchen, Notizen, Visitenkarten und Ähnliches. Eine Ablage auf dem Schreibtisch für den Posteingang, damit Rechnungen nicht monatelang in der Küche umherirren, und eine für den Ausgang (Unterlagen, die Sie einer Kommilitonin versprochen haben, der Widerspruch per Post an die Uni gegen die Zwangsexmatrikulation) reichen völlig.

- Was an der Wand hängt, können Sie nicht zustapeln. Eine Alternative dazu, Zettel in einem Ordner verschwinden zu lassen, ist, sie auf einem noch geduldigeren Hintergrund zu fixieren, um Aufgaben und Pläne sichtbar zu machen. Als Untergründe eignen sich *Whiteboards*, die magnetisch und beschreibbar, jedoch auch nicht ganz billig sind, sowie *Korkwände* oder *Styroporplatten*, an denen Papiere beliebig oft mit Stecknadeln oder farbenfrohen Pins befestigt werden können. Ein Platz an der Wand ist ein wunderbarer Ort, um sich das vor Augen zu halten, was gerade besondere Priorität hat. Wenn Sie dann noch Aufgaben abhaken können, verringern Sie die Chance, dass Sie das Board schnell nicht mehr wahrnehmen.
- Ein *Mülleimer* muss auch noch her – leere Chipstüten, Teebeutel und Pizzakartons müssen weg, schnell! Auch erledigte Überweisungen, kaputte Stifte und die Weihnachtskarten der vergangenen fünf Jahre können da wunderbar rein.

Die Wunder der digitalen Unterstützung

Der modernen Technik sei dank müssen Sie nichts mit der Hand schreiben, was Sie nicht wollen. Sie können Termine, Aufgaben, Braingestormtes und Quatsch einfach in die Tastatur hämmern oder in ein Diktiergerät sprechen, so dass es in Bits und Bytes gesichert werden kann. Der unschlagbare Vorteil der digitalen Datenhaltung ist, dass es eine Suchfunktion gibt, die Sie alles wiederfinden lässt, sofern Ihnen der richtige Suchbegriff einfällt.

Technik funktioniert nur in Verbindung mit Strom und oft dem Internet – leere Akkus, ausgeschaltete Rechner oder kein Zugriff auf die Cloud können Ihnen gehörig einen Strich durch die Rechnung machen, wenn Sie nur eben rasch nachsehen wollen, ob Sie am Abend schon etwas vorhaben.

Digitale Kalender – mehr als nur Terminverwaltung

Digitale Kalenderprogramme wie *Outlook* aus der Microsoft Office Suite (siehe Abbildung 11.1), *Lightning*, die Firefox Anbindung des Kalenders Sunbird an Mozillas Thunderbird (`www.sunbird-kalender.de`), *iCal* bei Macs und unendlich viele alternative Freeware-Angebote bieten neben der reinen Terminverwaltung oft noch Aufgabenlisten, Adressverwaltung und Verknüpfungen mit passenden E-Mail-Programmen an. Besonders die verschiedenen Ansichten

– Tages-, (Arbeits-)Woche- oder Monatsansicht – machen es leicht, entsprechende Ausdrucke von Plänen zu erstellen. Wenn Sie mit der Option, Kategorien einzurichten und diesen Farben zuzuweisen, nicht allzu überschwänglich umgehen, kann das für eine gute Übersicht sorgen, wann Sie Freizeit, Sport oder Lernzeit geplant haben.

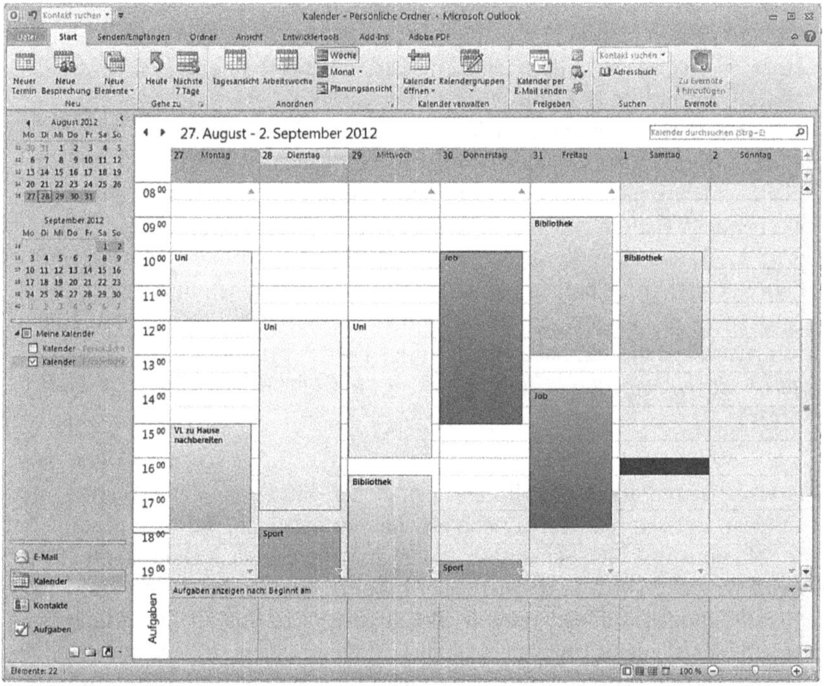

Abbildung 11.1: Wochenplanung in Microsoft Outlook

Eigene Ideen visualisieren und anderen zugänglich machen

Um erst einmal zu einer Aufgabenliste zu kommen, können Sie Ihr Brainstorming, was alles zu tun ist, auch in einem Mind-Map anlegen. Das bekannteste Mind-Mapping-Programm ist der kostenpflichtige *MindManager* (`www.mindjet.com`), der allerdings mit derzeit 399 Euro eher was für Unternehmen als für Studenten ist. Ebenfalls kostenpflichtig, aber mit 49 Euro durchaus erschwinglich, ist das Programm *KnowledgeMap* von InfoRapid, von dem es auch eine Testversion online gibt (`www.knowledgemaps.info`). KnowledgeMap kann Mind-Maps, Projektstrukturpläne, Lernkarteien und Organigramme erstellen. Ein Blick auf die umfangreichen Demoseiten im Internet lohnt sich auf jeden

Fall. *XMind* (`www.xmind.net`), *FreeMind* (`freemind.softonic.de`), *MindMeister* (`www.mindmeister.com/de`) oder Docear (`www.docear.org`) sind kostenlose Softwarelösungen, die im Internet zum Download bereitstehen.

Visualisieren mal anders: Aus Worten wird ein Text

Stellen Sie sich jetzt kurz einen furchtbar wichtigen Chef vor, wie er hinter einem riesigen Schreibtisch sitzt und der Sekretärin Aufgaben in ein Gerät diktiert. Dann legt er es ihr auf den Schreibtisch, geht weg und kann sich wieder anderen wichtigeren Dingen widmen. Wieso sollten Sie das nicht auch dürfen? Vielen Menschen fällt sprechen leichter als schreiben und ein digitales Diktiergerät kann wirklich viele Gedanken aufnehmen. Wenn Sie ein bisschen Geld in eines investieren, das mit einer Spracherkennungssoftware läuft, kommen Sie in den Genuss, etwas zu diktieren, das Gerät mit dem Rechner zu verbinden, einen Kaffee kochen zu gehen und danach Ihre Notizen je nach Nuschelgrad mehr oder weniger korrekt auf dem Bildschirm zu haben. (Ich habe einen Philips Digital Voice Tracer, der mit *Dragon Naturally Speaking* funktioniert, im Set gibt es das schon für ca. 80 Euro.)

Das Visualisieren allein hilft Ihnen in manchen Situationen aber nicht weiter. Ihre Ideen müssen manchmal noch zu anderen gelangen. Bei Gruppenarbeiten ist es oft sinnvoll, einen gemeinsamen Ort zu haben, an dem Dokumente liegen, die von allen zugreifbar sein sollen. Hier hilft die *Dropbox* (`www.dropbox.com`). Achten Sie nur darauf, dass nie zwei Beteiligte gleichzeitig an einem Dokument arbeiten, das sie dann unter dem alten Namen abspeichern. Wer zuerst klickt, hat verloren, denn Dropbox aktualisiert jeweils die ganze Datei. Wenn Ihren Mitstreitern nicht klar ist, wie sie mit dem Computer umgehen sollen, können Sie sich über den *Teamviewer* (`www.teamviewer.com`) auf deren Rechner einloggen, um dann per Fernsteuerung zu erklären, was wie wann am besten zu tun ist.

Um sich vor allzu langem Abgelenktsein zu bewahren, während die anderen Ihre Ergebnisse durchsehen, gibt es Add-ons, also zusätzliche Programme für Google Chrome *(Stay focused)* und Firefox *(Leech Block)*, mit denen Sie beispielsweise den Pinguin-Weitschlag oder andere Lieblingswebseiten auf ein bestimmtes Zeitlimit begrenzen können. Wenn die Seite automatisch schließt, können Sie sich wahrscheinlich leichter wieder auf Ihren eigentlichen Plan konzentrieren und schauen, ob es schon Feedback gibt.

Kleine Programme – große Hilfe: Apps

In Zeiten allgegenwärtiger Smartphones und Tablets, nicht nur von Apple, sondern durchaus auch mit Android (und anderen Betriebssystemen, die im Folgenden aber unter den Tisch fallen werden), kommt keiner – auch nicht ich als Autorin von Sachbüchern – an deren Helferlein vorbei: den Apps.

Die Auswahl, die ich hier vorstelle, habe ich selbst getestet. Ähnliche Apps gibt es sicherlich zuhauf, über deren Qualität die Bewertungen einen guten Aufschluss geben können. Also immer erst lesen, was die anderen Nutzer davon halten, bevor Sie etwas installieren oder gar kaufen.

- ✔ *iStudiez* als Lite- oder kostenpflichtige Pro-Version (`istudentpro.com`) gibt Apple-Nutzern ähnlich wie ein Kalender eine Tagesansicht und einen Monatskalender. Zusätzlich lassen sich Termine, Notizen und Stundenpläne verwalten. Im Google Play Store für Android finden sich mit *Studium Stundenplan* oder *Stundenplan Deluxe* Alternativen.

- ✔ Wem die Idee mit der Diktiersoftware gefallen hat, der kann sich die *Dragon Dictation* App fürs iPhone holen. Sie sprechen in Ihr Telefon, es macht einen Text draus und Sie können den dann beispielsweise per Mail versenden oder in eine Textdatei einfügen. Wenn Sie damit noch nicht genug gespielt haben, können Sie den Text oder einfach einen manuell eingegebenen Abschnitt in *SpeakText* vorlesen und übersetzen lassen. Android Nutzer können ebenfalls per Spracheingabe Audiodateien erstellen oder mit Speech-to-Text Apps wie beispielsweise *ShoutOut* aus Spracheingaben Text machen.

- ✔ Notizen, die dann in Aufgabenlisten münden, lassen sich mit *Evernote* (für Apple und Android kostenlos, `www.evernote.com`) organisieren und sogar auf einem passenden Computerprogramm synchronisieren. Umfangreicher, aber mit 7,99 Euro schon im Bereich der teureren Apps, ist *Things* für iPhone und Co., das eine komplette Aufgabenerfassung und -übersicht bietet. Um aus den Notizen Mind-Maps zu erstellen, eignen sich die Apps der schon erwähnten Programme *MindMeister* oder *MindManager*.

- ✔ Auch Filesharing kommt nicht ohne Apps aus und so gibt es auch von *Dropbox* eine Smartphone-Version. Praktisch, wenn das Telefon dann beispielsweise PDF-Dateien nicht nur anzeigen, sondern auch noch Notizen darin erstellen kann. So können Vorlesungsskripte auf dem iPad kommentiert werden. Das kostenpflichtige App der Wahl heißt *Goodreader,* Androidler werden hoffentlich mit dem *ezPDF Reader* glücklich.

- Wer mit dem Smartphone oder Tablet etwas lernen oder nachschlagen will, findet für 1,59 Euro ein unglaublich umfangreiches Angebot bei *Wolfram Alpha* (products.wolframalpha.com). Über alle naturwissenschaftlichen Wissensgebiete hinweg werden Formelberechnungen (Mathe, Physik, Chemie), Inhalte von DNA-Sequenzen bis zu Sternenbildern und Erdbeben und Tabellen mit historischem Material angeboten. Und auch Kultur, Städtebau, Geschichte, Musik oder Sport sind als Kategorien vertreten. WolframAlpha ist wie ein rechnendes, intelligentes Wikipedia und der einzige Grund, es hier nicht vorzustellen, wäre, dass es wie Moorhuhn eine Zeitvernichtungsmaschine sein kann, wenn Sie sich zu sehr darin vertiefen.

- Sogar die einzelnen *Hochschulen* entdecken langsam die App-Entwicklung für sich und bieten eigene Hochschul-Apps an. Wer also beispielsweise an der HdK Bremen, der RuhrUni Bochum, der BCW-Gruppe (dazu gehören private Hochschulen wie die FOM, IOM, die Hessische Berufsakademie und diverse VWAs) oder der Uni Hohenheim studiert (andere folgen, einfach recherchieren, ob Ihre Hochschule den Sprung ins Smartphone-Zeitalter bereits geschafft hat), kann sich über Pläne, Vorlesungen, Veranstaltungen und Kleinanzeigen auch unterwegs informieren. Einige *Studentenwerke* bieten auch schon Apps an, auf denen man Mensen finden, Speisepläne nachschlagen und Informationen nachlesen kann.

Smartphones und Tablets und damit auch Apps dafür verbreiten sich laut einer Google-Studie aus dem Mai 2012 (ourmobileplanet.com/de/downloads) rasant; ein Drittel der deutschen Bevölkerung hatte im ersten Quartal 2012 ein internetfähiges Gerät mit Apps bestückt. Dass der Zugang zur Studienverwaltung (Prüfungen, Materialien und so weiter) über diesen Weg so üblich wie über den Computer wird, ist vermutlich nur eine Frage der Zeit.

Was bereits heute Wirklichkeit ist, ist die Zunahme von Literatur im *E-Book* Format. Nicht nur Klassiker von Goethe oder Shakespeare, die kostenlos auf www.gutenberg.org herunterzuladen sind, sondern auch Fachbücher, die im E-Format erheblich günstiger sind als in der Printversion, legen die Investition in einen E-Reader nahe, sofern Sie nicht schon ein Tablet oder ausreichend großes Smartphone besitzen, das mit entsprechender Software in der Lage ist, E-Book-Dateien anzuzeigen. Aktuelle Testberichte dazu gibt es im Internet beispielsweise bei Computerbild oder Chip.de.

Was tun in Krisenzeiten?

Ihr wichtigstes Arbeitsmittel ist und bleibt aber Ihr Gehirn. Wenn das abschaltet oder mit anderen Dingen beschäftigt ist, nutzen Ihnen alle Apps und Ablagen dieser Welt nichts mehr. Probleme rund ums Studium können zu einer Sinnkrise führen, Ängste kommen auf und blockieren die Denkfähigkeit; plötzlich geht gar nichts mehr und ein Job am Fließband erscheint die attraktivste Alternative zum aktuellen Dasein.

»Gefahr erkannt – Gefahr gebannt« – so wie es in einer Verkehrserziehungssendung, die in den 70er-Jahren über die Bildschirme flimmerte, trivial hieß, so kann es Ihnen auch in Ihrem Studium gehen: Wer weiß, wo Krisen lauern, kann sich besser darauf vorbereiten und tappt im besten Fall nicht in die Falle oder kann sich selbst wieder befreien. Die häufigsten Auslöser für Krisen sind die folgenden:

- ✔ *Leistungsdruck* gehört zum Studium dazu. Sie werden bewertet, müssen möglichst gut sein und Ihre Zukunft hängt zum Teil davon ab, wie schnell und erfolgreich Sie studieren. Also redet jeder, der etwas wie »Lass dich nicht stressen« sagt, einfach Unsinn. Sie werden sich anstrengen müssen und Sie werden etwas leisten müssen. Einen Hochschulabschluss bekommen Sie nicht geschenkt. Das kann schlaflose Nächte machen, und ab und zu haben Sie vielleicht das Gefühl, an die eigenen Grenzen zu stoßen.
- ✔ Wo Leistungsdruck herrscht, gibt es immer wieder Menschen, die sich auf Kosten anderer von dem Druck befreien möchten oder ihre Launen an anderen auslassen. *Mobbing* ist der moderne Begriff für eine Schieflage des Sozialgefüges in einer Gruppe, in der einige (Täter) einen oder mehrere andere (Opfer) belasten. Ob das das Schneiden in der Gruppe, das Zurückhalten von Informationen, die Isolierung in der Mensa oder beim Sport ist, spielt keine Rolle. Zentral ist die seelische Belastung, die das beim Opfer hervorruft.
- ✔ Neben dem Druck, dem Sie ausgesetzt sein werden, können *Ängste* entstehen. Prüfungs- oder Examensangst ist weit verbreitet. Etwas auf den Punkt genau wissen und wiedergeben zu müssen, löst bei fast allen Menschen die Angst aus, genau dann zu versagen. Nicht bestandene Prüfungen erhöhen den Druck und die Angst, denn oft gibt es nur einen Zweitversuch, dann droht die gesamte Karriereplanung in sich zusammenzufallen.
- ✔ *Zweifel* an der Wahl des Studienfachs, der Eignung fürs Studieren an sich oder den gewählten Hochschulstandort können das Gehirn auch dermaßen beschäftigen, dass es nicht mehr aufnahmefähig fürs Tagesgeschäft ist. Dann

werden Sie erst recht zurückfallen und sich über Konsequenzen bis hin zum Studienabbruch Gedanken machen.

Um nicht Gefahr zu laufen, sich mit diesen schrecklichen Zuständen herumschlagen zu müssen, können Sie bereits im Vorfeld Gegenmaßnahmen ergreifen. Zwar gehört ein bisschen Prüfungsangst zum Leben, aber wenn Sie schon einmal erlebt haben, dass einer Ihrer Freunde oder Kommilitonen unter schlaflosen Nächten, Schweißausbrüchen und Blackouts leidet, dann möchten Sie wohl um jeden Preis vermeiden, das selbst durchzumachen. Sie können ...

- ✔ **... gesund leben.** Das umfasst Ernährung, Schlaf und Routinen. Ohne Ihnen nun im Detail den Vitamingehalt von Obst und Gemüse vorrechnen oder auf das Experiment mit dem Burger hinweisen zu wollen, der nach einem halben Jahr des Herumliegens noch wie neu aussah, sollte jedem klar sein, dass Mangelerscheinungen die Leistungsfähigkeit beeinträchtigen. Kalzium-, Eisen- oder Magnesiummangel oder Übersäuerung machen schlapp und lustlos, Omega-3-Fettsäuren und Antioxidantien können das Gehirn unterstützen.

  Werfen Sie einmal einen Blick auf Ihre Ernährung, wenn Sie ohnehin ein Zeitprotokoll Ihrer Gewohnheiten anfertigen. Wenn da Fastfood und Fertignahrung dominieren, könnten Sie durch einen bewussteren Umgang mit den eigenen Ressourcen widerstandsfähiger gegenüber Druck, Ängsten und Zweifeln und auch gegen Viren und Bakterien werden.

  Frische Luft und Sport sind ebenfalls ein Garant für mehr Wohlbefinden; Spaziergänge mit dem Hund (auch dem des besten Freundes), Joggen, Wandern, Gruppensport, was immer Ihnen einfällt und Spaß macht, sollten Sie im Zeitplan regelmäßig unterbringen. Frische Luft macht müde, und wenn Sie nachts schlafen statt am Rechner zu daddeln oder sich die Wiederholung des amerikanischen Tatortermittlungsteams im Fernsehen anzusehen, wird es plötzlich viel realistischer, die Vorlesung um acht Uhr auch zu besuchen.

- ✔ **... Gespräche über Ihre Situation führen.** Vielleicht ist Ihr Verhältnis zu Ihren Eltern oder anderen Familienmitgliedern tragfähig genug, auch einmal Schwächen zuzugeben. Vielleicht haben Sie Freunde, denen Sie zutrauen, dass sie Sie nicht verurteilen, wenn Sie Ihre Probleme ansprechen. Aus dem nächtlichen Gedankenkarussell »Was hab ich mir nur dabei gedacht?« sollte tagsüber ein Austausch mit einer anderen Person werden, um dem Ganzen die Schärfe zu nehmen. So wie Zahnschmerzen nachts allein im Bett immer schlimmer sind als am Tag, so sind auch Themen, die Ihnen Angst machen, leichter, wenn Sie damit nicht allein und in Aktion sind.

✔ **... sich frühzeitig über Beratungsangebote informieren.** Am besten Sie schauen sich nach passenden Anlaufstellen um, wenn es Ihnen gut geht. Wenn Sie in einer Krise stecken, fällt Ihnen die Recherche viel schwerer als wenn Sie noch Energie haben. In den folgenden Absätzen gebe ich Ihnen Tipps, wo Sie da am besten suchen.

Natürlich können Sie auch eine Therapie anfangen – das Studieren hat schon bei mehr als einem Anwärter dafür gesorgt, dass unter Eigenverantwortung die Untiefen der Kindheit hervorbrachen. Auch bringt der Druck im »ganz normalen Wahnsinn« des Hochschulbetriebs immer mehr Studierende an die Grenzen ihrer Belastbarkeit, was sich im breiten Spektrum von Essstörungen bis zum Burn-out bemerkbar machen kann. Es ist gut, wenn Sie sich Ihre Probleme genau ansehen und, vielleicht auch nach Rücksprache mit Beratungseinrichtungen, einen Therapeuten suchen. Dass das nicht so einfach ist wie ein Arztbesuch sonst, dass es lange Wartelisten bei guten Therapeuten gibt, Anträge, Rückschläge und in dieser Situation noch mehr Frust auf Sie warten, ehe Sie Hilfe bekommen, liegt im System bedingt. Da müssen Sie dann leider durch. Wenn es aber »nur« um die oben geschilderten Probleme geht, dann kann ein Besuch bei einer der folgenden Stellen schon große Erleichterung bringen.

Hilfreiche Ansprechpartner

Eine entscheidende Erkenntnis, die Sie hoffentlich aus diesem Abschnitt ziehen können ist: Sie sind nicht der erste Mensch mit Problemen und Sie sind nicht allein. Angst und Zweifel zu haben, ist entwicklungsgeschichtlich sinnvoll und oft gesund. (Was wäre, wenn Sie sich nicht fragen würden, ob der hübsche rote Pilz mit den weißen Flecken wohl essbar ist?) Angst im Übermaß hemmt Sie allerdings, dann müssen Sie sich Hilfe suchen.

An den Hochschulen selbst gibt es einige Einrichtungen, die Ihnen gern und kompetent weiterhelfen können.

StuRa

Von Studis für Studis organisiert und damit eine Anlaufstelle in Augenhöhe ist der vom Studentenrat berufene AStA (Allgemeiner Studierendenausschuss, der in Kapitel 8 schon vorgestellt wurden). Online oder auch in den Räumen der realen Welt finden Sie beim StuRa oder AStA viele verschiedene Beratungsangebote. Nicht an jeder Hochschule gibt es jede der genannten Stellen, aber inhaltlich sollte die Arbeit der vorhandenen Beratungen alle folgenden Punkte umfassen.

- **BaföG- und Finanzberatung:** Dazu kann auch gehören, dass Sie sich zu Schulden oder anstehenden finanziellen Engpässen, etwa weil Sie wegen der Abschlussarbeit nicht nebenher arbeiten können, beraten lassen.
- **Rechtsberatung:** Die hilft nicht nur bei möglicherweise ungerechtfertigter Exmatrikulation, sondern auch, wenn Straftatbestände wie Mobbing, Körperverletzung oder Diebstahl vorliegen oder Sie selbst wegen Ihrer Taten in Bedrängnis geraten, sofern es etwas mit dem Studium zu tun hat.
- **Sonderstellen** wie Sektenberatungsstellen, Antirassismusberatung, Hochschulgruppenberatung oder Sprechstunden der Gleichstellungsreferate helfen in den entsprechenden Spezialfällen weiter.
- **Beratungsstellen für Behinderte und chronisch Kranke (auch Suchtkranke)** wissen über einzelne Hilfs- und Fördermaßnahmen, Ausnahmeregelungen und bauliche Gegebenheiten und Pläne am besten Bescheid.
- **Psychologische und psychosoziale Beratung** wird häufig von den ASten ebenso wie zentral von der Hochschule angeboten (dazu mehr unter »Psychologische Beratung« weiter hinten im Kapitel).

Übrigens können Sie beim StuRa auch mitmachen und selbst organisieren und beraten. Wenn Sie bis hier gelesen haben und denken, dass Sie das alles nicht betrifft, dann ist es vielleicht eine gute Möglichkeit, Ihr ausgeglichenes Wesen anderen krisengeschüttelten Kommilitonen zur Verfügung zu stellen.

Prüfungsamt

Das Prüfungsamt ist eine der wichtigsten Institutionen im Hochschulleben; ohne Prüfungen keine Noten, ohne Noten kein Abschluss. Da viele Unklarheiten und schwierige Situationen in Ihrem Leben mit Prüfungen und deren Bewertungen oder Versäumnissen oder Nicht-Bestehen zusammenhängen, kann ein guter Draht zu den Mitarbeitern des Prüfungsamtes sehr sinnvoll sein.

Ehe Sie sich entscheiden, Ihr Studium abzubrechen, oder in eine tiefe Krise schlittern, weil Sie eine Anmeldefrist versäumt, den falschen Kurs online angewählt oder eine Raumverlegung nicht mitbekommen haben, sprechen Sie die an, die dafür zuständig sind. In vielen Fällen sind tolerante Ausnahmeregelungen hinsichtlich Prüfungsleistungen, Anrechnungen oder Wiederholungen möglich, wenn man nur freundlich fragt.

Der Beratungs- und Informationsbedarf von Studenten

Die viel zitierte Sozialerhebung des Deutschen Studentenwerks hat sich auch mit dem Beratungsbedarf von Studierenden befasst. Rund zwei Drittel der Befragten gaben dabei an, Informationen aus Beratungen zu benötigen. Die Abbildung 11.2 gibt einen Überblick über die Ergebnisse der Befragung.

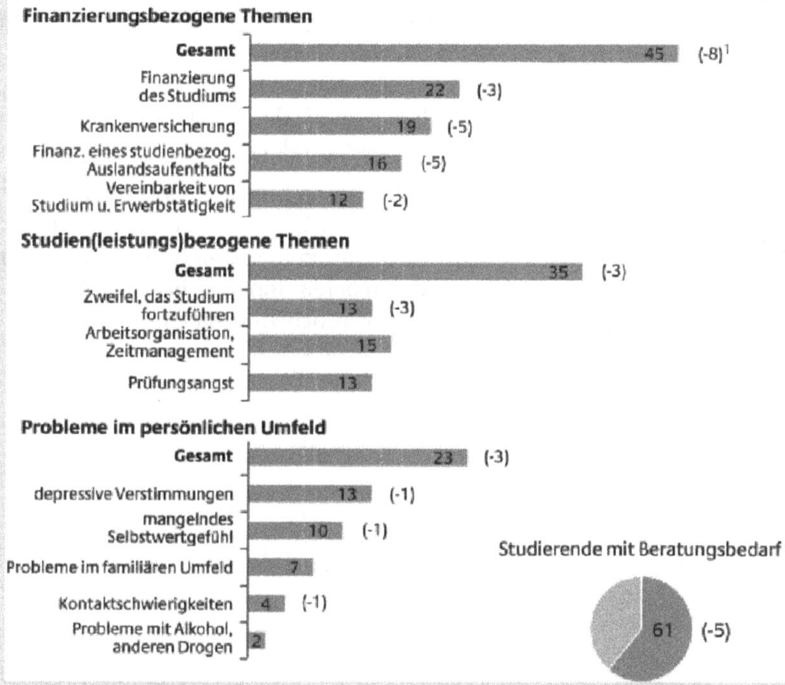

(Quelle: Isserstedt, W. et al. (2010): DSW/HIS 19. Sozialerhebung. http://www.sozialerhebung.de/erhebung_19/soz_19_haupt, S. 445.)

Abbildung 11.2: Beratungsbedarf von Studierenden

Psychologische Beratung

Bei akuten Krisen im Unialltag wenden Sie sich am besten an die psychologische Beratungsstelle der Hochschule (oder des AStA, siehe oben). Das können Lernblockaden und Arbeitsstörungen sein, persönliche Schicksalsschläge, die Ihnen die Konzentration auf das Lernen, versperren, Prüfungsangst und -managementbedarf, Stress und Depressionen, aber auch Einsamkeit und Kontaktschwierigkeiten, wie sie besonders bei Studienanfängern in einer neuen Stadt oft vorkommen.

Die Gespräche finden in einer vertraulichen Atmosphäre statt und die Berater sind Dritten gegenüber – also auch allen Hochschulangehörigen – zum Schweigen verpflichtet. Manche Hochschulen bieten auch Online-Beratung an, so dass eine größere Distanz und gefühlt bessere Anonymität gewährleistet werden kann. Die Mitarbeiter sind in aller Regel ausgebildete Therapeuten oder Sozialarbeiter, die Ihnen in der Regel kostenlos tatsächlich therapeutisch zur Seite stehen können. Das unterscheidet sie von den studentischen Beratungsstellen, an denen es oft mehr darum geht, sich etwas von der Seele reden zu können, ohne dass dazu fundierte Maßnahmen ergriffen werden können.

Neben den Beratungsstellen der Hochschule gibt es in allen Städten Sorgen- und Krisentelefone, psychiatrische Akutstationen, Krisenzentren und -dienste, Zufluchtstätten und seelsorgerische Beratung. Überall sitzen Menschen und sind bereit, Ihnen zu helfen, scheuen Sie sich nicht, deren Hilfe auch in Anspruch zu nehmen.

Teil IV

Die Kür oder: Wie werte ich mein Studium auf?

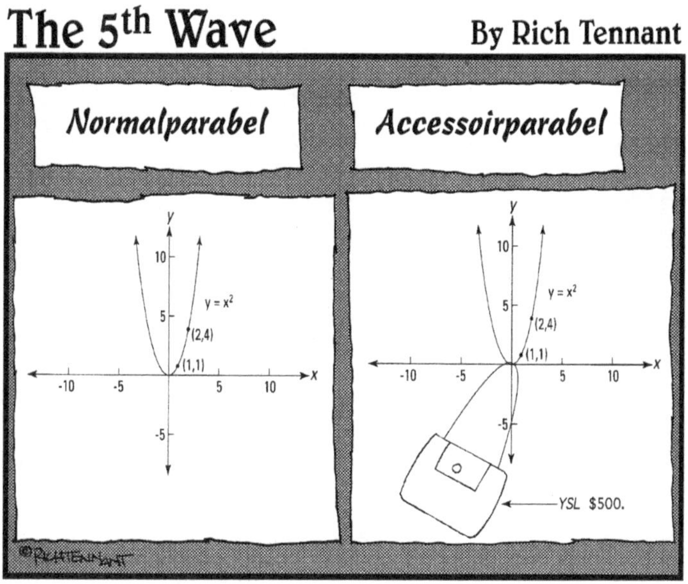

In diesem Teil …

erfahren Sie, was Sie zusätzlich zum Pflichtprogramm noch veranstalten können, um noch mehr Erfahrungen aus der Studienzeit mitzunehmen und Ihre Berufsaussichten zu verbessern. Das fängt damit an, dass Sie sich bei der Wahl Ihrer Einkommensquelle während des Studiums ein paar Gedanken machen sollten, was denn nun zu Ihrer Zukunft passt. Außerdem dürfen Sie eine Auszeit im Ausland schamlos als karrierenotwendig in den Lebenslauf schreiben, wenn Sie sich geschickt anstellen. Zuletzt möchte ich Ihnen einen Ausblick darauf geben, welche Annehmlichkeiten und Vorteile Ihnen der Studierendenstatus jenseits der Hochschulpflichten verschafft.

Der schnöde Mammon: Nebenjobs suchen und finden

12

In diesem Kapitel

- Wie Sie Studieren und nebenbei Arbeiten unter einen Hut bekommen
- Wie Sie den richtigen Nebenjob finden
- Arbeiten in der freien Wirtschaft oder an der Hochschule
- Konkrete Fragen zum Arbeitsverhältnis
- Jobsuche im Internet und in der Wirklichkeit

Nachdem Sie in den vorangegangenen Kapiteln erfahren haben, wofür Sie Ihr Geld ausgeben können, werfen Sie am besten gleich noch einmal einen Blick auf die Einnahmenseite Ihrer Bilanz. Vom BAföG-Höchstsatz kann man leben – theoretisch. Praktisch aber erhalten viele Studierende nicht den Höchstsatz oder schlicht weniger, als sie zum Leben brauchen. Es scheitert oft schon am Einkommen der Eltern, die Sie, trotz ihrer Verpflichtung dazu, nicht unterstützen können oder wollen, am Mangel an schönen und günstigen Wohngelegenheiten oder einfach an Ihrem persönlichen Lebensstil.

Ein Job neben dem Studium ist nicht ein lästiges Übel, sondern kann Spaß machen, Freunde und Kontakte bringen und nicht zuletzt eine einzigartige Gelegenheit sein, in verschiedene Bereiche hineinzuschnuppern und sich ein Bild von möglichen zukünftigen Arbeitgebern zu machen. Mancher baut gar parallel zum Lernen sein eigenes Unternehmen auf und hat dann schon Berufserfahrung, wenn das Abschlusszeugnis überreicht wird.

In diesem Kapitel möchte ich Ihnen einige Leitlinien geben, wie Sie gute von schlechten Jobs unterscheiden lernen und wozu Sie sich nicht hergeben sollten. Wie Sie an Studentenjobs kommen, erfahren Sie danach.

Einen sinnvollen Nebenjob finden

Bei aller Notwendigkeit von Erwerbsarbeit ist es auch wichtig, dass Sie sich Arbeitsstellen aussuchen, die Sie weiterbringen und die Ihnen Spaß machen. Es ist in Ordnung, in einer Kneipe zu jobben, wenn die Arbeitsbedingungen gut sind und das Trinkgeld stimmt. Sie lernen auf jeden Fall dabei fürs Leben. Es ist nicht okay, wenn Sie nahezu unbezahlt zum Kaffeekochen und Kopieren abgestellt werden, selbst wenn das in einer namhaften Unternehmensberatung ist.

Wer sich als Student schon ausbeuten lässt, braucht später in einer Festanstellung nicht auf Respekt zu hoffen. Kollegen in einem Unternehmen, in dem Sie als Hilfskraft vor allem für den Kaffee zuständig waren, werden Sie später kaum als kompetent wahrnehmen. Wenn Sie nach dem Studium in einem Unternehmen anfangen möchten, dann machen Sie dort ein Praktikum oder treten Sie eine Stelle an, in der Sie bereits fachliche Qualifikationen zeigen können. Im Grundstudium haben Sie die noch nicht, also bitte nicht im ersten Semester schon nach dem zukünftigen Arbeitgeber suchen.

Was für den einen sinnvoll ist, kann für den nächsten Unsinn sein. Was für Sie individuell passt, müssen Sie als nunmehr erwachsener Mensch selbst herausfinden. Anhand welcher Kriterien Sie eine Jobgelegenheit beurteilen sollten, kann ich Ihnen allerdings an die Hand geben.

Persönliche Vorüberlegungen

Die verschiedenen Gründe für die Wahl eines Studienfachs – Interesse, Karriere, Traumberuf – spielen auch in die Wahl des passenden Studentenjobs hinein. Dabei gilt als Faustregel, je früher im Studium Sie sich befinden, desto mehr Freiraum haben Sie für Spinnereien und Versuche.

Da Sie als Leser dieses Buchs vermutlich mit einer Wahrscheinlichkeit von 90 Prozent zu denen gehören, die neben dem Studium arbeiten müssen und noch in möglichst kurzer Zeit durch den Bachelor und vielleicht noch anschließend den Master kommen wollen, gebe ich Ihnen folgende Tipps, wie Sie es richtig machen können:

- ✔ Überlegen Sie sich gut, welche *praktischen Fähigkeiten* Ihnen im späteren Beruf nützlich sein können. Hoch- und Tiefbauingenieure oder Architekten können bei einem Nebenjob auf dem Bau sicher noch ein bisschen was darüber lernen, wie es in der Realität zugeht. Betriebswirten kann ein wenig Buchhaltung nicht schaden und Geisteswissenschaftler können sich schon mal in der Marktforschung umsehen und Studenten der Sozialen Fächer im Call-Center – hier werden Sie Geduld und Einfühlungsvermögen brauchen.
- ✔ Machen Sie sich Gedanken, in welchem *zeitlichen Rahmen* Sie einen Job suchen. Das hat direkt mit Ihrem finanziellen Aufstockbedarf zu tun und mit

dem erzielbaren *Stundenlohn*. Wenn Sie nur abends arbeiten können, wirft sich ein Job in der Gastronomie fast von allein in den Weg. Der sollte dann aber gut bezahlt sein (sind sie nicht, ich weiß, aber ein gut laufender Laden bringt ordentlich Trinkgeld, wenn Sie freundlich sind und sich die Lieblingsgetränke der Stammkunden merken können). Ansonsten arbeiten Sie zu oft und zu lange und sind dann zu müde fürs Studium.

- ✔ Legen Sie klar Ihre *persönlichen Grenzen* fest. Das gilt zum einen für den eben genannten zeitlichen Rahmen – jede Woche 10 Überstunden zulasten des Studiums, nur weil Sie nicht nein sagen können, dürfen nicht passieren –, zum anderen auch für die Inhalte der Arbeit. Der eine mag nicht einmal Kundenkontakt und ist zufrieden mit der Dateneingabemaske eines Computers, die nächste hat Spaß daran mit Telefonsex Geld zu verdienen und der Dritte will raus in die Natur und möglichst keine drei Stunden am Stück in einem Büro verbringen. Es gibt keine per se schlechten Jobs, es gibt nur welche, die nicht für *Sie* gemacht sind.
- ✔ Verlangen Sie *Bedenk- und Probezeit* und geben Sie sich die auch selbst ganz bewusst. Es mag keine schlechten Jobs geben, aber es gibt schlechte Arbeitgeber, schlechtes Betriebsklima und schlechte Arbeitsbedingungen – häufig treten allesamt gemeinsam auf. Da Sie das bei der Bewerbung noch nicht überschauen können, sollten Sie sich mindestens einen Monat geben, in dem Sie herausfinden können, ob Ihnen die Stelle auch zusagt. Niemandem ist geholfen, wenn Sie Energie damit vergeuden sich zu einem Job zu schleppen, den Sie gar nicht machen wollen.
- ✔ Suchen Sie einen Job, in dem Sie sich auch *entwickeln* können. Nichts gegen eine Stelle am Fließband, aber das ist eher etwas für die Semesterferien. Dauerhaft parallel zum Studium darf die Arbeit zwar nicht all Ihre gedankliche Kapazität verschlingen, sollte aber dennoch Herausforderungen mit sich bringen, sonst langweilen Sie sich bald.

Gleich nebenan: Jobs an der Uni

Eine Alternative zur Jobsuche in der Welt abseits des Campus ist die Stelle am Lehrstuhl Ihres Vertrauens oder Ihrer Ambitionen. Selbst in Hochschulverwaltungsstellen wie dem Studierendensekretariat, dem Rechenzentrum oder der Bibliothek werden studentische Hilfskräfte benötigt. Der Vorteil einer Tätigkeit als wissenschaftliche Aushilfe eines Lehrstuhls ist die fachliche Nähe zum Studium, der direkte Kontakt zu den Dozenten und die Aussichten, Ihre Abschlussarbeit oder gar Promotion dort unterzubringen, wo Sie bereits während Ihres

Studiums Eindruck schinden konnten. Insgesamt arbeiten in Deutschland rund 20 Prozent aller Studierenden an der Hochschule.

- Als *studentische Hilfskraft* beziehungsweise *studentischer Mitarbeiter* tun Sie an der Hochschule leider manchmal nicht viel mehr als bei einer Aushilfstätigkeit in der freien Wirtschaft auch: dafür sorgen, dass das Telefon beantwortet wird, Daten eingeben, Kaffee kochen, Aufgaben (oder Bücher) sortieren und als Mädchen oder Junge für alles stets bereit sein. Je nach Tätigkeitsort variiert das zwar, aber mit der Hochschullehre werden Sie vermutlich nicht viel zu tun haben. Als Mitarbeiter an einem Lehrstuhl können Sie aber auch im Bereich Forschung und/oder Lehre die Dozenten entlasten. Abgesehen von Verwaltungstätigkeiten wie beispielsweise der Homepagebetreuung sind Sie Übungsleiter oder Tutor, Ansprechpartner für Studenten niedrigerer Semester und teilweise Zuarbeitender für die Forschung der Professoren.

- Im Gegensatz dazu haben *wissenschaftliche Mitarbeiter* in der Regel ihren Hochschulabschluss bereits in der Tasche. Die Stellen sind mitunter Vollzeit, also mit bis zu 40 Wochenstunden, ausgeschrieben und haben den Schwerpunkt auf der Forschung und der Assistenz bei Lehrveranstaltungen. Die Anstellung als wissenschaftlicher Mitarbeiter können Sie anstreben, falls Sie dort auch als *Doktorand* unterkommen möchten; viele der angebotenen Stellen bieten die Möglichkeit der kumulativen Dissertation (mehr dazu in Kapitel 16).

- Die *Vergütung* an Hochschulen sollte sich nach dem Tarifvertrag für den öffentlichen Dienst der Länder (TV-L) richten, tut sie aber leider nur selten. In einigen Bundesländern (Berlin, Hessen) gibt es Tarifverträge für studentische Mitarbeiter, hier liegen die Löhne aktuell (Mai 2012) bei 10,87 Euro (Berlin) beziehungsweise 9,46 Euro (Hessen). Als deutschlandweites Schlusslicht werden in Thüringen nur durchschnittlich 7,58 Euro an die Studenten gezahlt. Und das bezieht sich auf Universitäten – an Fachhochschulen liegen die Einkommen von Hilfskräften noch deutlich darunter, was in Kombination mit einem geringen Arbeitsumfang von mitunter nur zehn Wochenstunden kaum für die Finanzierung des Lebens reicht.

Ein studentischer Nebenjob an der Hochschule kann bequem sein, weil die Anfahrt entfällt und er viele Vorteile wie zum Beispiel Promotions- und Forschungsaussichten mit sich bringt. Wenn Sie aber von diesen Einkünften leben müssen, kommen nur wenige der Angebote infrage.

Ein weiteres Manko bei Jobs an der Hochschule ist die begrenzte Laufzeit der Verträge, sofern es überhaupt welche gibt. Auch Urlaubs- und Krankengeld sind zwar gesetzlich vorgeschrieben, in der Realität aber oft die Ausnahme, so dass Sie eine Anstellung in diesem Rahmen auf jeden Fall gründlich überlegen müssen. Vereinigungen wie Tarifinitiativen (zum Beispiel die TarifINI NRW), studentische Gewerkschaften und das Netzwerk Wissenschaftsnachwuchs e.V. (`www.vvwn.de`) versuchen, für bessere Verhältnisse zu sorgen. Wenn Sie sich nun nicht haben abschrecken lassen, ist auch Kapitel 16, das sich um die Karrierechancen an Hochschulen und in der Forschung dreht, bestimmt interessant für Sie.

Wenn sonst nichts anliegt: Ferienjobs

Eine Alternative zum dauerhaften Unter-einen-Hut-bringen von Studium und Job kann die Beschäftigung in Vollzeit während der vorlesungsfreien Zeit sein. Wenn sich das mit Ihren Klausurterminen, vorgeschriebenen Praktika und Exkursionen und sonstigem Pflichtprogramm vereinbaren lässt, bieten besonders im Juli und August viele Produktionsunternehmen Stellen für Studenten an, die die angestellten Sommerurlauber ersetzen sollen. Auch Urlaubsvertretungen in Bürostellen können lukrativ sein und manchmal bietet sich noch über die Ferien hinaus die Möglichkeit, stundenweise als Aushilfe weiterzuarbeiten.

Wer extrovertiert genug, frei und ungebunden ist, kann mit Promotion- oder Akquiseteams durch ganz Deutschland reisen und in wenigen Wochen bei gutem Engagement für volle Kassen zum Semesterstart sorgen. Dafür müssen Sie allerdings mitunter bei Wind und Wetter mit einem freundlichen Lächeln Passanten auf sich und das wunderbare Produkt, das Sie promoten, aufmerksam machen. Das ist nicht jedermanns Sache. Oder Sie planen einen Arbeitsaufenthalt im Ausland.

Auf dem Weg zur goldenen Rolex: Werkstudent sein

Es gibt eine Reihe von Märchen und Mythen rund um den Begriff des Werkstudenten. Falsch – das nehme ich gleich vorweg – ist, dass es sich wie bei einem Werkvertrag nur um Tätigkeiten handelt, bei denen eine bestimmte Arbeit (eben ein »Werk«) erstellt werden muss, unabhängig von der Dauer, die Sie dafür brauchen. Ebenfalls falsch, aber der Wahrheit näher, ist, dass Sie dabei in einem Werk arbeiten müssen. Ursprünglich war ein Werkstudent in der Zeit des zweiten Weltkriegs ein Student, der vom Kriegsdienst freigestellt war, um industrielle oder landwirtschaftliche Arbeit zu verrichten. Heute ist es eher ein Student, der bei seiner Arbeit noch etwas für die Hochschulausbildung lernt und möglicherweise gar Unterstützung beim Studium und der Abschlussarbeit erfährt.

Werkstudenten dürfen während der Vorlesungszeit maximal 20 Stunden pro Woche arbeiten. Ihre Arbeit muss vergütet werden – das unterscheidet sie von Praktikanten – und sie sind häufig bis zum Ende der Studiumsdauer angestellt. Dabei haben sie Anspruch auf Urlaub und Lohnfortzahlung im Krankheitsfall wie andere Arbeitnehmer auch. Da Sie als Werkstudent wertschöpfend tätig sind, dem Unternehmen also zu mehr Einnahmen oder einem gesteigerten Absatz verhelfen sollen, kann Ihr Vertrag provisionsabhängige Vergütungen beinhalten.

Informationen zum Thema Werkstudententätigkeit finden Sie im Internet viele. Besonders die Seite `www.werkstudent24.de` ist ergiebig. Auch der Deutsche Gewerkschaftsbund DGB hat auf `www.dgb-jugend.de/neue_downloads/data/werkstudenten.pdf` eine Informationsbroschüre veröffentlicht.

Jobs für die Abschlussarbeit

Was Sie als Werkstudent Ihr Studium über betreiben, nämlich nebenher bereits Berufserfahrung sammeln, können Sie zum Abschluss bringen, indem Sie Ihre Bachelor- oder Masterarbeit im und über das Unternehmen schreiben, bei dem Sie jahrelang gearbeitet haben. Aber auch wenn Sie nicht als Werkstudent angestellt waren und sich auch nicht als studentische Hilfskraft bereits einen Platz am Lehrstuhl Ihrer Wahl und den kooperierenden Unternehmen gesichert haben, können Sie trotzdem noch fündig werden. In fast allen weiter hinten im Kapitel vorgestellten Jobportalen gibt es eine Rubrik für Abschlussarbeiten, unter der Unternehmen die Themen anbieten, zu denen sie gern einen Studenten beschäftigen möchten.

Positiv an dieser Art der Beschäftigung ist, dass Sie nicht im Elfenbeinturm oder einsam in einer Bibliothek vor sich hinschreiben, sondern sicher sein können, dass Ihre Arbeit auch tatsächlich mit der Realität zu tun hat. Außerdem bietet sich vielleicht die Chance zum Berufseinstieg in das Unternehmen, wenn Sie sich geschickt anstellen. Andererseits sind Sie mit so einer Arbeit Diener zweier Herren: Die Hochschule will das eine (wissenschaftlichen Anspruch, überprüfbare, valide Ergebnisse, einen ansprechenden Theorieteil und eine klar begrenzte Forschungsfrage), das Unternehmen möglicherweise das andere (schnelle Ergebnisse zu schwammigen Fragen, ohne dass Sie Zugriff auf alle relevanten Daten erhalten).

Prüfen Sie im Vorfeld genau, wer was will und welche Kompetenzen Sie haben, damit Sie am Ende nicht zwischen den Stühlen sitzen. Um eine empirische Arbeit zwischen Lehrstuhl und Arbeitgeber hinzubekommen, sollte allen die gleiche Forschungsfrage am Herzen liegen und Sie sollten die erforderlichen Daten auch sammeln dürfen.

Was Sie noch bei der Erstellung Ihrer Abschlussarbeit beachten müssen, erfahren Sie in Kapitel 15 oder ausführlich in dem Buch »Die erfolgreiche Abschlussarbeit für Dummies«.

Was bei einem Studentenjob zu beachten ist

Wenn Sie sich an einen Arbeitgeber binden, gibt es einige Details, die Sie beachten sollten. An erster Stelle steht der Vertrag, der einige Punkte konkret regeln sollte, die in der Praxis gerade bei Aushilfsjobs gern mal unter den Tisch fallen:

- ✔ Die *Konditionen* zu Arbeitszeit, Entlohnung, Urlaub und Kündigungsfristen sollten klar geregelt sein.
    - Wie viele Stunden Ihrer Arbeitskraft in der Woche sichern Sie zu, was geschieht, wenn Sie Überstunden angesammelt haben, was, wenn Sie zu wenig arbeiten?
    - Wie viele Tage Urlaub haben Sie im Jahr und erhalten Sie Geld im Krankheitsfall?
    - Wie lange gilt der Vertrag und zu welchen Konditionen kann eine der beiden Seiten ihn kündigen?
    - Wer stellt die Arbeitsmittel, also benötigen Sie eigene Berufskleidung oder einen Arbeitslaptop oder wird Ihnen das gestellt? Wichtig ist auch, falls Sie sich eine Stelle teilen, wann ein bestimmter Arbeitsplatz überhaupt verfügbar ist.
- ✔ Wichtig ist außerdem die *Art der Beschäftigung*, und ob es sich um eine Anstellung handelt oder ob Sie selbstständig sind.
    - Eine Teilzeitanstellung umfasst weniger als die üblichen 40 Stunden in der Woche. Häufig ist vorgegeben, an welchen Tagen und zu welchen Zeiten Sie arbeiten sollen. Zu beachten ist auch, dass der reguläre Urlaubsanspruch sich auch entsprechend verringert (halbe Stelle = halber Urlaubsanspruch). Bei kulanten Arbeitgebern kann ein Vorteil der Teilzeitstelle sein, dass Sie variabel in machen Wochen mehr, in anderen – etwa in Prüfungsphasen – weniger arbeiten können. Das sollte aber klar abgesprochen werden.

- Eine geringfügige Beschäftigung liegt vor, wenn Sie monatlich nicht mehr als 400 Euro verdienen (der sogenannte »Minijob«). Diese Grenze gilt für alle Jobs in Summe, also können Sie nicht drei 400-Euro-Stellen haben. Die Besteuerung und Sozialabgaben erfolgen pauschal, was es dem Arbeitgeber leichter macht, Sie abzurechnen. In dem Bereich zwischen 401 und 800 Euro monatlichem Einkommen (auch »Midijob« genannt) gelten Gleitregelungen was die Abgaben betrifft. Eine informative Seite zu den genauen Regelungen, die Sie unbedingt vor Abschluss eines solchen Vertrags lesen sollten, ist die des Bundesministeriums für Arbeit und Soziales (`www.bmas.de`), unter »Themen« – »Soziale Sicherung« – »400-Euro-Minijobs«.
- Werkverträge sind Verträge, bei denen nicht Anwesenheit oder Arbeitskraft, sondern ein bestimmtes Werk geschuldet wird. Sie können also einen Vertrag abschließen, bei dem Sie sich verpflichten, 1000 Fragebögen für ein Marktforschungsinstitut einzugeben. Dennoch können vertraglich Arbeitszeiten und Fristen festgelegt sein.
- Eine Beschäftigung auf Rechnung beziehungsweise Honorarbasis setzt voraus, dass Sie sich beim Finanzamt als Selbstständiger anmelden. Sofern Sie keiner freiberuflichen Tätigkeit nachgehen (die Unterschiede zwischen Selbstständigkeit und Freiberuflichkeit hier zu erläutern, würde zu weit führen, das lässt sich aber beispielsweise unter `www.foerderland.de/2080.0.html` nachlesen), müssen Sie zudem beim Gewerbeamt ein Gewerbe anmelden. Beides sorgt dann dafür, dass Ihre Steuererklärung etwas komplizierter wird, denn nun kommen Einkünfte aus selbstständiger Tätigkeit und unter Umständen eine Umsatzsteuer- und Gewerbesteuererklärung dazu.

Wenn die Einkünfte 400 Euro monatlich übersteigen, geht die Krankenkasse von einer *hauptberuflichen* Selbstständigkeit aus, so dass Sie dann der Krankenkasse einen Beitrag von etwa 300 Euro monatlich zahlen müssen, das kann also schnell schiefgehen. Außerdem besteht die Gefahr der sogenannten *Scheinselbstständigkeit*, wenn Sie zwar offiziell als Selbstständiger arbeiten (Chancen und Risiken also beim Unternehmer liegen), Sie tatsächlich aber auf Weisung hin in einem Arbeitsverhältnis stehen. Sollte eine Tätigkeit nachträglich als Arbeitnehmerverhältnis eingestuft werden, drohen Arbeitnehmer und -geber sozial-, arbeits- und steuerrechtliche Konsequenzen, die beide gemeinsam zu tragen haben. Sollte das irgendwie auf Sie zutreffen, informieren Sie sich genauer, zum Beispiel online unter `www.internetratgeber-recht.de/Arbeitsrecht/Scheinselbstaendigkeit/ssa.htm` oder bei einem Anwalt.

- Die Fragen der *Sozialabgaben* – Kranken-, Pflege-, Renten- und Arbeitslosenversicherung – sowie *Steuern* sind unbedingt im Vorfeld zu klären. Als Arbeitnehmer sind Sie dafür zuständig, dass nicht verschiedene Arbeitgeber Sie als geringfügig Beschäftigte führen. Außerdem sind Sie grundsätzlich zur Abgabe einer Steuererklärung verpflichtet, wenn Sie Geld verdienen. Ihr Nebeneinkommen kann auch dem Bezug von *Kindergeld* und *BAföG* in die Quere kommen, erkundigen Sie sich also rechtzeitig nach den jeweiligen Grenzen.
- Über die möglichen *Perspektiven*, die sich aus einem Nebenjob ergeben, habe ich oben schon geschrieben. Im besten Fall sprechen Sie mit Ihrem zukünftigen Chef darüber, welche Entwicklungsmöglichkeiten er in seinem Unternehmen für Sie sieht. Auch in Nebenjobs können regelmäßige Mitarbeitergespräche üblich und förderlich sein.

Wie der Job zu Ihnen kommt

Am besten Sie lehnen sich zurück und warten, dass einer kommt und Ihnen einen tollen Job anbietet. Das ist der sicherste Weg, sich nicht zusätzlich mit Berufstätigkeit zu belasten. Wenn Sie tatsächlich nebenbei arbeiten wollen, müssen Sie sich aktiv umsehen, Zeitungen aufschlagen, im Internet recherchieren und Aushänge durchkämmen, um die geeignete Stelle zu finden. Danach folgt das übliche Bewerbungsprozedere, das eigene Bücher füllt. Da dieses Buch schon einen Teil über die Bewerbung an Hochschulen enthält (siehe dazu noch einmal Kapitel 7), überlasse ich es Ihrer Fantasie, das Anschreiben, den Lebenslauf und das Motivationsschreiben an die Stellenanzeige statt einen Studiengang anzupassen.

Zeitungen und Internet

Großformatiges, raschelndes Papier ist inzwischen fast schon ein Anachronismus, aber wer donnerstags beim gemütlichen Morgenkaffee »DIE ZEIT« liest, fühlt sich hinterher immer ein bisschen erwachsener als vorher. Natürlich gibt es die – wie fast jedes Printprodukt – inzwischen auch online (bei `jobs.zeit.de` finden Sie allerdings eher Angebote ab wissenschaftlichen Mitarbeitern aufwärts bis zur Professur) und als App, ich persönlich aber mag das Gefühl von Papier zwischen den Fingern. Probieren Sie's mal!

Printprodukte

Gedruckte Medien haben für manche den Vorteil, dass sich Stellenanzeigen ausschneiden und archivieren lassen, am besten zusammen mit der zugehörigen Bewerbung. Das geht virtuell zwar auch, wird aber von Papierliebhabern als umständlicher empfunden, als einfach die interessanten Anzeigen einer Seite anzustreichen. Dann können Sie sie mit ein bisschen Bastelarbeit – das entspannt! – ausschneiden, sortieren und auf ein Blatt Papier aufkleben, so dass Sie daneben schreiben können, wann Sie sich beworben haben und wann Sie nachfragen möchten. Natürlich geht das auch mit Copy & Paste am Bildschirm, aber die Mutter der Stellenanzeigen ist eben die auf Papier. Als Quellen geeignet sind:

- ✔ **Tages- und Wochenzeitungen:** Besonders in regionalen Ausgaben finden Sie entweder gleich eine eigene Rubrik »Studentenjobs« oder aber ausgewiesene geringfügige Beschäftigungen. Es lohnt sich immer, die anderen Rubriken auch durchzusehen; vielleicht hat ein ungeübter Chef seine Annonce in die Standardrubriken eingestellt.
- ✔ **Stadtmagazine:** In Berlin ist es üblich, in Stadtmagazinen wie Zitty oder TIP nach Stellen zu suchen, andere Städte haben eigene Medien in diesem Format. In vielen Städten wie München, Frankfurt, Dresden oder Köln erscheint beispielsweise auch das Magazin »Prinz« mit regionalen Anzeigen.
- ✔ **Kostenlose Zeitschriften und Hefte:** Deutschlandweit liegen an Hochschulen Zeitschriften wie Unicum oder Audimax aus. In denen finden sich häufig Image-Anzeigen von Unternehmen, die ihren Ruf als zukünftige Arbeitgeber der Absolventen aufpolieren wollen, aber auch vereinzelt Angebote an Hochschulen oder für Abschlussarbeiten. Regional gibt es eine Vielzahl von Heften von Privatanbietern, den Studentenwerken oder Fachschaften, in denen sich ebenfalls mitunter Stellenanzeigen finden lassen.

Online-Quellen

Das schnellere und umfassendere Angebot an Stellenanzeigen finden Sie jedoch im Internet.

- ✔ Die großen *Jobportale* sind für alle da. Ob Jobscout24 oder Monster.de, in allen können Sie nach 400-Euro-Jobs, Praktika oder Studentenjobs filtern, ein eigenes Profil anlegen und sich Angebote zumailen lassen. Es existieren aber auch studentenspezifische Portale:
    - `www.jobmensa.de` bietet regional sortiert ausschließlich Studentenjobs und Praktika an. Weiterführende Angebote für Absolventen werden unter `www.jobeinstieg.de` gelistet.
    - Auch `www.studentenjob.de` hat sich auf Studis spezialisiert und bietet auf der Startseite eine Schnellsuche an, mit der Sie sich einen Überblick verschaffen können.

- Auf den Seiten des Campus Career Network (`www.c2n.de`) finden Sie Jobs für Studenten, Absolventen und Praktika. Ähnlich sind `www.euni.de` und `www.berufsstart.de` aufgestellt.
- Die Hochschulseite der Universität Stuttgart bietet viele Informationen sowie eine umfassende Linksammlung auf `www.uni-stuttgart.de/jobs/links`.

✔ *Stadtmagazine* und *Zeitungen* haben nicht nur in den Printausgaben Stellenanzeigen, sondern auch in der jeweiligen Onlineversion.

✔ Wer sich für eine Stelle an der *Hochschule* interessiert, findet auf `www.hochschulstellen.de` einen (wahnsinnig unattraktiv gestalteten, aber nahezu vollständigen) Überblick über die Links zu den Stellenausschreibungen aller Hochschulen in Deutschland.

Jobangebote vor Ort finden

Weg vom Computer und hinein in die wirkliche Welt können Sie an einigen Anlaufstellen nachsehen, ob nicht jemand Arbeit für Sie hat.

Jobagenturen

An vielen Hochschulen gibt es Zweigstellen der Arbeitsagenturen für Studierende und Absolventen. Einige Studentenwerke bieten zusätzlich studentische Arbeitsvermittlungen an. In Berlin zum Beispiel haben die »Heinzelmännchen« (`www.studentenwerk-berlin.de/jobs`) das Monopol auf die Vermittlung von kurz- und langfristigen Jobs. Das »Stellenwerk« in Köln (`www.stellenwerk-koeln.de`), »Die Job Börse« in München (`www.jobcafe.de`) oder das »Mainswerk« in Frankfurt (`stellenmarkt.studentenwerkfrankfurt.de`) bezeichnen ähnliche Einrichtungen.

Hochschulen

An Ihrer Hochschule selbst können Sie an den einzelnen Lehrstühlen vorbeischauen, die häufig schwarze Bretter oder Aushänge in Glaskästen vor dem Sekretariat haben. Ausschreibungen für studentische Mitarbeit werden häufig einfach ausgedruckt und ausgehängt, wenn gerade der oder die zuständige für die Webseite nicht greifbar ist. Auch an der Bibliothek, dem Rechenzentrum oder dem Studierendensekretariat hängt möglicherweise einfach ein unscheinbarer Zettel als Stellenausschreibung.

Die studentischen Hochschulgruppen und Studentenverbindungen (erwähnt am Ende von Kapitel 11 und 14) können Ihnen die Jobsuche erheblich erleichtern; über Vitamin B und gut funktionierende Netzwerke ist es immer leichter an eine Stelle zu kommen als nur mit einer Bewerbung; so ist die Welt nun einmal.

Firmenpräsenz und Messen

Unternehmen nutzen zunehmend Jobmessen (mehr dazu in Kapitel 17) und Stände in den Hochschulen, um die Absolventen auf sich aufmerksam zu machen. Nicht selten kann sich aus einem interessanten Messegespräch auch schon ein Nebenjob mit Perspektive auf Anstellung nach dem Studium ergeben.

Einige Unternehmen sichern sich die »High Potentials«, die Studierenden, die besonders gute Mitarbeiter zu werden versprechen, bereits vor deren Hochschulabschluss. Dazu werden nicht selten Rekrutierungsteams an die Institute geschickt, die gezielt Studierende ansprechen oder an Ständen für das Unternehmen Imagewerbung betreiben. Oft wird auch bei den Lehrstühlen nachgefragt, wer als zukünftiger Topmitarbeiter infrage käme.

Wenn Sie Freunde haben, die bereits in guten Unternehmen arbeiten, lassen Sie die für sich nach Ausschreibungen und Aushängen schauen. Gerade geringfügige Beschäftigungen werden häufig intern oder über die Kontakte von Mitarbeitern vergeben.

Dann noch in die Ferne schweifen ...

13

In diesem Kapitel

- Vor- und Nachteile von Auslandssemestern
- Die Anbieter und ihre Programme
- Auslandsaufenthalt in Eigenregie
- Lieber ein Praktikum statt studieren
- Die einzelnen Schritte zum Auslandsaufenthalt
- Verhalten während der Zeit in fremden Ländern

»Wann, wenn nicht jetzt?« ist ein häufiges Argument dafür, die Studienzeit mit einem Aufenthalt im Ausland zu verschönern. Denn selbst wenn Sie später im Beruf viel reisen (müssen), werden Sie vermutlich auch von den spannendsten Ländern in vielen Fällen nicht viel mehr als Sitzungssäle und Produktionsstätten von innen zu sehen bekommen. Also los!

Was es Ihnen bringt – und was nicht –, an wen Sie sich wenden können und wie Sie Ihren Auslandsaufenthalt am besten planen, soll Ihnen dieses Kapitel näherbringen.

Was bringen Auslandsaufenthalte?

Das deutsche Bildungssystem steht im internationalen Vergleich nicht schlecht da – nach einer Studie aus dem Jahr 2011 sind 14 deutsche Hochschulen unter den Top 200 zu finden, was insgesamt für Deutschland den vierten Platz nach den USA, Großbritannien und Kanada bedeutet. Eben diese Länder, allen voran die USA mit den dauerbesten Unis in internationalen Vergleichen (Harvard, MIT, Stanford, Princeton, Berkeley und Yale), aber auch die Briten mit Oxford und Cambridge sind starke Magneten für deutsche Studierende. Zum einen liegt das daran, dass die meisten Deutschen über recht brauchbare Englischkenntnisse verfügen, und zum anderen, weil sich der Besuch einer internationalen Elite-Uni auch gut im Lebenslauf macht.

Jenseits der Prestigeüberlegungen gibt es noch einige Gründe, die dafür sprechen, Ihren studentischen Allerwertesten einmal ins Ausland zu tragen und dort in einem Hörsaal zu platzieren:

- **Einfach mal was anderes sehen:** Sie werden merken, dass das Studium zwar anfangs neu und aufregend ist, dass Sie sich aber schnell in den Trott zwischen Hörsälen, Bibliotheken und Nebenjobs eingefügt haben. Einige von Ihnen werden jedes Semester wieder Seminare ohne Ende besuchen, andere aus Vorlesungen den Stoff für zig Klausuren mitnehmen, am Ende ist zwar der Inhalt des Studiums immer wieder neu und hoffentlich spannend, aber das Leben (selbst in einer neuen Stadt) wird Alltag. Da hilft es, den eigenen Horizont ein weiteres Mal zu erweitern. Eine neue Umgebung bedeutet automatisch neue Eindrücke, mehr von der Welt gesehen haben, sich auch vorstellen können, dass es nicht überall auf der Welt so zugeht wie zu Hause.
- **Weltbürger werden:** Sind Sie schon Europäer? Trotz der Krisen in Europa traten die Verbindungen innerhalb Europas und die gemeinsame europäische Identität in den letzten Jahren immer mehr zutage. Wir sind nicht einfach nur Deutsche, wir leben in einem Europa, das gegenseitige Abhängigkeiten, aber durch die Freizügigkeit und nicht zuletzt den Bologna-Prozess auch Vorteile wie zum Beispiel ein einfacheres Studieren über Ländergrenzen hinweg ermöglicht.

  Und auch international – Stichwort Globalisierung – kommt kaum noch ein Staat ohne den anderen aus. Arbeitsstellen in internationalen Konzernen erfordern eine Selbstwahrnehmung als Weltbürger und abgesehen davon, dass Ihnen ein längerer Auslandsaufenthalt Kontakte und Freundschaften verschafft und andere Kulturen näherbringt, wird Ihr Blick geschärft für die Herausforderungen, vor denen die gesamte Weltbevölkerung in den kommenden Jahrzehnten stehen wird.
- **Aufgeschlossenheit und Flexibilität demonstrieren:** Eines Tages werden Sie sich vielleicht auf Stellen bewerben, bei denen es eine Rolle spielt, ob Sie im Lebenslauf einen Auslandsaufenthalt nachweisen können. Die Vorstellung vieler Chefs, Sie mögen zum Zeitpunkt des Studienabschlusses (natürlich im Einserbereich) bereits Berufserfahrungen durch Praktika, Sprachkenntnisse im Ausland und Wirtschaftserfahrung in Nebenjobs gesammelt haben und dabei bitte noch unter 25 sein, ist trotz Fachkräftemangels ungebrochen. Und auch wenn dem Personalverantwortlichen nicht direkt etwas am Land liegt, in dem Sie waren, so zeigt ein Auslandsaufenthalt in der Vita doch, dass Sie mutig sind und sich neuen Situationen stellen können.

- **Sprachkenntnisse verbessern:** Der vordergründig wichtigste Punkt für einen Aufenthalt im Ausland ist, so jung wie möglich so viel wie möglich zu lernen. Mancher hat vielleicht ein Jahr im Ausland schon zu Schulzeiten absolviert, andere gehen als Au-pair in ein anderes Land, während die benötigten Wartesemester auflaufen. Sie können nun gleichzeitig weiter studieren und fleißig Credits sammeln und dazu noch Ihre Sprachkenntnisse verbessern. Wenn Sie beispielsweise in Spanien studieren, wo die Unterrichtssprache Englisch ist, können Sie sogar gleich in zwei Sprachen Erfahrungen sammeln (natürlich nur, wenn Sie zusätzlich Spanischsprachkurse belegen und Ihre Freizeit nicht nur mit anderen Deutschen verbringen).

- **Neue Arten und Inhalte von Lehre erleben:** »Andere Länder, andere Sitten« – das gilt auch an den Hochschulen. Mancherorts ist die Betreuung engmaschiger, an anderen Stellen kaum vorhanden, die Gruppen sind kleiner, die Anforderungen höher und auch die technische Ausstattung schwankt von Papier und Stift bis zum Hightech Board. Lassen Sie sich überraschen und nehmen Sie auch in der Hochschule mit, dass es viele Wege gibt, die zu Bildung führen. Besonders wenn Sie das Abenteuer Entwicklungsland eingehen, können Sie sich vor Ort ein Bild davon machen, unter welchen Bedingungen in manchen Ländern gelehrt wird. Das kann Wunder gegen Vorurteile wirken, sei es, dass Sie Zustände unter- oder überschätzt haben.

- **Spaß haben:** Was anderes sehen, was anderes lernen, mit Gleichgesinnten durch die Fremde ziehen, kann einfach auch Spaß machen.

Ein Auslandsaufenthalt bringt viele Chancen mit sich, aber auch die Gefahr, dass Sie ihn unterschätzen: Was es nicht ist, ist Urlaub! Sommer, Sonne, Strand, das kann verlockend sein, aber gerade an renommierten Hochschulen werden Sie ordentlich ranklotzen müssen, um als Ausländer mitzuhalten.

Welche Art von Auslandsaufenthalt für Sie das Richtige ist – ob Jobben, Reisen, Studium ganz oder nur zum Teil oder ein Praktikum – können Sie mit Hilfe eines Selbsttests auf der Seite `www.auslandszeit.de` herausfinden.

Die Macher von Auslandsprogrammen

Beim Auslandsstudium ist vieles zu beachten und so einiges zu organisieren. Damit Sie sich nicht um jedes Formular einzeln und selbst kümmern müssen, gibt es zahlreiche Einrichtungen und Organisationen, die Ihnen den Aufenthalt vereinfachen. Besondere Programme bieten einen halbwegs vereinheitlichten

Rahmen, um die Organisation des Auslandssemesters allgemein und die Anrechnung von Studienleistungen zu vereinfachen.

Der große Organisator: Der DAAD

Als weltweit größter Förderer des internationalen Austauschs von Studenten und Wissenschaftlern hat der Deutsche Akademische Auslandsdienst (DAAD) sich zur Aufgabe gemacht, die Internationalität deutscher Hochschulen zu stärken und auch im Ausland die deutsche Sprache sowie die Entwicklung des Hochschulwesens zu unterstützen. Insgesamt bestehen rund 250 verschiedene Programme, die auch der Förderung von Auslandsaufenthalten jüngerer Studenten dienen. Auf der Seite `www.daad.de` gibt es unter »Infos für Deutsche« – »Studieren im Ausland« eine Fülle von Informationen:

- ✔ zur Planung und Vorbereitung mit einem Veranstaltungskalender (unter »Service und Downloads«) zu aktuellen Infobörsen und Bildungsmessen
- ✔ zu den einzelnen Ländern, die infrage kommen, mit allen Informationen zu dort herrschenden Aufenthalts- und Arbeitsregelungen, Studiengebühren, Lebenshaltungskosten und weiteren Hinweisen
- ✔ zu einzelnen Fächerbesonderheiten und einer weltweiten Studienfachsuche
- ✔ zu Finanzierungsmöglichkeiten über die umfangreiche Stipendiendatenbank, aber auch Hinweise zum Auslands-BAföG
- ✔ zu Alternativen wie Sie, ohne Student zu sein, ins Ausland kommen können

Auch die Seite `www.go-out.de`, die vom DAAD betrieben wird, bietet viel Material und Erfahrungsberichte.

Vom Austauschdienst gibt es recht aktuelle DAAD Studienführer für verschiedene Länder (China, USA, Großbritannien/Irland, Kanada, Spanien, Niederlande). Etwas älter sind die Ausgaben zu Österreich/Schweiz, Frankreich und Australien und Neuseeland.

Der DAAD ist außerdem die nationale Agentur für das ERASMUS-Programm. Er informiert und berät Hochschulen hinsichtlich der Antragstellung und Verwaltung des Programms, vergibt die Mobilitätszuschüsse und ist für die Klärung von Problemfällen zuständig.

Das Übliche: Das ERASMUS-Programm

ERASMUS fördert als Nachfolger des Programms SOKRATES/ERASMUS ab 2013 innerhalb der europäischen *Lifelong Learning Programme* (LLP) die Hochschulbildung (ERASMUS steht übrigens für European Region Action Scheme for the Mobility of University Students). In 31 Ländern nehmen knapp 2.200 Institute (Stand Juli 2012) an den Aktivitäten teil.

Studenten, die sich für *ERASMUS SMS* (student mobility studies) bewerben wollen, müssen regulär an einer deutschen Hochschule eingeschrieben sein. Sie müssen weiterhin bereits mindestens ein Jahr studiert haben, können aber mit der Vorbereitung der Auslandszeit sofort nach der Eingewöhnung an der Hochschule beginnen, wenn Sie wollen. Die Heimathochschule und die Partnerhochschule müssen miteinander einen ERASMUS-Kooperationsvertrag haben. Der Auslandsaufenthalt kann zwischen drei und zwölf Monaten dauern.

Die *Bewerbung* reichen Sie direkt an Ihrer Hochschule ein. Dort finden Sie Unterstützung im Auslandssekretariat (oder wie auch immer das bei Ihnen heißt) sowie beim zuständigen ERASMUS-Koordinator Ihres Studiengangs, an den auch die Bewerbung geht. Im Zeitraum Dezember/Januar werden die Anträge für das folgende akademische Jahr (Sommer- und Wintersemester) eingereicht. Sie umfassen ein Motivationsschreiben, einen Lebenslauf, eine Liste aller bislang besuchten Lehrveranstaltungen, das Bachelorzeugnis, falls Sie sich auf einen Master-Platz bewerben, sowie die geforderten Sprachnachweise.

Die grundsätzlichen Vorteile des ERASMUS SMS-Programms sind

- ✔ finanzielle Zuschüsse zu auslandsbedingten Mehrkosten von bis zu 300 Euro pro Monat sowie Befreiung von den ausländischen Studiengebühren
- ✔ Vorbereitungsbesuche (Preparatory Visits – PV) bis zu fünf Tage inklusive der Erstattung der Fahrt- und Aufenthaltskosten und Sprachkurse besonders für selten gesprochene Sprachen (ERASMUS Intensive Language Courses – EILC) direkt im Land
- ✔ Anerkennung von im Ausland erworbenen Credits (ECTS) an der Heimathochschule

Nach der Auswahl für einen ERASMUS-Platz erhält die Partnerhochschule Ihre sogenannte Nominierung und entscheidet dann – in der Regel positiv – über Ihre Aufnahme. Dann schließen Sie den Stipendienvertrag in Form Ihrer Annahmeerklärung ab. Es folgen die Anmeldeprozeduren der jeweiligen ausländischen Hochschule, ein Learning Agreement, in dem Sie angeben, welche Veranstaltungen Sie an der Gasthochschule besuchen möchten, sowie gegebenenfalls ein

Sprachkurs. In der ERASMUS-Charta (ec.europa.eu/education/archive/million/charter_de.pdf) können Sie nachlesen, welche Rechte und Pflichten Sie als Programmteilnehmer haben.

Ein weiteres ERASMUS-Programm ist *ERASMUS Mundus,* in dem Studierenden auf Master- oder Promotionsniveau die Möglichkeit gegeben wird, an internationalen Studiengängen von drei (oder mehr) europäischen Hochschulen aus unterschiedlichen europäischen Ländern teilzunehmen. Dabei haben Sie in den sogenannten Mobilitätsphasen mindestens zwei Aufenthalte im Ausland. Auf der Seite eu.daad.de finden Sie unter dem Stichwort »EU-Drittlandkooperationen« den Link zu »ERASMUS Mundus II« und weiterführende Informationen auch zu anderen Programmen.

Geld spielt keine Rolle? Private und andere Anbieter

Unternehmen wie EF (Education First) sind vielen als Anbieter privater Sprachreisen vornehmlich für Schüler bekannt. Sie bieten aber auch Studenten im Rahmen des Programms »Studienjahr im Ausland« (www.ef.de/aya) beispielsweise Vorbereitungskurse (University Foundation Year) für ein Studium im Ausland oder auch ein englischsprachiges Aufbaustudium (Pre-Master/MBA-Vorbereitung). Zudem bestehen Kooperationen mit Hochschulen. So kann je nach Reiseziel während des ersten Jahres an einer Hochschule ein Sprachdiplom erworben werden, um danach Zugang zum zweiten Studienjahr und dem ausländischen Abschluss zu haben. Die Kosten liegen zwischen etwa 10.000 und 16.000 Euro für ein Studienjahr. In Kooperation mit der Hult International Business School besteht die Möglichkeit innerhalb eines Jahres einen MBA-Abschluss zu machen.

Der mit ähnlichen Angeboten aufgestellte Anbieter iSt hat durch die Kooperation mit dem amerikanischen *Go Campus University Program* (www.gocampus.us) ein Stipendienprogramm für die USA und Kanada im Portfolio (www.stipendien-usa.de). Dabei können Semester im Ausland, aber auch ganze Studiengänge vermittelt werden. Unter den Angeboten, die Sie von iSt erhalten, befinden sich Stipendien unterschiedlicher Größenordnungen, die Ihren Eigenanteil auf 12.000 beziehungsweise 15.000 Dollar (10.000 bis 12.500 Euro) oder auch auf einen bestimmten Prozentsatz der Gesamtkosten beschränken.

Individuelle Hochschulpartnerschaften

Innerhalb von Europa laufen die meisten Hochschulkooperationen inzwischen über das ERASMUS SMS-Programm. Für den sonstigen internationalen Austausch gibt es keine bestimmten Programme, so dass jede Hochschule individuelle Vereinbarungen mit Kooperationspartnern abschließt. In Zusammenarbeit mit der Hochschulrektorenkonferenz (HRK) hat der DAAD eine Datenbank erstellt, auf die Sie online unter `www.hochschulkompass.de/internationale-kooperationen.html` zugreifen können. Dort können Sie nach internationalen Verknüpfungen suchen, indem Sie entweder die ausländische oder die deutsche Hochschule (oder eine Stadt oder einen Staat) anwählen und sich die Verbindungen anzeigen lassen.

Auf den Internetseiten Ihrer eigenen Hochschule können Sie sich ebenso informieren, indem Sie beispielsweise gleich in der Volltextsuche »Partnerhochschulen« eingeben oder sich auf den Seiten des akademischen Auslandsamts umschauen. Übrigens ist es auch möglich, im Rahmen eines Studiums an einer Fernhochschule ein Auslandssemester einzulegen. Dazu müssen Sie sich zwar in der Regel selbstständig bewerben beziehungsweise für das ERASMUS-Programm muss die Heimathochschule individuell mit den Wunschhochschulen verhandeln, aber per se ausgeschlossen ist dieser Weg nicht.

Auch einige duale Studiengänge bieten Kooperationen mit Partnerhochschulen und zum Teil sogar verpflichtende Auslandsaufenthalte an. In der Datenbank AusbildungPlus (`www.ausbildungplus.de`) finden Sie diese Angebote, wenn Sie in der Suchmaske »Ausland« bei den Studieninhalten eingeben.

Free Mover: Ausland – selbst organisiert

Jenseits der festen Strukturen des ERASMUS-Programms oder privater Anbieter können Sie Ihren Auslandsaufenthalt auch selbst planen und organisieren. Das kann eine Alternative sein, wenn Sie keinen ERASMUS-Platz ergattern können, aber auch, wenn Sie an einen Ort wollen, der außerhalb Europas liegt und in keiner anderen Kooperation vorgesehen ist.

Als sogenannter *Free Mover* können Sie sich direkt bei der Hochschule Ihrer Wahl im Ausland bewerben. Das ist allerdings häufig komplizierter und in Bezug auf die geforderten Unterlagen und angesetzten Fristen strenger als eine Programmbewerbung. Einige Hochschulen im Ausland leisten sich ihre eigenen Vermittlungsorganisationen, die so für die Studierenden aus Deutschland kostenfrei sind. Dazu gehört zum Beispiel College Contact (`www.college-con`

Internationale Studiengänge

Wenn Sie wollen, können Sie auch gleich das ganze Studium auf mehr als ein Land und eine Hochschule anlegen. Eine Reihe von Hochschulen bietet dazu Kooperationen an, um in bi- (oder tri-)nationalen Studiengängen die Teilnehmer in verschiedenen Ländern und Kulturen lernen zu lassen. Dabei kann ein Aufenthalt im Ausland oder gleich der zusätzliche Abschluss beispielsweise in Form eines Doppel-Masters (Double Degree Programme) auf dem Lehrplan stehen.

Über die bereits genannten ERASMUS Mundus Angebote hinaus bietet beispielsweise die Deutsch-französische Hochschule auf `www.dfh-ufa.org/studium/studienfuehrer` einen Überblick über Partnerstudiengänge und die Europa-Universität Viadrina in Frankfurt (Oder) auf `www.europa-uni.de` verschiedene fremdsprachige Angebote und Doppelabschlüsse. Auf `www.eua.be` können Sie, wenn Ihr Englisch ausreicht, viel über europäische Universitätsprojekte und bei der Studie »Joint Masters Project« beispielhafte Kooperationen nachlesen.

Insgesamt gibt es deutschlandweit etwa 500 Studienangebote, die einen Teil des Studiums im Ausland oder gar einen Doppelabschluss vorsehen. Auf der Seite des Hochschulkompasses können Sie in der bereits beschriebenen Kooperationssuchmaske bei »Gegenstand der Kooperation« nach gemeinsamen Studienprogrammen suchen.

Seit 2009 gibt es zudem die Bachelor-Plus-Studiengänge (BA+), die auf acht statt sechs Semester ausgelegt sind und bereits 2 Semester im Ausland obligatorisch einplanen. Die derzeit (August 2012) 65 Studiengänge werden finanziell vom DAAD gefördert, der unter `www.daad.de/hochschulen/internationalisierung/bachelor-plus/11538.de.html` darüber unter anderem in einer eigenen Datenbank informiert.

`tact.com`), die zu über 200 Hochschulen in 36 Ländern Kontakte herstellen können.

Der Weg nach Down Under führt auch über die offiziellen Vertretungen der australischen und neuseeländischen Hochschulen in Deutschland: GOstralia! (`www.gostralia.de`) und GOzealand! (`www.gozealand.de`). Der Service von GOstralia/zealand ist kostenlos, zur Finanzierung der Hochschulkosten vor Ort werden zahlreiche Stipendien in Zusammenarbeit mit australischen Hochschulen angeboten.

Im Gastland werden Sie als *Visiting Student* eingeschrieben und können Kurse belegen. In den USA bestimmt beispielsweise die Anzahl der Kurse die Studiengebühren. Einen Abschluss können Sie als Besucher in aller Regel nicht erlangen. Dafür können Sie auch als Free Mover Auslands-BAföG erhalten oder in den Genuss eines DAAD-Stipendiums kommen.

Arbeiten statt lernen: Praktika im Ausland

Ebenso wie das ERASMUS SMS-Programm findet sich im Strauß der Lifelong Learning Projekte der Europäischen Union ein Praktikumsprogramm: *ERASMUS SMP* (Studierendenmobilität Praktikum oder auch ERASMUS Student Placement), ehemals Leonardo. Dabei erhalten Studierende die Möglichkeit, im Ausland zu arbeiten und im Berufspraktikum internationale Erfahrungen zu sammeln. Das Programm an sich ist ein Förderprogramm, bei dem monatlich bis zu 400 Euro zu Ihrer Unterstützung ausgezahlt werden kann. Sollte in Ihrer Studienordnung ein Praktikum vorgeschrieben und mit Creditpoints dotiert sein, kann im Rahmen dieses Programms eine Bescheinigung und Anerkennung erfolgen.

Die Organisation *AIESEC* – das war mal die Abkürzung von Association Internationale des Etudiants en Sciences Economiques et Commerciales, steht aber mittlerweile für sich – bietet ebenfalls internationale Praktikumsprogramme für Studenten an. Unter `www.aiesec.org` können Sie in 100 Ländern aus mehr als 15.000 Praktikumsangeboten wählen. AISEC hilft bei der Vor- und Nachbereitung.

Weitere Programme sind zum Beispiel das *Carlo Schmid-Programm* des DAAD oder die technisch orientierten Praktikantenaustausche von *IAESTE* (International Association for the Exchange of Students for Technical Experience; `www.iaeste.de`). Auf den Seiten von `www.auslandspraktikum.info` erhalten Sie direkten Einblick in internationale Platzangebote. Private Anbieter von Praktikumsaustauschprogrammen sind beispielsweise Students go abroad (`www.studentsgoabroad.com`) und World of Exchange (`www.world-of-xchange.com`).

Vom Ablauf der Auslandszeit

Unabhängig davon, ob Sie via ERASMUS oder als Free Mover unterwegs sind, gibt es einiges in der Vorbereitung, aber auch Durchführung und Nachbereitung des Auslandsaufenthaltes zu bedenken.

Je mehr Sie selbst organisieren, desto länger dauert es erfahrungsgemäß, ein passendes Angebot zu finden und alle Formalitäten zu klären, daher sollten Sie bis zu einem Jahr Vorlaufzeit einplanen, ehe Sie tatsächlich abreisen können.

Die Vorbereitungsphase

Wenn Sie einige Zeit im Ausland verbringen möchten, müssen Sie inzwischen nicht mehr zwangsläufig die Landessprache beherrschen. Global wird in vielen Ländern und vor allem an den Hochschulen Englisch gesprochen und zum großen Teil auch unterrichtet. Sonst hätten Sie vermutlich keine Chance auf ein Gastsemester etwa in China oder Israel. Somit müssen andere Kriterien her, um das Land auszuwählen, ein passendes Angebot zu finden und die notwendigen Sprachkenntnisse – in der Regel Englisch – zu erwerben.

Wo wollen Sie denn hin?

Sie sollten erst einen Kontinent wählen und dann ein Land, das Sie interessiert. Diese Fragen können hilfreich sein, eine Auswahl zu treffen:

- ✔ Wollen Sie »in der Nähe« bleiben, also in Europa oder darf es auch etwas weiter weg sein? Diese Entscheidung hängt mit Ihrer persönlichen Comfort Zone zusammen, was Sie als riskant wahrnehmen oder auch als nicht dem Budget angemessen.
- ✔ Wenn Sie weiter weg möchten, soll es klimatisch eher warm (Australien, südliches Afrika, Lateinamerika) oder kühler (Kanada, Russland, je nach Jahreszeit) sein?
- ✔ Wann und zu welcher Jahreszeit wollen Sie reisen?
- ✔ Möchten Sie in eine möglichst fremde Kultur oder sollen die Zustände ähnlich wie in Mitteleuropa sein? Und ist die Kultur der zentrale Aspekt Ihrer Reise oder wollen Sie tatsächlich auch etwas lernen?
- ✔ Ist Ihnen ein hohes Bildungsniveau an der Hochschule wichtig, wie es an den Elite-Unis in den USA, Kanada und England herrscht, oder ist das eher nebensächlich?
- ✔ Muss die Unterrichtssprache Englisch sein oder können Sie auch etwas anderes (außer Deutsch) fließend sprechen und verstehen?
- ✔ Haben Sie einen Doppel-Abschluss oder ein bestimmtes Programm im Sinn? Dann ist die Ortswahl von den Hochschulpartnerschaften Ihrer Hochschule eingeschränkt.

Die DAAD-Portale `www.go-out.de` und `www.daad.de/ausland/studieren` stellen einzelne Länder hinsichtlich ihrer Studienbedingungen vor und viele Erfahrungsberichte bereit. Auch das IRIS-Projekt (Integrated Reporting for International Students; `iris.siu.no`) bietet (zukünftigen) Austauschstudenten die Möglichkeit, Erfahrungsberichte zu lesen.

Was Sie dafür können sollten – und tun müssen

Okay, es soll ein halbes Jahr in Timbuktu sein. Oder ein Semester in Spanien. Oder ein Doppel-Bachelor in den USA und Deutschland. Dann ist ja alles klar. Doch was müssen Sie alles an Kenntnissen und Dokumenten ranschaffen, ehe es losgehen kann?

Einen ersten Überblick über die Anforderungen an eine Reise ins gewünschte Land bietet das Portal `www.justlanded.com`. Hier finden Sie Hinweise zu notwendigen Visa, Unterkünften, dem Bildungssystem und nützliche Kultur- und Freizeit-Tipps.

✔ Die *Sprache* ist sicherlich das grundlegendste Element Ihrer Ausstattung fürs Ausland. Um Sprachkenntnisse nachzuweisen, gibt es einige Tests, die für unterschiedliche Länder vorgesehen sind.

- Der bekannteste Test ist der *TOEFL* (Test of English as a foreign language, `www.ets.org/toefl`), den Sie für ein Studium in den USA, Australien, Neuseeland und anderen englischsprachigen Ländern beziehungsweise Studiengängen nachweisen müssen. Die Höchstpunktzahl liegt bei 120 Punkten, der Test kostet 240 Dollar (derzeit knapp 200 Euro) und dauert etwa vier Stunden. Sie sollten ihn nicht allzu vorausschauend ablegen, denn nach zwei Jahren verliert das Ergebnis seine Gültigkeit.
- Für Großbritannien gilt in der Regel das *IELTS* - International English Language Testing System (`www.ielts.org`). Es können in den knapp drei Stunden maximal 9 Punkte erreicht werden, was Sie 190 Euro kostet.

Viele ausländische Hochschulen akzeptieren beide Tests als Zugangsvoraussetzung oder Nachweis von Sprachkenntnissen. Daher sollten Sie sich genau ansehen, welcher Ihnen den Inhalten und Aufgaben nach besser liegt.

- *Cambridge Zertifikate* stellen die verschiedenen Sprachniveaus dar und werden auch von einigen Hochschulen als Nachweise akzeptiert. Dabei steht FCE für First Certificate in English, CAE für Certificate in Advanced English (meist Mindestvoraussetzung für ein Studium) und CPE für Certificate of Proficiency in English.

  - Französischkenntnisse werden durch das *DELF-* oder *DALF-Programm* (Diplôme d'Etudes en langue française/Diplôme approfondi de langue française) nachgewiesen.
  - Der *SAT-* oder *ACT-Test* regelt die Zulassung zu amerikanischen Hochschulen. Der *GRE-Test* (Graduate Record Examination) wird für Graduiertenprogramme (Master, PhD) verlangt.
  - Die Europäische Union hat sich den *Europass* (`www.europass-info.de`) ausgedacht, um mehr Transparenz hinsichtlich der Zeugnisse, Sprachen und Ausbildungen zu schaffen. Manche Hochschulen verlangen ein so »übersetztes« Abschlusszeugnis für die Zulassung.

Sollten Ihnen die nötigen Sprachkenntnisse für einen solchen Test noch fehlen, können Sie an vielen Sprachschulen Testvorbereitungskurse absolvieren. Der DAAD bietet Sommersprachkurse an, die auch über Stipendien finanzierbar sind.

- Auch die *Finanzierung* eines Auslandsaufenthalts kann zum K.-o.-Kriterium werden, wenn Sie sich nicht rechtzeitig darum kümmern. Sollten Sie bereits ein Stipendium haben, ist es leichter, sich auch das Studium in einem anderen Land fördern zu lassen. Viele Stipendiengeber unterstützen ausdrücklich auch internationale Erfahrungen. Ansonsten gibt es für Sie vielleicht folgende Möglichkeiten:
  - Auslands-BAföG funktioniert wie das normale BAföG, ist davon aber unabhängig. Wenn Sie also im Inland nicht bezugsberechtigt sind, kann es trotzdem sein, dass Sie für den Auslandsaufenthalt Zuschüsse bekommen. Erhalten Sie bereits BAföG, dann gibt es den Auslandszuschuss dazu. Er beinhaltet Studiengebühren bis zu 4.600 Euro, die einmalige Hin- und Rückreise sowie zwischen 60 und 255 Euro monatlich aufs BAföG drauf. Voraussetzungen für die Förderung sind bei ganzen Studiengängen im Ausland der Aufenthalt in der EU beziehungsweise der Schweiz und bei Teilstudien die Anrechenbarkeit der ausländischen Creditpoints. Mehr dazu finden Sie unter `www.das-neue-bafoeg.de` unter »Auslandsförderung«.
  - ERASMUS SMS oder SMP haben nicht nur den Vorteil, dass Sie nicht alles selbst organisieren müssen, sie bieten auch finanzielle Unterstützung. Der Mobilitätszuschuss im SMS-Programm beträgt zwischen 150 und 300 Euro, im SMP-Programm (Praktika) sogar bis zu 400 Euro monatlich. Studierende mit besonderen Bedürfnissen oder Kindern (schauen Sie mal auf `www.auslandsstudium-mit-kind.de`!) können noch höhere Zuschüsse beantragen.

- PROMOS ist ein Mobilitätsprogramm des DAAD, das Hochschulen dabei unterstützt, Stipendien an Studierende zu vergeben, Sprachkurse zu finanzieren oder Studiengebühren abzudecken. Somit können Sie sich als Einzelperson nicht dafür bewerben, wohl aber Ihre Hochschule – und da können Sie ja einmal dazu anregen.
- Der DAAD bietet auf seiner Seite `www.daad.de/ausland/studieren/stipendium` eine umfangreiche Stipendiendatenbank an, in der Sie nach weiteren Fördermöglichkeiten und -programmen suchen können.
- Der Bildungskredit der Bundesregierung (`www.bva.bund.de`; »Aufgaben« anwählen und »Bildungskredit« in das Suchfeld eingeben), der grundsätzlich für das inländische Studium gedacht ist, kann auf Antrag auch eine Zeit im Ausland finanzieren.

Planen Sie rechtzeitig Ihre Ausgabenseite und deren Gegenfinanzierung im Ausland. Nichts ist ärgerlicher, als den Aufenthalt abbrechen zu müssen, weil Ihnen das Geld ausgeht. Auch hier können Sie auf die Budgetplanung am Ende von Kapitel 6 zurückgreifen.

Woran Sie noch denken müssen

Ein paar grundsätzliche Fragen und Entscheidungen sind nach wie vor offen, über die Sie sich auf jeden Fall vor der Detailplanung Gedanken machen müssen.

✔ Haben Sie sich für ein Teil- oder ganzes Studium (siehe Kasten »Ein ganzes Studium im Ausland«), ein Aufbaustudium oder duales Studium entschieden?

✔ Was ist das für Sie passende Programm und kennen Sie die infrage kommenden Anbieter?

✔ Welche Anforderungen müssen Sie erfüllen, zum Beispiel Zeugnisse, Anschreiben, Sprachnachweise oder andere Formalitäten (Visum!) und welche Fristen müssen Sie einhalten?

✔ Müssen Sie ein Urlaubssemester beantragen? Ein solches Urlaubssemester unterbricht Ihr Studium für die Dauer des gewählten Semesters. Somit wird es nicht auf die Regelstudienzeit angerechnet, gilt aber dennoch als Hochschulsemester, da Sie weiterhin immatrikuliert sind. Der Antrag muss schriftlich gestellt werden und einen wichtigen Grund vorbringen (was ein Auslandsaufenthalt ist). In der Zeit entfällt der normale BAföG-Anspruch, allerdings können Sie das durch Auslands-BAföG ausgleichen.

- Haben Sie eine Auslandskrankenversicherung, die auch einen längeren Aufenthalt abdeckt? Die meisten Versicherungen gelten für Urlaube und damit für einen begrenzten Zeitraum von wenigen Wochen. In Bezug auf mögliche Krankheiten ist zu überlegen, ob Sie Impfungen auffrischen oder Medikamente auf Vorrat besorgen müssen.
- Sind An- und Abreise sowie Unterkunft organisiert? Je nach geplanter Reisedauer und -budget kann eine eigene Wohnung, ein Zimmer bei einer Gastfamilie oder ein Hotel oder Apartment Ihre neue Heimat sein. Gastfamilien finden Sie selten allein, dazu sollten Sie eine Organisation bemühen. In strukturierten Programmen erhalten Sie Hilfe bei der Suche nach einer Bleibe, so dass das ein Argument dafür sein kann. Und was passiert mit Ihrer Wohnung oder Ihrem Zimmer zu Hause?
- Sollten Sie die Absicht haben, vor Ort zu arbeiten, müssen Sie sich um die Frage der *Arbeitserlaubnis* kümmern; auch hier geben die Länderinformationen auf der Internetseite des DAAD Auskunft. In manchen Ländern reicht ein Studentenvisum als Genehmigung aus, in anderen ist es explizit verboten, damit erwerbstätig zu werden.

Die meisten Hochschulen bieten online Checklisten mit allen erforderlichen Unterlagen und Schritten. Schauen Sie sich als Beispiele an, was unter »Checkliste ERASMUS« von Suchmaschinen ausgegeben wird. Anhand dessen können Sie Ihre eigene Liste vervollständigen.

Wenn Sie alle Fragen schnell und sicher beantworten können, sind Sie reif für die Bewerbungsphase, die im Wesentlichen der Bewerbung für ein Hochschulstudium (Kapitel 7) ähnelt. Die meisten Bewerbungen sind individuell unterschiedlich, da müssen Sie sich an Ihrer Hochschule informieren. Das Vorgehen zum ERASMUS-Programm wurde weiter oben bereits beschrieben.

Die Zeit in der Fremde

Wenn alle Vorbereitungen getroffen sind, kann es losgehen. Und da bekanntlich jede Reise mit einem ersten Schritt beginnt, startet Ihr Auslandsaufenthalt in dem Moment, wenn Sie Ihr Zuhause verlassen.

Die *Reise* sollte vorab organisiert sein. Entweder Sie haben Flug- oder Bahntickets oder eine gemeinsame Bus- oder Autoanreise mit anderen Programmteilnehmern. Als Free Mover sind Sie wahrscheinlich außerhalb Europas unterwegs, da empfiehlt es sich, eine der studentischen Reiseagenturen aus Kapitel 14 zu konsultieren, um die Reise zu planen.

Ein Zettel im Handgepäck, auf dem wichtige Telefonnummern, Adressen und Anlaufstellen im Gastland stehen, ist Pflicht. Im Zweifel können Sie vor Ort in ein Taxi steigen und auf den Zettel deuten, wenn Sie die Landessprache nicht beherrschen.

Zum *Verhalten* vor Ort lässt sich wenig Allgemeingültiges schreiben, außer, dass Sie nicht dort sind, um im deutschen Cluster mit anderen Programmteilnehmern Currywurst zu essen. Selbstverständlich sollte sein, dass Sie die Regeln und Sitten in dem jeweiligen Land beachten und versuchen, möglichst viel von der fremden Kultur mitzubekommen. Sie werden sich wundern, wie vielen das nicht so klar zu sein scheint.

Vor allem aber sollen Sie einerseits Scheine machen und in das andere *Hochschulleben* eintauchen, aber auch dabei nicht vergessen, viel zu erleben und das Leben in der Fremde auch zu genießen. Um für ein halbes Jahr nur in einer spanischen Bibliothek und in Hörsälen zu sitzen, müssen Sie dort nicht hin! Treffen Sie Menschen, schließen Sie Freundschaften, feiern Sie – neben dem Lernen natürlich.

Wirklich wichtig ist, dass Sie alle notwendigen Dokumente einsammeln, die Sie für Ihr Programm, Ihre Förderung oder auch nur die Anerkennung von Leistungen zu Hause benötigen. Vergessen Sie auch nicht, sich am Anfang auch einzuschreiben und gegebenenfalls Ihr Learning Agreement anzupassen. Das ERASMUS SMS-Programm sieht konkrete *Unterlagen* vor, die teils auch bei Free Movern oder Stipendiaten am Ende in der Tasche stecken sollten.

- ✔ Das Formular »Certificate of Arrival« wird von den Mitarbeitern des ausländischen Fachbereichs beziehungsweise dem dortigen ERASMUS-Koordinator ausgestellt. Es bestätigt Ihre Ankunft an der Partnerhochschule und muss sofort an Ihre Heimathochschule geschickt werden, damit die finanzielle Unterstützung beginnen kann.
- ✔ Der »Letter of Confirmation« bescheinigt Ihnen am Ende des Aufenthalts die Studiendauer. Er ist nach Rückkehr beim zuständigen Mitarbeiter der Heimatuniversität abzugeben.
- ✔ Am Ende des Auslandsaufenthalts ist außerdem ein Studierenden-/ oder Erfahrungsbericht zu schreiben, der ebenso zu Hause einzureichen ist.
- ✔ Das »Transcript of Records« beinhaltet eine Auflistung aller an der Gasthochschule erbrachten Studienleistungen. Sie muss vom zuständigen ERASMUS-Koordinator der Partneruniversität unterschrieben sein und dient der Anerkennung Ihrer Studienleistungen.

Ein ganzes Studium im Ausland

Wenn Ihnen das ganze Hin und Her zu umständlich erscheint, können Sie gleich Ihr ganzes Studium im Ausland absolvieren. Es gibt einige deutschsprachige Universitäten in anderen Ländern, wie zum Beispiel in Ägypten, Ungarn, China oder der Türkei. Eine Übersicht finden Sie auf der Seite des Auswärtigen Amts `www.auswaertiges-amt.de` unter »Kultur und interkultureller Dialog« – »Wissenschaft und Hochschule« – »Deutsche Hochschulen im Ausland«. Auch andere Hochschulen bieten einzelne Studienangebote auf Deutsch an, so etwa das Univ Colleg Süddänemark (`www.ucsyd.dk`) oder Fontys (`www.fontys.edu`) in Holland.

Seiten wie `www.studieren-in-holland.de` (oder ähnliche Seiten, nur mit Norwegen, Schweden, England oder was Sie sonst noch suchen) bieten einen guten Überblick über Angebote von Hochschulen im Ausland. Hier finden Sie auch die englischsprachigen Studiengänge, die von Ausländern absolviert werden können.

Sie können eine Verlängerung Ihres Aufenthalts in Erwägung ziehen, wenn Sie noch nicht die volle Förderdauer ausgeschöpft haben oder programmunabhängig unterwegs sind. Im ERASMUS-Programm geht das nur, wenn ein Winter- um ein Sommersemester verlängert werden soll. Dazu sollten die Koordinatoren der Partner- und der Heimathochschule zustimmen und die Verlängerung offiziell bestätigen. Vom ERASMUS SMS können Sie auch in ein Praktikum im SMP-Programm wechseln, um weiter vor Ort zu bleiben. Free Mover stimmen sich mit der Gasthochschule ab, dürfen aber – wie alle anderen Tauschstudenten auch – nicht vergessen, sich zu Hause, eventuell zu einem weiteren Urlaubssemester, rückzumelden.

Welcome back home

Was können Sie nun damit anfangen, dass Sie im Ausland waren? Erst einmal nichts, außer die Millionen von Fotos zu sortieren und ein paar auszudrucken und an die Wand zu hängen. Dann nehmen Sie Ihre Leistungsnachweise, tragen Sie zu Ihrer Hochschule und kämpfen um deren Anerkennung. Dabei gilt: Je weniger programmorientiert Ihr Aufenthalt war, desto länger wird der Atem sein, den Sie nun brauchen.

Stellen Sie sich außerdem darauf ein, dass Sie aus dem Tritt sind, was angebotene Kurse und deren Reihenfolge und Hierarchie betrifft, vor allem wenn Sie nur ein Semester weg waren. Oft werden Kurse zweiteilig angeboten und wenn Sie Mathe I verpasst haben, können Sie im Folgesemester weder diesen Kurs noch einmal besuchen noch mit Mathe II etwas anfangen. Nun müssen Sie kreativ werden und die Studienorganisation für sich umbauen, um nicht noch Zeit zu verlieren. Vielleicht können Sie sogar am Ende einer vorlesungsfreien Zeit noch eine Klausur mitschreiben, auf die Sie sich auch ohne Vorlesung vorbereiten können. Das geht allerdings nur dann, wenn Sie kein Urlaubssemester beantragt hatten.

Wieder zu Hause angekommen, sollten Sie Ihre erworbenen Sprachkenntnisse nicht einrosten lassen. Besuchen Sie Treffen mit ausländischen Kommilitonen, engagieren Sie sich dort und üben Sie regelmäßig (ich weiß, das macht ja doch niemand) oder nehmen Sie an Aufbaukursen teil, etwa Geschäftsspanisch nach einem halben Jahr in Barcelona.

Vor allem aber genießen Sie, dass Sie sich auskennen, und halten Sie Kontakt zu den vielen netten Leuten, die Sie kennengelernt haben. Dank Facebook & Co. sollte das ja kein Problem mehr sein.

Das Leben abseits des Campus

14

In diesem Kapitel

- Wie Studierende sparen können
- Online nach Rabatten suchen
- Nützliche Karten und Ermäßigungen
- Spaß haben – Party machen
- In Netzwerken organisiert sein und Freunde finden

In den vergangenen Kapiteln ging es um den Ernst des Studentenlebens, die Creditpoints und Krisen, Planungen und Belastungen. Aber da ist noch eine andere Seite und ich freue mich sehr, sie Ihnen vorzustellen: das eigentliche Studentenleben, das lockere, flockige, in dem auch schon mal die Nacht zum Tag gemacht wird und das viele Vorteile mit sich bringt. Sie sollen ja nicht nur ackern und lernen, Sie sollen in dieser Phase Ihres Lebens auch Spaß haben.

Bei allen, die nebenberuflich studieren, schon ein bisschen älter (in der Regel gelten Vergünstigungen bis zum 27. Lebensjahr) und am besten noch Kinder haben, muss ich mich jetzt schon entschuldigen; Sie werden von dem ein oder anderen Tipp nichts haben. Aber dafür können Sie es genießen, ein Einkommen und ein kuscheliges Zuhause zu haben. Alle anderen lesen nun weiter, um zu erfahren, dass ein Studium nicht nur Stress bedeutet.

Rabatte und Vergünstigungen

Oft ist der Beginn des Studentenlebens auch der Schritt weg von zu Hause in die Phase des Erwachsenwerdens. Das mag langweilig oder beängstigend klingen, ist aber mit einer Reihe von organisatorischen Kleinigkeiten verbunden, um die Sie sich nun selbst kümmern müssen. Die Kosten von Versicherungen, Wohnung, Freizeitgestaltung und Budgetplanung waren bereits in Kapitel 6 Thema. Jetzt soll es darum gehen, wo Sie wie dabei sparen können und wer Ihnen was erleichtert.

Die Vergünstigungen bekommen Sie nicht, weil Sie so nett studieren, sondern weil das Gesetz des Marketings den Unternehmen gebietet, Sie möglichst früh als Kunden zu ergattern und zu binden. Nur weil Ihnen etwas preiswerter angeboten wird als für Otto Normalbürger, muss es aber nicht schlechter sein; wann immer Sie bei mangelndem Service das Argument hören, es sei ja schließlich auch der Studententarif, verabschieden Sie sich höflich – und schnell.

Günstiger Wohnen und Reisen

Ein Dach über dem Kopf, sei es an dem Ort, wo Sie studieren, oder auf Reisen, ist wichtig und oft teuer. Kapitel 5 hat sich mit den Vorteilen von Studentenwohnheimen und Wohngemeinschaften beschäftigt, aber der Raum allein ist ja noch nicht alles, was Sie an Kosten erwartet. Nebenkosten zusätzlich zur Miete, Kosten für Internet und Handy und Co. und Kosten die entstehen, weil Sie auch mal raus müssen, lassen sich als Studierender an vielen Stellen reduzieren.

Rund um die eigene Wohnung sparen

Abgesehen von günstigen Plätzen in Studentenwohnheimen gibt es in vielen Städten private Anbieter von Studentenapartments und anderen Wohnformen. Außerdem bietet das Portal *Studenten-WG* (`www.studenten-wg.de`) neben einer ausführlichen Übersicht von WG-Zimmer-Angeboten und Wohnungen ohne Maklergebühr auch Seiten zum Netzwerken und Studienplatztauschen an.

Erst einmal irgendwo eingezogen, brauchen Sie mindestens Strom. Dafür müssen Sie einen eigenen Vertrag abschließen, weil Strom nicht in den Nebenkosten enthalten ist. Ausnahmen bilden WG-Zimmer, aber wenn Sie selbst Hauptmieter sind, dann sollten Sie sich um Elektrizität kümmern. Ob Sie Atomstrom der großen Konzerne ordern oder Ökostrom der Energiewerke Schönau (der grünste Strom im Land), ist Ihre Entscheidung. Preise zu vergleichen lohnt sich aber auf jeden Fall, denn wenn Sie sich nicht um einen Vertrag kümmern, sind Sie automatisch beim Grundversorger (das ist der Lieferant, der standardmäßig für alle sorgt, die sich nicht um einen eigenen Vertrag kümmern, so dass nirgendwo die Lichter ausbleiben), und das ist weder ökologisch noch finanziell sinnvoll. Studententarife gibt es beim Strom übrigens nicht.

Verivox (www.verivox.de) oder *Check24* (www.check24.de) sind große Online-Vergleichsportale, aber da diese auch von Provisionen leben, sollten Sie sich von verschiedenen Rechnern Ergebnisse ausgeben lassen, weil nicht jedes Portal jeden Anbieter mit jedem Tarif führt. Das Gleiche gilt für die Studenten-Vergleichsportale (am Ende des Kapitels unter »Informationsportale und Studentenkarten«), die aber dennoch einen guten Überblick über die existierenden Sparprogramme bieten.

Die *GEZ*, auch Gebühreneinzugszentrale der öffentlich-rechtlichen Rundfunkanstalten, hat dafür ein Einsehen mit BAföG-Empfängern, die dennoch fernsehen oder Radio hören wollen. Die können von der Pflicht, für einen Rundfunkempfänger (das ist auch ein Computer und ein UMTS-fähiges Handy, dessen Internetbandbreite groß genug ist, um darüber Radio zu hören!) beziehungsweise Fernseher monatliche Gebühren zu zahlen, entbunden werden. Der Antrag auf Befreiung muss jährlich neu bei der GEZ gestellt und zusammen mit einer Kopie des BAföG-Bescheids eingereicht werden.

Rabatte rund um Kommunikationsmittel

Da zumindest ein Computer mit Internetzugang zur Grundausstattung von Studierenden gehört und Handys förmlich automatisch mit Studienbeginn an den Händen festwachsen, ist es nicht verwunderlich, dass hier zahlreiche Studentenverträge, -rabatte und -tarife angeboten werden.

- ✔ Einen *Telefonanschluss* ganz ohne passendes Handy oder Internet gibt es kaum noch. Die Telekom hat den zwar noch als »Call Start« für 17,95 Euro im Angebot, Billiganbieter gar für 9,95 Euro (telefonanschluss.de), aber Sie werden in einer neuen Wohnung vermutlich zu einem Kombipaket aus Mobilfunk und Internet oder Festnetz und Internet greifen, die inzwischen mit knapp unter 20 Euro auch nicht viel mehr kosten. Für die Kombination von Kabelfernsehen und Festnetztelefon mit Festnetz-Flatrate zahlen Sie bei Anbietern wie telecolumbus oder KabelDeutschland auch nur um die 20 Euro (alle Zahlen Stand September 2012).

Ein Telefonsignal kann auf verschiedenen Wegen zu Ihnen in die Dose kommen; klassischerweise durch ein eigenes Kabel der Telekom, das störungsfreie Gespräche garantiert. Viele Anbieter von DSL- und Festnetztarifen nutzen mit Voice over Internet Protokoll *(VoIP)* die Möglichkeit, Sprache über das Internet zu übertragen. Hier ist die Gesprächsqualität oft schlechter. Von der Übertragung im Kabelnetz

(Voice over Cable; *VoC*) sind viele Nutzer ebenfalls wenig begeistert. Das sind dann gute Optionen, wenn Sie auf dem Handy eine Festnetz-Flatrate haben und nur für mögliche Anrufer eine Festnetznummer anbieten wollen. Eine Alternative wäre aber auch eine *Homezone*-Nummer des Mobilfunkanbieters, wodurch Sie an einer bestimmten Adresse über eine Festnetznummer auf Ihrem Handy erreichbar sind.

- Ohne ein *Mobiltelefon* – das übrigens nur in Deutschland »Handy« heißt, im englischsprachigen Ausland schaut man Sie fragend an, wenn Sie nicht »mobile« dazu sagen – kann fast kein zivilisierter Mensch mehr existieren, so scheint es. Ausgelöst vom iPhone hat sich der Trend zur Eier legenden Wollmilchsau in Smartphone-Optik immer mehr verstärkt, was dazu führt, dass Mobiltarife fast schon selbstverständlich einen Internetzugang aufweisen. Die großen Mobilfunkprovider (T-Mobile, Vodafone, O_2, Base) bieten eigene Studententarife an, übergreifende Serviceprovider wie Debitel oder Mobilcom und auch Discounter haben ab und zu Studenten-Specials, aber sind oft in den Standardangeboten schon günstiger als die »Big Four«. Sollten Sie einen Prepaid-Tarif haben oder wählen, dann achten Sie ab und zu darauf, wie oft Sie tatsächlich nachladen und ob eine Flatrate nicht vielleicht doch besser für Ihr Konto wäre.

Tethering beschreibt die Fähigkeit eines Handys, den mobilen Internetzugang für andere Geräte wie beispielsweise Laptops, Tablets oder Netbooks drahtlos zur Verfügung zu stellen. Das lässt sich am Mobilgerät recht problemlos einrichten, kann aber zur Kostenfalle werden, denn nicht jeder Tarif erlaubt kostenloses Tethering. Wenn Sie Ihr Handy so nutzen wollen, dann klären Sie vor Vertragsabschluss auf jeden Fall, wie es sich mit den eventuell zusätzlich anfallenden Kosten fürs Tethering verhält.

- Auf den *Internetzugang* an sich können Studierende in den wenigsten Fällen verzichten. Dabei kann der Zugang über DSL-Leitungen oder über Funk (UMTS, als 3. Generation der Mobilfunkübertragung – kurz 3G bekannt –, und neuerdings LTE – Long Term Evolution, das 4G Netz, stellen dabei verschiedene Techniken mit jeweils höheren Geschwindigkeiten dar) erfolgen. Soll er über Funk erfolgen, erhalten Sie eine SIM-Karte wie für Ihr Handy, nur das diese in einem Surf-Stick oder mobilen Router verschwindet. Ebenso selten wie ein Telefonanschluss kommt ein Internetzugang allein in freier Wildbahn vor, sondern oft in Kombination mit einem Mobilfunk-, Kabel- oder Festnetzvertrag. Anbieter wie Vodafone oder Alice bieten zusammen mit dem DSL-Vertrag Telefonleitungen und auch Fernsehprogrammzugang an. Einige Anbieter locken auch mit günstigen Mobilfunk-SIM-Karten als Erweiterung von Internet- und/oder Festnetztarifen. DSL-Tarife haben unterschiedliche Geschwindigkeiten und sind dementsprechend verschieden teuer. Spezielle Studententarife gibt es kaum, da können Sie vor allem im Zusammenhang mit Handytarifen sparen. Die Tabelle 14.1 stellt eine Übersicht dar, was Sie womit kombinieren können.

	Festnetz	Handy	Internet	Kabel-TV
DSL und Telefon	x		x	(x)
Mobilfunk mit Daten		x	x	
VoIP Anbieter	x	(x)	x	
VoC Anbieter	x		(x)	x

Tabelle 14.1: Kommunikations-Kombipakete

✔ Bei der Anschaffung von *Computern* und der zugehörigen *Software* können Studierende erhebliche Vorteile für sich in Anspruch nehmen. Manche Anbieter wie Apple (`store.apple.com/de-edu`), HP oder Samsung (`www.studentbook.de`) bieten gegen Nachweis einen Rabatt für Studenten an, Portale wie NotebooksBilliger (`www.notebooksbilliger.de`) haben auch Vergünstigungen eingerichtet. Ebenfalls unter »S« wie Schnäppchen können sogenannte »refurbished« Geräte laufen, die als B-Ware oder Gebraucht- oder Ausstellungsstücke teils runderneuert und mit Händlergarantie abgegeben werden. Auf Seiten wie `www.preiswertepc.de` können Sie in Angeboten stöbern. Programme wie das Microsoft Office, die Creative Suite von Adobe oder kleiner Alltagshelfer wie Kalender- oder Mind-Mapping-Software gibt es ebenfalls oft zu vergünstigten Preisen für Studenten. Eine gute Übersicht über verschiedene Onlineanbieter bietet das Portal Educheck (`www.educheck.de`).

Reisen und Unterkunft unterwegs

Sie sollen ja nicht ständig drinnen hocken und Surfen oder Fernsehen. Dank des mobilen Internets können Sie sich frei bewegen und dennoch nichts verpassen, was sich auf Facebook und Co. abspielt. Einige Unternehmen machen Sie günstig mobil:

✔ Von der *Deutschen Bahn* gibt es die BahnCard 25 (zweite Klasse) für 39 statt 59 Euro, die BahnCard 50 für 122 statt 240 Euro für Studenten und Azubis bis 26 Jahre.

Wer lieber mit dem Auto fährt, aber kein eigenes besitzt, kann über *Mitfahrzentralen* günstig reisen. Die großen Online-Zentralen wie `flinc.org`, `mitfahrgelegenheit.de` oder `mitfahrzentrale.de` bieten Vermittlungen. Bei der Mitfahrzentrale können Sie kostenlos suchen und die Anbieter anmailen, erst wenn Sie telefonischen Kontakt aufnehmen wollen, fallen eventuell Gebühren an. Die Mitfahrgelegenheit sammelt Gebühren wenn dann von Fahrern ein. Flinc ist für private Nutzer kostenlos. Alle drei haben inzwischen Apps fürs iPhone, Flinc auch für Android. Auf einigen Studentenportalen wie beispielsweise `allstudents.de` gibt es eigene Suchmasken zur kostenlosen Vermittlung von Mitfahrgelegenheiten.

Für Autobesitzer gibt es vom *ADAC* Rabatte auf die Clubmitgliedschaft. Auch Carsharing – und neuerdings Fahrradsharing wie bei `www.nextbike.de` oder `www.callabike-interaktiv.de` – verbreitet sich in Deutschland besonders in der studentischen Bevölkerung immer weiter. Die Deutsche Bahn hat mit dem Pilotprojekt »Flikster Campus« den Start für speziell auf Studenten abgestimmte Angebote gemacht, andere werden sicher nachziehen.

- *Flugreisen* sind so günstig wie nie, Billigflieger kommen und gehen (und berechnen immer irgendwelche Extras, weswegen sie dann vielleicht gar nicht mehr so billig sind) und Sie haben die Chance, mal eben ein Wochenende in Prag, Lissabon oder London zu verbringen. Neben den Billiglinien gibt es oft auch extra Studententarife für Flüge. Besondere Reisebüros haben sich auf deren Vermittlung spezialisiert und bieten oft noch lustige Pakete wie Party-Reisen (`www.unitours.de`) oder Afrika für wenig Geld (`www.studentsmeetafrica.com/`) an. Organisationen wie STA Travel (`www.statravel.de`) bieten online eine Menge Informationen und gegen Vorlage des internationalen Studentenausweises auch günstige Angebote.
- Wenn Sie erst einmal angekommen sind, wollen Sie womöglich nach ein paar durchgefeierten Nächten auch eine *Unterkunft* haben. Da gibt es häufig günstige Backpacker-Tarife, falls Ihnen der Jugendherbergsstil gefällt. Auch Hotels bieten ab und zu gegen Vorlage eines Internationalen Studentenausweises Ermäßigungen an (mehr dazu am Ende des Kapitels unter »Informationsportale und Studentenkarten«). Manche Hochschule hat sogar ein Gästehaus, in dem Sie unterkommen können, wenn Sie sich rechtzeitig anmelden. In Kapitel 13, in dem es um längere Auslandsaufenthalte geht, erfahren Sie, wie Sie die Partnerhochschulen Ihrer Bildungsstätte herausbekommen. Dort finden Sie eventuell auch einen Ansprechpartner für vergünstigte Unterkünfte.

Auf der Website www.couchsurfing.org (und der entsprechenden App für iPhone oder Android) können Sie sich mit Couchsurfern auf der ganzen Welt vernetzen und jemanden finden, der Ihnen für ein paar Nächte seine Couch kostenlos zur Verfügung stellt. Natürlich können Sie auch selbst Ihre Couch für andere Reisende anbieten.

Notwendigkeiten und Spaß im Leben regeln

Das tägliche Leben nach der Schulzeit und dem Unterschlupf bei den Eltern ist davon bestimmt, dass Sie auf eigenen Beinen stehen und sich um Ihren Kram selbst kümmern müssen. Dazu gehören die Einrichtung von Konten und Versicherungen ebenso wie die Freizeitgestaltung.

Die mit dem Geld tanzen

Da Sie studieren, gehen einige Dienstleister davon aus, dass Sie es nach Abschluss des Studiums leichter haben werden, einen Job zu bekommen und ein bisschen Geld nach Hause zu bringen. Als Investition in die eigene Zukunft bieten die Ihnen heute Vergünstigungen an, damit Sie morgen (oder übermorgen, je nachdem, wie lange Sie bis zu Ihrem Abschluss brauchen) Ihr Einkommen nach wie vor zu ihnen tragen.

- ✔ *Banken* bieten den künftig Besserverdienenden oft besondere Konditionen wie beispielsweise eine kostenlose EC-Karte oder kostenlose Kontoführung an. Die DKB-Bank hat die card4students, mit der Sie Rabatte erhalten und an Cashback-Programmen teilnehmen können (siehe »Informationsportale und Studentenkarten«), mit dem eigenen kostenlosen Girokonto verbunden, das auch nach dem Studium noch kostenfrei bleibt. Andere Angebote und einen Vergleichsrechner finden Sie immer aktuell auf www.studentenkonto.de. Auch *Kreditkarten* gibt es von manchen Anbietern wie zum Beispiel BarclayCard for Students extra für Studenten. Oft ist das erste Jahr beitragsfrei, im Anschluss fallen bei Barclays 12 Euro jährlich an.
- ✔ Außerdem treten auch *Versicherungen* in Ihr Leben: Der Hausrat der neuen Wohnung, das Auto, Ihre Ungeschicklichkeit oder eventuelle Krankenzusatzleistungen können versichert werden. Viele Versicherer haben auch hier eigene Studententarife. Studenten sollten eine eigene Haftpflichtversicherung haben, falls die der Eltern nicht mehr greift, außerdem eine Hausratversicherung, wenn mehr als Secondhandmöbel vorhanden sind. Sich in jungen Jahren um die Altersvorsorge zu kümmern und vielleicht noch eine

Berufsunfähigkeitsversicherung abzuschließen, kann Sie vor horrenden Beiträgen Jahre später bewahren.

Als berufstätiger Student mit einem Einkommen über 400 Euro müssen Sie sich selbst versichern, gelten aber dabei als Student. Wenn Sie im dualen Studium oder einer Berufsakademie untergekommen sind, müssen Sie Ihren Krankenversicherungsstatus unbedingt klären. Je nachdem, ob Ihr Studium ausbildungs- oder praxisintegrierend ist, sind Sie sozialversicherungspflichtig wie jeder andere Angestellte auch. Da hier auch ein Arbeitgeber involviert ist, muss mit der Versicherung abgeklärt werden, wer die Beiträge abführt und ob eine eventuelle Familienversicherung greift.

Essen (und Trinken) gehen

Die hochschuleigenen *Mensen* waren bereits in Kapitel 8 ein Thema. Sie sollten sie unbedingt ausprobieren, denn oft gibt es dort wirklich gute und günstige Gerichte, und Sie können in der Warteschlange mit anderen Studierenden in Kontakt kommen. An vielen Hochschulen gibt es zusätzlich *Cafeterien,* in denen auch Kleinigkeiten auf der Karte stehen. Was nicht besonders gut für Ihren Geldbeutel sein dürfte, sind täglich zwei Coffee-to-go vom Starbucks Ihres Vertrauens, und wenn es noch so lecker ist. Lieber zu Hause einen Kaffee machen und ihn in der guten alten Thermoskanne oder im Thermosbecher mitnehmen (wie uncool, ich weiß, aber erheblich günstiger und zudem noch besser für die Umwelt).

In der Nachbarschaft von Bildungsinstituten sind häufig auch größere Firmen oder städtische Einrichtungen angesiedelt, deren *Kantinen* ein Geheimtipp unter Studenten sind. Sie bieten günstiges Essen häufig ohne oder nur gegen geringen Aufpreis für externe Besucher an. Geben Sie Ihre Stadt einmal bei `www.diekantinen.de` ein, dann finden Sie vielleicht eine Empfehlung in Ihrer Nähe.

Bewegung hilft

Dass Sie bei den Angeboten des Hochschulsports erheblich gegenüber Sportkursen von privaten Anbietern sparen, war Ihnen bestimmt schon längst klar. Aber auch das Fitnessstudio oder der Kampfsportclub in Ihrer Nähe bietet wahrscheinlich Studententarife an. Oft sind die mit bestimmten Nutzungszeiten, beispielsweise mittags, wenn andere Kunden arbeiten, verbunden. Viele davon finden Sie, wenn Sie in den Kooperationspartnern der Studentenkarten stöbern (siehe »Informationsportale und Studentenkarten« am Ende des Kapitels).

Ohne Organisationen im Hintergrund hängen an den Schwarzen Brettern der Hochschule häufig auch Angebote für freie Lauf- oder Walkinggruppen und Verabredungen für Radtouren und Schwimmtreffs aus, die völlig kostenfrei sind. Und wenn Sie lieber vor dem Rechner sitzen, um sich für Sport zu begeistern, können Sie online beispielsweise bei `www.sports-meeting.de` oder in der AOK Sportpartnerbörse (`www.aok.de/portale/bundesweit/sportpartner/html`) nach Leidensgenossen suchen.

Kultur schadet nie

Endlich schickt Sie kein Musiklehrer mehr ins Konzert, schleifen Ihre Eltern Sie nicht mit in die Oper und müssen Sie keine Theaterstücke im Deutschunterricht mehr analysieren? Die Zeit nach der Schule scheint für viele kulturfreier Raum zu sein, dabei werden Sie nie wieder im Leben so günstig Zugang zu kulturellen Einrichtungen bekommen. Nutzen Sie die Gelegenheit, denn irgendetwas aus dem reichhaltigen Angebot, das schon nahezu jede Kleinstadt im Repertoire hat, sollte Ihnen doch zusagen! Und nehmen Sie sich die Zeit, ins Kino zu gehen, Zeitung zu lesen oder mal eine Ausstellung anzusehen. Studieren ist heute anstrengender als vor zehn Jahren, aber wenn Sie sich einen Vormittag oder Abend in der Woche im Stundenplan für Kultur reservieren, werden Sie das sicherlich genießen. Das Angebot ist vielfältig:

- ✔ Zeitschriften- oder Zeitungsabos sind die gängige Einstiegsdroge ins kulturelle Leben. *Die Süddeutsche* kostet beispielsweise monatlich 23,90 Euro von Montag bis Samstag, das Hamburger Abendblatt 17,50 Euro und *DIE ZEIT* inklusive der Zugabe Zeit Campus können Sie jeden Donnerstag für 2,40 Euro pro Ausgabe beziehen. Wenn Sie die Zeitung dann auch lesen, statt sie zu horten und mit schlechtem Gewissen irgendwann wegzuwerfen, wissen Sie erstens mehr über das Tagesgeschehen und zweitens erfahren Sie besonders in Regionalzeitungen alles über die kulturellen Angebote in Ihrer Stadt. Dazu dienen übrigens auch schon die kostenlosen Wochenzeitungen, deren politischer Informationsgehalt sicher überschaubar ist, die Sie aber auf Veranstaltungen aufmerksam machen.
- ✔ Ins *Kino* gehen, ist dank moderner Multiplex-Kinos weniger eine Frage von Organisation (was läuft wo), sondern eher eine Kostenfrage. Kinotage sind grundsätzlich günstiger als die Wochenenden, viele Kinos bieten aber zusätzlich noch Ermäßigungen gegen Vorlage des Studentenausweises an.

In welchen Städten es wann günstiger ist, finden Sie auf `www.studentenrabatte.org/studentenrabatt-im-kino`. Auch Theatervorführungen und der Eintritt ins Museum sind für Studenten in der Regel günstiger als für den Rest der Bevölkerung. Auch da hilft die Seite `www.studentenrabatte.org` weiter.

- ✔ Von der eigenen oder anderen Hochschulen organisierte *Veranstaltungen* können auch einen hohen Unterhaltungswert haben. Laiengruppen spielen Theater, das Hochschulorchester oder der Chor gibt ein Konzert oder große Städte rufen auf zur langen Nacht der Wissenschaften oder Museen oder was auch immer in so eine Nacht passt. Auch *Festivals* sind ein Ort für Studenten, unabhängig davon, ob es Open Air Musikfestivals, Theaterfestivals (wie zum Beispiel der Thalia Campus in Hamburg), politische Festivals (etwa das Greifswald international students festival) oder gar die Weltfestspiele der Jugend und Studenten sind.

Party, Party, Party

»Wozu dieser Abschnitt? Partymachen muss man doch keinem erklären!« war die erste Reaktion auf meine Idee, diesen Teil mit in die Freizeitgestaltung aufzunehmen. Die Antwort ist einfach: Party ist nicht gleich Party und einige Trends im Studentenleben sind so flüchtig, dass es vor allem darum geht, wie man sie nicht verpasst, statt sie zu beschreiben.

Partyleben konsumieren

Sie wollen ausgehen. Gut so. Es kann ja nicht immer nur ums Lernen gehen. Aber wohin wollen Sie? Mit welchen Menschen gehen Sie aus? Was ist angesagt? Und wer sagt, was wirklich gut ist?

An allen Hochschulen gibt es Aushänge ohne Ende, auf denen Partys beworben werden. Es gibt sie für Musikrichtungen von Elektro bis Swing, bestimmte Zielgruppen nach Alter, Studienrichtung, Orientierung, zur Kontaktaufnahme oder eben gerade nicht (es gibt Partys, auf denen Sie explizit in Ruhe gelassen werden, das Gegenteil also von Fisch-sucht-Fahrrad-Veranstaltungen), die Bandbreite ist unbeschreiblich. Da hilft es, in ein regionales Stadtmagazin zu schauen und nach Tipps oder Beschreibungen zu schauen. Sonst landen Sie wie ich an meinem ersten Ausgehabend in Berlin noch ungewollt in einer zu kuscheligen Umgebung.

Im Internet gibt es wie immer hilfreiche Übersichts- und Suchseiten; auf `www.studentenpartys.com` oder `www.studentum.de` finden Sie Partys nach Städten und anderen Kriterien aufgelistet – und nicht nur die von den Fachschaften oder Wohnheimen ausgerichteten, sondern auch alles, was die Clubs bezahlbar für Studierende anbieten.

Studentenpartys zeichnen sich vor allem dadurch aus, dass das Preisniveau niedrig ist und viele andere Menschen zwischen 20 und 25 anwesend sind. Spezielle High-Speed- oder 120-Minuten-Partys sind durch die Dauer bestimmt; sie starten früh und dauern nur zwei Stunden, so dass jeder, der sich nicht völlig abschießt, am nächsten Tag wieder voll Uni-einsatzfähig ist.

Das muss an dieser Stelle stehen, und wenn es noch so spießig klingt: Partys, besonders in Kombination mit Alkohol und anderen Lustigmachern, fallen Ihnen am nächsten Tag auf die Füße. In Lern- und Klausurphasen, bei vollem Wochenpensum und anstrengenden Tagen im Nebenjob müssen Sie lernen, Verantwortung zu übernehmen und sich in diesen Zeiten nachts dem Schlafen zu widmen.

Alles in allem sollten Sie Ihre Studienzeit aber genießen und mitnehmen, was Ihnen gefällt und Spaß macht. Besonders da die Oberstufe der Schule in Zeiten des Turbo-Abis kaum noch Luft für ausgiebiges Feiern lässt, können Sie jetzt, fern von daheim und ohne elterliche Kontrolle, erste Erfahrungen damit machen, was es heißt, einen Kater zu haben und trotzdem aufzustehen.

Selbst Veranstaltungen organisieren

Nichts dabei, was Ihnen gefällt? Dann organisieren Sie doch einfach selbst etwas. Entgegen der »Irgendwer-wird's-schon-machen«-Mentalität kann es Spaß machen und Kontakte verschaffen, wenn Sie sich selbst um ein Konzept kümmern, Räume besorgen, Partner ins Boot holen und eine Party ganz nach Ihren Vorstellungen machen.

Starten Sie dabei nicht alleine (das geht, aber ist riskant und mit viel Lehrgeld verbunden), sondern engagieren Sie sich am besten in einer Gruppe, die sich sowieso schon damit befasst, auch für die Partys zu sorgen.

Sie haben sicherlich von der ein oder anderen Facebook-Party gelesen, zu der dann etwa tausend Prozent mehr Gäste da waren, als eingeladen wurden? Achten Sie gut darauf, wem Sie Informationen zugänglich machen und wie Sie die Einladung verbreiten. Öffentliche Ausschreibungen von privaten Veranstaltungen können schnell Ihre Mitbewohner, die Straße und die Polizei überfordern.

Netzwerke und andere Vereinigungen

Wenn Sie schon darüber nachdenken, eine Party zu organisieren, können Sie auch gleich in den entsprechenden Gruppen aktiver werden. Aber auch für alle Orga-Muffel, die gar nicht selbst etwas auf die Beine stellen wollen, kann die Mitgliedschaft in Uni-internen Netzwerken viele Vorteile bringen. Dafür kommen infrage:

- ✔ Auf der hochschulpolitischen Ebene stehen Ihnen der *AStA* (Allgemeiner Studierendenausschuss), der schon in Kapitel 8 vorgestellt wurde, und die *Fachschaften* offen, wenn Sie sich für studentische Belange einsetzen wollen. Während der AStA sich der hochschulübergreifenden Arbeit in Beratung und Vertretungsangelegenheiten widmet, engagieren sie sich in der Fachschaft für die Kommilitonen der eigenen Studienrichtung. Im Fachbereichsrat und anderen Gremien wird nicht zuletzt um Gelder und Ausstattung gestritten, aber auch Fachbereichszeitschriften, -beratungen, -cafes oder -partys fallen in die Zuständigkeit der Fachschaft. Hier treffen Sie aktive Studierende aus Ihrem Interessengebiet, können Kontakte knüpfen, die oft weit über das Studium hinausgehen, und gemeinsam eine gute Zeit verbringen.
- ✔ Unzählige andere *Hochschulgruppen*, die auf parteilicher Basis – wie der RCDS (Ring Christlich Demokratischer Studenten), die Hochschulgruppe der Piraten oder Hochschulvertretungen der Jungsozialisten –, vor religiösem Background, sportlich oder musikalisch, homosexuell oder integrativ geprägt unterwegs sind, laden Sie ein, mit aktiv zu werden oder einfach nur einen Teil Ihrer Freizeit mit der Gruppe zu verbringen.
- ✔ Die aus amerikanischen Filmen bekannten *Studentenverbindungen* gibt es auch in Deutschland. Schlagende Verbindungen, Burschenschaften, Landmannschaften, Turner- oder Sängerschaften, um nur einige Ausprägungen zu nennen, haben ein festes Regelwerk (das ab und zu auch durch allzu rechte Gesinnung auffällt, also Augen auf, wem Sie da beitreten) und sind auf Lebenszeit und in bestimmten Hierarchiestufen angelegt. Kritiker bezeichnen sie als Sauf- und Feiergemeinschaften, unbestritten ist aber, dass sich hinsichtlich der Job- und Karrierechancen gerade in gut organisierten Akademikernetzwerken durch ehrliches Engagement viele Vorteile ergeben. Schon während des Studiums kann Ihnen eine Mitgliedschaft in so einer illustren Gesellschaft Vorteile etwa in Form einer sehr günstigen Unterkunft bieten. Genießen können solche Privilegien meistens allerdings nur männliche Studenten, Frauenverbindungen sind nach wie vor die Ausnahme.

Informationsportale und Studentenkarten

Verschiedene Informationsportale verdienen ihr Geld damit, Sie auf besondere Rabatte und Aktionen hinzuweisen und dann davon zu profitieren, dass Sie über genau diese Seite zum Anbieter kamen. Insofern ist die Auswahl oft ebenso unvollständig wie bei anderen Vergleichsportalen, denn wer keine hohen Provisionen für die Vermittlung bezahlt, wird oft nicht gelistet, dennoch bietet sie für den Anfang einen guten Überblick.

- ✔ Umfassend und auch in Bereichen wie BAföG-Fragen und Studien-Tipps gut aufgestellt ist `www.allstudents.de`. Hier finden Sie Rabatte und spezielle Tarife neben anderen Informationen für den studentischen Alltag. Mit mehr redaktionellem Beitext, aber nicht ganz so breit aufgestellt kommt `www.studenten-welt.de` daher; ein Blick lohnt sich aber allemal.
- ✔ Das Portal `www.studententarife.org` ist übersichtlich geordnet und recht aktuell; auf jeden Fall eine von mehreren nützlichen Informationsquellen. `www.geizstudent.de` ist etwas unübersichtlicher, hat dafür aber unter der Rubrik »Nützliches« noch zusätzliche Hinweise und Linktipps für Sie.
- ✔ Das Gleiche gilt für `www.studenten-spartipps.de`; der aktuelle Überblick über Studentenportale und Jobbörsen wertet das ansonsten den anderen Anbietern wie Geizstudent sehr ähnliche Angebot auf. Auch `www.sparcampus.de` besticht durch Zusatzangebote zu Finanzierung, Jobs und Auslandsaufenthalten sowie einen abonnierbaren Blog. Schön anzuschauen, aber nicht wirklich gehaltvoller ist `www.students-pay-less.de`, bei dem Sie vor allem checken sollten, ob die Betreiber dieser Seite andere Konditionen mit den begehrten Anbietern ausgehandelt haben und Ihnen so noch etwas günstigere Tarife anbieten können.
- ✔ Unter `www.studentenrabatte.de` gibt es sowohl spezielle Empfehlungen der Redaktion als auch die Möglichkeit, eigene Bewertungen abzugeben. Wie beim gleichnamigen Portal, das mit `.org` endet, kann auch hier beispielsweise das Kulturangebot nach Städten gefiltert werden.
- ✔ `www.unideal.de` ist eher ein Schnäppchenportal, das Rabattgutscheine und Gewinnspiele ebenso ausweist wie städtebezogene Sparaktionen. Unter »Tarife & Angebote vergleichen« findet sich ein ganz brauchbarer Vergleichsrechner.

Mit bestimmten *Karten* können Sie extra sparen, etwa beim Abschluss von Mobilfunkverträgen über das Cashback-Prinzip (Sie kaufen etwas und erhalten die Provision, die der Händler ansonsten bekommt, wenigstens teilweise erstattet) oder Rabatte bei teilnehmenden Partnern vor Ort oder online.

- Die DKB-Bank hat sich eine card4students (`www.card4students.de`) ausgedacht, die viele Rabatte bei Partnerunternehmen (Kinos, Fitnessstudios, Restaurants) und online Angebote und Studententarife mit sich bringt. Das ist grundsätzlich eine tolle Sache, ist aber mit der Einrichtung eines DKB Cash Kontos verbunden. Das ist ein kostenloses Konto mit kostenloser Visa-Card, also auch nicht verkehrt für Menschen, die ein neues Konto haben wollen. Wer kein Konto haben will, kriegt allerdings auch die Karte nicht.
- Allmaxx (`www.allmaxx.de`) ist ein Portal, das ebenfalls Online- und Vor-Ort-Rabatte anbietet. Um im allmaxx students club Mitglied zu werden und die zusätzlich erhältliche und mit 46,80 Euro kostenpflichtige allmaxx card zu erhalten, müssen Sie sich online registrieren. Die Rabatte funktionieren größtenteils nach einem Cashback-Prinzip; Sie erhalten für eine bestimmte Buchung einen bestimmten Betrag oder Prozente Ihrer Bestellung auf ein Cashback-Konto gutgeschrieben und können sich das auszahlen lassen, wenn es über 10 Euro liegt und nicht nach 3 Monaten bereits verfallen ist. Das ist also nur was für Leute, die regelmäßig damit einkaufen, so dass sich der Jahresbeitrag lohnt und nichts verfällt.

Eine sehr wichtige Karte besonders bei Auslandsaufenthalten ist der Internationale Studentenausweis (International Student Identity Card; `www.isic.de`). Er bietet nicht nur bei Partnern wie STA Travel oder EF (Anbieter von Sprachreisen) Vergünstigungen, sondern auch Rabatte bei Airlines und Fähren, Hostels, Kulturveranstaltern und Restaurants im In- und Ausland oder bei internationalen Kommunikationsanbietern. Eine Übersicht von und Suche nach Partnern wird auf der Homepage angeboten.

Teil V

Das Ende ist nah

In diesem Teil ...

Ein paar Jahre sind ins Land gegangen, Sie haben sich an der Hochschule Ihrer Wahl eingelebt, kennen alle Institutionen und Kommilitonen, haben Party gemacht, Klausuren und Hausarbeiten geschrieben, eine Weile im Ausland verbracht und Ihr erstes und vielleicht auch zweites Motivationstief überwunden. Alle Zeichen stehen also auf Abschluss: Ihr Studium neigt sich dem Ende zu und nun kommt die Phase, in der Sie es mit einer Abschlussarbeit krönen und sich schon den ein oder anderen Gedanken über Ihre Zukunft machen dürfen.

Was Sie bei der Abschlussarbeit beachten müssen, stellt Kapitel 15 vor, danach geht es konkret um die Jobs, die Ihnen nun in Aussicht stehen, sei es an der Hochschule im Wissenschaftsbetrieb oder in der freien Wirtschaft, und um das immer wichtiger werdende Netzwerken.

Die Abschlussarbeit

15

In diesem Kapitel

- Die richtige Einstellung für eine Abschlussarbeit
- Erwartungen und Anforderungen einschätzen
- Gliederung und Exposé erstellen
- Mit Literatur arbeiten
- Die Arbeit tatsächlich schreiben

Am Ende des Studiums stehen Sie vor einer gewaltigen Herausforderung: Ihre Abschlussarbeit steht an. Ob das in den Geisteswissenschaften oder Mathematik, Architektur oder Wirtschaft ist, alle müssen am Ende eines Bachelorstudiums eine Bachelorarbeit und am Ende des Masterstudiums die Master-Thesis verfassen. Und auch wenn Sie in einem der wenigen übrig gebliebenen Diplomstudiengänge sind, steht Ihnen die Diplomarbeit ins Haus.

Ein ganzes Buch über alle Details der Abschlussarbeit ist übrigens der Ratgeber »Die erfolgreiche Abschlussarbeit für Dummies« – auch von mir geschrieben. Wenn Sie sich noch mehr in das Thema vertiefen wollen, lege ich Ihnen dieses Buch ganz uneigennützig ans Herz.

Die Arbeit vorbereiten

Das Wort sagt es schon: VOR der BEREITUNG der Arbeit gibt es einige Fallstricke, zu denen Sie sich Gedanken machen sollten. Nicht nur, dass Sie Ihre Arbeit fristgerecht beim Prüfungsamt anmelden und abgeben müssen und dazwischen Ihrer gesamten Umwelt auf die Nerven gehen werden, nein, Sie müssen auch einen Betreuer finden, ein Thema und passende Literatur.

Erwartungen und Voraussetzungen abklären

Ihre Abschlussarbeit ist faktisch gesehen eine Prüfungsleistung wie Seminare, Hausarbeiten und Klausuren auch. Das bedeutet, dass sie klar geregelt ist und diese Regelungen in Ihrer Prüfungs- oder Studienordnung zu finden sind.

Schauen Sie in den Vorgaben nach! Viele Schwierigkeiten, die sich mit Umfang, Fristen, Anmeldung, Terminen der mündlichen Prüfung und anderen Formalitäten ergeben, können Sie leicht vermeiden, wenn Sie sich rechtzeitig informieren. Dazu gehört auch an fast jedem Lehrstuhl eine Anleitung zum Erstellen wissenschaftlicher Arbeiten, in der Formalia (Seitenränder und Co.), Wunschzitierweise und übliche Gliederungspunkte vorgegeben sind.

Je nach Lehrstuhl und Betreuer sind Sie noch mit anderen Erwartungen konfrontiert: Der eine will es forschungsorientiert, weil er sich Zuarbeit für eigene Veröffentlichungen erhofft, der andere will unbedingt empirische Untersuchungen, Auswertungen mit SPSS (einem Statistikprogramm) oder Interviews in der Arbeit sehen. Auch firmenseitige Betreuer wollen oft ein ganz bestimmtes Ergebnis vorweisen. Und Ihre Familie, Freunde, Partner werden auch ein bisschen zurückstecken müssen in den kommenden Wochen, denn eine Abschlussarbeit ist ein Fulltime-Job.

Wenn Sie es tatsächlich zeitlich nicht schaffen, nebenher zu arbeiten, gibt es eigens für Studierende in Ihrer Situation Darlehen, mit denen die Zeit der Abschlussarbeit überstanden werden kann. Mehr Informationen hierzu finden Sie in Kapitel 6 zur Finanzierung des Studiums.

Auch Ihre eigenen Erwartungen können Ihnen kräftig in die Quere kommen. Besonders wenn Sie bereits ein Studium im Einserbereich hingelegt haben, soll die letzte Arbeit das sicher nicht zerstören. Oft zählt die in Credits so viel, dass es wichtig ist, sie nicht allzu schlecht ausfallen zu lassen. An Ihrem Wunsch, wie gut es denn nun werden soll, hängt auch die Intensität, mit der Sie recherchieren und schreiben müssen. Im Zweifelsfall holen Sie sich alle Hilfe, die Sie kriegen können, ob von der Uni, von Wissenschaftsberatern oder aus Ihrem privaten Umfeld. So eine Arbeit schreiben die meisten nur einmal (vielleicht als Bachelor und dann Master zweimal), da sollten Sie alle Register ziehen, damit es gut wird.

Wenn Ihr Schnitt sowieso schon bei ausreichend dümpelt, ist das vermutlich auch schon fast egal, dann reißt es auch eine Eins nicht mehr raus. Sie können sich also auch Dienst-nach-Vorschrift verordnen und ansonsten eine schöne Zeit haben.

Thema und Betreuer finden

Viele Studenten, die bei mir in ein Coaching kommen, starten mit dem Thema ihrer Arbeit. Das kann dadurch bedingt sein, dass ein Lehrstuhl eine Liste mit Themen ausgibt, von der sich dann jeder eins wählen kann, hat aber viel öfter damit zu tun, dass sich Studierende damit motivieren wollen, dass sie über etwas schreiben, das sie interessiert. Grundsätzlich ist das eine gute Idee, aber noch vor der Themenauswahl sollten Sie ein paar Überlegungen anstellen:

✔ Haben Sie einen *Lieblingsprofessor*, bei dem Sie schreiben wollen (vielleicht, weil er Sie bislang immer so nett benotet hat)?

  Dann müssen Sie sich darüber im Klaren sein, dass er in seinem eigenen Fachbereich vermutlich so viel Ahnung hat, dass er jeden kleinen Fehler in Ihrer Arbeit findet, eine Arbeit aus einem fremden Fachbereich aber aller Wahrscheinlichkeit nach nicht annehmen wird.

✔ Haben Sie bereits eine *Stelle in einem Unternehmen*, das sich für eine Untersuchung eignen würde?

  Dann lesen Sie bitte auch das Kapitel über Jobs neben dem Studium besonders in Hinblick auf die Anstellung in Firmen, die eigene Interessen bei der Vergabe von Abschlussarbeiten haben (das sind übrigens so ziemlich alle Unternehmen). Da Sie Diener zweier Herren werden, müssen Sie besonders bei der Themenfestlegung klarstellen, was die verschiedenen Beteiligten darunter verstehen und sich erhoffen.

✔ Wollen Sie überhaupt eine *empirische Arbeit* schreiben?

  Dann ist der Zeitplan wichtiger denn je, denn wenn Ihre Untersuchung nicht fertig wird, können Sie sie auch nicht auswerten.

✔ Wollen Sie eine rein *theoretische Arbeit* schreiben?

  Dann gilt es ein Thema zu finden, das in der Literatur noch nicht ausgiebigst breitgetreten ist – schließlich sollen Sie ja auch etwas Neues untersuchen -, aber es muss eben auch ein Thema sein, zu dem sich überhaupt Literatur finden lässt. Sonst ist Ihr Theorieteil nach fünf Seiten am Ende.

✔ Haben Sie Mitstreiter für eine *Gruppenarbeit* gefunden?

  Dann ist die Planung und Aufteilung der Tätigkeiten von besonderer Bedeutung; ein Thema muss sich so gliedern lassen, dass die einzelnen Teile halbwegs unabhängig voneinander vorzubereiten sind und Sie müssen die anderen lieb genug haben, um am Ende der Bearbeitungszeit viele Stunden mit ihnen gemeinsam zu verbringen und zu diskutieren, was denn nun die Erkenntnisse sind.

✔ Lässt sich eine *(Forschungs-)Frage* finden, die Sie interessiert UND die eine wissenschaftliche Betrachtung rechtfertigt?

Kann ja sein, dass Sie interessiert, mit wem Ihre Cousine freitags immer ausgeht, aber dass gibt eben kein Thema her, das auch einen Betreuer interessiert.

All diese Überlegungen weisen in die Richtung, in die Sie nachdenken müssen, geben Ihnen aber noch keine Inhalte. Was genau das Problem sein wird, das Sie untersuchen, hängt natürlich davon ab, was Sie überhaupt und als Schwerpunkt studiert haben. Dementsprechend variieren auch die Fragestellungen. Angefangen von »Wie funktioniert ...?« in den Ingenieurs- oder Naturwissenschaften über »Wer hat Theorien aufgestellt zu ...?« in den Geisteswissenschaften bis hin zu »Was kostet es, wenn ...?« In der Wirtschaft kann alles betrachtet werden, was auf ein bisschen Theorie aufbaut und einen tatsächlichen Platz in der Welt hat.

Bei der Formulierung Ihres Titels kann dementsprechend auftreten:

- ✔ Eine deskriptive (= beschreibende) *Betrachtung*. Das beobachtbare Phänomen wird beschrieben (politische Machtstrukturen, Verhalten der Higgs-Teilchen, ...) und oft anhand eines Beispiels abgehandelt.
- ✔ Etwas kann auch *erstellt* werden. Eine Checkliste, eine Bauzeichnung, eine Programmierung, all das sind Beispiele dafür, wie Sie als Studierender im Zuge Ihrer Arbeit ein Ergebnis basteln.
- ✔ Besonders in den Geisteswissenschaften und der Psychologie wird gerne eine *Analyse* durchgeführt. Das Phänomen wird nun nicht mehr nur betrachtet, sondern in seiner Funktion oder im Zusammenhang mit einem anderen Stück Umwelt analysiert. Die Frage lautet »Was passiert, wenn ...?« (... die Beinlänge von Spinnen variiert, ändert sich dann die Lautstärke des Schreis?). Analysieren lassen sich auch die Voraussetzungen (etwa für einen Stausee in der Wüste) oder die Möglichkeiten der Zusammenführung (von unterschiedlichen Obstarten an einem Baum).
- ✔ Zwei ähnliche Phänomene können miteinander *verglichen* werden. Dabei werden Gemeinsamkeiten und Unterschiede herausgestellt und in der Regel am Ende gewertet, was besser ist, nachdem entsprechende Kriterien aufgestellt wurden.

Die Wahl Ihres Betreuers sollte unter anderem anhand der ersten Gespräche fallen. Haben Sie den Eindruck, dass Ihr Gegenüber auch ein Interesse an dem Gebiet hat, über das Sie schreiben wollen? Quatscht er Sie mit Ideen voll (erstmal ganz nett, irgendwann aber auch sehr anstrengend) oder sagt er immer nur »Na, dann machen Sie das doch« und lässt Sie mit dem Rest allein? Ist er erreichbar oder will er vielleicht das nächste Semester in Tibet meditieren?

Erst wenn Sie den Eindruck haben, dass das Projekt Abschlussarbeit mit diesem Menschen realisierbar ist, weil er ähnliche Vorstellungen davon hat wie Sie, sollten Sie bei ihm anmelden. Zwar kann ein privates Coaching viel auffangen, was an der Hochschule schiefgeht, aber erstens kostet es Geld, was viele Studenten nicht im Überfluss haben, und zweitens ist es ja doch eigentlich die Aufgabe der Betreuer, sich um Sie zu kümmern.

Der erste Blick in die Literatur

Hurra – endlich wieder lesen. Bestimmt haben Sie das gedacht, als Ihnen klar geworden ist, dass Sie etwa so viele Quellen in Ihrem Literaturverzeichnis auflisten werden wie Ihre Arbeit Seiten bekommt (das ist ein grober Richtwert: 60 Seiten Bachelorarbeit, 60 Quellen im Literaturverzeichnis; manche Lehrstühle geben sich mit der Hälfte zufrieden, andere verlangen das Doppelte).

In dieser Phase der Vorbereitung geht es noch nicht darum, dass Sie sich fundiertes Wissen aneignen, darum müssen Sie die Bücher auch nicht von vorne bis hinten durchlesen. Sie sollten vielmehr einen Überblick darüber gewinnen, was es an Literatur zum Thema X gibt und was zu Ihrer Fragestellung passt.

BEISPIEL

Angenommen, Sie möchten eine Arbeit über Gummientchen schreiben und haben sich die konkrete Fragestellung ausgedacht, ob ein Gummitier über den Atlantik nach Amerika schwimmen kann. Dazu müssen Sie wissen, wie lange eine Gummiente auf dem Ozean schwimmen kann, ehe Sie porös wird, wo die Strömungen verlaufen und wer sie vielleicht wegfischen kann. Dadurch bestimmen Sie, in welche Richtung Ihre Literatursuche gehen wird: Um einen ersten Überblick zu bekommen, sehen Sie in der DigiBib (`www.digibib.net`), aber auch bei Google Books (`books.google.de`) und Scholar (`scholar.google.de`) nach. So können Sie herausfinden, was es so an Literatur – Bücher, Zeitschriften oder elektronischen Dokumenten – zu Quietscheentchen an sich, dem Material und dessen UV-Beständigkeit auf der einen und dem Atlantik mit seinen Strömungen und Bewohnern auf der anderen Seite gibt. Ich kann Ihnen versichern, dass Sie daraus keine wissenschaftliche Arbeit erstellen können, weil es schon zum ersten Thema keine Fachliteratur gibt. Es ist erstaunlich, wie viele Studenten aus wohlklingenden, aber ebenso wenig wissenschaftlichen Themen eine Abschlussarbeit bauen möchten.

Wenn Sie schon bei Ihrer ersten Suche Schwierigkeiten haben, überhaupt etwas über ein Thema zu finden, sollten Sie Ihre Wahl überdenken. Wahrscheinlicher ist aber, dass Sie verschiedene Quellen finden, die Sie in Grundlagen- und Erweiterungsquellen einstufen können, und die Ihnen eine erste Idee verschaffen, welche Stichpunkte oder Unterbereiche wichtig für Sie werden könnten.

Die Gliederung anreißen

Aus den Stichpunkten, die Ihre erste Literatursuche ergeben hat, sollte nun eine grobe – und später feinere – Gliederung entstehen. Sie stellt den berühmt-berüchtigten »roten Faden« der Arbeit dar, gibt den Verlauf und mit aussagekräftigen Überschriften auch den Inhalt der Kapitel vor und verrät dem Leser gleich zu Anfang, was Sie tun werden und worauf das Ganze hinauslaufen soll.

Um den Erstellungsvorgang besser zu verstehen, erzähle ich Ihnen zunächst ein bisschen was zu den verschiedenen Gliederungsarten, die Sie kennen sollten, um sich selbst für eine davon zu entscheiden. Je nach Fachbereich und Art Ihrer Fragestellung kommt eher die eine oder andere davon infrage.

- ✔ *Deduktiv* läuft Ihre Gliederung vom Allgemeinen (Grundwissen) zum Speziellen, angewendet auf Ihre jeweilige Forschungsfrage.
- ✔ Folgen Sie der *Induktiven Methode*, die vom Speziellen zum Allgemeinen verläuft, stellen Sie erst zum Beispiel die Ergebnisse von Versuchen dar, um daraus eine Regel abzuleiten.
- ✔ Die *Kausale Methode* beschreibt ein Ursache-Wirkungs-Modell: Was führt zu welchem Ergebnis?
- ✔ Nach der *Dialektischen Methode* wird dem Gang These → Antithese → Synthese (oder auf Deutsch: Behauptung → Gegenbehauptung → Schluss oder Kompromiss) gefolgt.
- ✔ Schlichter geht es bei der *Vergleichenden Methode* zu. Die Frage: »Was haben A und B gemeinsam beziehungsweise was unterscheidet sie?« führt zum Vorgang: A darstellen, B darstellen, Vergleichskriterien herleiten, Vergleich durchführen und analysieren.

Die einfachste Gliederung ist eine deduktive, bei der Sie zunächst die notwendige Theorie zurechtlegen, im Anschluss dann das Umfeld beleuchten und dann Ihre Eigenleistung (Analyse, Befragung mit Auswertung und so weiter) erbringen. Umschlossen werden diese Teile von einer Einleitung und einem Fazit. In der Einleitung wird der Startschuss zur Arbeit gegeben, der Leser wird eingeweiht, worum es gehen soll und was Sie sich für ein Ergebnis erhoffen. Damit wird auch das Ziel festgelegt, zu dem es gehen soll. Dabei können diese Unterpunkte numerisch oder alphanumerisch beschriftet sein.

- ✔ Im *numerischen System* sind alle Ebenen mit Zahlen versehen

  1 Einleitung

  1.1 Problemstellung

  1.2 Zielsetzung

  1.3 ...

  2 Theoretische Grundlagen

  2.2 Theorie A

  2.2.3 Theorie A Definition

- ✔ Bei der *alphanumerischen* Gliederung wechseln sich Buchstaben und Zahlen ab, diese Darstellung ist fast nur noch in juristischen Ausarbeitungen zu finden.

  A Teil A

  B Teil B

  I. Grundlagen B

  1. Definition B

  a) Definition B von Müller

  b) Definition B von Meier

Im Rahmen der Grobgliederung müssen Sie sich noch keine Gedanken um die Ausformulierung der Überschriften machen, zu dem Zeitpunkt sollten vor allem Sie wissen, was Sie aus der Literatur und Ihren Ideen wohin setzen wollen. Später sollten Überschriften möglichst für den Leser aussagekräftig sein und verraten, worum es geht und wieso es lohnenswert ist, nun weiterzulesen.

Ein Exposé einreichen – und einen Plan haben

Die Gliederung ist ein großer Schritt zur Arbeit, denn sie verrät, welche Inhalte an welcher Stelle stehen werden. An vielen Hochschulen ist es dennoch üblich, ein weiter reichendes Exposé einzureichen, das das Vorhaben beschreibt, eine mindestens grobe Gliederung enthält und auf einige Quellen hinweist, die Sie zu verwenden gedenken. Die grobe Gliederung und Angaben zur Literatur haben

Sie nun schon, es fehlt Ihnen aber noch der Textteil des Exposés. Besonders damit und besonders zu einem so frühen Zeitpunkt haben viele Studenten erhebliche Probleme, denn Sie wissen noch gar nicht so genau, worauf das Ganze hinauslaufen soll.

Wie schon bei der Gliederung brauchen Sie noch nicht anzufangen und – bildlich gesprochen – loszulaufen, ehe Sie Ihr Ziel nicht kennen. Dabei folgt das Exposé den Schritten der Gliederung, stellt aber auch dar, wieso es überhaupt wichtig ist, genau dieses Thema zu bearbeiten und warum Sie diese und keine andere Vorgehensweise wählen. Wie eine Einleitung besteht ein Exposé aus bestimmten Teilen:

- ✔ Die *Ausgangssituation* verrät, von welchem Punkt in der Entwicklung Ihres Themas Sie ausgehen. Hier sind typischerweise Umstände wie die Veränderung einer gesetzlichen Regelung, die zu Anpassungen in Unternehmen führt, oder die Tatsache, dass der Klimawandel die Gletscher schmelzen lässt, zu nennen.
- ✔ Daraus ergibt sich die konkrete *Problemstellung*: Aktiengesellschaften müssen nun nach internationalen Richtlinien bilanzieren und haben die dafür notwendigen Zahlen nicht in der Buchhaltung oder das schöne Venedig geht unter. Das Problem, das Sie hier beschreiben, wollen Sie im Laufe der Arbeit theoretisch lösen.
- ✔ Die *Forschungsfrage* bringt auf den Punkt, was Sie mit Ihrer Arbeit beantworten wollen. Dazu werden fast immer »W-Fragen« formuliert, die inhaltlich hinauslaufen auf: eine *Beschreibung* (Was können Sie erkennen und beschreiben?), *Erklärung* (Wieso ist etwas so und nicht anders?), *Prognose* (Wie wird sich ein Sachverhalt entwickeln?), *Gestaltung* (Wie muss etwas beschaffen sein oder eingerichtet werden, um zu einem bestimmten Ziel zu gelangen?) oder *Kritik und Bewertung* (Was halten Sie davon, dass etwas so ist und nicht anders?).
- ✔ Das Hauptziel Ihrer Ausarbeitung des Exposés ist, die Forschungsfrage zu beantworten und das Problem zu lösen. Im Teil zum *Ziel* der Arbeit können Sie aber zusätzlich punkten, indem Sie praktisch anwendbare Ergebnisse in Aussicht stellen. Das könnte die Erstellung eines Leitfadens zur Implementierung von Controllingmaßnahmen sein oder die Skizzierung eines 3D-Bauentwurfs für Venedig auf Stelzen.
- ✔ Die *Vorgehensweise* beziehungsweise der Aufbau der Arbeit beschreibt die Gliederung und geht dabei darauf ein, was Sie sich bei den einzelnen Punkten und der Reihenfolge gedacht haben.

✔ In der *Methodik* wird angerissen, welche wissenschaftliche Herangehensweise an das Thema Sie wählen und wie Ihre Eigenleistung aussehen wird. Besonders dabei ist Rücksprache mit dem Betreuer wichtig, denn der weiß ziemlich sicher besser als Sie, ob Ihre Forschungsfrage sich besser mit Experteninterviews, einer 1.000-Teilnehmer-Befragung oder einer Metaanalyse vorhandener Studien beantworten lässt.

Manche Dozenten wollen zusammen mit dem Exposé auch einen *Zeitplan* erhalten. Das ist bei jedem Projekt ein wichtiger Baustein und auch wenn Sie nicht dazu verpflichtet sind, ihn zu erstellen, sollten Sie einen anfertigen. Dabei kann auch gleich der geplante Umfang der einzelnen Teile vermerkt werden (siehe Abbildung 15.1).

Im Rahmen der Grobgliederung sollten Sie noch nicht über die zweite Ebene hinaus planen, denn dafür fehlt Ihnen bislang mit ziemlicher Sicherheit das Detailwissen. Wenn Sie die Gliederung später verfeinern, ist es sinnvoll, auch den Unterkapiteln geplante Seitenumfänge und Deadlines zuzuordnen. Es ist viel leichter, ein Kapitel 2.3.1 zu schreiben, wenn Sie wissen, dass es zwei Seiten lang sein soll, nicht eine und nicht fünf.

Was	Wie lange	Start	Ende	geplanter Umfang	erledigt
Start Schreibphase	7 Wochen	01.07.2012	12.08.2012	70 Seiten	☐
Kapitel 2	3 Wochen	01.07.2012	21.07.2012	25 Seiten	☐
2.1			02.07.2012	5	☐
2.1.1			1. Jul.	2	☐
2.1.2			1. Jul.	1	☐
2.1.3			2. Jul.	2	☐
2.2			03.07.2012	3	☐
2.3			05.07.2012	4	☐
2.3.1			4. Jul.	2	☐
2.3.2			5. Jul.	2	☐
...					☐

Abbildung 15.1: Zeitplan Abschlussarbeit

Hilfsmittel auswählen

Nun haben Sie einen Plan, das ist ein guter Anfang. Ehe Sie sich nun ins Schreiben stürzen, brauchen Sie allerdings noch das ein oder andere Helferlein, das Sie dabei unterstützt, etwas Abgabefähiges zu produzieren. Vor allem handelt es sich dabei um Programme, die auf Ihrem Rechner laufen. Einige korrespondieren auch mit Apps, die Sie in die glückliche Lage versetzen, selbst in der U-Bahn auf dem Weg in die Bibliothek Gedanken festzuhalten. Andere sind old school analog, und dennoch nicht zu verachten.

Ohne Textverarbeitung kein Text

Eine Tatsache, die aber oft zu Problemen bei der Umsetzung führt, ist, dass Sie Ihre Arbeit nicht handschriftlich oder auf einer Schreibmaschine (wissen Sie noch, was das ist?) verfassen werden. Wer heute studiert, hat einen Computer, wahrscheinlich einen Laptop. Schon bei der Frage Mac oder PC aber scheiden sich die Geister – und die geeigneten Programme. Zwar gibt es die am häufigsten verwendeten Textverarbeitungsprogramme – Microsoft Office und Open Office – für Mac und Windows, aber nehmen Sie bitte nicht an, dass Sie etwas als .docx auf dem Äpfelchen speichern können und es dann genauso aussieht, wenn Sie es auf einem Windows-Rechner wieder öffnen.

Auf welchem Computer und in welchem Programm Sie Ihre Arbeit schreiben, ist eine sehr weitreichende Vorüberlegung, besonders wenn Sie in einer Gruppe oder an verschiedenen Orten schreiben und das Dokument an verschiedenen Orten geöffnet werden soll.

- Die *Microsoft Office Suite* besteht je nach Variante aus verschiedenen Elementen, von denen Microsoft Word das Textverarbeitungsprogramm darstellt. Die aktuelle Version ist die 2010er, die wie der Vorgänger Word 2007 (beziehungsweise Word 2008 für Mac) eine grundlegend andere Oberfläche als die Vorversionen aufweist. Nun sind die Funktionen in Reitern angeordnet (früher waren es Drop-down-Menüs), die Ihnen alle Formatierungs- und einzelnen Zusatzelemente wie eine einfache Literaturverwaltung bieten.

- Dagegen stellt *Apache OpenOffice* (aktuelle Version ist OOo 3.4, download unter `www.openoffice.org/de`) ein kostenfreies Freeware-Paket dar, dessen Textverarbeitungsprogramm OOo Writer im Grunde alles leistet, was MS Word auch für Ihre Arbeit tun kann. Die Oberfläche bietet hinsichtlich der Drop-down-Menüs eine Struktur, wie sie bis zur Version 2003 von Microsoft verwendet wurden (Datei, Bearbeiten, Ansicht, Einfügen, Format, Extras, Tabelle, Fenster und Hilfe), allerdings unterscheidet sich die Unterbringung der Funktionen innerhalb der Symbolleisten in einigen Fällen. Hier kann also beim Umstieg besonders von älteren Word-Versionen auf OOo Writer Frust entstehen, der sich jedoch schnell durch das gute Hilfsprogramm in Luft auflöst.

Wie Sie mit den Programmen so umgehen, dass Sie tatsächlich einen ansehnlichen Text produzieren, verrate ich Ihnen später in diesem Kapitel, wenn es darum geht, die Arbeit zu schreiben und dabei Formatvorlagen zu benutzen.

Um sich zwischen den einzelnen Programmen zu entscheiden, können Sie die folgenden Fragen der Reihe nach durchgehen:

1. Haben Sie bereits *Erfahrung* mit einem der Programme? Wenn Ihre Kenntnisse in einem der Programme bereits so weit entwickelt sind, dass Sie ohne Probleme Ihre Arbeit selbst formatieren können, dann sollten Sie dabei bleiben. Wenn Sie noch mit keinem Programm gearbeitet haben, ist OpenOffice eine Einarbeitung wert.
2. Haben Sie *Zugang* zu einer Microsoft Office-Version? Raubkopien sind nicht nur illegal, sondern auch instabil, mit der gebrannten CD eines Freundes riskieren Sie den Erhalt Ihrer Arbeit. Auch hinsichtlich der Budgetbelastung gewinnt OOo gegen Microsoft.
3. Schreiben Sie eine *formellastige* Arbeit? LaTex ist gut geeignet für technische und naturwissenschaftliche Arbeiten. Dazu sollten Sie sich eine Programmierung zutrauen und im besten Fall nicht auf Korrekturen von außen angewiesen sein, die oft nur in der PDF-Version machbar sind.

Alternativen zu den Marktführern

Als Alternativen existieren weitere Textverarbeitungsprogramme als Freeware oder als Kaufsoftware. Dabei sind käufliche Office-Lösungen wie etwa das Softmaker Office 2012 mit der aktuellen TextMaker-Version 2012 oder WordPerfect X3 und X4 von Corel deutlich günstiger zu haben als die Microsoft-Lösungen und diesen nicht nur ebenbürtig, sondern auch mit ihnen kompatibel. Der allergrößte Teil der Freeware allerdings lässt den Nutzer bei bestimmten Sonderformatierungen wie etwa unterschiedliche Seitenzahlformate im Regen stehen. Bemerkenswerte Ausnahme bildet dabei das Kingsoft Office (`www.kingsoftstore.com`), dessen Writer als quasi Klon der alten Microsoft Word-Versionen bis 2003 daherkommt. Dazu gibt es auch eine kostenlose App für Android.

Im Gegensatz zu MS Word und OOo Writer, die nach dem WYSIWYG-Prinzip (What you see is what you get – am Ende sieht das Dokument hoffentlich so aus, wie zu dem Zeitpunkt als Sie es in der Layout-Ansicht am Bildschirm erstellt haben) arbeiten, trennt LaTex sauber zwischen Form und Funktion. Sie schreiben die Textblöcke und versehen sie zusätzlich mit Angaben, die ihre Formatierung bestimmen. Wer sich bereits mit HTML für die Erstellung von Webseiten beschäftigt hat, weiß, dass es einen Quelltext gibt, in dem wie auch in LaTex sogenannte Tags bestimmen, ob der folgende Text fett oder eine Überschrift, Standardtext oder eine Aufzählung sein soll.

Ein paar Regeln gelten übrigens immer und für alle Programme, wenn Sie es mit vielen Dateien, Festplatten und möglichen Stromausfällen zu tun haben:

✔ Legen Sie eine Ordnerstruktur an, die Ihnen hilft, Dateien wiederzufinden. Vorschläge für mögliche Ordner sind:

  - Versionen Diplomarbeit
  - Bilddateien Diplomarbeit
  - Literatur Diplomarbeit

✔ Speichern Sie auf keinen Fall immer wieder über dieselbe Datei, sondern vergeben Sie Namen, die auf Tag oder Stand schließen lassen. Beispiel: DA_Ihr_Name _31012012.doc

✔ Legen Sie regelmäßig Sicherungsdateien jenseits Ihrer Festplatte an. Dazu können Sie Dateien im Internet auf Servern oder in einer Cloud wie Dropbox, iCloud oder SkyDrive einlagern (einen guten Überblick mit Tests und Kostenangaben gibt es unter `www.cloudsider.com`) oder regelmäßig Versionen auf einer CD-ROM oder einem USB-Stick speichern oder sie an Freunde per Mail senden.

✔ Auf der Festplatte muss ausreichend Platz sein, um immer wieder neue Versionen anlegen zu können. Eine fertige Arbeit kann bei schlampiger Formatierung bis zu 3 MB groß sein. Wenn Sie zweimal in der Woche komplette Versionen speichern und etwa 8 Wochen lang am Text arbeiten, ergibt sich ein Speicherbedarf von circa 50 MB plus gigabyteweise Speicherplatz für Bilder, Anhänge, Screenshots von Internetseiten und so weiter. Gerade bei älteren USB-Sticks kann schnell das Limit erreicht sein.

Tabellen und Grafiken erstellen

Texte sind etwas Wunderbares, aber auf Dauer ohne andere Hingucker doch ein wenig langweilig. Einerseits gibt es zur optischen Abgrenzung Absätze, Bulletpoints und – wie in diesem Buch – hübsche kleine Häkchen-Listen, andererseits kann ein Bild oder eine Tabelle oft mehr sagen als tausend Worte. Stellen Sie sich nur vor, dass in einem Textblock statistische Erhebungen aufbereitet wären, und Sie alle Prozente und Anteile und Gruppierungen durchlesen müssten. Viel schöner ist es, dazu etwas Griffigeres anzubieten.

Um Tabellen zu erstellen, geben wieder Microsoft mit Excel und OpenOffice mit dem OOo Calc den Ton an.

- ✔ *Microsoft Excel* ähnelt im Aufbau Word, auch hier wird seit 2007 mit Registerkarten gearbeitet. Excel steht häufig für endlose, unübersichtliche Tabellen, Berechnungen und Zahlenkolonnen, die wenigsten verbinden es spontan mit wissenschaftlichen Arbeiten jenseits des naturwissenschaftlichen Fachbereichs. Tatsächlich kommen aber in den meisten Arbeiten Tabellen vor. Zwar kann auch Word Tabellen generieren, aber Excel kann es einfach besser: Es kann nämlich rechnen und Sie müssen nicht kontrollieren, ob Sie sich verrechnet haben. Excel bietet aber mit finanzmathematischen und statistischen Berechnungen noch mehr, was in wissenschaftlichen Arbeiten erforderlich sein kann. Außerdem kann es zu den Tabellen passende Grafiken ausgeben.

- ✔ *OpenOffice Calc* ist auch ein Datenverarbeitungsprogramm, das tabellenbasiert ist und Kalkulationen durchführen sowie zugehörige Diagramme erstellen kann. Zusammen mit OOo Maths, dem Formeleditor in der kostenfreien Office-Suite, kann auch die Freeware-Version dem großen Microsoft-Bruder das Wasser reichen.

- ✔ *Spreadsheets Free* aus dem Kingsoft Office (siehe grauer Kasten »Alternativen zu den Marktführern« oben) ist ebenfalls gut zu gebrauchen und gut kompatibel mit den Microsoft-Tabellen.

Bilder müssen allerdings nicht immer auf der Basis von Zahlen und Daten entstehen. Auch Strukturdiagramme – etwa eine Mind-Map oder ein Prozessdiagramm – oder Fotos und Grafiken können den Text um aussagekräftige Elemente erweitern. Überlegen Sie sich aber bitte immer, bevor Sie sich für ein Bild entscheiden, ob es tatsächlich einen Zusatznutzen hat, also etwas besser erklärt und anschaulich illustriert, oder ob Sie einfach nur den Umfang durch eine Dopplung (Text = Bild) aufblähen. Abbildungen zum Selbstzweck kommen bei den meisten Korrektoren nicht gut an.

Bei den Programmen steht an erster Stelle immer die *Adobe Creative Suite* mit wunderbaren Dingen wie *Photoshop* für Pixelgrafiken wie Fotos oder Scans und *Illustrator* für Vektorgrafiken. Wenn Ihnen das Chinesisch vorkommt, hilft auch das gute alte *Paint,* das bei jedem Windows-System im Zubehör zu finden ist, oder *Seashore,* ein Freeware-Programm für Mac. Aus der Microsoft Office Suite könnte *PowerPoint,* das Sie in Kapitel 10 bei den Präsentationen kennengelernt haben, eine Möglichkeit für Bildchen sein, OpenOffice wartet mit *Draw* als eigenem Zeichenprogramm auf.

Mind-Maps und andere nützliche Helferlein

Jenseits der puren Text- und Datenverarbeitung gibt es unzählige Hilfsmittel, die Ihnen die Arbeit erleichtern können. Häufig ist es so, dass es länger dauert, sich in ein neues Programm einzuarbeiten als die tatsächliche Zeitersparnis durch dessen Benutzung später ist. Daher möchte ich mich darauf beschränken, Ihnen das ans Herz zu legen, was ich selbst für wirklich notwendig halte.

- Das Konzept der *Mind-Map* haben Sie in Kapitel 11 bereits kennengelernt. Sie können Mind-Maps mit dem Computer oder Smartphone erstellen (passende Programme stehen ebenfalls in Kapitel 11) oder sie mit Stift und Papier händisch aufmalen. Für eine Mind-Map wird auf einem leeren Blatt in der Mitte das zentrale Problem oder Stichwort niedergeschrieben und eingekreist. Stichpunkte und Begriffe, die Sie mit diesem Zentrum assoziieren, ordnen Sie drum herum an und verbinden das mit Strichen. Weitere zugehörige Begriffe zu diesem äußeren Kreis werden wiederum weiter außen vermerkt und so weiter.

  Eine Mind-Map wird übrigens umso aussagekräftiger, je ausgefeilter die Ebenen beispielsweise durch unterschiedliche Farben oder Konturen voneinander abgegrenzt werden. Doch zu bunt macht oft unübersichtlich.

  Mind-Maps lassen sich wunderbar bei der Erstellung der Gliederung einsetzen, wenn die Hauptkapitel festgelegt sind, aber die Hierarchie der Unterkapitel noch unklar ist.

- Wenn Sie einen empirischen Teil anstreben, kommen Sie nicht um ein Programm zur *Datenauswertung* herum. Zwar kann Excel eine Menge darstellen und auch statistisch berechnen, aber eigentlich ist es dafür nicht gemacht. Softwarelösungen wie SPSS oder SAS sind weit besser geeignet, um umfangreiche Datensätze, wie Sie sie zum Beispiel aus Online-Befragungen erhalten, umfassend auszuwerten. Solche Programme sind zwar teuer, wenn Sie sich eine eigene Version kaufen wollen, aber die meisten Hochschulen stellen mindestens eines von beiden sowie entsprechende Lehrgänge im Rechenzentrum zur Verfügung.

- Kaum ein Student geht heute noch mit dem Klemmbrett durch die Welt und verteilt Fragebögen oder erhebt so Daten. Längst hat es sich durchgesetzt, einen Fragebogen online zu erstellen und nur noch den Link an Freunde, Kommilitonen oder eine bestimmte andere Zielgruppe zu versenden. Dazu gibt es online Fragebogentools, die Ihnen helfen und auswertungsfertige Daten, oft schon für den Direktimport in SPSS geeignet, übermitteln.

  - www.2ask.de bietet verschieden große Pakete, die nach der Anzahl der möglichen Fragen und dem Umfang der angeschriebenen E-Mail-Adressen variieren. Dabei gibt es Studentenpakete ab 59 Euro, mit denen schon einiges anzufangen ist. Der Testzugang ist sogar 30 Tage kostenfrei nutzbar.
  - www.surveymonkey.com ist ebenfalls ein Online-Tool zur Gestaltung von Online-Befragungen. Es ist in der kleinsten Variante mit 10 Fragen und 100 Antworten kostenlos, das wird Ihnen in den meisten Fällen aber nicht reichen. Die ausreichend große Plus-Version gibt es für 25 Euro monatlich. Eine SPSS-Integration ist allerdings erst ab der Gold-Version für 300 Euro jährlich vorgesehen.
  - Kostenlos sind die Angebote von www.fragebogen-tool.de, maq-online.de und www.limesurvey.org, Letzteres mit dem weit besten Angebot an Export-Dateien und Auswertungen.

✔ Zu den Vorteilen eines Kalenders und seinen verschiedenen Formen haben Sie im Zeitmanagementkapitel 11 schon jede Menge gelesen. Entsprechend liegt es auf der Hand, dass auch beim Projekt »Abschlussarbeit« ein Kalender hilfreich ist. Tragen Sie Ihren Zeitplan dort ein, dann sehen Sie sofort, wann er mit Omas Geburtstag kollidiert.

Ein Zeitplan ist erst dann machbar, wenn Sie ihn mit allem, was Sie sonst so vorhaben, abgeglichen haben. Vorher ist er schöne Utopie, die bei Ihnen nur Frust erzeugen wird. Also ran an Outlook & Co., mit allen Kalendern synchronisieren, die auf dem iPhone oder Ähnlichem herumgeistern, erst dann können Sie realistisch planen.

Literatur – das A und O der Arbeit

In Ihrem Zeitplan werden Sie, sobald die Gliederung beziehungsweise das Exposé abgenickt ist, eine Phase für die genauere Literaturrecherche einplanen. Wenn Sie sofort losschreiben, dann wissen Sie ja noch gar nicht worüber! Also erst etwas suchen, finden, lesen und verstehen, dann alles, was brauchbar ist, in der Gliederung unterbringen, dann schreiben und ausformulieren.

Hilfreiches zur Literaturverwaltung

Noch so eine Falle auf dem Weg zur fertigen Arbeit ist, sich bergeweise Literatur anzulachen und dann komplett den Überblick darüber zu verlieren. Damit das nicht passiert, sollten Sie von Anfang an, eigentlich schon bei der Grobrecherche, aber spätestens jetzt, darüber Buch führen, was Sie gelesen haben und wofür Sie es verwenden können.

Eine Literaturverwaltung, sei sie in einer Excel-Tabelle, einer selbst erstellten Datenbank oder einem entsprechenden Programm angelegt, ist ein **Muss** bei einer wissenschaftlichen Arbeit. Bei einer geschätzten Quellenzahl von 50 bis 100 Titeln dürfen Sie nicht mal daran denken, ohne entsprechende Systematisierung den Überblick zu behalten.

Wieder gibt es etliche Programme, die Ihnen bei Ihrer Literatursammlung zur Seite stehen, einige etablierte sind an sich kostenpflichtig, jedoch wie SPSS manchmal am Rechenzentrum für Studenten frei verfügbar, andere sind Freeware, wie mein Favorit Citavi.

- *EndNote* ist in der Welt der Wissenschaft das verbreitetste Instrument, um mit Quellen zu arbeiten. Das kostenpflichtige Programm kann eingegebene Literatur sammeln und ordnen, online Datenbanken durchsuchen, Sie über EndNote Web mit anderen vernetzen, Literaturlisten in MS Word, OOo Writer und sogar Apple Pages ausgeben, aus Textdateien auch Quellen in die Datenbank importieren und schließlich jeden beliebigen Zitationsstil anpassen. EndNote (mehr Infos finden Sie auf `www.endnote.com`) gibt es für 115 Dollar in einer Windows- oder Mac-Version, aktuell ist die Version x6 auch als 30-Tage-Testversion online erhältlich. Der Funktionsumfang stellt einen guten Maßstab dafür da, was ein Literaturverwaltungsprogramm können sollte.
- Weitere kostenpflichtige Programme, die Ihnen mit geringerem finanziellen Aufwand helfen, sind *Papers* (`www.mekentosj.com/papers`, 59 Euro) für Mac und Windows, *Bookends* (`www.sonnysoftware.com` , 69 Dollar) für Mac und *RefWorks* (`www.refworks.com`, circa 100 Euro pro Lizenz und Jahr), eine englische, onlinebasierte Quellendatenbank.
- Für Ihre Abschlussarbeit sollte das bis 100 Quellen kostenlose *Citavi Free* (`www.citavi.com`) ausreichen, das im Funktionsumfang EndNote wenig nachsteht und alles bietet, was Ihr Ordnungsherz begehrt. Besonders die Möglichkeit, durch die Eingabe der ISBN gleich alle relevanten Eigenschaften des Buches in der Liste aufzunehmen, spart Zeit. Leider gibt es Citavi nur für Windows.
- Inzwischen kostenfrei ist auch *Visual Composer* (`www.visualcomposer.net`), der zwar seit einiger Zeit nicht überarbeitet und erneuert wird, für Minimalisten aber eine schöne Verwaltung bietet. Etwas komplexer, aber für Windows und Mac erhältlich, ist das Freeware-Programm *LitLink* (`www.litlink.ch`). Und wer es online mag, kann sich mit *Zotero*

(www.zotero.org) eine Browser-Erweiterung herunterladen, mit der sich ebenfalls schnell Literatur verwalten und mit anderen teilen lässt.

Es ist fast egal, welches Programm Sie verwenden, Hauptsache Sie entscheiden sich für eins und arbeiten konsequent damit. So lassen sich Missgeschicke wie unvollständige Literaturverzeichnisse oder Quellenangaben leicht verhindern.

Quellen suchen und erhalten

Die Recherche nach passenden Quellen ist ein zentraler Bestandteil der Leistung, die Sie mit Ihrer Arbeit erbringen sollen. Der Student soll lesen, Wichtiges von Unwichtigem unterscheiden, das Wichtige ordentlich sortiert aufbereiten und damit ein Problem lösen, so die Anforderung. Auf der Suche nach Literatur sind Ihre Leitlinien also, nicht zu viel und nicht zu wenig an relevantem Wissen aufzutun, das Sie später in der Arbeit auch gebrauchen können.

Nach der Grobrecherche für das Exposé sollten Sie bereits ungefähr wissen, welche Grundlagenwerke infrage kommen. Dann gilt es, weiterzusuchen:

- ✔ Was haben die Autoren der Werke noch verfasst?
- ✔ Auf welche anderen Quellen wird in der Grundlagenliteratur verwiesen?
- ✔ Welche Fachzeitschriften gibt es zum Thema?
- ✔ Was ist die aktuelle Diskussion in dem Zusammenhang?
- ✔ Finden sich online andere Arbeiten, die zu ähnlichen Themen geschrieben wurden, und wer wurde dort zitiert?
- ✔ Welche Begriffe sind zentral bei der Suche und welche sind daran angelehnt oder Synonyme?

Auf der Suche nach weiteren Quellen können wiederum Mind-Maps sinnvolle Helfer sein, damit Sie nicht den Überblick verlieren. In der Mitte stehen die Ausgangsbegriffe oder -werke, drum herum Ihre einzelnen Suchschritte.

All diesen Fragen können Sie online und in Bibliotheken und Archiven auf den Grund gehen.

- ✔ Die Arbeiten anderer Studenten können Sie auf www.grin.de, www.diplom.de oder www.examicus.de einsehen und für mehr oder weniger Geld herunterladen. Speziell für Dissertationen gibt es www.dissonline.de und www.base-search.net.

- Online steht mit `www.internetbibliohek.de` ein umfassendes Linkverzeichnis sowie die Möglichkeit, persönliche Fragen zu stellen, zur Verfügung. Auch die Suchmaske der bereits erwähnten DigiBib ermöglicht eine Metasuche über verschiedene Quellen hinweg.
- Die deutsche Nationalbibliothek können Sie auf `www.d-nb.de` durchforsten, auf `www.zeitschriftendatenbank.de` haben Sie Zugriff auf die ZDB, um nach elektronischen und Printpublikationen im Zeitschriftenformat zu suchen.
- Immer mehr Quellen gibt es im E-Book-Format online zum Download. So bietet beispielsweise `bookboon.com/de/studium` kostenlose Lehrbücher fürs Studium. Andere Seiten bieten auch vergriffene historische Texte (beispielsweise `www.gutenberg.org`) oder spezielle Themengebiete (`www.e-fachbuchhandlung.de`) als E-Book an.

Wie genau Sie bei der Recherche vorgehen und welche Kataloge Sie dabei besuchen sollten, lernen Sie sehr ausführlich, wenn Sie sich die Seite LOTSE (`lotse.uni-muenster.de`) der Uni Münster durchlesen.

Haben Sie erst einmal eine Liste mit Literatur, die Sie gern hätten, stehen Sie leider dennoch nicht am Ende der Recherche, denn erst müssen Sie den Bären haben, bevor Sie sein Fell verteilen. In diesem Sinne muss Ihnen klar sein, dass die Kenntnis eines Zeitschriftenartikels noch nicht notwendigerweise bedeutet, dass Sie ihn auch ohne Weiteres zu fassen kriegen. Ein paar Möglichkeiten, das Gesuchte auch in die Finger zu bekommen, sind:

- Was bei Ihnen in der Bibliothek vor Ort nicht vorhanden ist, kann aus der Ferne geliehen werden. So können Sie sich an die Mitarbeiter Ihrer Bibliothek wenden, um einen *Fernleihe*-Schein auszufüllen und abzugeben. Dieser Vorgang kostet circa 1,50 Euro. Bis das Buch in Ihrer Bibliothek abgeholt werden kann, vergehen etwa eine bis drei Wochen. Über die Internetseite der DigiBib können Sie ebenfalls eine reguläre Fernleihe in Auftrag geben, wenn Sie Ihre Hochschule angeben und sich gegebenenfalls anmelden.
- Teurer als die Angebote der regulären Fernleihe, aber schneller und direkter sind die Lieferdienste im Rahmen von *Subito-doc* auf (`www.subito-doc.de`). Die Preise variieren, je nachdem ob es sich um die Lieferung ganzer Bücher handelt, dem subito-book-delivery-service, oder von Kopien einzelner Artikel beziehungsweise Kapitel im subito-article-delivery-service.

  subito greift auf eine Reihe von nationalen und internationalen Beständen zu und sendet Ihnen das gewünschte Buch mit der Post nach Hause beziehungsweise Artikel und Auszüge auch als Fax oder als PDF per E-Mail. Im Eilverfahren wird eine Buch- oder Artikelanfrage innerhalb von 24 Stunden bearbeitet, im Normalservice innerhalb von 72 Stunden plus Versand. Die Ausleihdauer von Büchern beträgt vier Wochen, dann müssen Sie es wieder zurücksenden. Derzeit zahlen Studierende für eine Buchausleihe im Normaldienst neun Euro, als Eilbestellung reichen die Preise von 10 bis 16 Euro. Ein Kopienversand per E-Mail an Studenten inklusive der VG Wort-Tantiemen geht bei fünf Euro los.

✔ Wenn Sie ein Buch, das Ihnen vielversprechend erscheint, nicht in absehbarer Zeit in einer Bibliothek ausleihen können und es auch nirgends online publiziert ist, dann bleibt nur die Option es zu *kaufen*. Durch die in Deutschland geltende Buchpreisbindung können Sie Bücher hier nur zum festgelegten Preis neu ordern. Für gebrauchte Bücher gilt die Buchpreisbindung allerdings nicht. Hier lohnt sich ein Blick in Online-Antiquariate wie `www.booklooker.de` oder `www.findmybook.de`. Auch Amazon bietet die Möglichkeit, gebrauchte Bücher zu kaufen und zu verkaufen. Da beispielsweise aber Großbritannien keine solche Festlegung gesetzlich verankert hat, kann sich der Vergleich von Preisen englischsprachiger Bücher lohnen. Einen guten Überblick bietet hier `www.bookfinder.com`.

Quellen verwenden und zitieren

Im besten Fall haben Sie nun für jeden Bereich, den die Grobgliederung Ihrer Arbeit markiert, ein paar Stichpunkte und jeweils Literatur gefunden und die gleich ordentlich in das Literaturverwaltungsprogramm Ihrer Wahl eingegeben. Da Sie im Verlauf des Schreibprozesses hoffentlich in einen Flow kommen und nicht mehr von Formalkram gestört werden wollen, stelle ich Ihnen lieber gleich vor, was Sie dann mit Ihrer Ausbeute anstellen können.

Zentral ist die Frage nach dem *Zitationsstil*, das heißt, wie verweisen Sie im Text der Arbeit auf Ihre Quellen. Dabei wird grundsätzlich unterschieden, ob Sie Quellenangaben im Text nach einer der angloamerikanischen Zitierweisen (Harvard, MLA- oder APA-Style) oder in Fußnoten, was eher den deutschen Traditionen entspricht, angeben.

Beispielhaft seien hier die Harvard Zitierweise sowie deren Analogie in Fußnoten in Tabelle 15.1 dargestellt. Die Fußnoten folgen dem Kurzbeleg, bei dem nur Nachname, Jahr und Seite angegeben werden. Im Vollbeleg würden noch Angaben wie der (Kurz)Titel des Buchs und der Verlag angegeben werden, so dass dieser sich liest wie der Eintrag im Literaturverzeichnis.

Grundsätzlich müssen Sie Quellenangaben dann einfügen, also zitieren, wenn Sie Inhalte aus einer fremden Quelle verwendet haben. Da Ihr Theorieteil sich aus Fremdwissen zusammensetzt, gehören hier notwendigerweise viele Zitate hinein. Diese können *direkt* oder *indirekt* sein, je nachdem, ob Sie wörtlich oder nur sinngemäß zitieren.

Wörtliche und damit direkte Zitate gehören in Anführungszeichen, wenn Sie darin etwas weglassen, sollten Sie das durch Auslassungszeichen wie [...] kenntlich machen. Wenn Sie am Zitat etwas verändern, beispielsweise etwas fett oder kursiv setzen, dann schreiben Sie das auch in eckigen Klammern dazu: [Herv. d. Verf.] und wenn Sie einen Fehler entdeckt haben, den Sie natürlich wörtlich mit abschreiben müssen, dann stellen Sie ein [sic!] oder nur [!] hinter das fehlerhafte Wort. Besser ist es aber allemal, sich selbst Formulierungen auszudenken, so dass auch klar wird, dass Sie verstanden haben, worüber Sie schreiben.

Vorgabe	Harvard	Fußnote
Grundform: Autor oder Autoren und Jahr	Die Sammlung von Beiträgen trägt Wissen zu den Grundfragen im Studium zusammen und auf den Punkt (Frank & Stary 2009).	[1] Frank/Stary (2009).
Beleg mit genauer *Seitenzahl*:	Die mehrfache Verwendung eines Autors oder eines Werkes auf einer Seite lässt auf Überarbeitungsbedarf schließen (Theisen 2006:143). Die 10 Regeln, wann und wie man zitiert, beweisen wiederum das literarische Talent des Autors (Eco 2005:196-206).	[1] Theisen (2006), S. 143.
Werke aus *gleichen Jahren gleich(namig)er Autoren*: Kleinbuchstaben an der Jahreszahl beziehungsweise Initialen der Autoren hinter dem Nachnamen	(Müller 2008a:55) vs. (Müller 2008b:66) bei gleichem Autor (Müller, I. 2008:55) vs. (Müller, T. 2008:77) bei verschiedenen Müllers	[1] Müller (2008a), S. 55. [1] Müller (2008b), S. 66. [1] Müller, I. (2008), S. 55. [1] Müller, T. (2008), S. 66.
Verweise auf *verschiedene Werke*: Trennung durch Semikolon, Reihenfolge alphabetisch oder nach Alter der Quellen	(Müller 2008:55; Meier 2006:66; Schulz 1998:10)	[1] Müller (2008a), S. 55; Müller (2008b), S. 66.

Tabelle 15.1: Quellenangaben nach Harvard oder in Fußnoten

Direkte Zitate sollten die Ausnahme sein, indirekte die Regel. Die Fußnote bei einem indirekten Zitat beginnt immer mit der Abkürzung »Vgl.« (Vergleiche), erst dann kommen Name, Jahr und Seite. Eine Fußnote endet immer mit einem Punkt.

Die Arbeit schreiben …

Na, dann man tau. Also los, für alle, die es nicht so mit dem Norddeutschen haben: Sie haben alles, was Sie brauchen, um Ihre Arbeit zu verfassen. Dabei sollten Sie nach Plan vorgehen und nicht aus den Augen verlieren, dass es sich nicht um Belletristik handelt, die Sie da verfassen.

Tipps zum strukturierten Vorgehen

Wie Sie nun am geschicktesten loslegen, lässt sich durch ein paar kleine Tipps und Tricks vereinfachen. Dabei steht Formales ebenso wie Strukturelles auf dem Programm:

✔ Sie sollten gleich in die *Formatvorlage* schreiben. – Format-was? Schon mal gehört? Nein? Macht nichts. Das ist schnell erklärt: Alle formalen Vorgaben für Haus- und Abschlussarbeiten enthalten Basics wie etwa die Seitenränder und den Zeilenabstand. Sicher können Sie sich leicht vorstellen, dass eine Arbeit, die 60 Seiten lang sein soll, schneller mit doppeltem Zeilenabstand geschrieben ist als mit einfachem, dann aber auch wegen der wenigen Wörter nicht so gut beim Prüfer ankommt. Die folgenden Vorgaben sind bei wissenschaftlichen Arbeiten üblich:

- Der Standard-Text, also der in den normalen Absätzen, hat *Schriftart*: Times New Roman, 12 Punkt oder Arial 11 Punkt, *Absatz*: Blocksatz, *Zeilenabstand*: 1,5 Zeilen, *Abstand nach*: 6 Punkt (unter FORMAT – ABSATZ einzurichten; das schafft nach jedem Absatz eine halbe Leerzeile).
- Überschriften größer als der Text im Standard-Format sind fett und/oder kursiv: **Überschrift 1**, ***Überschrift 2***, *Überschrift 3* usw. Abstand vor 12 bis 18 Punkt, danach mindestens 6 Punkt.
- Beschriftungen (für Tabelle darüber, Abbildungen darunter) etwas kleiner im Schriftgrad als Standard, der Abstand zum Text darf ruhig 12 Punkt sein.

Seitenränder sind leicht im Reiter SEITENLAYOUT einzurichten. Die Formatvorlagen können Sie einrichten, wenn Sie das Textverarbeitungsprogramm geöffnet haben. Bei Word klicken Sie auf das Symbol in der rechten unteren

Ecke bei Formatvorlage ändern, dann bei der gewünschten Vorlage (in Abbildung 15.6 ist das Überschrift 1) auf Ändern... im Drop-down-Menü, dann erscheint der Kasten, in dem Sie die Einstellungen vornehmen können.

Wenn Sie das erledigt haben, können Sie Ihre Gliederung in das neue Dokument schreiben und dann jeweils den einzelnen Ebenen die passende Formatvorlage zuweisen. Sie markieren also »Einleitung« und klicken rechts auf »Überschrift 1«, dann markieren Sie »Ausgangssituation« und wählen »Überschrift 2« als Formatvorlage. Wenn Sie mit allen Punkten durch sind, haben Sie eine Dokumentenvorlage mit den richtigen Schriftarten, Rändern und Abständen, die Ihnen sofort verrät, wie viel Sie tatsächlich schon geschrieben haben. Mit einem Klick auf Navigationsbereich im Reiter Ansicht können Sie sich am linken Bildrand auch die komplette Gliederung einblenden lassen.

Wenn die Gliederung steht, dann können Sie auf die erste Seite Ihres schönen, neuen Dokuments gehen und im Reiter Verweise auf Inhaltsverzeichnis gehen und dort im Drop-down-Menü Inhaltsverzeichnis einfügen... wählen. Schon haben Sie Ihr erstes automatisches Verzeichnis erstellt.

- ✔ Gehen Sie gezielt in die *Literatur*: Die Grobgliederung haben Sie bereits, und ein paar Stichworte auch. Nun geht es darum, Inhalte aus der Literatur gezielt in Ihre Arbeit zu verfrachten. Dazu sollten pro Abschnitt, den Sie bearbeiten, nur die als passend identifizierten Bücher und Artikel auf Ihrem Tisch liegen. Die lesen Sie nun »ordentlich« durch, beispielsweise nach der PQ4R-Methode (siehe grauer Kasten »PQ4R«). Dann haben Sie einen Überblick über Ihr verwendbares Wissen und können Stichpunkte aufschreiben und in der Reihenfolge sortieren, in der sie im Text vorkommen sollen.
- ✔ Erstellen Sie einen detaillierten *Zeit- und Seitenplan*: Jetzt ist der Zeitpunkt gekommen, um Ihren ersten Plan aus der Zeit des Exposés neu und genau zu erstellen beziehungsweise anzupassen. Die Unterkapitel sind nun alle enthalten und dank des Wissens um die Inhalte können Sie nun viel besser einschätzen, was wie lang sein soll.

Vom wissenschaftlichen Stil

Ihre Abschlussarbeit soll systematisch, sachlich, präzise und nachvollziehbar sein, und das soll sich in Ihrem Stil niederschlagen. Damit sollte sie automatisch weder reißerisch, noch jovial, noch belehrend sein und auch nicht dem Publikum Schwänke aus Ihrem Leben nahebringen. Dennoch können Sie sich bemühen, gefällig, leicht lesbar und auch interessant zu schreiben.

PQ4R

Die PQ4R-Methode ist eine Lesetechnik, mit der Sie Inhalte von schwierigen Texten besser erfassen können. Sie eignet sich auch bestens als Grundlage des Exzerpierens. Die einzelnen Schritte sind:

Preview: Den ausgewählten Text einmal grob querlesen *(Vorschau).*

Questions: *Fragen* zu dem ersten Abschnitt des Textes formulieren.

Read: Sie sollen den betreffenden Abschnitt nun so *lesen,* dass die Fragen im besten Fall alle beantwortet werden können.

Reflect: Deshalb steht die PQ4R-Methode in diesem Kapitel: Nun müssen Sie darüber *nachdenken,* was Sie da gelesen haben.

Recite: Fragen und Antworten zusammen, ergeben die relevanten Inhalte des Abschnitts, den Sie nun *wiederholen* können. Dann geht es mit neuen Fragen zum nächsten Abschnitt, bis Sie alle Teile des Textes entsprechend mit Questions-Read-Reflect-Recite behandelt haben.

Review: Am Ende *fassen* Sie Ihre Erkenntnisse zu den einzelnen Abschnitten so *zusammen,* dass übergreifend ein Bild vom gesamten gelesenen Text entsteht. Diese relativ kurze Zusammenfassung eines Textes mit allen für Ihre Zwecke relevanten Informationen nennt man ein Exzerpt.

Auf jeden Fall schreiben Sie Ihre Arbeit im Präsenz, und nur wenn Sie auf durchgeführte Untersuchungen verweisen, dürfen Sie in die Vergangenheitsform wechseln. Sie befolgen in einer deutschsprachigen Arbeit die neue deutsche *Rechtschreibung,* wie sie seit 2006 gültig ist. Die Regeln finden Sie auf der Homepage des Instituts für Deutsche Sprache unter `www.ids-mannheim.de/service/reform`. Wer ein Fan der »... für Dummies«-Reihe ist, kann sich selbstverständlich auch »Rechtschreibung für Dummies« anschaffen! Einzelne Wörter können Sie im Wörterbuch Ihres Vertrauens nachschlagen, das natürlich entsprechend aktuell sein muss, oder zum Beispiel auf `www.duden.de`.

Da Sie inhaltlich auf der Grundlage von bereits existierendem Wissen von Fachleuten zu einer eigenen Beurteilung und Lösung eines Problems kommen wollen, tragen Sie anhand des *roten Fadens* Fakten zusammen, entwickeln eigene Ideen dazu und verbinden beides zu einem Ergebnis. Ihre Argumentation – nicht nur deren Ergebnisse! – sollte im geschriebenen Text für den Leser nachvollziehbar sein. Dabei sollte der Inhalt eines Kapitels auch der *Überschrift* entsprechen. Immer wieder sehe ich Arbeiten, in denen ambitionierte Kapitelüberschriften etwas versprechen, das im Text dann gar nicht zu finden ist.

Überleitungen machen innerhalb eines Kapitels oder auch zwischen den Hauptkapiteln Zusammenhänge deutlich. Ohne die kann der Leser oft nicht verstehen, wie Sie von einem Thema zum nächsten kommen. Mit guten Überleitungen können Sie auch den roten Faden verdeutlichen. Ein weiteres Stilelement bei der Gestaltung von Texten sind *Verweise*. Wenn der Leser einige Seiten später mit einem Bezug oder Vergleich zu einem bereits ausführlich behandelten Problem konfrontiert wird, ist ein Verweis legitim.

Dos and Don'ts

Was Sie beim Schreiben tun und was Sie besser lassen sollten:

- ✔ »Ein Satz, ein Gedanke« ist eine wunderbare Grundregel beim wissenschaftlichen Schreiben. Versuchen Sie, komplizierte Sachverhalte nicht auch noch in komplizierten Sätzen zu verpacken. Hauptgedanken gehören in Hauptsätze, Ergänzungen dazu in Nebensätze.
- ✔ Bleiben Sie inhaltlich. Häufig lese ich in Arbeiten den Satz: »Hier ist klar zu erkennen, dass ...«, ohne dass erläutert wird, *woran genau* etwas zu erkennen ist. Prüfen Sie deshalb, ob Sie vor lauter angelesenem Fachwissen beim Leser Informationen voraussetzen, die Ihr Text (noch) nicht bietet.
- ✔ Verabschieden Sie sich von Floskeln. Wörter wie *sicherlich, natürlich, vermutlich* und Ähnliches gehören nicht in Ihre Arbeit. Vermeiden Sie alles, was *spekulativ* (»Man könnte annehmen, Müller hätte mit seiner These gemeint ...«) oder *trivial* (»In Zeiten zunehmender Globalisierung müssen Unternehmen auf veränderte Anforderungen reagieren«) ist.
- ✔ Lassen Sie die *Wir-Form* (»Wir kommen zu dem Schluss ...«) und auch die Ich-Form wird in den meisten Fällen nicht gern gesehen. Die Verwendung von »man« und anderen Passivkonstruktionen können Sie zwar nie ganz vermeiden, aber ihre Verwendung sollte gering dosiert erfolgen.

... und (dann bald) abgeben!

Sind Sie fertig? Bravo! Dann können Sie ja nun in den wohlverdienten Urlaub fliegen. Aber vorher gibt es noch ein paar Dinge zu erledigen, um auch eine gute Note zu erreichen:

- ✔ Am Ende sollten Sie unbedingt noch einmal das *Format* prüfen. Zu leicht stellt Word von allein oder durch Ihre unbewusste Mithilfe Seitenränder oder Abstände anders ein, sind auf fremden Rechnern Voreinstellungen getroffen, die Ihre überschreiben, oder ist schlicht am Anfang beim Einrichten ein Fehler passiert. Tricks beim Format können Ihnen auch helfen, eine oder zwei fehlende Seiten oder welche, die zu viel sind, zu kaschieren, indem Sie etwa mit den Abständen vor und nach Überschriften herumspielen.
- ✔ Auch die Rechtschreibung und Grammatik sollten Sie checken oder von einem Kommilitonen oder sogar einem Lektor prüfen lassen. Hilfreich ist das Programm *Duden – Die Rechtschreibprüfung* (früher *Duden Korrektor*), das es als Testversion unter `www.duden.de` zum Download gibt. Aber Achtung: Es ist nur was für schnelle und potente Rechner, alte Möhren gehen dabei in die Knie. Auch ohne ein umfangreiches Programm braucht ein ungeübter Student schon ein bis zwei Tage, um die ganze Arbeit gegenzulesen, planen Sie dazu also ausreichend Zeit ein.
- ✔ Um Ihr Dokument pannenfrei *drucken* zu können, sollten Sie es am besten in ein PDF umwandelt. Dabei hilft in der Microsoft Office Suit ein Add-on, das Sie auf der Homepage erhalten, im OOo Writer ist die Funktion gleich integriert. Als Alternative gibt es den PDF creator kostenlos auf `www.pdfforge.org`, der wie ein Drucker eingebunden wird und statt einer Papierausgabe ein PDF erstellt. Ihre Grafiken sollten vor dem tatsächlichen Drucktermin einen Probedruck bestehen, sonst stellen Sie am Ende noch fest, dass sie gar nicht lesbar sind, wenn alles fertig gebunden ist.
- ✔ Die übliche *Bindung* für eine Abschlussarbeit ist eine irreversible Heißklebebindung, die es in unterschiedlichen Qualitätsstufen gibt. Online-Druckereien bieten eine ganze Bandbreite davon an und einige haben sogar einen Abschlussarbeitsservice: Sie laden Ihre Arbeit hoch und bekommen die fertigen Hefte geschickt. Wenn Sie vor Ort im Copyshop drucken lassen, vereinbaren Sie vorher einen Termin. Das Binden an sich dauert keine Stunde, aber wenn alle Geräte belegt sind, kommen Sie im Zweifel nicht rechtzeitig dran.
- ✔ Wieder sind es *Fristen*, die Ihnen zum Verhängnis werden können; erkundigen Sie sich genau, wo Sie Ihr Werk einreichen sollen und bis wann in der Stelle auch jemand anzutreffen ist. Viele Studierende gehen am letzten Tag der Einreichungsfrist mit der Arbeit zur Uni, manche stehen dann vor verschlossenen Türen, was im schlimmsten Fall »nicht bestanden« bedeutet.
- ✔ Freuen Sie sich dann, denn nun sind Sie fertig. Wenn Sie die Hochschule aber liebgewonnen haben, müssen Sie nicht gehen. Tipps dazu gibt es in Kapitel 16.

Forschen und Veröffentlichen

16

In diesem Kapitel

- Eine wissenschaftliche Karriere ins Auge fassen
- Die Promotion als Ausgangspunkt
- Lehren können und dürfen
- Was es bedeutet, in die Forschung zu gehen

»Nun spinnt sie völlig!«, haben Sie vielleicht gerade gedacht. Sie denken vermutlich, Sie werden froh und glücklich sein, wenn Sie Ihren Bachelor in der Tasche haben, da muss doch keiner an noch mehr Studium denken. Doch, und das macht auch noch Spaß!

Manchen jedenfalls macht es Freude, auch nach dem Abschluss des Studiums weiterhin zu recherchieren, zu denken, zu forschen, neue, eigene Thesen aufzustellen und diese am Ende noch anderen zusammen mit dem eigenen Fachgebiet näherzubringen. Wenn Sie also gar nicht in die freie Wirtschaft, sondern im Schoß der Alma Mater bleiben wollen, ist dieses Kapitel für Sie der Anfang der Überlegungen, wie Sie das bewerkstelligen können. Machen Sie sich aber keine Illusionen darüber, dass nicht in der Forschung auch das ein oder andere Haifischbecken steht. Aus Angst vor Konkurrenz die Wirtschaft zu meiden, ist keine gute Idee.

Nächster Halt: Wissenschaftliche Karriere

Der Studentenbefragung des Deutschen Studentenwerks zufolge strebt etwa ein Drittel der eingeschriebenen Studenten eine wissenschaftliche Karriere an – oder schließt sie zumindest nicht aus. Jährlich schließen etwa 25.000 Menschen in Deutschland tatsächlich ihre Promotion erfolgreich ab, über 200.000 Promovierende werden betreut.

Grund genug, einmal den typischen Werdegang durch die Instanzen der Hochschule zu betrachten. Dabei springen Sie im Geiste bitte kurz zurück zum ersten Teil dieses Buches, in dem ich versucht habe, Ihre Selbsteinschätzung zu schärfen, was Ihre Eignung zum Studium betrifft. Wer promovieren will, muss wirklich den Wunsch danach und den Drive dazu haben, sonst wird das ein Lebenswerk, und mit Pech eines, das nie fertig wird.

Die Weichen während des regulären Studiums stellen

Schon während Ihres Bachelorstudiums können Sie das weitere Studieren anpeilen und vorbereiten. Dieser erste akademische Grad im Bologna-System berechtigt Sie zum Zugang zu einem Masterstudiengang.

Ihr nächster Schritt muss dann ein Masterabschluss sein, und da es längst nicht so viele Plätze in Masterstudiengängen gibt wie Bachelorabsolventen von den Hochschulen strömen, sollten Sie von Anfang an Ihren Notenschnitt im Auge behalten. Auch das Engagement als studentischer Mitarbeiter an einem Lehrstuhl kann nicht schaden. Wenn Sie es auf Stipendien oder andere begehrte Programme abgesehen haben, müssen Sie ohnehin ein Einserkandidat mit zusätzlichen Aktivitäten beispielsweise im sozialen oder wissenschaftlichen Bereich sein. Dafür haben Sie als Stipendiat zusätzliche Möglichkeiten, Extraangebote von Dozenten und Kollegs zu nutzen und so in den Wissenschaftsbetrieb zu schnuppern.

Wenn Sie dann einen Master-Platz ergattert haben, gilt das Gleiche wieder: anstrengen, gute Noten schreiben, Kontakt zu Lehrstühlen aufbauen und als Mitarbeiter tätig werden. Das fördert die Chancen auf eine Promotionsstelle und die Tätigkeit als wissenschaftlicher Mitarbeiter (siehe hierzu auch Kapitel 12). Nach zwei bis vier Semestern haben Sie dann den zweiten akademischen Grad erreicht, der Sie zur Promotion berechtigt.

Was bedeutet promovieren?

Sie werden keinen Professor und fast keinen Gastdozenten oder wissenschaftlichen Mitarbeiter ohne einen Doktortitel treffen; die zwei Buchstaben »Dr.«, jeweils ergänzt durch die Fachrichtung (zum Beispiel med. für Medizin, rer. pol. oder oec. in den Wirtschaftswissenschaften oder rer. nat. in den Naturwissenschaften), zeigen der Welt, dass Sie noch etwas weiter gegangen sind als »nur« zu studieren, Sie haben geforscht, eine eigene Abhandlung darüber verfasst und verteidigt. Alternativ zum Doktor haben Sie vielleicht auch einen Ph. D. (Doctor of Philosophy), einen vor allem in englischsprachigen Ländern verbreiteten Doktortitel. Man muss übrigens nicht Philosophie studiert haben, um diesen Titel zu erlangen. Der Wunsch zu promovieren kann zum einen Imagegründe haben, denn kaum ein hochkarätiger Berater oder Politiker läuft ohne (hoffentlich selbst verdienten) Titel herum, viel häufiger ist es jedoch der angestrebte Einstieg in die wissenschaftliche Karriere.

Für Sie steht dieser Weg ebenfalls offen. Selbst mit einem FH-Abschluss können Sie bei sehr guten Noten (mit einem Universitätsabschluss reicht in der Regel ein »gut« auf dem Zeugnis) und der Bereitschaft, die ein oder andere Examensklausur nachzuholen, an einer Universität promovieren.

Ablauf eines Promotionsvorhabens

Zunächst einmal müssen Sie jemanden finden, der Sie und Ihr Promotionsvorhaben betreut. Je nach Art der Promotion kommen hier verschiedene Möglichkeiten in Betracht:

- ✔ Sie suchen sich aus Ihrer Hochschulerfahrung und in Ihren Netzwerken einen fachlich und menschlich geeigneten *Doktorvater* beziehungsweise *-mutter*, der oder die Ihre Arbeit betreut *(interne* Promotion). Mit dieser Person legen Sie den genauen Titel und den Aufbau fest, sie ist Ihr Ansprechpartner bei Problemen oder offenen Fragen. Die grobe Richtung, in der Sie forschen wollen, den Zeitplan und Ihr Budget sowie dessen Finanzierung sollten Sie sich allerdings vorher überlegen, denn dafür sind die Betreuer nicht zuständig. Meistens ist die Promotionszeit, deren Dauer erheblich vom Fachgebiet abhängt (im Durchschnitt sind es viereinhalb Jahre), damit verbunden, dass Sie am Lehrstuhl Ihres Betreuers als wissenschaftlicher Mitarbeiter angestellt werden, forschen und Veranstaltungen mit vorbereiten oder abhalten.
- ✔ Eine Alternative ist die *externe* Promotion. Dabei ist der Doktorand nicht verpflichtet, über die Betreuungsgespräche hinaus, etwas mit dem Lehrstuhl zu tun zu haben und kann sich freier seiner Dissertation widmen. Nachteilig kann dabei aber sein, dass es keine Kontrolle und keinen Druck gibt und besonders nebenberuflich geraten Promotionen dann zur Zehn-Jahres-Aufgabe.
- ✔ Gegen den Zeitverlust ist mit dem *Promotionsstudium* ein Kraut gewachsen, das sich zunehmender Beliebtheit erfreut. In meist nur drei Jahren und unter Einhaltung eines Curriculums mit festgelegten Blockseminaren und anderen Pflichtveranstaltungen beispielsweise zur wissenschaftlichen Methodenlehre werden Doktoranden gruppenweise durch die Promotion gelotst. Meist gibt es dabei einen Haupt- und einen Nebenbetreuer, was ein erheblicher Vorteil gerade gegenüber externen Promotionen ist, in denen Sie Ihren Doktorvater mit viel Pech selten zu fassen bekommen. Angebote gibt es vor allem von privaten Hochschulen, entsprechend hoch ist der Tarif mit insgesamt um die 10.000 Euro aufwärts. Die öffentlichen Hochschulen ziehen aber stetig mit Angeboten nach, die teils nur wenig über den üblichen Semestergebühren liegen.
- ✔ Günstiger ist ein Promotionsstudium oft im *Ausland*. Außerdem achten nicht alle Hochschulen so sehr auf Ihren Notenschnitt wie das in Deutsch-

land der Fall ist. Sofern Sie der Sprache im Land mächtig sind, kann dies auch eine gute Chance sein, einen Auslandsaufenthalt während der Studienzeit nachzuholen. Die Programme selbst werden in der Regel in Englisch angeboten.

Achten Sie bei einem Promotionsvorhaben im Ausland darauf, dass Sie den Titel in Deutschland auch führen dürfen! In der Datenbank AnaBiN – Anerkennung ausländischer Bildungsnachweise (`www.anabin.de`) können Sie sich über die Abschlüsse nach Ländern und Übertragbarkeit informieren.

Der DAAD bietet einen Überblick über individuelle und strukturierte Promotionsprogramme sowie passende Datenbanken unter `www.daad.de/deutschland/forschung/ueberblick`.

Nachdem Sie in einem Programm untergekommen sind oder anderweitig einen Betreuer gefunden haben, fangen Sie an, den grundsätzlichen Rahmen abzustecken; Zeitplan, Thema, Gliederung und durchzuführende Erhebungen oder Experimente nehmen gedanklich Gestalt an. Damit Sie später nicht vor dem Problem stehen, dass Sie etwas ganz anderes aus diesen Gesprächen mitgenommen haben, als der Betreuer gemeint hat, können Sie eine Promotionsvereinbarung fixieren. Eine Vorlage bietet beispielsweise die Gewerkschaft Erziehung und Wissenschaft auf der Basis der Empfehlungen der Promovierenden-Initiative unter `www.gew.de/Betreuung_Promotionsvereinbarungen_2.html`.

Wenn alles eingetütet ist, geht es daran, die Dissertation zu verfassen.

Schriftlich: Die Dissertation

Eine Dissertation ist die schriftliche wissenschaftliche Arbeit, die Sie im Laufe Ihres Promotionsvorhabens verfassen werden. Nachdem Sie bereits eine Bachelor- und eine Masterarbeit geschrieben haben – oder eine Diplom- oder Magisterarbeit – wissen Sie in etwa, was auf Sie zukommt. Wenn nicht, dann lesen Sie in Kapitel 15 nach, was es mit größeren Arbeiten auf sich hat.

»Groß« ist dann auch schon das eine Stichwort, das die Dissertation von Ihrer Abschlussarbeit unterscheidet; der Umfang ist größer, denn Dissertationen können mehrere hundert Seiten umfassen, unter 150 kommen Sie ziemlich sicher nicht weg. Aber auch das Projekt und die inhaltlichen Anforderungen sind größer: War es bei der Abschlussarbeit noch Ihre Aufgabe, Gelerntes und Gelesenes in eigenen Worten zu präsentieren und auf ein bestehendes Problem anzuwenden, so können Sie nun davon ausgehen, dass etwas Eigenes entstehen soll, ein eigenes Modell, eine neue Forschung, eine eigene Lösung, die so vorher noch nicht bestand. Damit tun sich die meisten Promovierenden erst einmal ziemlich schwer, denn der Fokus liegt nicht mehr, wie beim bisherigen Studium, auf Reproduktion und dann weiterdenken, sondern auf Forschen und selbst denken.

Die Dissertation an sich wird verfasst wie jede schriftliche Arbeit auch; suchen und finden Sie ein Thema, Literatur, Ideen und Lösungen, basteln Sie eine Struktur, füllen Sie sie auf. Wenn Sie sich tatsächlich mit dem Gedanken tragen, dann sollten Sie ohnehin erst einmal in spezielle Literatur, beispielsweise den Ratgeber »Erfolgreich Promovieren« von Steffen Stock und Patricia Schneider, schauen und sich ausgiebig im Internet auf einschlägigen Seiten informieren: zum Beispiel mal wieder beim DAAD (`www.daad.de/deutschland/forschung/04667.de.html`), im Promotionsportal Ihrer Hochschule oder auf Seiten, auf denen Sie veröffentlichte Dissertationen ansehen können (beispielsweise `dissonline.de`) oder Foren wie dem Doktorandenforum (`doktorandenforum.de`).

Am Ende (nach der mündlichen Prüfung, denn erst dann erfolgt die Druckfreigabe) müssen Sie Ihre Dissertation veröffentlichen lassen. Was einfach klingt, ist mit viel Aufwand und nicht unerheblichen Kosten verbunden. Je nach der Drucklösung, für die Sie sich entscheiden – Verlagsdruck, Selbstdruck oder elektronische Veröffentlichung – müssen Sie das Layout anpassen und mit bis zu 5.000 Euro Druckkosten rechnen. Am anderen Ende der Skala bieten manche Uni-Bibliotheken elektronische Veröffentlichungen kostenlos für Angehörige ihrer Hochschule an.

Die Verlagsauswahl muss extrem kritisch erfolgen; einige schwarze Schafe am Markt versprechen hohe Gewinne, setzen dann aber zunächst hohe Selbstbeteiligungen für die Autoren und dann einen Verkaufspreis, den niemand zahlen wird, fest.

Es lohnt sich also, Zuschüsse zu beantragen, die teilweise von der eigenen Fakultät, aber auch beispielsweise von der Deutschen Forschungsgemeinschaft (`www.dfg.de`) stammen können.

Eine Sonderform der Dissertation ist die sogenannte Kumulative Promotion, bei der Sie nicht eine wissenschaftliche Arbeit verfassen, sondern Ihr Werk aus verschiedenen wissenschaftlichen Veröffentlichungen besteht. Das ist einerseits leichter nebenberuflich machbar, andererseits auch hinsichtlich der wegfallenden Druckkosten und dem Imagegewinn durch Veröffentlichungen interessant.

Mündlich: Disputation, Rigorosum und Kolloquium

Wenn Ihre Arbeit fertig und eingereicht ist, stellen Sie sich einem Gremium und erklären, was Sie erforscht haben. Es gibt verschiedene Arten der mündlichen Prüfung, die von Hochschule zu Hochschule und von Fach zu Fach verschieden gehandhabt werden:

- ✔ Ein wissenschaftliches Streitgespräch, die *Disputation*, beginnt damit, dass Sie Ihre Ergebnisse vorstellen. Dann befragen die Prüfer aus dem Promotionsausschuss Sie dazu und diskutieren mit Ihnen darüber, so dass Sie sich und Ihr Werk gegenüber aufkommender Kritik *verteidigen*. Das kann, muss aber nicht passieren; ein Blick in Ihre Promotionsordnung verrät, ob Ihnen Derartiges blüht. Anwesend sind nicht unbedingt nur Prüfer, denn der Termin ist für alle Hochschulangehörige offen.
- ✔ Ein *Rigorosum* (wortwörtlich eine »strenge Prüfung«) umfasst im Gegensatz zur Disputation nicht nur das Thema der Dissertation, sondern kann auch Fragen zum Studienfach selbst enthalten. Hier sind nur Prüfling, Prüfer, Protokollant und Vorsitzender des Promotionsausschusses anwesend.
- ✔ In einigen Fällen heißt die mündliche Doktorprüfung auch *Kolloquium*, in dem Sie dann über Ihre Dissertation Rechenschaft ablegen. Auch im Kolloquium ist eine Diskussion in der Regel vorgesehen. Es ist im Rahmen der verfügbaren Plätze öffentlich.

Welche Form auch immer für Sie vorgesehen ist, wenn Sie erst einmal so weit sind, haben Sie mit der Dissertation das Gröbste überstanden und – sofern Sie sie selbst geschrieben haben – auch das fachliche Wissen, um sie verteidigen zu können.

Wie Sie Professor werden

Nach Ihrer Promotion können Sie weiter als wissenschaftlicher Mitarbeiter – als sogenannter Postdoc – arbeiten. Das führt Sie unweigerlich zu der Frage, ob Sie »nur« forschen möchten, oder sich auf den Weg zur Habilitation machen wollen. Dank der Reformen der vergangenen Jahre ist der bekannteste Weg der über eine Juniorprofessur, Sie können sich aber auch gleich als wissenschaftlicher Angestellter, akademischer Rat oder Nachwuchsgruppenleiter habilitieren.

Um lehren zu können, brauchen Sie allerdings keine Habilitation, Sie können als Normalsterblicher bereits als Gastdozent tätig werden. An der FH können Sie auch ohne Habilitation oder Postdoc-Programm zur Professur berufen werden, wenn Sie ausreichende Praxiserfahrungen vorweisen können. Viele Informationen finden Sie auf der Seite `www.kisswin.de`.

Habilitation

Die Promotion sollte bezeugen, dass Sie in der Lage sind, Eigenes zu erforschen, mit einer Habilitation stellen Sie Ihre Fähigkeiten zu lehren unter Beweis. Die zugehörige Habilitationsschrift (es dauert in der Regel zwischen vier und sechs Jahre sie zu verfassen) enthält eigene Methoden und Erkenntnisse. Auch hier ist die sogenannte Kumulative Habilitation möglich.

Nach der Habilitation sind Sie an manchen Hochschulen Privatdozent (PD oder Priv.-Doz.), an anderen wird Ihnen der Grad des Doktor Habilitatus (Dr. habil.) verliehen. Kritisch ist besonders der PD, weil Ihnen der Titel wieder weggenommen wird, wenn Sie nicht mehr an der jeweiligen Hochschule unterrichten, und Sie, sollten Sie nicht zum Professor berufen werden, dann mit nichts als Ihrer Liebe zur Wissenschaft und der völligen Überqualifikation für andere Postdoc-Programme dastehen.

Juniorprofessur und Nachwuchsgruppenleiter

Nach der Promotion können Sie sich auf Stellen als Postdoc bewerben, die an Hochschulen oder wissenschaftlichen Instituten ausgeschrieben werden. In der Novelle des Hochschulrahmengesetzes von 2002 wurde die Amtsbezeichnung *Juniorprofessur* eingeführt, um Wissenschaftlern mit überdurchschnittlicher Promotion den Weg in die Forschung und Lehre zu ermöglichen, ohne dass sie sich habilitieren müssen. Die Entlohnung liegt in der Besoldungsgruppe W 1 bei knapp 4.000 Euro brutto im Monat. Das gilt allerdings nur für volle Stellen; oft sind aber halbe oder drittel Stellen mit entsprechend weniger Gehalt ausgeschrieben. Die Tatsache, dass diese Stellen in der Regel auch noch auf sechs Jahre befristet sind, ist ebenso problematisch wie die oft bestehende Erwartungshaltung, dass neben der Juniorprofessorentätigkeit doch noch die Habilitationsschrift verfasst wird.

Als *Nachwuchsgruppenleiter* können Sie ebenfalls direkt nach der Promotion forschend tätig werden und in Eigenregie eine Nachwuchsforschungsgruppe führen. Sie sind freier in Ihrer Tätigkeit als der Juniorprofessor, da Sie im Gegensatz zu ihm keine weisungsgebundenen Forschungs- oder Lehraufgaben übernehmen müssen. Da diese Stellen nicht nur von Hochschulen, sondern auch von Instituten und in der Wirtschaft angeboten werden, ist die finanzielle Ausstattung oft besser und die Forschung motivierender als in der Juniorprofessur. Die Vergütung erfolgt anhand der Tarifverträge der Länder für den öffentlichen Dienst (TV-L) in den Gruppen 13 bis 15 mit rund 3000 bis rund 6000 Euro brutto im Monat.

Die Deutsche Forschungsgesellschaft hat mit dem Emmy-Noether-Programm ein Postdoc-Stipendium aufgelegt, das Nachwuchsgruppenleiter fünf Jahre lang in einem exzellenten Forschungsprojekt durch Personal-, Sach- und Investitionsmittel unterstützt.

Gastdozent und Honorarprofessor

Wer nebenberuflich an Hochschulen lehren möchte, kann dies als *Gastdozent* tun. Dazu ist nicht einmal eine Promotion erforderlich, wenn sie auch in aller Regel gern gesehen ist. Eine Stelle als Gastdozent kann Ihnen Kontakte an der Hochschule verschaffen, und über die inzwischen üblichen Lehrevaluationen können Sie zeigen, dass Sie als Dozent geeignet sind.

Lesen Sie einmal die Stellenanzeigen im wissenschaftlichen Sektor in der »ZEIT« (`jobs.zeit.de`, Positionen & Tätigkeiten). Dort werden Sie feststellen, wie unterschiedlich die Anforderungen an neue Mitarbeiter und die offenen Positionen und Stellenbeschreibungen ausfallen und dass für die unterschiedlichsten Typen und Interessen etwas dabei ist.

Nicht nur für Ruhm und Ehre

Eine wissenschaftliche Karriere bietet viele Stolpersteine, nicht jeder Postdoc kann auch Professor werden und besonders in Deutschland ist dann unklar, was aus ihm werden soll, und selbst ein Dr. habil. kann seine Schwierigkeiten auf dem Arbeitsmarkt haben, weil Unternehmen oft befürchten, zu viel Lohn zahlen zu müssen – trotz allem hat der Weg durch die wissenschaftlichen Instanzen seine Reize.

Der Mensch ist von Natur aus neugierig und im Forschen zeigt sich, wie wenig wir noch über unsere Welt wissen, egal ob in den Naturwissenschaften, der Philosophie, der Wirtschaft oder der Geschichte. Das Wissen zu erweitern, darüber zu schreiben und dann noch seinen Lebensunterhalt damit bestreiten zu können, ist für viele ein ähnlich großer Traum, wie für andere, als Autor eigene Bücher schreiben zu dürfen. Doch was bedeutet es, Wissenschaftler zu sein oder werden zu wollen?

Forschen

Wie wichtig Forschung auch im nationalen Interesse ist und wie verschränkt sie mit der Bildung ist, zeigt die Tatsache, dass es ein »Bundesministerium für Bildung und Forschung« gibt, das tatsächlich eine eigene App für iOS und Android anbietet – und gar keine schlechte! Forschung ist in Deutschland in vielerlei Hinsicht zur Chefsache erklärt worden; die Energiewende, neue Antriebe und Lebensmittelforschung bestimmen die Themen, die auch durch die Presse gehen. Ohne Innovationen, die auf Forschung beruhen, ist ein Land in den Bereichen Technologie und Bildung nicht wettbewerbsfähig – und gerade hier versuchen Regierungen seit Jahren wieder die einstige Vorreiterstellung zu erlangen.

Veröffentlichen

Da es niemandem etwas nützt, wenn Sie forschen, aber keiner davon erfährt, müssen die Ergebnisse eines Tages veröffentlicht werden. Bereits eine Dissertation unterliegt der Veröffentlichungspflicht, um die Umwelt an Ihren Erkenntnissen teilhaben zu lassen. In Fachzeitschriften veröffentlicht ein Autor beziehungsweise eine Autorengruppe die Ergebnisse ihrer Forschung als »paper« – davon werden Sie mehr als genug während Ihres Studiums lesen dürfen – und auch in Sammelbänden und Tagungs- und Festschriften kann veröffentlicht werden.

Veröffentlichungen dienen verschiedenen Zwecken, abgesehen davon, Sie mit 150 Seiten englischer Versuchsbeschreibung bereits im Grundstudium zu quälen:

- ✔ Erst wenn sie veröffentlicht sind, können Ergebnisse zitiert werden.
- ✔ Ohne Veröffentlichung entsteht keine Diskussion und somit keine Anstöße für weitere Forschung im Fachgebiet.
- ✔ Zukünftige Forschungsförderung hängt wesentlich davon ab, wie erfolgreich bereits veröffentlicht wurde.
- ✔ Aktuelle Fördergelder und Tantiemen, die Sie für die Veröffentlichung eines Beitrags von der Fachzeitschrift erhalten, hängen häufig an der Veröffentlichung der Ergebnisse.
- ✔ Ihr Ruf als Wissenschaftler hängt direkt von der Länge Ihrer Publikationsliste (und den Inhalten) ab.

Einen seriösen Verlag zu finden, ist auch hier nicht leicht; der Rang einer Fachzeitschrift hängt von der Qualität der Artikel und Bekanntheit der Autoren ab. Ihr Lehrstuhl oder Institut wird allerdings Kontakte haben, und zur Not reichen Sie Ihren Artikel bei ein paar Fachzeitschriften ein und schauen, was passiert.

Allerdings lehnen angesehene Zeitschriften mehr als 50 Prozent der ihnen angebotenen Beiträge ab. Der Besuch eines Publikationsseminars, das es inzwischen an vielen Hochschulen für Doktoranden gibt, empfiehlt sich im Vorfeld.

Gelder und Preise

Es ist bekannt, dass die Bezahlung während einer wissenschaftlichen Karriere in Deutschland im Vergleich zu anderen Ländern erstaunlich gering ist und die Zukunftsaussichten bei rund 130.000 Wissenschaftlern, die gern eine von 38.000 Professuren im Land hätten, düster sind. Dennoch soll zur Forschung motiviert werden und das wird auf verschiedene Arten getan:

- ✔ *Stipendien* wie das bereits genannte Emmy-Noether-Programm sollen gezielt wissenschaftlichem Nachwuchs das Forschen ermöglichen.
- ✔ *Forschungsgelder* wie die aus der Exzellenzinitiative des Bundes gehen an Hochschulen, um damit eigene Projekte und Forschungen zu fördern.
- ✔ *Patente* auf Erfindungen sowie Tantiemen aus Veröffentlichungen können helfen, das Budget aufzubessern.
- ✔ *Preise* – es muss ja nicht gleich der Nobelpreis sein! – helfen der Reputation und sind oft mit Geldbeträgen dotiert.

Alles in allem lohnt sich Forschen in Deutschland nur in Ausnahmefällen, aber es ist möglich, und wenn Sie bereits früh feststellen, dass Ihnen das liegt und Sie erfüllt, dann trauen Sie sich. Gute Nachwuchswissenschaftler finden mit ein bisschen Flexibilität immer einen Ort zum Stöbern und Experimentieren, an dem sie bezahlt werden, und sitzen selten auf der Straße.

Netzwerken und Jobchancen checken

17

In diesem Kapitel

- Wie Sie sich auf den Absprung von der Hochschule vorbereiten
- Hobbys und Kontakte für die Karriere nutzen
- Den ersten Job nach dem Studium finden

Für viele ist die Entscheidung für ein Studium auch davon beeinflusst, dass die Chancen auf einen Arbeitsplatz für Akademiker ungleich höher sind als für andere Arbeitssuchende. Aktuelle Zahlen belegen, dass nur 25 Prozent der Arbeitslosen mit Hochschulbildung zwölf Monate und länger in diesem Zustand sind. Langfristig sind sogar bei Geisteswissenschaftlern, die wegen der oft diffusen und jobtechnisch schwer zuzuordnenden Ausbildung als schwerer vermittelbar gelten als beispielsweise Ingenieure, unter fünf Prozent arbeitslos.

Dennoch stehen viele Absolventen häufig erst einmal vor der Herausforderung, einen ALG-II-Antrag (Arbeitslosengeld II, auch: Hartz IV) auszufüllen, besonders wenn sie sich nicht schon zum Ende ihres Studiums hin damit auseinandergesetzt haben, wie und wo es weitergehen soll. Monate verstreichen, ehe die Suche nach einem passenden Platz erfolgreich ist. Damit Ihnen das nicht passiert, bereiten Sie sich besser darauf vor, dass die Arbeitswelt erschlossen werden muss. In Netzwerken aktiv zu sein, zählt bei der Suche nach einer Anstellung ebenso zu den Pflichtaufgaben wie die rechtzeitige und umfassende Suche nach einem Job in Portalen und Foren.

In die Zukunft investieren

Das Studium erfordert viel Zeit, die Phase, in der Sie Ihre Abschlussarbeit schreiben, wird von Putzen und Fernsehen geprägt sein, bis der Schalter umschlägt und Sie sich rund um die Uhr mit Schreiben befassen. Möglicherweise arbeiten Sie nebenher, haben Freunde, eine Familie und Freizeit, also wieso sollten Sie sich schon vor Ihrem Abschluss um die Berufsaussichten kümmern? Ganz einfach: Weil nichts von allein geht und schon gar nicht sofort. Sie stehen nicht mit dem Abschlusszeugnis herum und erhalten plötzlich zahlreiche Angebote. Sie werden suchen müssen; suchen nach einer passenden Stelle, nach einer Firma, die Ihnen sympathisch ist, nach guten Arbeitsbedingungen und Zukunftsaussichten, die Ihnen das versprechen, was Sie sich erhoffen. Einige von Ihnen werden sich nach dem Studium vielleicht gleich selbstständig machen, andere vorher noch in ein paar Jobs hineinschnuppern. Was Sie aber nicht tun sollten, ist, Ihren Lebenslauf mit einer Leerlaufphase zu verunzieren.

Um in der Zeit des Abschlusses in die Zukunft zu investieren, sollten Sie frühzeitig damit anfangen, sich eine Basis zu verschaffen. Kontakte zu knüpfen und Netzwerke zu spinnen, geschieht nicht über Nacht und ehe Sie dort etwas schöpfen können, müssen Sie erst einmal Zeit und Engagement investieren.

Das Buch »Berufliche Netzwerke knüpfen für Dummies« kann Ihnen in der Phase der ersten Jobsuche, aber auch später beim Aufbau Ihrer Karriere dabei helfen, Ihre Kontakte systematisch aufzubauen und sich zu vernetzen.

Aktuelle Kontakte einschätzen und organisieren

Schon während des Studiums bauen Sie Kontakte auf. Sie lernen Kommilitonen kennen, arbeiten vielleicht nebenher, sind beim Sport oder in Lerngruppen oder Studentenverbindungen aktiv; all das verschafft Ihnen bereits einen »Grundstock an Menschen«, die Sie vorher noch nicht kannten. Da die Ausgangslage für jedes Netzwerk der Status quo ist, sollten Sie sich einmal ein Bild davon verschaffen, wen Sie so kennen. Diese Kontakte können Sie in Kategorien unterteilen, um zu sehen, wer Ihnen bei der Jobsuche vielleicht weiterhelfen kann.

- Aktive Kontakte sind solche, mit denen Sie tatsächlich auch zu tun haben. Die Aussage: »Ich kannte mal einen, der …« ist ein sicherer Hinweis darauf, dass der Sie vermutlich nicht ad hoc bei einer Anfrage weiterbringt. Suchen Sie in Ihren Kreisen nach den Typen, die zu fast jeder Frage einen geeigneten Ansprechpartner kennen, zu dem sie Kontakt herstellen können. Solche Kontakte sind die VIPs, und die sollten Sie auch aktiv halten.
- Dann gibt es Menschen, die freundlich und interessant sein können – und das macht sie zu angenehmen Kontakten –, die aber Versprechen selten halten, nicht zuverlässig erscheinen und nicht wirklich zuhören können. Ein großer Bekanntenkreis kann Vorteile haben, besonders wenn Sie sich vor Augen führen, dass jeder Mensch nach Soziologen-Studien etwa 500 bis 1000 direkte Kontakte und entsprechend mehr Kontakte zweiten Grades (Kontakte der Kontakte) hat. Eine umfassende Suchmeldung erreicht also umso mehr Leute, je weiter Sie sie schon streuen können. Allerdings sind die Nicht-VIPs keine hilfreichen Kontakte als direkte Ansprechpartner.

Wer in welche Kategorie gehört, entscheiden Sie nach Kriterien, die für Sie individuell Bedeutung haben. Sie können Gruppen nach der Häufigkeit der Kontakte bilden, aber auch nach deren Nutzen für Ihre Jobsuche oder Reichweite, die sie haben. Über die Kontakte zweiten und dritten Grades kann sich etwas wie im Schneeballsystem verbreiten: Wenn Sie über Ihre Wünsche und Interessen sprechen, zieht das von alleine Kreise. Auch wenn Sie nicht klar wissen, was Sie wollen, können Sie darüber reden und sich Anregungen geben lassen.

Netzwerke aufbauen

Viele werden an der Stelle der Bestandsaufnahme feststellen, dass es in Ihrem Umfeld einige tolle Menschen gibt, aber nur wenige, die Ihnen nach dem Studienabschluss tatsächlich dabei helfen können, eine Karriere zu starten. Wenn Sie nicht gerade schon einen Nebenjob dort haben, wo Sie auch Ihre erste Stelle antreten werden, kann es mühsam sein, Geschäftskontakte aufzubauen, die mit der Frage nach einem Job beginnen. Achten Sie deshalb darauf, dass Sie Netzwerke in anderen Zusammenhängen schaffen, die Ihnen später dann bei der Jobsuche behilflich sein können.

Im privaten beziehungsweise realen (im Gegensatz zum virtuellen im Sinne von »im Internet«) Kontext könnten Quellen von Kontakten und Netzwerken sein:

- ✔ *Clubs und Vereine*, in denen Sie bereits Mitglied sind, oder Hobbys, denen Sie nachgehen. Im Modelleisenbahnclub finden Sie vielleicht mehr Ingenieure, in der Hundeschule tagsüber andere Freiberufler, in der Kletterhalle Industriekletterer, im Bücherclub andere, die sich auch schon am Schreiben versucht haben. Da private Interessen und Jobvorstellungen öfter zusammenhängen als total getrennt sind, können sich bei solchen Gelegenheiten interessante Gespräche und Aussichten ergeben.
- ✔ *Politische Initiativen und Parteien* sind zwar einerseits häufig von inneren Konkurrenzkämpfen geprägt, andererseits besteht ein inniger Zusammenhalt, wenn es darum geht, die Schäfchen in renommierten Unternehmen auf guten Positionen unterzubringen.
- ✔ Auch die *Service-Clubs* wie Lions oder Rotary haben Junior-Verbindungen (Leo Club, Rotoract), die darauf ausgelegt sind, Karriereaussichten zu verbessern.
- ✔ Wenn Sie bereits genau wissen, in welcher Branche Sie unterkommen wollen, gibt es spezielle *Berufs- und Branchennetzwerke*, die den Nachwuchs auch intensiv fördern können. So gibt es beispielsweise ein Netzwerk für Studenten und Jungingenieure innerhalb des VDI.

- Für junge Führungskräfte (dafür brauchen Sie erst einmal einen Job) oder Selbstständige (die gibt es immer häufiger auch schon unter den Studierenden) kommen Vereinigungen wie die *Young Presidents Organisation* (www.ypo.org) oder *Die jungen Unternehmer – BJU* (www.bju.de) infrage, um die Laufbahn anzukurbeln.

Auch Online-Netzwerke sind dazu geeignet, Kontakte zu knüpfen, auch wenn Sie davon ausgehen können, dass Gespräche im direkten und persönlichen Kontakt mit Menschen, die Ihnen gegenüber sitzen, häufig einen bleibenderen Eindruck hinterlassen und Ihnen die besseren Chancen verschaffen.

- Business Netzwerke im Internet sind vielfältig. Übergreifend gibt es vor allem *Xing* und *LinkedIn*, die Selbstständigen, Angestellten und Firmen die Chance geben, sich zu präsentieren. Außerdem bieten solche Netzwerke Foren und Gruppen an, in denen Sie sich informieren und beteiligen können, sowie einen umfassenden Bereich für Stellenanzeigen und -gesuche. Ein Hinweis auf Ihr Profil in einem großen Netzwerk gehört mittlerweile fast standardmäßig in Ihre Bewerbungsunterlagen.

BEISPIEL

Das Business Netzwerk Xing (www.xing.de) bietet Ihnen jederzeit die Gelegenheit, sich ein Profil anzulegen und in anderen zu stöbern. Die Basis-Mitgliedschaft ist kostenlos und schon beim Einrichten können Sie Angaben zu sich, Ihrer Ausbildung, dem, was Sie suchen und bieten und Ihren Kontaktdaten machen. Kontakte gewinnen Sie, indem Sie im Profil der gewünschten Person auf »Als Kontakt hinzufügen« klicken. Dann kann Ihr Wunschkontakt das bestätigen oder ablehnen. Im Bereich Job & Karriere können Sie gezielt nach Angeboten suchen. Xing gibt es auch als App für iOS und Android.

- Spezielle *Foren* können auch Kontakte und weiterführende Informationen verschaffen. Für Medizinstudenten gibt es www.wemedix.com, für Wirtschaftswissenschaftler www.wiwi-treff.de und für Juristen die European Law Students Association (www.elsa-germany.org/de). Suchen Sie nach einer Seite, die Ihrem Studiengang entspricht, und informieren Sie sich über Veranstaltungen und Karrieretipps. Allgemein gilt www.e-fellows.net als umfassendes Karrierenetzwerk.

- Auch *E-Mail-Listen* finden nach wie vor Verwendung, wenn etwas gesucht oder gefunden werden soll. Sollten Sie einem solchen Verteiler angehören, können Sie aktiv mitteilen, was Sie möchten, oder auch nur mitlesen, wer beispielsweise Jobangebote einstellt.

Im Umgang mit Kontakten oder Netzwerken gilt manchmal auch das Motto: »Weniger ist mehr«. Wer vor lauter Treffen, nutzlosen Veranstaltungen und Facebook- und Xing-Pflege den Überblick verliert, sollte sich besser auf die Aktivitäten beschränken, die tatsächlich berufliche Perspektiven bieten könnten. Im Zweifel können Sie Kontakte auch einfach »stilllegen«, etwa durch Filter bei E-Mail-Listen.

Nicht nur im Studium, auch in der Arbeitswelt wandeln sich Profile vom Allrounder hin zum Spezialisten. Ärzte sind immer häufiger Fachärzte, Steuerberater auf bestimmte Unternehmensformen spezialisiert und den Feld-Wald-und-Wiesen-Anwalt, der alles macht und alle Bereiche abdeckt, gibt es auch kaum noch. Damit steigt die Notwendigkeit, sich *weiterzubilden* und über die aktuellen Entwicklungen im eigenen Sektor auf dem Laufenden zu bleiben. Das betrifft auch Sie schon, denn Ihr Wissen sollte möglichst aktuell sein, wenn Sie sich bewerben. Sie können dazu zum Beispiel *Fachmessen* oder *-tagungen* besuchen. Ein positiver Nebeneffekt von Veranstaltungen, Vorträgen und Weiterbildungen ist, dass Sie sich mit zukünftigen Kollegen oder Chefs vernetzen können. Meistens werden im Anschluss an Veranstaltungen auch E-Mail-Listen oder -Verteiler erstellt, über die dann später Informationen zu Ihnen fließen.

Auf Jobsuche gehen

Die Netzwerke und Kontakte allein helfen Ihnen aber nicht, wenn es um die konkrete Suche nach einer Stelle geht, die Sie nach Ihrem Studium antreten können. Sie müssen aktiv suchen, was sowohl direkt als auch via Netzwerke funktioniert. Innerhalb der Netzwerke sollten Sie möglichst weit streuen, dass und was Sie suchen. Wenn Ihnen aber keine Kontakte helfen, dann müssen Sie alleine ran.

Was Sie alleine tun können

Solange Sie noch an der Hochschule ein- und ausgehen, sollten Sie dort die Aushänge beachten; große Unternehmen laden zu Sichtungstagen und -veranstaltungen ein, manche stellen sogar einen Akquisetisch zum Semesterende vor der Mensa auf. Besonders die sogenannten High Potentials – außergewöhnlich gute Studierende mit guten Karriereaussichten – werden oft aus den höheren Semestern weg schon angeworben. Sie können auch im Unternehmen nachfragen, wenn Sie bestimmte Vorstellungen haben, wo Sie gern anfangen möchten. Mindestens dessen Karriere-Seite können Sie sich online schon einmal ansehen.

Bei der Stellensuche und vor der Entscheidung, in welche Richtung es nun gehen soll, kann es nötig sein, noch einmal in sich zu gehen und die Berufswahl mit den ursprünglichen Beweggründen abzugleichen. Wieso haben Sie dies und nicht etwas anderes studiert? Was wollten Sie damit erreichen? Für welchen Beruf brennen Sie beziehungsweise gibt es etwas, wozu Sie sich berufen fühlen? Wie sind Ihre Ansprüche an Arbeitsplatz, Image des Unternehmens, Gehalt und Freizeit? Wenn Sie von einem Job keine Vorstellung haben, finden Sie jemanden, der ihn ausübt, und befragen Sie den.

Selbst wenn Sie nicht genau wissen, was Sie wollen, können Sie einfach einmal anfangen sich in passende Richtungen zu bewerben. Sie können auch beim Bewerbungsgespräch für einen Einsteigerjob erwähnen, was Ihre größten Kompetenzen sind und dass Sie sie schon immer auf Thema X anwenden wollten.

- ✔ Im Internet stehen spezielle Seiten für den Einstieg ins Berufsleben bereit. Eine Kategorie sind *Praktikumsbörsen*. Abgesehen von den tatsächlich zur Berufserkundung ausgeschriebenen Praktika wollen sich viele Unternehmen die Kosten der Fehlbesetzung einer Stelle ersparen, indem sie die Kandidaten für ein paar Wochen testen. Als Jobsuchender haben Sie den Vorteil, dass Sie durch die verschiedenen Abteilungen schauen können. Wenn Sie aber wissen, was Sie wollen, und dass eine Stelle für Sie geeignet ist, dann lassen Sie sich nicht von einem schwarzen Arbeitgeberschaf als Praktikant ausbeuten. Auf `www.praktikum.de` oder `meinpraktikum.de` können Sie gezielt nach Praktikumsangeboten suchen, aber auch bei Xing und den Jobbörsen wie `www.backinthejob.de` gibt es dafür eigene Rubriken oder Suchfilter. Studenten finden bei den großen Zeitschriften wie Unicum auch online (`www.unikum.de`) eine Job- und Praktikumsbörse.
- ✔ Die großen *Jobbörsen* können auch nach Absolventenstellen durchsucht werden. Sie bieten meistens auch Apps für iPhone und Android-Handys an.
  - Monster (`www.monster.de`) bietet neben Hilfe zum Lebenslauf und der Jobsuche noch Karriere-Tools, unter anderem ein Bewerbungsforum, wie die Monster Community, in der Sie sich mit anderen Jobsuchenden austauschen können.
  - Stepstone (`www.stepstone.de`) hat eine umfangreiche Suche gleich auf der Startseite. In deren unteren Bereich finden sich sogenannte *Channels* zu Bereichen wie »Führungskräfte« oder »IT und Telekommunikation«, mit eigenen Informationsseiten und speziellen Newslettern.
  - Jobscout24 (`www.jobscout24.de`) bietet neben den üblichen Funktionen einen *Blog*, in dem Sie posten und den Sie abonnieren können.

- Auch der Jobpilot (www.jobpilot.de), der mit Monster zusammenhängt, hat *Foren* unter der Rubrik Karriere-Journal im Angebot und *Channels* zu verschiedenen Themenbereichen online.

✔ Spezieller sind die Angebote in Fachportalen wie Academics (www.academics.de) für Stellen in Wissenschaft und Forschung, www.ingenieurweb.de für Ingenieure oder www.karriere-jura.de für Anwälte.

✔ Auch »DIE ZEIT online« hat einen Schwerpunkt auf Akademikerjobs. Zusätzlich sind Angebote wie www.alma-mater.de, www.akademiker-online.de und www.absolventa.de explizit für Menschen mit abgeschlossenem Hochschulstudium gedacht.

✔ Das Stellenportal der Bundesagentur für Arbeit (jobboerse.arbeitsagentur.de) ist auch einen Besuch wert. Der Öffentliche Dienst hat gar ein eigenes Stellenportal über www.bund.de.

✔ Kostenpflichtige fachspezifische Online- oder Printbörsen (zum Beispiel www.wila-arbeitsmarkt.de) können Sie in manchen Universitätsbibliotheken umsonst einsehen.

Grundsätzlich sollten Sie sich auch dann bewerben, wenn Sie nicht alle Anforderungen einer Stellenausschreibung erfüllen (die Personaler schreiben zwar alles in die Stellenanzeige, was sie sich vom Traumkandidaten wünschen, wissen aber auch, dass auf dem Bewerbermarkt nicht nur Eier legende Wollmilchsäue rumlaufen). Ehrliches Interesse an dem Unternehmen zu haben und in den Betrieb zu passen, ist für viele Arbeitgeber oft wichtiger als beste Qualifikationsnachweise. Wenn Sie einen positiven Eindruck hinterlassen, wird mancher Arbeitgeber darüber nachdenken, ob es einen anderen passenden Platz im Unternehmen für Sie geben kann. Häufig werden gute Bewerber weitergereicht, wenn sie nicht auf die ausgeschriebene Stelle passen, aber eventuell für eine andere Abteilung interessant sind.

Fast alle größeren Unternehmen bieten zudem Einsteiger- und Trainee-Programme an. Der Zugang zu diesen Programmen ist oft leichter als auf eine einzelne Stelle, außerdem haben Sie (und der Arbeitgeber) Zeit, sich zu beschnuppern und zu sehen, wofür Sie geeignet sind und welche Unternehmensbereiche für Sie infrage kommen. Durch das Training erhalten Sie außerdem einen Einblick in die Unternehmensphilosophie und werden in Kompetenzen geschult, die Sie auch an anderer Stelle verwenden können. Dafür verdienen Sie als Trainee weniger als als Vollzeitangestellter.

Gehen Sie davon aus, dass ein Unternehmen einen Mitarbeiter braucht, wenn es einen sucht. Also sind Sie nicht der Bittsteller, sondern, besonders als gut ausgebildeter Akademiker, ein Verhandlungspartner in Augenhöhe.

Jobmessen besuchen

Besonders wer noch nie im Berufsleben stand, kann häufig nicht viele aktive Kontakte abrufen, um für die Karriereplanung zu netzwerken. Da hilft es, sich auf Großveranstaltungen zu bewegen, um im eigenen Bereich einstellungswillige Unternehmen kennenzulernen, Kontakte zu knüpfen und seine Bewerbungsmappe unter die Leute zu bringen.

- *Jobmesse Deutschland* (`www.jobmessen.de`) tourt durch verschiedene Städte und hat über 500 Unternehmen im Angebot. Vor Ort finden Sie an fast allen Standorten auch Bewerbungsfotografen und einen Mappencheck. Das macht die Jobmesse in Ihrer Nähe zu einem guten Einstieg in das Bewerbungs- und Messetreiben.
- Das Staufenbiel Institut organisiert den *Absolventenkongress* (`www.absolventenkongress.de`) mit circa 250 Ausstellern in verschiedenen Städten.
- *Talents – Die Jobmesse* (`www.talents.de`) findet jährlich in München statt. Dabei werden Kandidaten aller Fachrichtungen einem Vorauswahlverfahren unterzogen und bei Bestehen zu konkreten Gesprächen mit ausgewählten Firmen auf der Messe bestellt.
- *Karrierestart* (`www.messe-karrierestart.de`) ist in Dresden beheimatet. Sie steht nicht nur Jobsuchenden, sondern auch Gründern und Weiterbildungsinteressierten offen.
- *T5* bietet eine Messe für Naturwissenschaftler und Informatiker an (`www.t5-futures.de`).
- IQB Career Service (`www.iqb.de`) veranstaltet mit der Reihe *meet@...* Hochschulmessen an verschiedenen Standorten. Dazu kommen mit *JOBday, JOBcon* und speziell für Juristen *JURAcon* Personalmessen in verschiedenen deutschen Städten.
- Der VDI-Verlag richtet den *Recruiting Day* für Ingenieure aus (Zugriff über `www.ingenieurkarriere.de`, »Karriere« – »Events«).

Teil VI

Top-Ten-Teil

»Was genau wollten wir hier noch mal nachweisen?«

In diesem Teil …

Der Top-Ten-Teil ist der Ort, an dem ich Ihnen grundlegende Gedanken noch einmal in Kurzform auflisten. Grundlegend ist meiner Ansicht nach, wie Sie zu einem Abschluss kommen und wie nicht.

Zehn Möglichkeiten, zu einem Hochschulabschluss zu kommen

18

In diesem Kapitel

- Studienoptionen passend zu Ihrem Schulabschluss
- Hochschulen, die Ihren Interessen entgegenkommen
- Wenn Geld keine Rolle spielt
- Während des Studiums nicht aufs Einkommen verzichten müssen

Es gibt die verschiedensten Arten zu einem Hochschulabschluss zu gelangen. Manche liegen auf der Hand, andere sind dennoch eine Überlegung wert. Wenn Sie in der folgenden Liste etwas Interessantes finden, von dem Sie noch nie gehört haben, haben Sie dies im Buch überblättert. Oder Sie starten Ihre Lektüre mit dem Top-Ten-Teil? Dann suchen Sie im Index oder im Inhaltsverzeichnis nach den Seiten mit weiterführenden Informationen.

Studieren ohne Schulabschluss

Abgesehen davon, dass Sie Ihre Hochschulzugangsberechtigung auch auf dem zweiten Bildungsweg nachholen können, gibt es Hochschulen, die eine Ausbildung bei der Industrie- und Handelskammer als Zugangsberechtigung anerkennen. So sind Sie zum Beispiel an bayerischen Hochschulen als geprüfte Industriemeister, Fachwirte oder Fachkaufleute mit IHK-Abschluss zum Hochschulstudium zugelassen. Mit einer abgeschlossenen Berufsausbildung und mindestens dreijähriger Berufserfahrung sind Sie immerhin zum Studium an Fachhochschulen berechtigt. Die Donau-Uni Krems lässt IHK-Absolventen aus Baden-Württemberg sogar zu Masterstudiengängen zu.

Mit mehr Praxis: An Fachhochschulen

Sie mögen es praktisch? Dann ist die Ausbildung an einer Fachhochschule für Sie möglicherweise der beste Weg. Auch wenn inzwischen der Unterschied zwischen FHs, die sich mehrheitlich University of Applied Science und Ähnliches nennen, und Universitäten infolge der Bologna-Reform nicht mehr so groß ist, ist doch die grundsätzliche Zielsetzung unterschiedlich. Fachhochschulen waren und sind der Ort für Praktiker, die anwendungsorientiert lernen wollen.

Klassisch: An Universitäten

Für das Studium bestimmter Fächer wie Medizin, Jura, Pharmazie oder Psychologie kommen Sie nicht um den Besuch einer Universität herum. Die Alma Mater bietet darüber hinaus viele Vorteile, sei es ihr guter Ruf was Wissenschaft und Forschung betrifft, ihre unermessliche Größe, in der Sie als Student gar nicht mehr auffallen, oder das umfassende Angebot, das Sie erwartet.

Studium im Ausland

Im Ausland zu studieren macht Spaß und erweitert Ihren (kulturellen und sprachlichen) Horizont. Wenn Sie sich entscheiden, Ihr gesamtes Studium außerhalb Deutschlands zu verbringen, kann das noch weitere positive Nebeneffekte haben. Beispielsweise bieten einige osteuropäische Hochschulen Studiengänge sogar auf Deutsch mit niedrigeren Zugangshürden an. Auch die Kosten für nicht-konsekutive Master – oder Postdoc-Programme – liegen teilweise deutlich unter denen im Inland. Ein Studienabschluss aus einem anderen Land signalisiert Ihrem zukünftigen Arbeitgeber außerdem ein gewisses Maß an Flexibilität.

Für Begabte: Kunst- und Musikhochschulen

Sie sind also daran interessiert, unter lauter künstlerischen Talenten Ihr Dasein zu fristen? Gut, ich hoffe für Sie, dass Sie auch ein Talent für irgendetwas besitzen – sonst werden Sie erst gar nicht an einer solchen Hochschule zugelassen. Wenn Sie aber erst einmal zu den Auserwählten gehören, winken kleine Gruppen, renommierte Hochschullehrer und gute Aussichten auf ein späteres Engagement.

Private Hochschulen

... können Sie sich sowieso nicht leisten. Oder doch? Immerhin gibt es sowohl Stipendien auch für private Hochschulen als auch einige wohlhabende Menschen in diesem Land. Private Hochschulen eignen sich besonders dann, wenn Sie nebenberuflich studieren, denn viele haben ihr Angebot auf Berufstätige ausgerichtet. Im Gegensatz zu den Zuständen in anderen Ländern ist es in Deutschland (noch) nicht unbedingt ein Vorteil bei der Jobsuche, an einer privaten Hochschule ausgebildet worden zu sein.

Fernhochschulen

Die Chance, dass Ihr Studium an einer Fernhochschule auch unter den Punkt »Private Hochschule« fällt, ist bei nur einer staatlichen Fernhochschule – der in Hagen – sehr wahrscheinlich. Da sich die Privaten auf Berufstätige fokussieren, ist das Studium in großen Teilen als Fernstudium zu absolvieren. Virtuelle Hochschulen, die ein übergreifendes Angebot verschiedener öffentlicher Institute beinhalten, können ebenfalls für ein Studium aus der Ferne genutzt werden. In jedem Fall müssen Sie für Klausuren, Seminare und mündliche Prüfungen dennoch manchmal vor Ort anwesend sein.

Das Duale Studium

Für alle, die sich nicht entscheiden können, ob sie eine Ausbildung oder ein Studium absolvieren möchten, kann das duale Studium die Rettung sein. Schulabgänger können bei vielen Unternehmen in den Praxisphasen arbeiten und einen Ausbildungsberuf erlernen und in den Studienphasen zusätzlich zu einem Bachelor kommen. Im dualen Studium können auch Arbeitnehmer einerseits weiterbeschäftigt werden, andererseits gleichzeitig eine Hochschule zur Weiterbildung besuchen.

Studium beim Staat

Beim Studieren Geld verdienen – na, wie klingt das? Was den meisten wie eine Entscheidung zwischen Geld durch Arbeit verdienen oder im Studium ausgeben erscheint, kann dasselbe sein, wenn Sie sich für ein Studium an einer der Verwaltungsfachhochschulen oder bei der Bundeswehr entscheiden. Die Berufsaussichten sind in beiden Fällen gut, die Studienzeit wird vergütet und die Abschlüsse sind auch in der freien Wirtschaft anerkannt. Allerdings verkaufen Sie einen Teil Ihrer Lebenszeit an Ihren Dienstherren, weil Sie sich beim Bund für eine Mindestzeit verpflichten müssen und auch nach einer Ausbildung an einer Verwaltungsfachhochschule dem öffentlichen Dienst für fünf Jahre zur Verfügung stehen müssen (sofern Sie nicht arbeitslos sein wollen).

Studienabschlüsse bei eBay

Kein Witz! Immerhin gibt es diverse Titel beim größten Internetauktionshaus zu kaufen. Ein ganzes Studium kann man da zwar noch nicht ersteigern, aber was nicht ist, kann ja noch werden. Auf jeden Fall sollten Sie einen großen Bogen um alle Angebote machen, die nicht Ihren Schweiß, Ihr Blut und Ihre Tränen gekostet haben.

Zehn Möglichkeiten, nicht zu einem Hochschulabschluss zu kommen

19

In diesem Kapitel

- Den Überblick verlieren
- Zu viel nebenbei arbeiten
- Ein Opfer der Prokrastination werden

Hindernisse und Fallstricke gibt es während der Studienzeit reichlich. Einige sind klar abzugrenzen und sehr typisch dafür, dass sie die Dauer Ihres Studiums verzögern oder sogar Ihren Abschluss gefährden können.

Nicht hingehen

In der Schule mag Schwänzen noch etwas Cooles gehabt haben, im Studium ist es einfach nur dumm, das Lehrangebot nicht mitzunehmen. Fernsehen, Kaffee trinken oder im Bett bleiben hilft niemandem dabei, sich Wissen anzueignen, und deshalb gehen Sie zur Hochschule. Sie wollen etwas lernen, freiwillig und mit der Absicht, danach auch was zu können, was Sie in einem Arbeitsverhältnis oder einer Selbstständigkeit gebrauchen können. Machen Sie Ihre Chancen nicht dadurch kaputt, indem Sie denken, nur Streber gehen immer in die Vorlesungen.

Die Nacht zum Tag machen

Mit den Abiturprüfungen beginnt eine Partyzeit, die viele in die Studienzeit hineintragen. Prinzipiell ist nichts verkehrt daran, das Leben und auch das Nachtleben zu genießen. Aber wer immer nur feiert, kann tagsüber nicht funktionieren und dann können Sie gleich einen Absatz weiter oben weiterlesen.

Sich in der Organisation verlieren

Solange die Bologna-Reform noch nicht überall transparent durchgesetzt ist, aber auch, wenn Sie sich einfach nicht mit den Vorgaben Ihrer Uni und Ihres Studienfachs auseinandersetzen, kommen Sie organisatorisch ins Schwimmen. Ein Scheinchen hier, eine Klausur dort, alles trödelt so vor sich hin, da kann schon mal der Blick aufs Ziel – den Abschluss – verstellt sein. Achten Sie bei jeder Semesterplanung daher unbedingt darauf, dass die Kurse, die Sie belegen wollen, Sie auch einen Schritt weiter hin zur Erfüllung des Pflichtprogramms in SWS und Credits bringt.

Keinen Schwerpunkt finden

Es kann sein, dass Sie zwar alle Kurse belegen, die Pflicht waren, aber an den Wahlpflicht- und Wahlmodulen hängen bleiben. Wer mal hier und mal dort an einer thematischen Blüte schnuppert, bekommt auch keine Schwerpunktleistungen zusammen. Gehen Sie rechtzeitig in sich und überlegen Sie, was Sie an den Grundlagenfächern interessiert hat und was Sie vertiefen möchten.

Den Studiengang öfter wechseln

Schlimmer noch, als sich innerhalb eines Studiengangs nicht entscheiden zu können, ist es, wenn Sie Studiengang-Hopping betreiben. Abgesehen von Ihren BAföG-Ansprüchen, die vermutlich spätestens beim zweiten Wechsel flöten gehen, sinkt mit jeder neuen Fakultät die Bereitschaft des inneren Schweinehunds, sich noch einmal für ein ganzes Studium zusammenzureißen. Je öfter Sie wechseln, desto höher die Wahrscheinlichkeit für einen endgültigen Abbruch ohne Abschluss.

Eine Familie gründen

»Isser nicht süß?« Na klar, das ist Nachwuchs immer, aber besonders für Frauen ist er auch ein Grund, das Studium unvollendet abzubrechen. Sollten Sie während des Studiums schwanger werden, dann hilft es nicht, acht Monate lang die Augen vor der Realität zu verschließen und sich im neunten dann die Treppen zum Hörsaal nicht mehr hoch bewegen zu können. Kümmern Sie sich rechtzeitig um Hilfen und möglicherweise ein Urlaubssemester, erkundigen Sie sich nach dem Service der Hochschule für Studierende mit Kind und machen Sie sich klar, dass Ihre Energie zukünftig einem genauen Haushaltsplan unterworfen sein muss, damit Sie Kind und Studium unter einen Hut bekommen können.

Im Job versacken

Sie wären auch nicht der erste, der sich während des Studiums einen Nebenjob anlacht, dessen Pensum immer weiter steigt, bis er die Hochschule verdrängt. Eines Tages wissen Sie zwar genau, wie der Sonnenauf- und -untergang von Ihrem Bürofenster aus aussieht, aber haben nur noch vage Vorstellungen davon, was es mit Seminarräumen auf sich hat. Lassen Sie es nicht so weit kommen; wenn Ihr Job wie Unkraut in Ihr restliches Leben hineinwuchert, dann müssen Sie mit der Gartenschere ran. Das ist eine gute Übung für später, denn wenn Sie im Berufsleben stehen, müssen Sie auch auf die Work-Life-Balance (Ausgleich zwischen Arbeit und Freizeit) achten.

Sich selbstständig machen

Keinen Nebenjob gefunden? Aber eine gute Idee gehabt? Büroservice eröffnet, Hundeausführdienst oder Erfindung auf den Markt gebracht? Prima! Als Entrepreneur wie er im Buche steht, brauchen Sie aber dennoch Ihren Abschluss, auch wenn es gerade gar nicht danach aussieht. Eines Tages wollen Sie vielleicht doch angestellt arbeiten oder Sie wollen einen Auftrag, bei dem alle Mitbewerber einen Titel auf der Visitenkarte haben. Oder Sie stehen vor einer Wissenslücke, die sich nicht auftun würde, wenn Sie fertig studiert hätten. Also tun Sie das: Beenden Sie Ihr Studium, auch wenn Sie bereits erfolgreich selbstständig sind.

Die Abschlussarbeit rauszögern

Der Klassiker und Gegenstand von mindestens einem Viertel der Anrufe, die ich als Wissenschaftsberaterin erhalte: Jemand hat alle Scheine seit Monaten, teilweise Jahren, aber irgendwie einfach noch nicht geschafft, sich an den größten Brocken zum Schluss zu machen. Da wird gearbeitet, was das Zeug hält, die Familie versorgt, die Fenster geputzt, aber das wirksamste Mittel, ein Thema mit einem Betreuer zu erarbeiten, die Gliederung und den Fahrplan zu erstellen, Literatur zu suchen und loszuschreiben, wird nicht gefunden. Wenn es Ihnen so geht, suchen Sie sich Hilfe, dafür sind Menschen wie unter anderem ich da.

Den letzten Schein nicht machen

Die Quadratur des Kreises schafft, wer sich mit fertiger Abschlussarbeit in der Tasche noch um den letzten Schein drückt. Das ist Prokrastination auf höchstem Niveau, Chapeau! Im Ernst: Schließen Sie Ihr Studium vollständig ab, ehe Sie die Abschlussarbeit anmelden und schreiben. Ich kenne wirklich viele Studierende, die mitten im Arbeitsprozess dann ausscheren, weil noch eine Klausur, ein Seminar (am besten mit Seminararbeit) oder eine Übung fehlt. Das bringt Sie nur raus und frustriert Sie.

Stichwortverzeichnis

A

B

FÜR DUMMIES

DIE FEDER IST MÄCHTIGER ALS DAS SCHWERT

Besser Schreiben für Dummies
ISBN 978-3-527-70558-0

Die erfolgreiche Abschlussarbeit
für Dummies
ISBN 978-3-527-70562-7

Journalismus für Dummies
ISBN 978-3-527-70746-1

Rechtschreibung für Dummies
ISBN 978-3-527-70740-9

Pressearbeit für Dummies
ISBN 978-3-527-70503-0